# Wissen, Kommunikation und Gesellschaft
## Schriften zur Wissenssoziologie

**Herausgegeben von**
H.-G. Soeffner, Essen, Deutschland
R. Hitzler, Dortmund, Deutschland
H. Knoblauch, Berlin, Deutschland
J. Reichertz, Essen, Deutschland

Wissenssoziologie hat sich schon immer mit der Beziehung zwischen Gesellschaft(en), dem in diesen verwendeten Wissen, seiner Verteilung und der Kommunikation (über) dieses Wissen(s) befasst. Damit ist auch die kommunikative Konstruktion von wissenschaftlichem Wissen Gegenstand wissenssoziologischer Reflexion. Das Projekt der Wissenssoziologie besteht in der Abklärung des Wissens durch exemplarische Re- und Dekonstruktionen gesellschaftlicher Wirklichkeitskonstruktionen. Die daraus resultierende Programmatik fungiert als Rahmen-Idee der Reihe. In dieser sollen die verschiedenen Strömungen wissenssoziologischer Reflexion zu Wort kommen: Konzeptionelle Überlegungen stehen neben exemplarischen Fallstudien und historische Rekonstruktionen neben zeitdiagnostischen Analysen.

Weitere Bände in dieser Reihe
http://www.springer.com/series/12130

Angelika Poferl • Norbert Schröer
(Hrsg.)

# Wer oder was handelt?

Zum Subjektverständnis der
hermeneutischen Wissenssoziologie

 Springer VS

*Herausgeber*
Angelika Poferl
Norbert Schröer

Hochschule Fulda
Fulda
Deutschland

Wissen, Kommunikation und Gesellschaft
ISBN 978-3-658-02520-5        ISBN 978-3-658-02521-2 (eBook)
DOI 10.1007/978-3-658-02521-2

Die Deutsche Nationalbibliothek verzeichnet diese Publikation in der Deutschen Nationalbibliografie; detaillierte bibliografische Daten sind im Internet über http://dnb.d-nb.de abrufbar.

Springer VS
© Springer Fachmedien Wiesbaden 2014

*Lektorat:* Cori Antonia Mackrodt, Katharina Gonsior

Gedruckt auf säurefreiem und chlorfrei gebleichtem Papier

Springer Fachmedien Wiesbaden ist Teil der Fachverlagsgruppe Springer Science+Business Media
(www.springer.com)

# Inhaltsverzeichnis

# Autorenverzeichnis

**Alejandro Baer** ist Professor für Soziologie und Direktor des Center for Holocaust and Genocide Studies an der University of Minnesota
https://www.soc.umn.edu/people/baer_a.html.

**Achim Brosziewski** ist Professor für Bildungsforschung an der Pädagogischen Hochschule Thurgau
http://profil.phtg.ch/achim.brosziewski.

**Thomas Eberle** ist Professor am und Co-Direktor des Research Institute of Sociology an der School of Humanities and Social Sciences der Universität St. Gallen
http://www.alexandria.unisg.ch/Personen/Person/E/Thomas_Eberle.

**Ronald Hitzler** ist Professor für Allgemeine Soziologie an der Fakultät für Erziehungswissenschaft und Soziologie sowie an der Fakultät für Wirtschafts- und Sozialwissenschaften der Technischen Universität Dortmund
http://www.hitzler-soziologie.de.

**Reiner Keller** ist Professor für Soziologie an der Philosophisch-Sozialwissenschaftlichen Fakultät der Universität Augsburg
http://www.philso.uni-augsburg.de/soziologie/sozio6/Team/Keller_Reiner/.

**Johannes Kniffki** ist Professor für Theorien und Methoden der Internationalen Sozialen Arbeit an der Alice Salomon Hochschule Berlin
http://www.ash-berlin.eu/hsl/kniffki.

**Hubert Knoblauch** ist Professor für Allgemeine Soziologie an der Technischen Universität Berlin
http://www.tu-berlin.de/?id=73120.

**Ronald Kurt** ist Professor für Soziologie am Fachbereich I Soziale Arbeit, Bildung und Diakonie der Evangelischen Fachhochschule Rheinland-Westfalen-Lippe in Bochum
http://www.efh-bochum.de/hochschule/lehrende_detail.php?recordID=143.

**Michaela Pfadenhauer** ist Professorin für Kultur und Wissen am Institut für Soziologie der Universität Wien
http://www.pfadenhauer-soziologie.de.

**Angelika Poferl** ist Professorin für Soziologie mit Schwerpunkt Globalisierung am Fachbereich Sozial- und Kulturwissenschaften der Hochschule Fulda
http://www.hs-fulda.de/poferl.

**Jo Reichertz** ist Professor für Kommunikationswissenschaft an der Universität Duisburg-Essen, Campus Essen
http://www.uni-due.de/kowi/JReichertz.shtml.

**Bernt Schnettler** ist Professor für Kultur- und Religionssoziologie an der Kulturwissenschaftlichen Fakultät der Universität Bayreuth
http://www.soz.uni-bayreuth.de.

**Norbert Schröer** ist Professor für Qualitative Methoden der Empirischen Sozialforschung mit dem Schwerpunkt Interkulturelle Kommunikationsforschung am Fachbereich Sozial- und Kulturwissenschaften der Hochschule Fulda
http://www.hs-fulda.de/schroer

**Hans-Georg Soeffner** ist Professor em. für Allgemeine Soziologie zuletzt an der Universität Konstanz sowie Permanent Fellow und Vorstandsmitglied am Kulturwissenschaftlichen Institut (KWI) in Essen
http://www.kwi-nrw.de/home/profil-hsoeffner.html.

**Dariuš Zifonun** ist Professor ist Professor für Soziologie mit dem Schwerpunkt Soziale Ungleichheit an der Alice Salomon Hochschule in Berlin
http://www.ash-berlin.eu/hsl/zifonun.

# Wer oder was handelt?
# Zum Subjektverständnis der
# hermeneutischen Wissenssoziologie.
# Eine Einleitung

Angelika Poferl und Norbert Schröer

## 1 Wie tragfähig ist das Subjektverständnis der hermeneutischen Wissenssoziologie heute noch?

Die hermeneutische Wissenssoziologie entwickelte sich in den vergangenen 25 Jahren zu einem eigenständigen theoretischen, methodologischen und methodischen Ansatz der gegenwärtigen sozialwissenschaftlichen Gesellschaftsanalyse. Ihre – seit den späten 1980er und 1990er Jahren – ausformulierten Beiträge haben die sozialwissenschaftliche Grundlagendiskussion aufgegriffen und auf spezifische Weise dazu beigetragen, die neuere (qualitativ und rekonstruktiv verfahrende) empirische Sozialforschung auszudifferenzieren (vgl. Hitzler 1988; Honer 1993; Schröer 1994; Knoblauch 1995; Hitzler und Honer 1997; Hitzler et al. 1999; Eberle 2000, Reichertz 2003; Keller 2005, Keller et al. 2013; grundlegend vor allem Soeffner 1989). Die Aktualität der hermeneutischen Wissenssoziologie lässt sich an vier zentralen Frage- und Erkenntnisinteressen festmachen: Bearbeitet und reflektiert wird

A. Poferl (✉) · N. Schröer
Fulda, Deutschland
E-Mail: angelika.poferl@sk.hs-fulda.de

N. Schröer
E-Mail: norbert.schroer@sk.hs-fulda.de

© Springer Fachmedien Wiesbaden 2014
A. Poferl, N. Schröer (Hrsg.), *Wer oder was handelt?*,
Wissen, Kommunikation und Gesellschaft, DOI 10.1007/978-3-658-02521-2_1

1

1. das klassische sozialwissenschaftliche Kernanliegen einer Untersuchung prob-
lemlösenden sozialen Handelns in seinen *Strukturbedingungen*,

2. die damit sich stellende Frage nach der *„Eigensinnigkeit'* und *relativen Freiheit von Akteuren* in der handlungspraktischen Interpretation und Bewältigung
sozialer Wirklichkeit sowie

3. schließlich die Frage der *Transformation von Gesellschaft*, die aus dem Zusammenspiel beider Komponenten und den daraus sich ergebenden Überzeugungen
und Praktiken, d. h. den kulturell geprägten *und* Kultur produzierenden Deu-
tungs- und Handlungsmustern resultiert.

4. Bei allem geht es immer auch darum, die die handlungstheoretischen Analysen
tragenden Verfahren der *verstehenden Rekonstruktion* und der *wissenschaftlichen Konstruktion* des Untersuchungsgegenstandes als Akte des Fremdverstehens sichtbar, überprüfbar und kontrollierbar zu machen.

Die eng an Peter Berger und Thomas Luckmann (1980 [1966]) und Hans-Georg
Soeffner (1989) anknüpfende „Großfragestellung" der hermeneutischen Wissenssoziologie untersucht, „wie Handlungssubjekte, hineingestellt und sozialisiert in
historisch und sozial entwickelte Routinen und Deutungen des jeweiligen Handlungsfeldes, diese einerseits *vor*finden und sich aneignen (müssen), andererseits
diese immer wieder neu ausdeuten und damit auch ‚eigen-willig' *er*finden (müssen). Die (nach den Relevanzen des Handlungssubjekts konstituierten) Neuaus-
legungen des gesellschaftlich vorausgelegten Wissens werden ihrerseits (ebenfalls
als Wissen) in das gesellschaftliche Handlungsfeld wieder eingespeist" (Reichertz
2000, S. 519; Hervorh. im Orig.). Als *strukturanalytische Handlungstheorie* setzt
die hermeneutische Wissenssoziologie damit an einem theoretisch und empirisch
brisanten Spannungsverhältnis an: Sie ist zum einen an der Rekonstruktion derjenigen gesellschaftlichen Wissensbestände interessiert (Wissen im weitesten
Sinne als Kenntnis von ‚Welt' und ‚Wirklichkeit'), die den sozialen Akteuren
in der Wahrnehmung und Erfüllung von Aufgaben und Anforderungen in unter-
schiedlichsten Handlungsfeldern (von der Ebene des professionellen und Exper-
tenhandelns bis hin zum Alltagsleben) zur Verfügung stehen und deren Handeln
in je spezifischer Weise orientieren. Zum anderen wird die Bezugnahme sozialer
Akteure auf gesellschaftlich bereitgestellte Wissensbestände und Orientierungsmuster, als Auslegung und Modifikation derselben sowie als Entwurf von Hand-
lungszielen und Handlungsabläufen aus der Sicht eben dieser Akteure analysiert.
Dies bedeutet, dass soziale Akteure weder als beliebig und unbestimmt agierend
noch als gleichsam automatisch gesteuert betrachtet werden. Sie bewegen sich im
Rahmen von verfügbaren und möglichen *Handlungsoptionen*, beziehen diesen Optionen gegenüber perspektivgebunden und situationsbezogen Stellung und nehmen
so (mehr oder weniger modifizierende) Situationsdefinitionen vor, über die sie in

die jeweils gegebenen kulturellen, sozialen und materialen Kontexte hineinwirken. Sozialwissenschaftliche Ansätze betonen allzu häufig allein die gesellschaftliche Prägung individuellen und kollektiven Denkens, Handelns und Fühlens durch historisch entwickelte und institutionell stabilisierte, übergeordnete Strukturen. Dem gegenüber stehen Ansätze, die die Handlungsfähigkeit und Handlungsmächtigkeit von sozialen Akteuren – verstanden als mit Wissen, (Problemlösungs-)Kompetenz und Reflexionsvermögen begabte Subjekte – in den Vordergrund stellen. Fachgeschichtlich haben solche subjekt- und handlungsorientierten Ansätze sowohl im US-amerikanischen als auch im europäischen Raum im Zuge der Durchsetzung des „interpretativen Paradigma" seit den 1960er Jahren an Bedeutung gewonnen (vgl. Arbeitsgruppe Bielefelder Soziologen 1981 [1973]; aktuell Keller 2012). Die hermeneutische Wissenssoziologie stellt eine Fortführung und Weiterentwicklung innerhalb dieses Paradigmas dar. Sie ist zugleich jedoch ein im Pragmatismus und in der Mundanphänomenologie gründender Versuch, die unfruchtbare – und seit langem kritisierte – Gegenüberstellung von Struktur und Handeln, Struktur und Kultur zu überwinden sowie die wechselseitige *Durchdringung* beider Ebenen in ihrer je konkreten Auswirkung auf soziale Praxis zu erfassen und empirisch nachzuvollziehen.

Vor dem Hintergrund aktueller gesellschaftlicher Entwicklungen, aber auch angesichts der Ausdifferenzierungen des theoretischen Feldes stellen sich der hermeneutischen Wissenssoziologie gleichwohl neue Probleme und Herausforderungen, die insbesondere die konstitutive Vorstellung eines ‚Handlungssubjektes' berühren; zu verweisen ist hierbei nicht zuletzt auf die vielfach vorgetragene Subjektkritik: Überlegungen, wie sie etwa im Rahmen der poststrukturalistischen Soziologie (vgl. Stäheli 2000), auch in einigen praxissoziologischen Ansätzen (vgl. Bourdieu 1987, 1998) zu finden sind, gehen von der Vorstellung einer Dominanz und Eigenmächtigkeit gesellschaftlicher Strukturen und Praxismechanismen aus, die Subjektivität (Autonomie, Handlungsfreiheit etc.) letztendlich als bloßes Derivat symbolisch-materieller Verhältnisse oder als unerklärlichen Sinnbruch begreift. Systemtheoretische Ansätze sehen im Subjekt seit jeher nicht mehr als eine alteuropäische, für das Selbstverständnis der sich entwickelnden Moderne funktionale Semantik (vgl. Luhmann 1997). Diskurstheorien und -analysen betonen die Macht der sprachlichen Formierung jeglicher Selbst- und Weltverhältnisse und stellen sich – je nach Ausrichtung – als wissenssoziologisch unberührt oder aber synthetisierend-anschlussfähig (vgl. Keller 2005) dar. Die Akteur-Netzwerk-Theorie (vgl. Latour 2007) löst Subjektivität in Mensch-Artefakt-Verknüpfungen auf. Die Theorie reflexiver Modernisierung operiert mit der Formel eines „Quasi-Subjekts" (vgl. Poferl 2009). Ein in sich äußerst heterogenes und schillerndes Spektrum von Theorien zu Subjektkulturen, Subjekttechnologien und subjektformierenden Praktiken stellt die Frage nach der (historischen, sozialen, situativen etc.) Herstellung von Subjekten selbst ins Zentrum (vgl. Reckwitz 2008). Neurophysiologische Beiträge degradieren Subjektivität zu einer Illusion (vgl. Markowitsch 2006). Feministische Ansätze diskutieren seit Jahren, wie sich Subjektivität zu Differenz, Identität, Normativität und Performativität verhält (vgl. Benhabib et al. 1993; Knapp und Wetterer 1992).[1]

Erweist sich die oben zitierte Großfragestellung und die Idee handlungs- und entscheidungsfähiger Subjekte als überholt oder gar naiv? Oder führt nicht umgekehrt gerade die Verabschiedung ‚des Subjektes' zu einer weltfremden, die Freiheitsgrade sozialen Handelns, die Kreativität, Resonanzfähigkeit und Verantwortlichkeit sozialer Akteure unterschlagenden Abstraktion?

Der Versuch einer Beantwortung der aus dem angedeuteten Diskurs heraus aufgeworfenen Fragen verweist die hermeneutische Wissenssoziologie allerdings auf Unschärfen im eigenen Feld. Durchaus voneinander abweichende Positionen darüber, wie das Verhältnis der vorstrukturierten sozialen Wirklichkeit zum handelnden und die soziale Wirklichkeit tragenden Subjekt zu beschreiben ist, schränken die Möglichkeit einer konsensualen und tragfähigen Stellungnahme ein. Vor allem die Sicht auf das handelnde Subjekt ist heterogen (bzw. heterogener geworden): Eher interaktionistische und existenziale Ansätze stehen neben eher strukturalistischen Fassungen. Einmal wird das Subjekt als souverän zentrierter, ein anderes Mal als insouverän dezentrierter oder gar als marginalisierter Akteur bestimmt. Damit ist dann nicht mehr so ohne weiteres ersichtlich, welches Grundlagenverständnis zu Fragen der Konstitution von Wissen, Handeln und Subjektivität an die Analyse mikro- und makrosozialer Phänomene herangetragen werden kann und werden sollte.

## 2  Positionierungen hermeneutischer Wissenssoziologie: Zu den Beiträgen dieses Bandes

Zur Erörterung der subjekttheoretischen Grundlagen einer hermeneutischen Wissenssoziologie sind im Juni 2012 Sozialwissenschaftler, die sich in ihrer Arbeit an der hermeneutischen Wissenssoziologie orientieren und an der Weiterentwicklung des Ansatzes interessiert sind, am Fachbereich Sozial- und Kulturwissenschaften der Hochschule Fulda zu einer Arbeitstagung zusammengekommen. Auf einer theoretisch und methodisch *allgemeinen* Ebene wurden – analytisch und material – folgende Fragen diskutiert:

- Was bedeutet Subjektivität für ein wissenssoziologisch gehaltvolles Konzept von ‚Erfahrung'?

---

[1] Die übergeordnete Frage, wer oder was handelt, wird – machttheoretisch – auch z.B. bei Butler (2001, S. 19) behandelt.

- Woran macht sich die ‚Eigen-Sinnigkeit' der Deutungs- und Handlungsweisen sozialer Akteure, das Element des Nicht-Standardisierten, fest?
- Wie verhält sich Subjektivität zu Sozialität?
- Welcher spezifische Erkenntnisgewinn ist mit dem Bezug auf Subjektivität verbunden, welcher analytische Mehrwert leitet sich daraus ab?

Zehn Teilnehmer der Tagung haben ihre Vorträge (in zwei Fällen unterstützt durch einen Co-Autor) überarbeitet und als Beiträge in diesen Band eingebracht. Drei an der Teilnahme verhinderte Kollegen haben eigens für diesen Band einen Text verfasst und die Diskussion damit ausdifferenziert. Die hier versammelten Positionierungen werden im Folgenden zuerst kurz vorgestellt, bevor wir als Initiatoren der Tagung und Herausgeber dieses Bandes vor dem Hintergrund der Beiträge versuchen, den subjekttheoretischen Nenner für die hermeneutische Wissenssoziologie zu reformulieren und dabei etwas neu auszutarieren.

*Hans-Georg Soeffners* Beschreibung des modernen Menschen ist historisch und zugleich anthropologisch angelegt. In seinem Beitrag geht es ihm darum, „den ‚abendländischen Sonderweg' der Herausbildung von Subjektivität, die Individualisierung, und die Bürde, die den Menschen mit dieser Form der Subjektivierung auferlegt wurde, erkennbar zu machen". Ideengeschichtlich führe vor allem die europäische Aufklärung und sozialstrukturell die Entwicklung hin zur modernen Industriegesellschaft zur Herausbildung des modernen Individuums in den Gesellschaften Mitteleuropas. Soeffner zeigt auf, dass gerade die Entwicklung hin zu einer Gesellschaft, für die die Individualität den höchsten Wert darstellt, das anthropologische Fundament zum Vorschein bringt, von dem her eine individualisierte Gesellschaft als eine historische Variante überhaupt erst möglich wurde: die dem Subjekt auferlegte „exzentrische Positionalität". In jeder Gesellschaft erfahre sich das Subjekt, wie rudimentär auch immer, als ein Wesen, das zu sich selbst, zu seinem eigenen Erleben ein kulturspezifisches Verhältnis aufbauen muss, um sich orientieren und kommunikative Vorkehrungen für seinen Anschluss an seine Mitwelt treffen zu können. Aber erst als modernes Individuum erlebe es sich dann als exklusiver Solitär, als ein singuläres Einzelwesen, das zum soziokulturell Typischen stets im Besonderen abweichend positioniert ist. Damit erfahre es, dass sich die Einzigartigkeit seines Selbsterlebens nur noch gebrochen kommunizieren lässt und dass es sich immer wieder von neuem nur darum bemühen kann, allerdings auch darum bemühen muss, kommunikativ eine hinreichende Balance zu seiner Mitwelt herzustellen. Die individualisierten Gesellschaften brächten Subjektformen hervor, mit denen den Individuen ein ausgeprägtes Selbstverhältnis und die Ausbildung gesteigerter Selbstverwirklichungsansprüche möglich werden; mit denen den Individuen aber auch erfahrbar wird, dass eine Selbstverwirklichung aus der Position des exklusiv Besonderen kommunikativ prekär, störanfällig und nur in Grenzen möglich ist. So begleite der Zweifel, ob der überlebenswichtige Anschluss an die soziale Umgebung im kommunikativen Handeln erreicht wird, das alltägliche Handeln des individualisierten Menschen. Gerade dieser alltagsweltliche Zweifel des modernen westlichen Individuums finde seinen Niederschlag in der Typik des wissenschaftlichen Denkens. Zu dem methodischen Individualismus der Gegenstandsorientierung geselle sich der methodische Zweifel als erkenntnistheoretisches Prinzip.

*Hubert Knoblauch* moniert zu Beginn seines Beitrags die nicht hinreichende Einbeziehung des soziohistorischen Apriori bei der auf Schütz und Luckmann zurückgehenden mundanphänomenologischen Konzeption des Subjekts und bei der darauf aufbauenden wissenssoziologischen Fassung von Berger und Luckmann. Er plädiert für einen – wie er es ausdrückt – „dünnen Subjektbegriff". Das Subjekt sollte weniger voraussetzungsvoll, weniger essentiell gefasst werden. Im Vordergrund steht deshalb „das Subjekt des kommunikativen Handelns". Begründet wird dies zunächst mit einem Verweis auf die Empirie: Ein Verstehen der Variabilität des sozialen Handelns mache die Annahme einer spezifizierenden Instanz, die Annahme von Subjektivität, erforderlich. Die zweite Begründungsebene bezieht sich auf die hermeneutische Reflexivität des wissenschaftlichen Produktionsprozesses, die ohne eine Unterstellung von Subjektivität kaum denkbar ist. Zentral für Knoblauch ist allerdings eine dritte Begründungsebene, mit der er die Annahme eines Subjektes aus den Erfordernissen des kommunikativen Handelns heraus vertritt. Kommunikatives Handeln, also das wechselseitige Entwerfen und Umsetzen von kommunikativen Akten zur Koordinierung von sozialem Handeln, sei den Menschen mit ihrer exzentrischen Positionalität auferlegt. Beim kommunikativen Handeln bemühten sich die Menschen jeweils darum, die Perspektive des anderen einzunehmen und diese Perspektivübernahme zum Ausdruck zu bringen, sie zu objektivieren. Mit dieser Perspektivübernahme machten die Menschen kommunikativ die Erfahrung der Differenz zwischen der Perspektive, die sie übernommen haben und ihrer jeweils eigenen. So gewänne das kommunikative Handeln eine zweite Reflexivitätsebene: Die Menschen könnten nun auch über ihre Kommunikation kommunizieren und Aushandlungsprozesse überlegter in Gang bringen, sie könnten kreativ Entscheidungen fällen. Mit der aus dem kommunikativen Handeln heraus gewonnenen Reflexivität sei der Mensch nun Subjekt geworden. „Reflexivität geht nicht vom Subjekt aus; sie ist Merkmal des kommunikativen Handelns". Ohne sie könnte die soziale Wirklichkeit nicht aufrechterhalten werden.

In seinem Beitrag hebt *Norbert Schröer* die Bedeutung des von Alfred Schütz für die Rekonstruktion der sozialen Wirklichkeit so stark gemachten Postulats der subjektiven Interpretation hervor. In Abgrenzung zu strukturalistischen Positionen verweist er auf die Bedeutung der Perspektivität der Erfahrungsbildung für die Stellung des Subjekts in der sozialen Wirklichkeit. Die Perspektivität der Erfahrungsbildung – so Schröer – sei ausschlaggebend dafür, dass das soziohistorische Apriori den Menschen keine ausbalancierte Orientierung bieten könne. Die historisch im interaktiven Wechselspiel herausgebildeten Typisierungen und Orientierungsschemata seien letztlich dezentral in den Perspektiven der einzelnen Subjekte repräsentiert, die situativ immer wieder aufgefordert seien, im Bemühen um eine hinreichend gelingende Perspektivübernahme den Spalt zu schließen. Aus diesem das gesellschaftliche Überleben sichernden kommunikativen Handeln heraus entstehe Subjektivität: Der Mensch sei aufgefordert und gezwungen, als Subjekt situative Anpassungsprozesse zu kreieren. Diese Anpassungsimpulse gingen immer wieder von deren subjektiv gemeinten Sinn aus. Die Binnenperspektiven verfügten über eine Eigendynamik und Eigenlogik, von denen her die (dezentralen) gesellschaftlichen Vortypisierungen interpretiert, beibehalten und modifiziert würden. Die Verfestigung bestehender gesellschaftlicher Verhältnisse oder deren Wandel sei weder über entsprechende strukturelle Dispositionen zwingend vorherbestimmt, noch müsse er über tiefschürfende Einsichten der Handlungssubjekte in die strukturelle Ausgangslage vermittelt sein. Im Normalfall werde über das Schicksal struktureller gesellschaftlicher Vortypisierungen aus dem Zusammenspiel der die strukturellen Voraussetzungen inadäquat wiedergebenden Binnenperspektiven entschieden, so dass es dann allzu häufig auch zu nichtintendierten strukturalen Folgen intendierten Handelns komme.

Ausgangspunkt von *Reiner Kellers* Überlegungen zum Subjektkonzept in der hermeneutischen Wissenssoziologie ist die Diskursanalyse Michel Foucaults. Foucault sträube sich gegen jedes bewusstseinsphilosophische Subjektverständnis; er plädiere dafür, Subjektivität als epochenspezifische Subjektformation zu begreifen, die es streng empirisch aus der Beschreibung der Diskurse zu rekonstruieren gelte. Im Zentrum stehe so zunächst einmal nicht das Subjekt als eigenwilliger Akteur, sondern als Effekt, als historische und in entsprechenden Praktiken eingelassene personale Form des Handelns. Wie steht es aber in Anbetracht der Determinierung des Subjekts um dessen Eigenmächtigkeit, um dessen Freiheit? Foucault habe sich mit dem gestaltenden Subjekt erst spät eingehend beschäftigt. Die Unterwerfung des Menschen qua Subjektivierung sei danach zugleich die Bedingung der Möglichkeit eigenwilligen Handelns. Keller zeigt, dass die Bemühungen des sich auch auf Foucault beziehenden Diskurses zur Begründung eines dezentral handelnden Subjekts entweder dem Determinismus verhaftet bleiben (Laclau/Mouffe) oder – wie bei Judith Butler – in eine „Subjektphilosophie nach der Subjektphilosophie" münden. Völlig unbeachtet bleibe überdies, dass der Pragmatismus und die hermeneutische Wissenssoziologie bereits eine Antwort bereitgestellt hätten. Beide gingen (ähnlich Foucault) von einem historisch geprägten, dezentral positionierten Handlungssubjekt aus. Dieses Subjekt stünde in Verfolgung seiner Handlungsziele vor Problemen, für die Lösungen im kommunikativen und Praktikenhaushalt nicht (hinreichend) zur Verfügung stehen. Das sei der Punkt, an dem das Subjekt

Entscheidungen zu fällen und Perspektivwechsel zu kreieren habe. Die Wissenssoziologische Diskursanalyse als Subparadigma der hermeneutischen Wissenssoziologie übernähme „die Analyse und Erklärung der diskursiven Konstruktion
gesellschaftlicher Wissensbestände einschließlich derjenigen Elemente, die sich
auf Sprecherpositionen und Subjektpositionen im Sinne diskursiv adressierter Subjekte richten." Damit schließe sie eine Lücke in der Analyse von makrosozialen
Strukturvorgaben zu den handelnden Subjekten.

Das Subjekt hat in der Soziologie und in der Sozialforschung keine weit zurück-
reichende Tradition, stellt *Jo Reichertz* fest. Er macht zu Beginn seines Beitrags
auf zwei Diskursetappen um das sozial handelnde Subjekt aufmerksam. Getragen
von dem Individualisierungsschub in den 1970er Jahren sei der Subjektbegriff erst
mit der Entwicklung der auf Berger und Luckmann zurückgehenden modernen
Wissenssoziologie und mit der Etablierung der Qualitativen Sozialforschung mit
ins Zentrum der Theoriebildung und Forschung gerückt. Sehr schnell – die zweite
Etappe – sei es aber durch das Aufkommen der Systemtheorie, der Strukturtheo-
rien, der Foucaultschen Diskurstheorie und der Praxistheorien wieder mehr oder
weniger radikal in Frage gestellt worden. Reichertz entwickelt in Abgrenzung zu
seines Erachtens idealistischen (Protosoziologie der ‚Strukturen der Lebenswelt')
und reduktionistischen (Akteurs-/Praxistheorien) Subjektvorstellungen in der aktuellen Wissenssoziologie und Qualitativen Sozialforschung sowie mit Bezug auf
das Subjektivierungskonzept von Foucault und auf das Subjektkonzept des amerikanischen Pragmatismus (Mead, Dewey) ein zu dem von ihm vertretenen ‚Kommunikativen Konstruktivismus' passendes historisch-pragmatisches Verständnis
vom Subjekt. Dieses Verständnis ist zuerst von der Überzeugung getragen, dass
Subjekte historisch geformt, subjektiviert werden. Das Subjektformat sei historisch variabel und könne insofern nicht vorgängig sein. Geformt durch und eingebettet in historisch gesellschaftliche Vortypisierungen sei es den Menschen dann
auferlegt, miteinander handelnd ihr Leben zu bestreiten. Dazu sei es erforderlich,
dass sie die gesellschaftlichen Vortypisierungen situativ immer wieder (zumindest
in Teilen) auslegen, um so Anpassungen vornehmen zu können. Zur Vermeidung
von Missverständnissen grenzt sich der Autor mit seinem historisch-pragmatischen
Subjektkonzept ausdrücklich von dem Konzept des bloß in seinen mitgegebenen
Praktiken und den von diesen ausgehenden Wirkungen beschreibbaren Akteurs der
Praktikentheorien ab.

In seinen phänomenologischen Erörterungen skizziert *Thomas Eberle* die
Grundlagen einer mundanphänomenologischen Soziologie, wie sie von Alfred
Schütz im Anschluss an Edmund Husserls Transzendentalphänomenologie zur
Grundlegung der Verstehenden Soziologie von Max Weber ausgearbeitet wurden.
Dies umfasst das Verhältnis von *common sense* und soziologischer Perspektive,

den phänomenologischen Zugang zur subjektiven Erlebnis- und Erfahrungswelt sowie die Frage nach der Konstitution von Intersubjektivität und Sozialität als dem sozio-kulturellen Apriori des Erlebens. Die soziale Wirklichkeit wird demnach in den subjektiven Sinnsetzungsprozessen der miteinander handelnden Akteure intersubjektiv hergestellt. Der Verweis auf die intentional intersubjektive Trägerschaft der Akteure hebt nach Eberle keineswegs auf souveräne, die soziale Wirklichkeit aus sich heraus frei entwerfende Subjekte ab. Die handlungsleitenden Um-zu-Motive der Interaktanten seien stets selbst motiviert über die biographiespezifischen Weil-Motive, deren Relevanzstrukturen ihrerseits über die Sozialisation in einem sozio-kulturellen Apriori verstrickt seien. Das heißt, das Subjekt werde in eine historisch und intersubjektiv vorausgelegte Welt hineingeboren, es eigne sich diese thematischen Vorauslegungen ermöglicht durch die invarianten Bewusstseinsformen selektiv und perspektivisch an, um von da kompetent in intersubjektiven Verständigungsprozessen in diese Welt hinein handeln zu können. Ausschlaggebend sei, dass in den subjektiven, aber nicht unbedingt ‚thematisch adäquaten‘ Auslegungen der sozio-kulturellen Vorauslegungen und in den daraus resultierenden subjektiven Handlungsentwürfen die soziale Wirklichkeit immer wieder von Neuem konstituiert und konstruiert werde. Ohne diese thematischen subjektiven Auslegungen hätte die soziale Wirklichkeit keinen Bestand. In diesem Sinne seien dann auch bei der theoretischen Modellbildung das Postulat der subjektiven Interpretation und das der Sinnadäquanz zu beachten.

Wenn wir im soziologischen Diskurs wie selbstverständlich von Subjekten, vom Miteinanderhandeln, vom wechselseitigen Verstehen der Subjekte und damit von Intersubjektivität reden, dann haben wir bereits mit Alfred Schütz die fundamentale Generalthesis des *alter ego* gesetzt und akzeptiert. Erst mit der Unterstellung des *alter ego* ist das Fundament für die Beschreibung der Strukturen der Lebenswelt, für sinnadäquates soziologisches Forschen und für eine entsprechende soziologische Theoriebildung geschaffen. *Ronald Hitzler* führt uns mit seinem Beitrag nun noch einmal ‚zurück‘ in die transzendentalphilosophische Sphäre, und er macht von da aus in phänomenologischer Einstellung – veranschaulicht an der Interaktion mit einem Menschen in Wachkoma – deutlich, über welche Gewissheiten wir in Bezug auf die Existenz von Subjekten aus uns selbst heraus verfügen. Demnach besitzt das Subjekt aus seinem Selbsterleben heraus nur in Bezug auf sich selbst epistemische Gewissheit. In Bezug auf die Existenz anderer Subjekte bleibt ihm aus seinem Selbsterleben allein die doxische Gewissheit. Diese Gewissheit könne durch epistemologische Zweifel irritiert, aber sie müsse nicht unbedingt und umfassend durch sie erschüttert werden. Dies aber bedeutet aus der Sicht des Autors: die Setzung der Generalthesis des *alter ego* ‚schließt‘ an der doxischen Gewissheit

des sein Erleben erfahrenden Bewusstseins des sich selbst als solches gewiss erlebenden einsamen Subjekts ‚an'. Erst damit beginnt – so Hitzler – Soziologie. Die
transzendentale Anschlussstelle, von der aus der verbleibende Hiatus zur mundanen Sphäre mit der Unterstellung der Generalthesis des *alter ego* ‚überbrückt' werden kann, wird so noch einmal radikal und in aller Deutlichkeit sichtbar gemacht.

*Achim Brosziewski* berührt mit seinem Beitrag eine besonders sensible Flan-
ke der hermeneutischen Wissenssoziologie: die Abgrenzung zur Systemtheorie.
Kaum zwei soziologische Paradigmen dürften weiter auseinanderliegen, sieht
doch die hermeneutische Wissenssoziologie soziale Wirklichkeit in den Sinnsetzungsprozessen der miteinander handelnden Subjekte fundiert, während die Systemtheorie auf das Subjekt zur Beschreibung eben dieser Wirklichkeit verzichtet.
Brosziewski deutet an, dass diese Abkehr vom Subjekt das transzendental- bzw.
bewusstseinsphilosophische Subjektverständnis betrifft. Aber: Die Systemtheorie
schreibe als eine Theorie selbstreferentieller Systeme wichtige Motive der Subjekttheorie fort und arbeite sie sogar aus. Da wäre als Erstes die Privilegierung des
Bewusstseins, wonach für die Systemtheorie allein Gedanken Kommunikation zu
irritieren und zu aktivieren vermögen. In diesem Alleinstellungsmerkmal des Bewusstseins als Umweltkontakt der Kommunikation läge ein Moment des „systemtheoretischen Sinns für Subjektivität". Die Unterstellung einer Selbstreferentialität
der Systeme eröffne der Systemtheorie zudem radikale Freiheiten für ihr Verständnis von Individualität. Der einzelne Mensch sei so frei in der Bestimmung der ihm
eigenen Einheit von Körperlichkeit, Bewusstheit und Kommunikationsteilnahme;
Verallgemeinerungen verböten sich. Ihren tiefsten Ausdruck finde die Individualität schließlich in der Beschreibung der „Subjektivität der Wahrnehmung". Der Versuch der Subjekte, diese Wahrnehmungen adäquat zu kommunizieren, scheitere
zwar an der Selbstreferentialität der Kommunikationssysteme, könne dabei aber
auch die Quelle für Modifikationen sein – als Folge des vergeblichen Strebens
nach einem adäquaten Ausdruck. Der Autor legt mit seinem Beitrag nahe, dass die
von der Systemtheorie reklamierte Selbstreferentialität der psychischen Systeme
einen Raum für die Beschreibung von Subjektivität schafft, den man so mit der
Systemtheorie nicht verbindet – einer Subjektivität freilich, die nicht nur dezentral,
sondern thematisch geschlossen ist und die bei ihren Ausbruchversuchen in die
Kommunikation eher hilflos wirkt.

Die Frage der Wahrnehmung spielt auch bei *Angelika Poferl* eine zentrale Rolle.
Am Beispiel des Phänomens der Empathie wird der „eher pragmatisch gestimmten
und vor allem gegenstandsbezogenen Frage nachgegangen, warum und wofür man
einen Begriff von Subjektivität ‚braucht', um zu einer umfassenderen Betrachtung
von Empathie, also dem Mitfühlen oder Mitleiden mit (einzelnen oder kollektiven)
Anderen, zu gelangen." Die Autorin schlägt eine Verschränkung konstruktions-
und konstitutionstheoretischer Zugänge vor und zeigt, dass das Phänomen der Em-

pathie nicht ohne Bezug auf Subjektivität verstanden werden kann. Drei Ausgangs-
punkte sind hierbei von Bedeutung: Erstens sei schon die Erfindung ‚des Subjektes' als relativ autonomes, entscheidungs- und handlungsmächtiges Individuum
genealogisch eine Konstruktion. Zweitens wirke Subjektivität jedoch konstitutiv
und konstruktiv in die Ausbildung von Weltbezügen hinein. Drittens schließlich
stelle Subjektivität selbst sich stets und auf je neue Weise her – sie konstituiere sich
relational und in Aktion, womit die gegenständliche Möglichkeit von Erfahrung,
die Gegebenheit und Präsenz des Objekts als Voraussetzung von Subjektivität in
den Vordergrund rückt. Im Mittelpunkt des Beitrags stehen einerseits die gesellschaftliche Genese des mitfühlenden und mitleidenden Subjekts als einer diskursiv
erzeugten Subjektposition sowie andererseits die Möglichkeit der empathischen
Erfahrung. Als deren Bedingungen arbeitet Poferl die Zuschreibung von Leidensfähigkeit und Schmerz, die Imagination sowie die – soziale wie subjektive – Inklusion des ‚Anderen' heraus. Dies berühre auch die gesellschaftstheoretische Frage
der Kosmopolitisierung des Sozialen und sozialweltlicher „Relevanz- und Reso-
nanzhorizonte" – kosmopolitische Empathie setze, so die Schlussfolgerung, an der
Zuerkennung von Gleichheit trotz Differenz an. Analytisch und methodologisch
sei ein entschlackter, puristischer Subjektbegriff vorzuziehen, der Subjektivität als
ein Moment der Weltwahrnehmung und als eine weltbezogene Erfahrungsweise
begreift. Dennoch sei die (für die Beobachtung) relative Verschlossenheit und Un-
zugänglichkeit konkreter Subjektivität zu akzeptieren.

Eingerahmt in eine Auseinandersetzung mit der Subjektkritik der Postcolonial Studies setzen auch *Johannes Kniffki* und *Dariuš Zifonun* in ihrem Beitrag an
der Dezentralität als einem konstitutiven Merkmal des Subjektverständnisses in
der hermeneutischen Wissenssoziologie heraus. Sie nehmen modernitätstheore-
tisch eine Differenzierung zwischen dem Subjekt als einem modernen methodologischen Konstrukt und dem Individuum als einer historischen Sozialfigur vor.
So deutet sich an, dass der für die hermeneutische Wissenssoziologie konstitutive
methodische Individualismus als methodologisches Konstrukt das Subjekt voraussetzt, womit menschliches Verhalten dann als sinnhaftes subjektives Handeln aus
einem spezifischen soziokulturellen Bedingungsrahmen und in Bezug auf spezifische soziale Konsequenzen beschrieben werden kann. Dieses Konstrukt eigne
sich nun keineswegs nur zur Beschreibung individualistischer Gesellschaftsforma-
tionen. Obwohl ein Effekt der Moderne, könne es dabei unterstützen, soziales
Handeln und gesellschaftlichen Wandel auch kollektivistischer Gesellschaften in
seiner Dynamik zu beschreiben und verstehbar zu machen – wie die Autoren an
vier ‚postkolonialen Fallbeispielen' empirisch plausibilisieren. Der Preis sei ein
methodischer Assimiliationismus, die moderne Unterstellung von Subjektivität
für kollektive Gesellschaften, mithilfe derer dem westlichen Wissenschaftler ein
quasi-adäquates Verstehen, ein Verstehen der ihm fremden Kultur aus deren Per-

spektive in seiner Perspektive und damit die ihm mögliche sensible Orientierung gelingen könne. Mit ihrem methodologischen Ansatz zeigen Kniffki und Zifonun auch die Grenzen des strukturalistischen und essentialistischen Subalternitätsansatzes bei Gayatri Spivak auf.

Am Beispiel der Gedächtnisleistungen von Zeitzeugen gehen *Bernt Schnettler* und *Alejandro Baer* der „systematischen Verbindung von Subjektivität und kommunikativer Konstruktion des sozialen Gedächtnisses" nach. Dies verbindet sich mit der Frage, inwiefern kollektives Erinnern als Problem der Wissensverteilung begriffen werden könne, welche Wechselwirkungen sich zwischen gesellschaftlich vorgeprägten kommunikativen Formen und subjektiven Erinnerungen ergeben und welchen Beitrag eine mundanphänomenologisch begründete, wissenssoziologische Perspektive zur Erhellung dessen beitragen kann. Die Autoren verdeutlichen, dass die Erinnerung eines Subjekts stets ein Akt der retentionalen Erfahrungsbildung, ein „rückwärtsgewandtes Fantasieren" entlang der subjektiven Relevanzen darstellt. Zur Aufrechterhaltung eines kollektiven Gedächtnisses sei es erforderlich, dass diese subjektiven Gedächtnisleistungen über kommunikative Handlungsprozesse gesellschaftlich zugänglich gemacht werden. Adressaten fänden diese Erinnerungen aber nur, wenn sie an ein etabliertes kollektives Gedächtnis anschließen können. Diese kommunikative Kopplung sei für das Subjekt immer mit Verlusten verbunden. Der Versuch, sein Solitärsein in der Preisgabe einer Erinnerung kommunikativ zu überwinden, könne lediglich zu ‚Teilerfolgen' führen. So wird an den von Schnettler und Baer aufgeführten Beispielen von Zeitzeugen illustriert, wie das Erinnerungssubjekt die materiale Basis für die Aufrechterhaltung einer Erinnerungskultur darstellt und wie es sich zugleich in dieser Erinnerungskultur nicht adäquat wiederfindet. Umgekehrt werde aber auch klar, dass die kommunikativ eingespeiste Erinnerung von Subjekten deren Erinnerung immer schon gesellschaftlich überformt hat.

Geht man, wie die hermeneutische Wissenssoziologie, in Bezug auf das soziale und gesellschaftliche Miteinanderhandeln von einem dieses Handeln wie weitgehend auch immer eigensinnig steuernden Subjekt aus, dann unterstellt man diesem Subjekt Handlungskompetenz. Ausgehend von der von Chomsky betonten Komplementarität von Kompetenz und Performanz sowie der damit markierten konstitutiven Differenz zwischen Regelanwendung und Regelkenntnis stellt *Michaela Pfadenhauer* die Frage, was „das Subjekt (ich)" über seine bzw. „(meine) Kompetenz wissen kann". Die Autorin greift dazu auf ein von Sprachkompetenz über kommunikative Kompetenz auf Handlungskompetenz erweitertes wissenssoziologisches Kompetenzverständnis zurück. Sie lotet in ihrem Beitrag aus, welche Verfahren sich dem (wissenschaftlichen) Subjekt bieten, sich über die im Kern meist impliziten Kompetenzen in reflexiver Einstellung im Klaren zu werden. Dies wird am Beispiel der Kompetenzen, die man benötigt um Tagungen zu organisieren, verdeutlicht. Pfadenhauer plädiert für ein ethnographisches Verfahren, in das die auf phänomenologische Reduktion angelegte Selbstbeobachtung zentral integriert ist. Erst die auf die eigenerlebten Erfahrungen bezogene phänomenologische Analyse sensibilisiere hinreichend für die kompetenzrelevanten Dimensionen, mit denen sich dann eine Matrix als Bezugspunkt für eine empirisch gehaltvolle ethnographische Typologie bilden lässt. Kompetenz sei dabei, anders als Performanz, nicht zu beobachten. Gleichwohl seien Elemente des auf Kompetenz bezogenen Wissens in Typisierungen präsent oder durch ein strukturanalytisches Interesse des Subjekts zu erschließen.

Die Frage nach der Begründung für die Annahme eines handelnden Subjekts wird von *Ronald Kurt* sozialhistorisch beantwortet. Entsprechend skizziert er nachzeichnend die mitteleuropäische Ideengeschichte hin zu dem modernen Verständnis von Gesellschaft, in der die Individualität und das sich selbst bestimmende Subjekt den höchsten Wert im Alltag, in der Wissenschaft und das seinem Beitrag exemplarisch behandelte Feld der Sozialen Arbeit darstellten. Kurt prüft „drei Topoi soziologischen Denkens – die Theorie der Individualisierung, die Rationalisierungsthese und die Methode des Verstehens – auf ihre Relevanz" für die Entwicklung dieses Professions- und Handlungsfeldes. Wenn – so der Autor – im Zuge gesellschaftlicher Individualisierungs- und Rationalisierungsschübe die Wertschätzung des Individuums und die Sorge um seine Selbstbestimmung einerseits, das Bemühen um wissenschaftliche Rationalität andererseits Grundorientierungen Sozialer Arbeit seien, dann könne ein ‚hermeneutic turn' zu einer „Verstehenden Sozialen Arbeit" wegweisend für Professionalisierungsprozesse sein. Der Beitrag macht deutlich, welche Konsequenzen die die Gesellschaft prägende Individualisierung für die Professionalisierung von gesellschaftlicher Hilfe hat und implizit stellt er heraus, dass Subjektivität auch in diesem Kontext ein Produkt gesellschaftlicher Zuschreibung ist. Für ein Verstehen der Sozialen Arbeit impliziere dies ein hermeneutisches, Qualitätsstandards sicherndes Programm, das Sozialarbeiter zur methodisch kontrollierten Selbstreflexion auffordere. Nicht-Verstehen lasse sich dann aber schon aus rationalen Gründen zurückweisen.

## 3 Das ‚entschlackte' und doch so reiche Subjekt der hermeneutischen Wissenssoziologie: Ein Integrationsversuch

Die Zusammenfassungen der Beiträge dieses Bandes zeigen, dass die hermeneutische Wissenssoziologie dezentral aufgestellt ist. Die Ausarbeitung des Verständnisses vom handelnden Subjekt erfolgt bei den einzelnen Autoren durchaus eigensinnig, es werden bei der subjekttheoretischen Fundierung Unterschiede machen-

de, wenn auch keine sich wirklich ausschließenden Akzente gesetzt. Im Folgenden sollen die eingebrachten spezifischen Positionen als aufeinander verwiesene
Ebenen eines Fundierungszusammenhangs integriert werden. So wagen wir den
Versuch, einen gemeinsamen (vielleicht sogar konsensfähigen) und – so hoffen
wir – zur weiteren Auseinandersetzung anregenden subjekttheoretischen Nenner
für die hermeneutische Wissenssoziologie zu formulieren.

Vor etwa 15 Jahren wurde eine erste Zusammenführung subjekttheoretischer
Fundamente für die hermeneutische Wissenssoziologie vorgenommen. Es müssen
– so die integrierende Formel damals – „zwei ‚Ebenen' des Subjektiven ausei-
nandergehalten und zugleich auch aufeinander bezogen werden: „Die allgemein
menschlichen, invarianten Bewußtseinsformen stellen die Bedingung der Möglichkeit für die Bildung der je historisch konkreten Bewußtseins- und Wissensaus-
prägungen dar, ohne daß diese sich thematisch aus ihnen ableiten ließen" (Hitzler
et al. 1999, S. 10). Während Alfred Schütz und Thomas Luckmann konstitutionsanalytisch die invarianten Strukturen der Lebenswelt herausgearbeitet haben (1979
und 1984), hat Hans-Georg Soeffner, auf dieser protosoziologischen und proto-
hermeneutischen Konstitutionsanalyse aufbauend, die Prämissen einer hermeneutisch-wissenssoziologischen Rekonstruktion der (empirischen) Wirklichkeit entwickelt (1989). Die hermeneutisch-wissenssoziologischen Prämissen wurden dann
zu einer strukturanalytischen Handlungstheorie ausgebaut (vgl. Soeffner 2000;
Reichertz 1991; Schröer 1994; Knoblauch 1995), die pragmatische Dimension
der hermeneutischen Wissenssoziologie trat so in den Vordergrund. Schon Peter
Berger und Thomas Luckmann haben in der von ihnen verfassten ‚Urschrift' der
modernen Wissenssoziologie mit Bezug vor allem auf die von Helmuth Plessner
beschriebenen anthropologischen Grundgesetze (vgl. Plessner 1975, S. 288–346)
und auf Arnold Gehlens Konzept der Weltoffenheit des Menschen (vgl. Gehlen
1965) die anthropologische Grundlage einer mundanphänomenologisch getrage-
nen wissenssoziologischen Wirklichkeitsanalyse hervorgehoben (vgl. Berger und
Luckmann 1980, S. 49–56; Soeffner 1994). Angedeutet ist so die von Beginn an
vielschichtige – anthropologische, mundanphänomenologische, hermeneutisch-
pragmatische und wissenssoziologische – Grundlegung der hermeneutischen Wissenssoziologie. Sie fundiert die subjekt- und handlungstheoretische Basisannahme,
„daß sich Wirklichkeiten in Bewußtseinstätigkeiten konstituieren und daß historische Welten gesellschaftlich (d. h.: über Aushandlungsprozesse und über das Entwerfen von Handlungen Stellung beziehende Subjekte; d. Verf.) konstruiert werden" (Luckmann 1999, S. 19).

Lässt man nun die in diesem Band versammelten Beiträge Revue passieren,
dann scheint diese subjekttheoretische Basisannahme irritiert. Haben wir mit der
anthropologisch fundierten mundanphänomenologischen und wissenssoziologischen Positionierung zumindest eine Vorgängigkeit, vielleicht sogar eine Zentrie-

rung des Subjekts suggeriert (hier und da auch angenommen), so steht jetzt auf unterschiedlichen Ebenen das dezentrierte, sich erst (historisch) bildende Subjekt im Vordergrund: Das Subjekt in seinem historisch spezifischen Solitärsein, das sich nicht (mehr) adäquat im kommunikativen Handeln zum Ausdruck zu bringen vermag (Soeffner, Eberle, Hitzler, Brosziewski, Poferl, Schnettler und Baer); das Subjekt, dass sich im kommunikativen Handeln erst bildet und als Subjekt erfährt (Knoblauch, Pfadenhauer); das Subjekt, das, perspektivgebunden und aus einer pragmatischen Haltung heraus ‚eingeschränkt' orientiert, die Unabgestimmheiten der kommunikativen Vororientierungen situativ auszubalancieren hat (Schröer, Kniffki und Zifonun); das Subjekt, das ihm auferlegte Praktiken zuerst im Modus des Selbstverständlichen umsetzt (Reichertz); das Subjekt, das selbst zuerst historisch als spezifische Subjektformation konstituiert wird, demnach als historischer Effekt betrachtet werden kann (Keller, Kurt). Die hier vorgenommenen Zuordnungen der Autoren sind natürlich keineswegs exklusiv, sondern stehen lediglich für (uns) besonders markant erscheinende Anknüpfungspunkte. In etlichen Beiträgen wird ein Bogen über die verschiedenen Dimensionen und Ebenen hinweg geschlagen.

Die Akzentverschiebung hin zur Betonung eines historisch geformten, dezentrierten Subjekts hat sich gleitend vollzogen, ist nicht mit einem radikalen Bruch verbunden, sie geht noch nicht einmal mit der Aufgabe von Theorieelementen einher, ja – sie ist sogar im eigenen Konzept vorbereitet und bereits angelegt. So hat Hans-Georg Soeffner schon in den neunziger Jahren das Solitärsein des modernen Subjekts als Folge der Individualisierung der Gesellschaft beschrieben, und er hat die kommunikativen Folgen für das Subjekt betont (vgl. Soeffner 1994, 2000). Thomas Eberle bietet in seinem Beitrag in diesem Band eine Interpretation der von Schütz beschriebenen invarianten Strukturen der Lebenswelt an, mit der er zeigt, dass das dezentriert handelnde, historisch spezifische Subjekt mit Gewinn in den Strukturen der Lebenswelt beschrieben werden kann, dass die Strukturen der Lebenswelt sogar die Annahme eines dezentrierten Subjekts nahe legen. Und die Nähe der hermeneutischen Wissenssoziologie zu einer sowohl kulturanalytisch-historischen als auch verstehenden Soziologie Max Webers (1972 [1922], 1980 [1913], 2007 [1905]) steht außer Frage. Dennoch, so denken wir, hat sich die Theorieachse hin zur Betonung des „sozio-historischen Apriori" verschoben. Das hängt unseres Erachtens auch mit dem Einfluss zusammen, den die Foucaultsche Theorie der Subjektivierung im wissenschaftlichen Diskurs gewonnen hat.

Die reflexartig vorgetragenen und im Zuge der Subjektkritik zum Teil sehr modisch gewordenen Abgrenzungen von einem bewusstseinsphilosophischen Subjektverständnis können hier vernachlässigt werden. Die hermeneutische Wissenssoziologie als ein Ansatz des interpretativen Paradigmas hat immer schon ein in gesellschaftliche Vortypisierungen eingebettetes Handlungssubjekt angenommen.

Wir gehen davon aus, dass es ein essentialistisches Subjekt in der (Wissens-)Soziologie nie gegeben hat. Worauf Foucault, aber (auch die hermeneutische Wissenssoziologie) nachdrücklich aufmerksam macht ist, dass die historisch gesellschaftliche Konstitution des Subjekts erst einmal die Konstitution einer historisch relativen Subjektformation ist. Beleuchtet werden von ihm die Formationen, Formierungen und Technologien des Selbst, seine diskursive und praktische Erzeugung und Führung im Rahmen von Selbstverhältnissen und spezifischen Subjektivierungsweisen sowie die variierenden Formen der Beziehung zu sich selbst (vgl. Foucault 1977, 1989a, b, c, 2004 Bd. 1 und 2; Keller 2008, S. 95–126). Diese Konstitution von Subjektformationen (als jeweiliger Rahmen für das intersubjektive Handeln) wurde in der hermeneutischen Wissenssoziologie lange Zeit nicht systematisch zur Kenntnis genommen. Im Vordergrund standen – etwas kurzschlüssig – unvermittelt die thematischen Prägungen hin zu einem subjektiv intentionalen Handeln und die perspektivische Eigendynamik des Subjekts hin zum Entwurf kommunikativer Handlungen, denen dann eher selbstverständlich die etablierte Subjektformation unterlegt wurde. Im Unterschied dazu bleibt wiederum Foucault auf halbem Weg stecken, belässt das subjektivierte Subjekt in einer Objektstellung, lediglich eintrainiert in Selbsttechnologien. Wie und warum es etwa zu individueller und situativer Verschiedenheit kommt, bleibt bei ihm im Dunkeln.

Herausfordernd ist in diesem Zusammenhang zudem die Praktikentheorie (vgl. Reckwitz 2003, 2008). An Foucault, aber auch am Bourdieuschem Begriff des „Habitus" (vgl. Bourdieu 1987, 1998) und an Giddens' Begriff des „praktischen Bewusstseins" (vgl. Giddens 1992) ausgerichtet, verlängert sie das Subjektivierungstheorem Foucaults in die Handlungsebene hinein und bietet so eine Alternative zu einer handlungstheoretischen Ausbuchstabierung des Subjektivierungskonzepts. Die aus diskursiver und nicht-diskursiver Führung in einer bestimmten historischen Epoche geformte Subjektposition stellt sich für die Praktikentheorie auf der Ebene des einzelnen Subjekts als Inkorporierung gesellschaftlich etablierter Praktiken über die selbstverständliche Einbindung in diese Praktiken, als die Inkorporierung von Gewohnheiten dar, die das Subjekt als solches formt und damit befähigen soll, (im Großen und Ganzen) ohne subjektive Sinnsetzungsprozesse den Alltag zu bewältigen. Subjekte werden so zu Akteuren. Der Vorstoß der Praktikentheorien ist wertvoll, macht er die Handlungstheorie und die hermeneutische Wissenssoziologie im Besonderen doch auf ihre Neigung aufmerksam, Handlungen als in reflektierte Stellungnahmen gründende Entwürfe von Subjekten zu beschreiben. Dennoch wird das Kind gleich doppelt mit dem Bade ausgeschüttet: Denn auch die aus Gewohnheiten resultierenden Praktiken gründen in subjektiven Sinnsetzungen und Bewusstseinsleistungen. Zu dieser Einschätzung kommt man, wenn man sich der im Gebrauch befindlichen Metaphorik (‚Inkorporation', ‚in den

Praktiken steckender Sinn') entledigt und den im Modus des Selbstverständlichen praktizierten Gewohnheiten konstitutionsanalytisch nachgeht (vgl. hierzu Schulz-Schaeffer 2010 sowie Eberle und Reichertz in diesem Band). Überdies wird die Bedeutung der Gewohnheiten im täglichen Leben gerade in einer individualisierten Gesellschaft weit überschätzt, werden wir doch in Anbetracht der Perspektivität unserer Erfahrungsbildung zwangsläufig immer wieder aus unseren Gewohnheiten gerissen – und müssen dann (mehr oder weniger tiefgehend) nachdenken, wie wir weiter an unserer Existenz basteln sollten (vgl. Hitzler 1997, Schröer in diesem Band).

Bleibt die Frage, wie das Subjektverständnis in der hermeneutischen Wissenssoziologie nun geordnet beschrieben werden kann. Hierzu schlagen wir (mit stillem Bezug auf die in diesem Band versammelten Beiträge) eine in vier Subjektdimensionen aufgefächerte Reformulierung vor.

**Das vom sozio-historischen Apriori geformte Subjekt: Subjektivierung**
Als Wissenssoziologen sind wir der Überzeugung, dass Menschen – in historische Gesellschaften hineingeboren – die historisch etablierten typischen Orientierungen über das Einbezogen-Werden in die gesellschaftliche Praxis verinnerlichen, so dass sie so geformt in der Lage sind, die soziale Wirklichkeit über ihr Miteinander-Handeln zu erhalten. Historische Gesellschaften bringen historische Formen und Typen von Subjektivität hervor. Es geht hier um den Prozess der Subjektivierung.

Mit der Aufklärung und dem politischen Liberalismus, einhergehend mit und angetrieben von einem die sozialstrukturelle Ausdifferenzierung antreibenden ökonomischen Liberalismus, etabliert sich in Mitteleuropa ab dem Ende des 18. Jahrhunderts ein recht besonderes Subjektformat: das sich eigenverantwortlich führende Individuum. Das Subjekt wird gesellschaftlich geformt zu einem Raum eigener Interessen und Begierden. Es muss jetzt selbst Sorge tragen, die eigenen Interessen erfolgreich zu verfolgen, sozialen Anschluss zu finden. Es muss – eingeübt in einen akzeptierten Stil des interpretativen Zugriffs auf sich selbst – ein Selbstverhältnis entwickeln und aus dem heraus sich selbst subjektivieren. Es muss als Solitär präpariert eigeninitiativ sich auf die Gesellschaft beziehen und daran anknüpfen können.

**Das anthropologische Subjekt: Exzentrische Positionalität**
Indem das moderne Individuum dem Zwang nachkommt, sich selbst aus seinem Solitärsein heraus zu subjektivieren, um anschlussfähig zu werden, hat es die Möglichkeit, die anthropologische Basis seiner Existenz zu erfahren. In der kommunikativen Suche nach sozialem Anschluss wird erkennbar, dass es seinem spezifischen Solitärsein ‚nach innen' eine Form geben muss, die dann in der Vermittlung

‚nach außen', also sozial, auf Akzeptanz stößt. Es erkennt so, dass es ‚nach innen wie nach außen' einer kulturellen Form bedarf, um bis auf Weiteres einen Halt zu finden. Diese kulturelle Formgebung benötigt der Mensch, weil er als Mensch – wie Helmuth Plessner herausgearbeitet hat – exzentrisch positionalisiert ist. Mit der exzentrischen Positionalität des Menschen wird die Bedeutung der Entwicklung von Kultur als orientierendem Außenhalt und damit die der Subjektivierung, der historisch spezifischen Hineinnahme der Kultur ins Subjekt, verständlich. Plausibel wird überdies die Zwangsläufigkeit des Wandels des sozio-historischen Apriori. Der geschichtliche Wandel und die historischen Formen der Subjektivierung lassen sich anthropologisch fundieren, weil das Konzept der exzentrischen Positionalität nicht essentialistisch gefasst ist, sondern die den Wandel antreibende thematisch leere ‚Unruhe' beschreibt.

**Das Subjekt des kommunikativen Handelns: Pragmatische Subjekterfahrung**
Die exzentrische Positionalität des Individuums macht eine soziohistorische und soziokulturelle Einbettung des Menschen erforderlich, die dazu führt, dass Individuen eine historisch spezifische Form der Subjektivierung auferlegt bekommen. Aus der je spezifischen Form der Subjektivierung heraus ergeben sich für das Subjekt dann spezifische Anforderungen für das kommunikative Handeln, an das Bemühen um intersubjektive Verständigung zum Zwecke der Existenzsicherung. Erforderlich ist vor allem die kommunikative Übernahme der Perspektive des Anderen (vgl. Mead 1968).

Wenn nun, wie bei der individualistischen Subjektivierung, die der Subjektivierung zugrunde liegenden Praktiken perspektivisch angeeignet und verinnerlicht werden, so dass solitäre Refugien mit jeweils spezifischen Befindlichkeiten, Begehren und Interessen sich herausbilden können, dann gewinnt die Eigenverantwortlichkeit des Einzelnen für die Umsetzung der Ziele und für den Existenzerhalt an Bedeutung. Das Subjekt erfährt sich so radikal in seiner Perspektivität. Es kann allerdings nicht in seinem Refugium verbleiben, sich darin zurückziehen. Es muss immer wieder seine Situation und Subjektivität ausdeuten und von da einen kommunikativen Anschluss an die umgebende gesellschaftliche Wirklichkeit suchen – um Halt zu finden und sein Überleben zu sichern. Das kommunikative Handeln erfährt eine Ausdifferenzierung und Dynamisierung, die Perspektivübernahme ist nicht mehr so stark in alternativlosen tradierten Routinen eingelassen, die Störanfälligkeit der Perspektivübernahme, der Herstellung von Intersubjektivität nimmt zu. Das Subjekt wird gerade in der alltäglichen Erfahrung (der Möglichkeit) des Scheiterns dafür sensibilisiert, dass ‚der Andere' einer ist, der sich von ihm unterscheidet und in Bezug auf den man alltäglich um das Gelingen der Perspektivübernahme ringen muss.

Dadurch, dass das kommunikative Handeln problematisch wird, besteht ein Anlass, über kommunikatives Handeln zu kommunizieren, zu reflektieren. In seinen
Bemühungen um den kommunikativen Perspektivwechsel erfährt der Mensch gerade in störanfälliger Kommunikation die Differenz des Anderen und damit sich
selbst in seiner Perspektivität. Er erfährt sich so als jemand, der (nicht unbedingt
souverän) über Handlungsalternativen entscheiden muss, der (ebenfalls nicht unbedingt souverän) neue Möglichkeiten finden muss. Er erfährt sich aus dem kommunikativen Handeln heraus als ein (aus)handlungsfähiges Subjekt. In individualisierten Gesellschaften macht das Individuum aus dem kommunikativen Handeln
heraus eine Intensiverfahrung seiner prekären dezentrierten Subjektivität. Bei alldem ist zu überlegen, wie weit oder eng der Begriff der Kommunikation und auch
der der Intersubjektivität gefasst werden kann und ob und inwiefern neben kognitiven auch emotionale ‚Bewusstseinsakte' bzw. Akte des Fühlens und Empfindens
hierin aufgehoben sein können.

Von der ausgeprägten Erfahrung der Subjektivität her stellt sich dann auch die
Frage nach den Gelingensbedingungen wissenschaftlichen Verstehens. Der Raum
für entsprechende erkenntnistheoretische, methodologische und methodische Erörterungen ist geöffnet. Die Ausarbeitung einer sozialwissenschaftlichen (Proto)
Hermeneutik war getragen vom Wissen um die Strukturen der Lebenswelt. Sie
stellt auch den Ausgangspunkt für die Gewinnung einer Methodologie der hermeneutischen Wissenssoziologie dar (vgl. Soeffner 1989).

**Das Subjekt der invarianten Bewusstseinsformen: Strukturen der Lebenswelt**
Die Möglichkeit zu sinnhaft strukturiertem, kommunikativem Handeln ist nur
unter der Voraussetzung bewusstseinsbegabter Subjekte gegeben. Das jeweilige
Bewusstsein der kommunikativ miteinander Handelnden wird in der Mundanphänomenologie in seinem formalen Aufbau als identisch angenommen. Erst mit dieser Unterstellung ist die Bedingung der Möglichkeit eines Perspektivwechsels vorstellbar. Um das kommunikative Handeln der Subjekte konturenscharf und in adäquaten Kategorien beschreiben zu können, macht es Sinn, über ein Wissen um die
invarianten Formen des subjektiven Bewusstseins, in die die thematischen Sinnsetzungen des Subjekts kommunikativ perspektivisch gefasst sind, zu verfügen.
Die Konstitution dieser invarianten Formen des subjektiven Bewusstseins sind von
Alfred Schütz und Thomas Luckmann als die Strukturen der Lebenswelt mundanphänomenologisch ausgearbeitet worden (vgl. Schütz 1974; Schütz und Luckmann
1979 und 1984), wobei zwischen Sozial- und Lebenswelt zu unterscheiden ist.
Offen bleiben soll hier, wie die Strukturen der Lebenswelt im Spannungsfeld einer
anthropologischen und historischen Fundierung zu verorten sind bzw. wie eine
adäquate Balance konstituiert werden kann. Auch muss über die Frage einer kognitivistischen Einseitigkeit diskutiert werden.

Eingelassen in die aufgeführten Dimensionen, fassen wir in unserer Reformulierung das Subjekt der hermeneutischen Wissenssoziologie im Anschluss an
unsere Diskussion dezentrierter, insouveräner – ‚entschlackter' und das heißt: vor-
aussetzungsärmer. Es bleibt aber gerade deshalb das Subjekt, das im aufeinander
bezogenen Handeln hilft, die soziale Wirklichkeit zu konstituieren und zu konstruieren, und das sich dabei selbst als handelndes Subjekt erfährt.

## Literatur

Arbeitsgruppe Bielefelder Soziologen. (Hrsg.) (1981) [1973]. *Alltagswissen, Interaktion und gesellschaftliche Wirklichkeit* (Bd. 1 und 2). Opladen. Westdeutscher Verlag.
Benhabib, S., Butler, J., Cornell, D., & Fraser, N. (1993). *Der Streit um Differenz. Feminismus und Postmoderne in der Gegenwart.* Frankfurt a. M.: Fischer.
Berger, P., & Luckmann, T. (1980) [1966]. *Die gesellschaftliche Konstruktion der Wirklichkeit. Eine Theorie der Wissenssoziologie.* Frankfurt a. M.: Fischer.
Bourdieu, P. (1987). *Sozialer Sinn. Kritik der theoretischen Vernunft.* Frankfurt a. M.: Suhrkamp.
Bourdieu, P. (1998). *Praktische Vernunft. Zur Theorie des Handelns.* Frankfurt a. M.: Suhrkamp.
Butler, J. (2001). *Psyche der Macht. Das Subjekt der Unterwerfung.* Frankfurt a. M.: Suhrkamp.
Eberle, T. S. (2000). *Lebensweltanalyse und Handlungstheorie. Beiträge zur Verstehenden Soziologie.* Konstanz: UVK.
Foucault, M. (1977). *Überwachen und Strafen. Die Geburt des Gefängnisses.* Frankfurt a. M.: Suhrkamp.
Foucault, M. (1989a). *Der Wille zum Wissen. Sexualität und Wahrheit* (Bd. 1). Frankfurt a. M.: Suhrkamp.
Foucault, M. (1989b). *Der Gebrauch der Lüste. Sexualität und Wahrheit* (Bd. 2). Frankfurt a. M.: Suhrkamp.
Foucault, M. (1989c). *Die Sorge um sich. Sexualität und Wahrheit* (Bd. 3). Frankfurt a. M.: Suhrkamp.
Foucault, M. (2004). *Geschichte der Gouvernementalität* (Bd. 1 und 2). Frankfurt a. M.: Suhrkamp.
Gehlen, A. (1965). *Der Mensch. Seine Natur und seine Stellung in der Welt.* Wiesbaden: Athenaion.
Giddens, A. (1992): *Die Konstitution der Gesellschaft. Grundzüge einer Theorie der Strukturierung.* Frankfurt a. M.: Campus.
Hitzler, R. (1988). *Sinnwelten. Ein Beitrag zum Verstehen von Kulturen.* Opladen: Westdeutscher Verlag.
Hitzler, R. (1997). Der Vorhang im Tempel zerreißt – Orientierungsprobleme im Übergang zu einer „anderen" Moderne? In U. Beck & P. Sopp (Hrsg.), *Individualisierung und Integration. Neue Konfliktlinien und neuer Integrationsmodus?* (S. 49–64). Opladen: Leske + Budrich.

Hitzler, R., & Honer, A. (Hrsg.) (1997). *Sozialwissenschaftliche Hermeneutik. Eine Einführung.* Opladen: Leske + Budrich.

Hitzler, R., Reichertz, J., & Schröer, N. (Hrsg.) (1999). *Hermeneutische Wissenssoziologie. Standpunkte zur Theorie der Interpretation.* Konstanz: UVK.

Honer, A. (1993). *Lebensweltliche Ethnographie. Ein explorativ-interpretativer Forschungsansatz am Beispiel von Heimwerker-Wissen.* Wiesbaden: DUV.

Keller, R. (2005). *Wissenssoziologische Diskursanalyse. Grundlegung eines Forschungsprogramms.* Wiesbaden: VS Verlag für Sozialwissenschaften.

Keller, R. (2008). *Michel Foucault.* Konstanz: UVK.

Keller, R. (2012). *Das interpretative Paradigma. Eine Einführung.* Wiesbaden: VS Verlag für Sozialwissenschaften.

Keller, R., Knoblauch, H., & Reichertz, J. (Hrsg.) (2013). *Kommunikativer Konstruktivismus. Theoretische und empirische Arbeiten zu einem neuen wissenssoziologischen Ansatz.* Wiesbaden: VS Verlag für Sozialwissenschaften.

Knapp, G.-A., & Wetterer, A. (Hrsg.). (1992). *Traditionen Brüche. Entwicklungen feministischer Theorie.* Freiburg: Kore.

Knoblauch, H. (1995). *Kommunikationskultur. Die kommunikative Konstruktion kultureller Kontexte.* Berlin: de Gruyter.

Latour, B. (2007). *Eine neue Soziologie für eine neue Gesellschaft.* Frankfurt a. M.: Suhrkamp.

Luckmann, T. (1999). Wirklichkeiten: Individuelle Konstitution und gesellschaftliche Konstruktion. In R. Hitzler, J. Reichertz, & N. Schröer (Hrsg.), *Wissenssoziologische Hermeneutik. Standpunkte zur Theorie der Interpretation* (S. 171–186). Konstanz: UVK.

Luhmann, N. (1997). *Die Gesellschaft der Gesellschaft.* Frankfurt a. M.: Suhrkamp.

Markowitsch, H. J. (2006). Gene, Meme, „freier Wille": Persönlichkeit als Produkt von Nervensystem und freier Wille. In J. Reichertz & N. Zaboura (Hrsg.), *Akteur Gehirn – oder das vermeintliche Ende des handelnden Subjekts* (S. 31–45). Wiesbaden: VS Verlag für Sozialwissenschaften.

Mead, G. H. (1968). *Geist, Identität und Gesellschaft aus der Sicht des Sozialbehaviorismus.* Frankfurt a. M.: Suhrkamp.

Plessner, H. (1975). *Die Stufen des Organischen und der Mensch.* Berlin: de Gruyter.

Poferl, A. (2009). Orientierung am Subjekt? Eine konzeptionelle Reflexion zur Theorie und Methodologie reflexiver Modernisierung. In M. Weihrich & F. Böhle (Hrsg.), *Handeln unter Unsicherheit* (S. 211–242). Wiesbaden: VS Verlag für Sozialwissenschaften.

Reckwitz, A. (2003). Grundelemente einer Theorie sozialer Praktiken. Eine sozialtheoretische Perspektive. *Zeitschrift für Soziologie, 32*(4), 282–301.

Reckwitz, A. (2008). *Subjekt.* Bielefeld: transcript.

Reichertz, J. (1991). *Aufklärungsarbeit. Kriminalpolizisten und Feldforscher bei der Arbeit.* Stuttgart: Enke.

Reichertz, J. (2000). Objektive Hermeneutik und hermeneutische Wissenssoziologie. In U. Flick, E. v. Kardorff, & I. Steinke (Hrsg.), *Qualitative Forschung. Ein Handbuch* (S. 515–524). Reinbek: Rowohlt.

Reichertz, J. (2003). *Die Abduktion in der qualitativen Sozialforschung.* Opladen: Leske + Budrich.

Schröer, N. (Hrsg.). (1994). *Interpretative Sozialforschung. Auf dem Wege zu einer hermeneutischen Wissenssoziologie.* Wiesbaden: Westdeutscher Verlag.

Schulz-Schaeffer, I. (2010). Praxis, handlungstheoretisch betrachtet. *Zeitschrift für Soziologie, 39*(4), 319–336.

Schütz, A. (1974) [1932]. *Der sinnhafte Aufbau der sozialen Welt. Einleitung in die verstehende Soziologie*. Frankfurt a. M.: Suhrkamp.

Schütz, A., & Luckmann, T. (1979/1984). *Strukturen der Lebenswelt* (Bd. 1 und 2). Frankfurt a. M.: Suhrkamp.

Soeffner, H.-G. (1989). *Auslegung des Alltags – Der Alltag der Auslegung*. Konstanz: UVK.

Soeffner, H.-G. (1994). Das ‚Ebenbild' in der Bilderwelt – Religiösität und die Religionen. In W. M. Sprondel (Hrsg.), *Die Objektivität der Ordnungen und ihre kommunikative Konstruktion* (S. 291–317). Frankfurt a. M.: Suhrkamp.

Soeffner, H.-G. (2000). *Gesellschaft ohne Baldachin. Über die Labilität von Ordnungskonstruktionen*. Weilerswist: Velbrück.

Stäheli, U. (2000). *Poststrukturalistische Soziologien*. Bielefeld: transcript.

Weber, M. (1972) [1922]. *Wirtschaft und Gesellschaft. Grundriss der verstehenden Soziologie* (5., überarbeitet Aufl.). Tübingen: Mohr.

Weber, M. (1980) [1913]. Über einige Kategorien der verstehenden Soziologie. In M. Weber (Hrsg.), *Gesammelte Aufsätze zur Wissenschaftslehre* (7. Aufl., S. 427–474). Tübingen: Mohr.

Weber, M. (2007) [1905]. *Die protestantische Ethik und der Geist des Kapitalismus*. Erftstadt: AREA.

# Zwischen Selbstmythisierung und Entmythologisierung. Metamorphosen des abendländischen Ichs

Hans-Georg Soeffner

## 1 Ausgangslage und Konstellationen

Zu den Selbstverständlichkeiten gegenwärtiger Sozial- und Kulturtheorien zählt die Annahme, eines der wesentlichen Kennzeichen der Gegenwartsgesellschaften sei ein seit langem beobachtbarer Prozess zunehmender Individualisierung. Für ‚westliche‘, christlich geprägte und/oder säkularisierte Gesellschaften trifft diese Annahme weitgehend zu, wenngleich die einzelnen gesellschaftlichen Segmente auf diese Prozesse unterschiedlich reagieren: passiv bis (frei)willig oder verzögert und widerstrebend. Schon an dem Spektrum der Reaktionen lässt sich erkennen, dass der Ausdruck ‚Individualisierung‘ zur neutralen Beschreibungskategorie wenig taugt. Normative Zuschreibungen, deren Spannungsweite sich zwischen ‚Individualisierung‘ als Erziehungsziel auf der einen und als Indiz gesellschaftlichen Verfalls auf der anderen Seite erstreckt, vermischen sich beinahe durchgehend mit deskriptiven Objektivierungsbemühungen. Immerhin, so unterschiedlich die Bewertung des Individualisierungsprozesses auch ausfällt, es besteht Einigkeit darüber, dass er stattfindet. Allerdings entgeht dieser überwiegend ‚westlichen‘

---

Der Essay fasst einige Überlegungen aus meinen religionssoziologischen und symboltheoretischen Arbeiten skizzenhaft zusammen – mit dem Ziel, den ‚abendländischen Sonderweg‘ bei der Konstruktion eines spezifischen Subjektbildes erkennbar zu machen.

---

H.-G. Soeffner (✉)
Essen, Deutschland
E-Mail: Hans-Georg.Soeffner@kwi-nrw.de

© Springer Fachmedien Wiesbaden 2014                                    23
A. Poferl, N. Schröer (Hrsg.), *Wer oder was handelt?*,
Wissen, Kommunikation und Gesellschaft, DOI 10.1007/978-3-658-02521-2_2

Selbstbeobachtung, dass weder ihr Begriff des Individuums noch die überaus hohe Wertschätzung des Bildes vom Individuum von anderen Kulturkreisen geteilt wird und dass der Ausdruck ‚Individualisierung' – wenn er von ihnen überhaupt benutzt wird – völlig andere als im ‚Westen' übliche Interpretationen erfahren kann.

Denn dass dem einzelnen Menschen, dem Individuum als Solchem, ein hoher oder gar der höchste Wert zukommen soll – wie etwa in den Verfassungen der westlichen Demokratien – ist alles andere als selbstverständlich. Dieses Postulat verdankt sich einer spezifischen soziohistorischen Entwicklung, die im Mittelmeerraum einsetzte, sich aus griechisch-römischer Philosophie und jüdisch-christlichen Überzeugungen speiste, den ‚okzidentalen' (Max Weber) Sonderweg der europäischen Aufklärung einschlug und schließlich am Ende des 18. Jahrhunderts und im Zusammenspiel von ökonomischer, sozialer und politischer Revolution jene Vorstellung vom Individuum als freiem, selbstbewusstem Bürger hervorbrachte, auf die sich der moderne Verfassungsstaat stützt – indem er seinerseits dieses Bürger-Individuum und dessen individuelle Würde schützt.

Andere Kulturkreise sind diesen Weg nicht gegangen. Der Gedanke, den einzelnen Menschen aus Sippe, Clan, Familie, Gemeinschaft herauszulösen und ihn zum höchsten Wert zu erheben, liegt ihnen fern. Bei ihnen sind auch die herausragenden Einzelnen – Könige, Heerführer, Propheten, Weise oder Gesetzgeber – Repräsentanten einer Gemeinschaft: nicht eines Selbst-, sondern eines Kollektivbewusstseins.

Dennoch wissen auch diese Kulturkreise um die *strukturelle,* unaufhebbare Differenz sowohl zwischen dem Einzelnen und der Gemeinschaft als auch zwischen den einzelnen Menschen. Denn diesseits aller kulturell und religiös geprägten Welt- und Menschenbilder erfahren alle Menschen, dass es für sie als einzelne eine prinzipielle Unvertretbarkeit gibt: Jeder Mensch atmet, isst, schwitzt, friert, fühlt, liebt, erleidet und lebt sein Leben im eigenen Leib bis zum je eigenen Sterben und Tod. Diesem sowohl strukturellen als auch jederzeit erlebbaren und in Grenzsituationen als unentrinnbar erfahrenen Solitär-Sein steht jedoch die ebenso basale Sozialität des Menschen als eines *animal sociale* entgegen.

Die hieraus entstehende, grundlegende Doppelstruktur versetzt das menschliche Lebewesen in ein unaufhebbares Spannungsverhältnis zu sich selbst, seinen Mitmenschen und seiner Welt. Es ist ein Spannungsverhältnis, dem die Mitte fehlt. Es fundiert die „exzentrische Positionalität" des Menschen (Helmuth Plessner) und macht jeden Menschen zu einer widersprüchlichen Einheit von Solitär und jenem Verhältniswesen, das nicht nur in einem Verhältnis zu sich selbst steht, sondern auch zu anderen Einzelnen und zur ‚Gesellschaft' (Familie, Clan, Gemeinschaft, Volk). Ihnen kann es sich nicht nur angleichen, sondern auch bewusst gegenüberstellen.

Solange der einzelne Mensch fest eingebettet und positioniert ist in einem überschaubaren, gesellschaftlichen Verband, mit dem er die gleiche Weltsicht, die gleichen Überzeugungen und weitgehend das gleiche Wissen teilt – so wie dies in den so genannten ‚einfachen' Gesellschaften der Fall ist – wird ihm die eigene Position und damit seine persönliche Identität nicht zum Problem: Er weiß, wer er ist, wo er steht, wer die anderen sind, wo sie stehen, und er teilt dieses Wissen mit jedermann in seinem Verband. Es ist ein Verband, der nicht nur in einfachen, sondern auch in komplexen, pluralistischen Vergesellschaftungsformen sowohl seine Ordnungsmuster und ‚sozialen Typen' als auch die Positionierung der einzelnen Menschen im gesellschaftlichen Gefüge in *wechselseitigen Spiegelungsprozessen* (Cooley) interaktiv hervorbringt: in einem Prozess von Bildgebung, Bilderaustausch und Bilderkorrektur – dem Material sozialer Identitäten.

Die exzentrische Positionalität des Menschen und die darin anthropologisch angelegte Auseinandersetzung mit dem Schicksal, zugleich Einzel- *und* Sozialwesen zu sein und aus dieser Bestimmung eine – sei sie auch noch so widersprüchliche – Einheit herstellen zu müssen, bilden gemeinsam eine generative Struktur. Diese bringt im Zusammenspiel mit den unterschiedlichen sozialen Umwelten, in denen menschliche Vergesellschaftungsprozesse stattfinden, ein weites Spektrum von Konstellationen hervor. In ihnen finden die einzelnen Menschen in jeweils soziohistorisch spezifischer Weise ihre jeweiligen Positionen: sowohl als weitgehend integrierte Elemente eines Kollektivs wie auch als Außenseiter und herausgehobene Subjekte oder als unaustauschbares, singuläres (‚autonomes', ‚emanzipiertes' etc.) Individuum.

Die Geschichte einer dieser Konstellationen wird im Folgenden skizzenhaft nacherzählt: Die Geschichte der abendländischen Subjektivitätsvorstellung und ihres Helden, des ‚modernen' Individuums.

## 2 Ein abendländisches Narrativ

Die Mythen und Religionen des ‚christlichen' (antiken, jüdischen) Abendlandes und die von ihnen gespeisten und aus ihnen hervorgegangenen Philosophien bzw. Weltanschauungen lesen sich für denjenigen, der an einer Geschichte der Subjektivität interessiert ist, wie ein in unendlich viele Episoden verzweigter Bildungs- und Entwicklungsroman. Die Entwicklung des immer neue Metamorphosen durchlaufenden Helden, des Subjekts, schreitet zunächst nur sehr langsam voran, bis sie sich im Verlauf der letzten drei Jahrhunderte immer mehr beschleunigt. Tragisches und Komisches, Heroisches und Pragmatisches, Außergewöhnliches und Banales wechseln in dieser Geschichte einander ab. Schließlich wird in den verschiedenen

Kostümen und Rollen eine ‚Gestalt' erkennbar – in der Sprache Goethes und des frühen 19. Jahrhunderts: eine (vor)geprägte Form, die lebend sich entwickelt. Die Philosophen der Aufklärung und ihre Nachfolger präparieren in ihren rationalen Gedankenexperimenten abstrakt das heraus, was in symbolischen Formen und Bildern bereits reichhaltig ausgemalt war: Die Frage nach der ‚Verwurzelung' oder ‚Begründung' von ‚Sozialität' (Staat, Sozialvertrag, Gemeinwesen) führt sie zu jenem Element, das den Kern des „Gesellschaftlichen" und zugleich dessen Grenze ausmacht: auf das Individuum als vereinzeltes und zugleich vergesellschaftetes. Die strukturell vorgegebene und potentiell in allen Zeiten aktualisierbare Vereinzelung von Individuen gegenüber Gemeinschaften oder Gesellschaften (s. o.) wird nun sowohl für den Einzelnen als auch für die Gesellschaften als Bedrohung *und* Chance begriffen. Als Chance zur Erweiterung des Freiraumes von Individuen treibt sie die Individualisierung voran. Als Bedrohung der Gemeinschaft und Angst vor der Bindungslosigkeit des Einzelnen wird sie zum Motiv des Einzelnen, sich an dauerhafte, feste Formen zu binden: sich bedingungslos in eine ‚totale' Gemeinschaft einzupassen.

In einer bewussten und programmatischen Umkehrung des großen mythischen Narrativs vom ‚goldenen Zeitalter' und dem dieser glücklichen Ära stufenweise folgenden, unaufhaltsamen Verfall, der – sofern der Mythos in eine zyklische Zeitvorstellung eingebettet ist – am Ende wieder durch ein neues goldenes Zeitalter oder ein Paradies abgelöst wird, erzählen die Philosophen und frühen Soziologen, beispielhaft Auguste Comte, die Geschichte der Menschheit neu. Es ist nun die Geschichte von Kindern, die auszogen, erwachsen zu werden. In der Kindheit der Menschen, so will es diese Geschichte, wurde Kultur zunächst durch Religion gestiftet. Dann aber löst sich die erwachsen gewordene, aufgeklärte Vernunft von ihren Kindheitsmärchen, die als Illusionen ‚entlarvt' werden: Kultur und Wissenschaft treten an die Stelle von Religion.

Eine historische Wissenssoziologie wird diese Geschichte wiederum umschreiben und eine ‚wissenschaftlich begründete' Kultur nicht lediglich als verständig gewordene Nachfahrin der alten Mythen, sondern auch als innerweltliche Nachfolgereligion christlich-jüdischer und antiker Weltbilder sehen. Im Rahmen einer solchen Neufassung dieser Geschichte beschreibt Helmuth Plessner (Die verspätete Nation), wie sich der zunächst ausschließlich religiös fundierte Erlösungs- und Heilswunsch verlagert: von der Hoffnung auf außerweltliche Erlösung hin zur Sehnsucht nach einer Erfüllung im Diesseits. Es ist eine Verlagerung, in der an die Stelle des „verlorenen Jenseits" ein „verborgenes Diesseits" tritt.

Der Glaube hat dabei seine Richtung verändert: vom Jenseits auf das Diesseits. Er bleibt jedoch, was er war: ein Glaube, eine religiöse Vorstellung, auch wenn sich diese nun in einem innerweltlich orientierten Erlösungswunsch präsentiert. ‚Kultur' als Verankerung der ‚wahren Natur' (nun der ‚zweiten Natur') des Menschen *in* der Welt – statt ihr gegenüber – anzusehen, ist Teil dieses Glaubens: eines neu geordneten religiösen Vorgangs, in dem die Jenseitsfrömmigkeit von ‚Weltfrömmigkeit' abgelöst wird.

Zwar wird auch durch diesen innerweltlich basierten Glauben das Individuum in eine gesellschaftliche und geschichtlich transzendente Wirklichkeit eingefügt, aber er beruht auf einer neuartig organisierten Modellierungsform. Nun ist es eine ‚wissenschaftlich' begründete Weltanschauung, die als Diesseitsreligion die Selbstüberschreitung des Menschen zu leisten hat. Diese innerweltlich orientierte Transzendenz muss sich einerseits *in* Gesellschaft und Geschichte vollziehen, andererseits steht sie diesen als Überhöhung des Alltäglichen und des faktisch Auferlegten *gegenüber*: Kultur als Goldhintergrund, dessen Widerschein die Alltagszwänge in das freundliche Licht der Freiheit, des Spiels und der Kunst taucht.

Am Anfang dieser Entwicklungslinie stand das Individuum einem absoluten Subjekt, dem ‚Einen Gott' gegenüber. An dieses Absolute sollte es – gerade *wider* alle Vernunft – glauben. Nun, am vorläufigen Ende dieser Entwicklung finden wir eine Subjektvorstellung, die das Individuum ins Zentrum des gesellschaftlichen Kosmos stellt: als egozentriertes Subjekt, das sich auf eine Diesseitsreligion stützt und die Attribute seiner Selbstbeschreibung dem ehemaligen absoluten, göttlichen Souverän entleiht. Wie dieser so beansprucht es für sich, selbstversorgt, selbstreflexiv und autonom zu sein. Wenn es überhaupt noch einem Gott folgt, dann dem ‚je eigenen' (Ulrich Beck).

Egozentriertheit ist, wie sich gerade an der aufdringlichen Betonung des Zentrums erkennen lässt, offensichtlich ein pathetischer Antwortversuch auf die Labilität der exzentrischen Positionalität. Zugleich offenbart dieser Versuch, dass der Entwurf eines selbstversorgten, monadischen Individuums gerade das ausklammert, was die Monade zum Überleben braucht und was sie am Leben hält: die Einbettung in eine soziale Welt – mögen ‚die Anderen' auch noch so sehr als lästig oder als ‚Hölle' (Sartre) empfunden werden.

So schlüssig sich der Entwicklungsroman des abendländischen Ichs erzählen lässt, er vernachlässigt ein zentrales Problem der in der exzentrischen Positionalität des Menschen angelegten anthropologischen Grundkonstellation: Die ‚auferlegte' Sozialität erzwingt sozialen Austausch, das strukturelle Solitär-Sein die Vermittlung des Unmittelbaren. Helmuth Plessner charakterisiert diese Problemlage durch das ‚anthropologische Grundgesetz' der „vermittelten Unmittelbarkeit" (Plessner 1975 [1929]) und den darin angelegten Zwang zur Kommunikation: Die Gleichgewichtslosigkeit seiner exzentrischen Position zwingt den einzelnen Menschen, nach einem Halt zu suchen, den er sich selbst nicht geben kann.

## 3  Vermittlung

Gleichgewichtslos ist die exzentrische Positionalität in mehrfacher Hinsicht: Da
der einzelne Mensch – anders als ein Tier in ‚zentrischer' Positionalität – in sich
kein Zentrum findet, bildet er, wie sich in Anlehnung an Kierkegaard sagen lässt,
immer schon ein Verhältnis ab, das sich zu sich selbst verhält (vgl. Kierkegaard
1960). Zugleich ist dieses Verhältniswesen auf seinesgleichen: auf andere Verhältniswesen angewiesen. Sie sind seine Mitwelt und leben mit ihm in einer Welt, die
ihnen ebenfalls nicht ‚als solche' *gegeben*, sondern als Deutungs- und Konstruk-
tionsfeld *aufgegeben* ist. Pointiert ausgedrückt: Als ein sich mit sich selbst ver-
mittelndes Verhältniswesen muss der Einzelne sich mit anderen Verhältniswesen
seiner sozialen Welt und mit seiner Umwelt insgesamt vermitteln. Unmittelbarkeit
gibt es nur als vermittelte: Das einzig Unmittelbare, immer schon Gegebene ist die
Vermittlung. Selbst, Mitwelt und Welt sind konstituiert als Relationierungs-, Inter-
aktions- und Kommunikationsprozesse.

Exzentrisch positioniert zu sein, heißt zudem, dass auch ‚Sozialität' nicht per
se existiert, sondern hergestellt werden muss. Die Grenze zwischen dem Einzelnen und der Sozialwelt verläuft bereits innerhalb dessen, was er ‚Ich' zu nennen
gewohnt ist. Zugehörigkeit zur Sozialwelt und Abgrenzung von ihr sind gleich
konstitutiv: „Wenn ich sage: ‚Ich', meine ich mich als diesen alle anderen Ausschließenden; aber was ich sage, Ich, ist eben jeder: Ich, der alle anderen von sich
ausschließt. […] Alle anderen Menschen haben es mit mir gemeinsam, Ich zu sein,
wie es allen ‚meinen Empfindungen, Vorstellungen usf. gemeinsam ist, die meini-
gen zu sein" (Hegel 1970 [1830], § 20). Das menschliche Verhältniswesen erfährt
beides: seine Sozialität und sein immer mögliches Solitärsein, seine Vereinzelung.

Obwohl Solitärsein, sei es auferlegt oder Ergebnis einer bewussten Entscheidung, seinen erfahrbaren und ‚nach außen' sichtbaren Ausdruck in der Exkommunikation des Einzelnen aus seiner sozialen Umgebung findet, kennt selbst dieser
Ausschluss eine gesellschaftlich bekannte und auch anerkannte Ausdrucksform:
den Unsagbarkeitstopos. Er kleidet das Unsagbare, Unausdrückbare in das Pathos
der Exklusivität. Zugleich ist er Ausdruck des Paradoxes, dass auch das individuell
Unsagbare sozial angezeigt und die Vereinzelung ‚gesellschaftlich' erkannt oder
ratifiziert werden muss: Auch die Exkommunikation aus einer Lebens-, Sprach-
oder Bedeutungsgemeinschaft muss kommunizierbar sein.

Der Unsagbarkeitstopos, oft verbunden mit dem Tabu, einen ‚Namen' (des Gottes, Geistes, Totems etc.) auszusprechen, ist in allen Kulturen bekannt. Wer nach
seiner Herkunft fragt, stößt zum einen (historisch schon sehr früh) auf den Erfah-
rungsbereich des Religiösen und darin wiederum auf das ‚Numinose', auf etwas,
das als „ineffabile" sowohl „begrifflicher Erfassung" als auch rationalem Zugriff

(womit per se ein intersubjektiver Zugriff gemeint ist) „völlig unzugänglich ist" (Otto 1963 [1917], S. 5)[1]; zum anderen auf die von einem Einzelnen erfahrene Differenz zwischen subjektiver Empfindungsqualität und Ausdrucksintention einerseits und vorfindbaren, objektivierten ‚Sprachmitteln' andererseits: Zwischen individueller Bedeutungsbeigabe und kollektiven Bedeutungsträgern. Hier ist nicht ein ‚Es' – das Unbewusste – unausdrückbar, sondern ein ‚Ich'.

Beide Unsagbarkeitsempfindungen gehören zusammen. Sowohl das als ‚außerhalb' von Individuum und Gemeinschaft erlebte Numinose als auch die im Individuum konstituierte Differenzerfahrung können verstanden werden als die Erfahrung von Empfindungsüberschuss und Vermittlungsunfähigkeit. – Eine der konsequentesten literarischen Gestaltungen des Numinosen als ‚Reflex' eines gesellschaftlich exkommunizierten ‚Ich' auf sich selbst – Meyrinks „Golem" (Meyrink 1984 [1915]) – verlegt kollektive Mythen und Symbolketten, zusammen mit den in sie eingeflochtenen Gestalten, in die Vorstellungswelt *eines* Menschen und lässt sie dort ihre Kämpfe austragen. Es sind Kämpfe, die der Held hofft, bestehen zu können, solange er die Gegner ‚außerhalb' seiner selbst wähnt. Die Katastrophe bricht ein, und der Untergang ist besiegelt, als dem Helden sein ‚Doppelgänger', also er sich selbst, entgegentritt.

Was Meyrink nahelegt, das Numinose – den ‚Gegenstand' des Religiösen – in das ‚Innere' des Individuums zu verlegen, es womöglich mit dem Individuum gleichzusetzen, stellt eine konsequente, zeitgeschichtlich bedingte Interpretation des Zusammenwirkens vom ‚Individualisierung der Religion' und der ‚Religion vom Individuum' dar (vgl. Soeffner 2000, S. 120). Dieses Zusammenwirken fördert die Ereignisstelle zutage, an der sich Religiosität ‚vollzieht': das Individuum als Ursprung des Religiösen.

Auch hier lassen sich unterschiedliche Phasen in der historischen Entwicklung des religiös bestimmten Individualitätskonzeptes nachzeichnen. Ging es dem Reformator Luther noch um die ‚Reichsunmittelbarkeit' des Einzelnen gegenüber Gott, so wird bei Simmel, dem Advokaten des Individuums, daraus „die völlige Einzigkeit des Einzelnen, der seinem Gott gegenübersteht" (Simmel 1912, S. 78). Strukturell jedoch stellt die Erfahrung des Solitärseins den einzelnen in seiner ‚Einzigkeit' nicht nur seinem Gott gegenüber, sondern auch der Gesellschaft, mit der sich das Individuum, so sozial und sozialisiert es auch sei, *nach dieser Erfahrung* niemals mehr verrechnen lässt und in der es niemals mehr gänzlich und auf Dauer aufgehen wird.

Die Vereinzelung des Individuums gegenüber der Gesellschaft, dem innerweltlichen Gott Durkheims, führt jedoch nicht zu der Bodenlosigkeit, die dem Erlebnis des Numinosen zugeschrieben wird. Gegenüber der Gesellschaft versinkt der

---

[1] Zu den einzelnen „Momenten des Numinosen", auf die hier nicht eingegangen werden soll, vgl. S. 8–74.

Einzelne noch nicht im Nichts. Davor bewahrt ihn letztlich ein beinahe urwüchsiger Glaube an sich selbst, „eine im letzten Gefühl des Ich fundamentale Ruhe und Sicherheit, ausgeprägt in der Vorstellung, dass man dieses Ich jeder Situation gegenüber siegreich bewahren und durchsetzen werde" (Simmel 1912, S. 46). Eben diese Ruhe und Sicherheit sind die Voraussetzung dafür, dass es dem Einzelnen – selten genug – gelingen kann, sich der Gesellschaft und, schwerer noch, einer Gemeinschaft entgegenzustellen. Sie sind auch die Voraussetzung dafür, dass der Einzelne in seiner Besonderheit und Einzigartigkeit für sein Handeln verantwortlich gemacht werden und dass er sich weder im Kollektiv verstecken noch in bewährten Vorgängern aufgehen kann.

## 4   Eine abendländische Figuration

Im Glauben der Moderne an das Individuum wird dem Einzelnen damit jene Einzigartigkeit zugeschrieben, die ihm einerseits eine gewisse Standfestigkeit gegenüber einer vollständigen Vergesellschaftung verleiht, die ihn jedoch anderseits in der Erfahrung des Solitärseins von allen gesellschaftlichen Sicherheiten und Einbettungen ablöst, auf die er sich sonst zu stützen gewohnt war. Es ist eine Ablösung, die von Kulten und Ritualen – kollektiv gestützten symbolischen Formen – nicht mehr abgefangen werden kann.

In dieser Vereinzelung wird das Ich – das gegenüber der Gesellschaft tendenziell Absolute – ein innerweltlich fundiertes Absolutes. Eben jenes innerweltlich Absolute ist nun das Wesensgegenüber des ‚jenseitigen' Absoluten, des Gottes. Im christlichen Mittelalter wurde diese Ablösungs- und Vereinzelungserfahrung als Abwendung von Gott interpretiert: als die Todsünde der Melancholie, des Versinkens in sich selbst. Bonaventuras „Nachtwachen" (Bonaventura 1970 [1805]), als Dokument der ‚Nachtseiten' ein Gegenstück zu den „Hymnen an die Nacht" (Novalis 1958 [1800]), lösen in der deutschen Romantik das Verhältnis Gott/Mensch ab durch das Verhältnis des Einzelnen zu sich selbst, eines Einzelnen, dessen Frage nach einem Gott als Echo zurückgeworfen wird (Bonaventura 1970 [1805], S. 134).

Als absolutes, von anderen Relationen losgelöstes Spiegel- und Echoverhältnis eines Ich mit sich selbst, stellt sich der nachreformatorische Einzelne – vor allem im Calvinismus – noch die Frage, ob Gott sich von ihm abgewandt habe. Bliebe man in die Bildsprache des Mittelalters, so könnte man von einem melancholischen Gott sprechen, der sich, indem er sich von der eigenen Schöpfung abwendet, sich selbst überlässt. Menschliche und göttliche Melancholie träfen so aufeinander, bevor das ‚moderne' Individuum den Glauben an das transzendente Absolute durch den Glauben an sich selbst, das innerweltlich Absolute, ersetzt.

Rodin setzt diesem neuen Denken in der Skulptur des ‚Denkers' ein prägnantes·Denkmal, indem er die vormals negativ besetzte ‚Ganzkörpergeste', in der die Melancholie ihren Ausdruck fand, vollständig umwertet und neu besetzt: Der von Gott und der Welt sich abwendende, in sich selbst gebeugte menschliche Körper – ehemals Sinnbild eines ausweglosen in-sich-selbst-Versinkens und damit der Gottferne und der Gottverlassenheit – wird zum Symbol des kraftvollen[2], auf sich selbst konzentrierten Individuums, das gerade aus der Abwendung von seiner Umwelt Stärke und Autonomie des Denkens gewinnt.

Das exzentrisch positionierte, strukturell vorgegebene Solitärsein, stößt also unverkennbar *alle* unterschiedlichen, von der Historie immer wieder neu eingekleideten Entwicklungen der Erfahrung von Vereinzelung an. Ob dabei das Individuum ‚bewusst' um seiner selbst willen mit sich allein sein will oder nicht, ist zwar eine für jede Ethik und Moralphilosophie bedeutsame Frage. Strukturell vorrangig ist jedoch, dass das Individuum überhaupt gezwungen sein kann, mit sich selbst allein zu sein, und das, obwohl es doch – als Sozialwesen – allein gar nicht existenzfähig ist.

Es ist – wie immer es sich selbst definiert – ein unvollständiges Subjekt, ein invalider Monarch seiner Autonomie, eingespannt in zwei einander zugleich widerstrebende und ergänzende Transzendenzbewegungen. In der einen überschreitet sich dieser monadische Torso in Richtung auf andere Individuen oder Gemeinschaften, in der anderen unterschreitet er sich als Sozialwesen und erlebt sich als tendenziell solitäre Monade.

Diese solitäre Monade erfährt sich in Grenzsituationen der Vereinzelung – Sterben, Schmerz, Depression, Trauer, Verlassenheit oder auch Ekstase – als ‚außerhalb der Sprache', als unausdrückbar (s. o.). Als ‚reine' Individualität steht sie damit jenseits der Gesellschaft wie die individuelle Religiosität jenseits der Kollektivgüter Religion und Moral: Die menschliche Monade ist zwar nicht ausschließlich ein ‚Absolutes', aber dennoch das eigentliche Gegenüber der Gesellschaft, das ihr gegenüber tendenziell Anomische. Sie in der Rede und der Interaktion zu rekommunizieren, ist das Geschäft alltäglicher Sozialität, sie in kollektiv geteilten Sinn und in eine überdauernde Ordnung einzufügen, die Leistung der ‚Gemeinschaftsmythen', der symbolischen Formen, Riten, Rituale: unserer Geschichten von der Welt und unserer Welt in Geschichten.

Die Erfahrung der Vereinzelung und Exkommunikation dagegen *kann* zu einer spezifischen Begegnung (neben vielleicht anderen möglichen) mit dem ‚Numi-

---

[2] Auguste Rodin wählte als Modell für seine Skulptur einen Boxer.

nosen', dem ‚Unsagbaren' werden: im Versinken des Einzelnen in der Reichsunmittelbarkeit nur zu sich selbst, im Erschrecken darüber, dass der Sinn des
Einzellebens durch den ‚erlernten' sozialen Sinn nicht abgedeckt ist oder nicht
gedeckt sein könnte. Hier ist der Ort eines Symbolismus, in dem der Einzelne in
individueller symbolischer Formung einen Ausdruck findet, der noch nicht – und
in strengem Sinne nie – kollektiv übersetzbar ist. Letztlich verdanken sich beide,
‚autonomer Symbolismus' und ‚autonomes Kunstwerk', dem gleichen Ursprung:
der Krisenerfahrung exzentrischer Vereinzelung und dem schöpferischen Versuch
der Überwindung dieser Erfahrung. Beide stehen an der Bruchstelle zwischen ge-
meinschaftlicher Sinngebung und individualisierter Erfahrungs- und Erlebniswelt.

Aus dieser grundlegenden Erfahrung der Differenz zwischen subjektivem und
sozialem Sinn ergibt sich die strukturelle Gleichheit von (auch innerweltlich)
religiöser und künstlerischer Haltung bzw. Einstellung gegenüber der Welt: der
Entwurf zunächst noch nicht – und der subjektiven Herkunft nach nie – sozial
legitimierter Bilder und Vorstellungen sowie die Anstrengung um die zugleich
notwendige und dennoch (im individuellen Erleben und Überprüfen) nie restlos
gelingende Objektivierung des Subjektiven.

Stärker als andere soziale Ordnungen vor ihnen bringen die nachaufkläreri-
schen, pluralistischen modernen Gesellschaften das zum Vorschein, was strukturell
in der exzentrischen Positionalität des Menschen immer schon angelegt ist. Sie
repräsentieren weder einen Verbund relativ geschlossener Gemeinschaften noch
lediglich ein funktional ausdifferenziertes, gesellschaftliches System: eine (Welt-)
Gesellschaft. Eher schon bilden sie eine Gesellschaft von Gemeinschaften, die
ihrerseits dazu tendieren, sich als Gemeinschaften von Einzelnen zu verstehen.
Letztere präsentieren sich dabei in ihrem Selbstverständnis wiederum in dem, was
sie ihrer vorgegebenen Bestimmung nach sind: im Paradox des solitären Verhält-
niswesens.

## 5  Perspektivische Egologik

Moderne, pluralistische Vergesellschaftungsformen forcieren durch die für jeden
Einzelnen erlebbare Konkurrenz der Religionen und Weltanschauungen sowohl
den ‚Zwang zur Häresie' (Peter L. Berger) – die individuelle *Entscheidung* für die
eigene Weltanschauung – als auch durch ‚ökonomisch' bedingte räumliche und
soziale Mobilität die *strukturelle* Individualisierung. Damit entsteht eine gesellschaftliche Situation, in der sich der Glaube an das Individuum als *Weltanschauung*
und der *strukturelle* Druck auf die Individuen, sich neuen Erfahrungen aussetzen
und sich auf die eigene Erfahrung verlassen zu müssen, wechselseitig verstärken.

Individuelle Autonomie als weltanschauliche Maxime, Erziehungsziel und Basis der Leitidee ökonomischer Nutzenmaximierung erscheint so – beinahe zwangs-

läufig und ‚alternativlos' – als adäquate Sinnfigur für ein Leben im Zeichen struktureller Individualisierung: Ganz so, als habe das abendländische Ich nun auch ‚objektiv' historisch zu sich selbst gefunden – in der wechselseitigen Spiegelung und Verstärkung von gesellschaftlicher Lage einerseits und der paradoxen Sinnfigur eines Kollektivglaubens, in dessen Zentrum das Individuum steht andererseits.

Aber die bisher erzählte Geschichte der Metamorphosen des abendländischen Ichs ist unvollständig. Sie hat noch einen anderen Erzählstrang, den der Entstehung des okzidentalen Wissenschaftsbegriffes. Dieser setzt zwar ebenfalls und sogar noch pointierter auf ein Ich als unhintergehbares Subjekt. Zugleich aber arbeitet er die Grenzen dieses Subjekts heraus, eines Ichs, das einerseits ‚im letzten' immer wieder auf die eigenen Wahrnehmungen, Erfahrungen, Empfindungen – und den eigenen Leib – verwiesen wird, das aber andererseits zur Selbstreflexion und zum sowohl existenziellen als auch methodischen Zweifel an solchen Gewissheiten gezwungen wird, die sich auf nichts anderes als auf den unsicheren Grund der Erfahrungen eines endlichen Subjekts stützen können.

Auch dieser Erzählstrang, in dessen Mittelpunkt die Evolution der ‚okzidentalen' Wissenschaftskonzeption steht, nimmt seinen Ausgangspunkt bei der spezifischen, historischen, mittelmeerischen Konstellation: dem Zusammenspiel und den Wechselwirkungen (Simmel) zwischen griechischer Philosophie und jüdisch-christlicher Religion. Es ist ein Zusammenspiel zwischen dem sokratischen Zweifel an der Sicherheit des Wissens – „Ich weiß, dass ich nicht weiß" – und der einzigen Weltreligion, in der ein ‚göttlicher Religionsstifter', der Sohn Gottes und damit der Gott in seiner ‚Dreieinigkeit', an sich selbst zweifelt – „Mein Gott, mein Gott, warum hast Du mich verlassen?" (NT, Markus 15, Vers 34; Matthäus 27; Vers 46).

In der europäischen Neuzeit wird Descartes das Zweifeln ‚methodisieren' und auf jenen Standort zentrieren, an dem der Zweifel stattfindet, auf das reflektierende Ich: Nicht nur, weil ich denke, bin ich („cogito (ergo) sum"), sondern selbst dann, wenn ich zweifle, bleibt als Letztes das zweifelnde Ich („dubito (ergo) sum"). In der Folge kristallisiert sich – von Kant über Husserl bis hin zum ‚kritischen Rationalismus' Poppers – ein Konzept wissenschaftlicher Wahrheit heraus, das sich in jedem konkreten Fall dezidiert der systematischen Kritik und dem methodisierten Zweifel aussetzt: das Falsifikationsprinzip (vgl. Soeffner 2009).

Dieses spezifische Konzept wissenschaftlicher Wahrheit beansprucht, für alle zu gelten, ‚die Wahrheit wollen' und „wem diese Wahrheit nicht wertvoll ist", so Max Weber weiter „– *und der Glaube an den Wert wissenschaftlicher Wahrheit ist Produkt bestimmter Kulturen und nichts Naturgegebenes.* [Hervorhebung H.-G.S.] – dem haben wir mit den Mitteln unserer Wissenschaft nichts zu bieten" (Weber 1973, S. 213). Demjenigen allerdings, dem diese Wahrheit wertvoll ist, wird auch der Zweifel wertvoll und unersetzlich: als analytisches Gegengift gegen absolute Gewissheiten.

Denn gerade der Zweifel, der bei allen, die ‚positiv' denken wollen und das rasche ‚effektive' Handeln lieben, übel beleumundet ist, bringt mehr hervor, als er zerstört. Er zwingt zum Erfinden von Alternativen, zum Entwurf von Optionen: zum Denken im Zeichen des „kategorischen Konjunktivs" (Helmuth Plessner). Damit ist er der erklärte, als solcher auch erkannte und gehasste Feind jenes ebenso beliebten wie eindimensional platten Pragmatismus, der von den Formeln ‚Alternativlosigkeit' und ‚Sachzwang' lebt.

Allerdings steht der analytischen, erfinderischen Stärke des Zweifels eine ‚positionale' Schwäche gegenüber: Denn sein sozialer Repräsentant ist zunächst nur ein Einzelner, das zweifelnde Ich (s. o.). Von ihm wird Mut verlangt: Kants Aufruf: „Habe Mut, dich deines eigenen Verstandes zu bedienen!" – und zwar „ohne Leitung eines anderen" ist gerade deswegen „der Wahlspruch der Aufklärung" (Kant 1971 [1783], S. 53), weil der einzelne nur durch die Kontrastierung seines Verstandes, genauer: des für den eigenen Verstand und die eigne Erfahrung ‚Wirklichen' einerseits mit dem, was ‚man' als gesellschaftlich konstruierte und dadurch scheinbar gesicherte Wirklichkeit annimmt andererseits, die Chance gewinnt, ‚sich aus der ihm beinahe zur Natur gewordenen Unmündigkeit herauszuarbeiten' (vgl. Kant 1971 [1783], S. 53). Heinrich Rickert und mit ihm Max Weber haben daraus den sowohl erkenntnistheoretischen als auch methodologischen Schluss gezogen, dass wir „das Wirkliche im Besonderen und Individuellen" haben und dass es sich „niemals aus allgemeinen Elementen aufbauen" lässt (Rickert 1986, S. 63).

Der methodologische Individualismus und das analytische Konstruktionsprinzip einer ‚egologischen Perspektive' haben in dieser Programmatik ihren sowohl theoretischen als auch ‚existenziellen' Kern – und damit verbunden: ihre analytische Stärke und positionale Schwäche. Der positionalen Schwäche des Zweifelnden, auf das es setzt, begegnet das okzidentale Wissenschaftsverständnis – erfolgreich – mit zwei einander ergänzenden Strategien. 1) Es setzt zwar auf den einzelnen Zweifelnden und dessen ‚eigenen Verstand', erhebt aber das Prinzip des Zweifelns zu einer *kollektiv* verpflichtenden Maxime. 2) Es transformiert das Falsifikationsprinzip in einen Kommunikationsprozess, innerhalb dessen jeder einzelne Wahrheitsanspruch und sein Vertreter sich in einem falsifikatorisch strukturierten, offenen Austausch – und Auslegungsverfahren – bewähren müssen.

Es ist dieser Erzählstrang – hier: die (skizzenhafte) Rekonstruktion der Entstehung des okzidentalen Wissenschaftsbegriffes innerhalb der größeren Erzählung über die Metamorphosen des abendländischen Ichs –, an dem sich exemplarisch der Vorzug dieser spezifischen Wissenschaftskonzeption zeigen lässt. Ihr auf den methodisierten Zweifel gegenüber allen (Selbst-)Gewissheiten gegründetes, analytisches Reflexionspotenzial eröffnet die Chance zu einer erfolgreichen Entmythologisierung der gängigen – kollektiven – Autobiographie des abendländischen Ichs und jener Weltanschauung, in der sich das Individuum zu seinem eigenen Glaubensinhalt erhebt: Vor dem Hintergrund der analytisch selbstreflexiven Rekonstruktion des sich historisch, politisch, ökonomisch und soziostrukturell vollziehenden Individualisierungsprozesses wird ‚Individualisierung' als jener Verbund von Weltanschauung, Erziehungsziel und normativer Orientierung erkennbar, der uns dazu verführt, strukturelle Zwänge in Kategorien individueller Selbsterfüllung umzudeuten.

Der diskursiven Schließung und scheinbaren Alternativlosigkeit dieser Deutung setzt der abendländische Wissenschaftsbegriff den kategorischen Konjunktiv entgegen:

Was wäre, wenn jedes Individuum ohne Anleitung eines anderen sich seines eigenen Verstandes bediente: sich lieb gewordenen Denkgewohnheiten entgegenstellte, sich kollektiven Autonomieillusionen ebenso entzöge wie Therapieansprüchen und dadurch Alternativen entdeckte, die zu denken bisher nicht möglich oder sogar verboten war?

## Literatur

Bonaventura. (1970) [1805]. *Nachtwachen*. Stuttgart: Reclam (Hrsg. von W. Paulsen).

Hegel, G.W.F. (1970) [1830]. *Enzyklopädie der philosophischen Wissenschaften im Grundrisse. Erster Teil: Die Wissenschaft der Logik. Mit mündlichen Zusätzen* (Bd. 8). Frankfurt a. M.: Suhrkamp.

Kant, I. (1971) [1783]. *Beantwortung der Frage: Was ist Aufklärung?* (Bd. 9). Darmstadt: Wissenschaftliche Buchgesellschaft.

Kierkegaard, S. (1960) [1844]. *Der Begriff Angst*. Hamburg: Rowohlt (Übersetzt und kommentiert von Lieselotte Richter).

Meyrink, G. (1984) [1915]. *Der Golem*. Berlin: Ullstein.

Novalis (Friedrich Freiherr von Hardenberg). (1958) [1800]. *Hymnen an die Nacht*. München: Goldmann.

Otto, R. (1963) [1971]. *Das Heilige. Über das Irrationale in der Idee des Göttlichen und sein Verhältnis zum Rationalen*. München: Beck.

Plessner, H. (1975) [1929]. *Die Stufen des Organischen und der Mensch*. Berlin: de Gruyter.

Rickert, H. (1986). *Kulturwissenschaft und Naturwissenschaft*. Stuttgart: Reclam.

Simmel, G. (1912). *Die Religion*. Frankfurt a. M.: Rütten & Loening.

Soeffner, H.-G. (2000). *Gesellschaft ohne Baldachin. Über die Labilität von Ordnungskonstruktionen*. Weilerswist: Velbrück.

Soeffner, H.-G. (2009). Die Kritik der soziologischen Vernunft. *Soziologie, 38*(3), 60–71.

Weber, M. (1973). Die „Objektivität" sozialwissenschaftlicher und sozialpolitischer Erkenntnis. In M. Weber & von J. Winkelmann (Hrsg.), *Gesammelte Aufsätze zur Wissenschaftslehre*. Tübingen: Mohr Siebeck.

# Das Subjekt des kommunikativen Handelns

Hubert Knoblauch

## 1 Einleitung

Die Frage dieses Bandes und die Frage der Tagung, die den Anlass für diesen Beitrag gab, lautet: wer oder was handelt? So alltäglich, ja geradezu trivial diese Frage
klingt, so tief reicht ihre theoretische Bedeutung; und so alt die Frage auch sein
mag, so zeitgemäß ist sie gerade heute. Ihre Aktualität verdankt sie der rasanten
Entwicklung technischer Systeme, die zunehmend selbst zu handeln scheinen – sei
es in riesigen Flugzeugen, menschenähnlichen Robotern oder feinsten Sprachdia-
logsystemen. Freilich ist die Frage nach dem Subjekt des Handelns schon weitaus
älter, stellt sich doch noch immer die Frage, ob und in welchem Ausmaße Tiere
(und welche Tiere) handeln können und eine Identität besitzen. Schließlich sollte
man daran erinnern, dass die Frage nach dem Subjekt des Handelns auch immer
eine religiöse Frage war. Neben dem Eingriff von Geistern oder okkulten Kräf-
ten in unser Wirken stellte sich immer auch die Frage, ob und in welcher Weise
wir selbst in unserem Innersten anderen Subjekten unterworfen sind. Bekanntlich
bietet die Calvinistische Prädestinationslehre eine der radikalsten Vorstellungen
über die Determiniertheit unseres Handelns durch den Willen eines so gewaltigen

Ich danke René Wilke für seine hilfreichen Kommentare.

H. Knoblauch (✉)
Berlin, Deutschland
E-Mail: Hubert.Knoblauch@tu-berlin.de

© Springer Fachmedien Wiesbaden 2014
A. Poferl, N. Schröer (Hrsg.), *Wer oder was handelt?*,
Wissen, Kommunikation und Gesellschaft, DOI 10.1007/978-3-658-02521-2_3

Gottes, der für den Menschen selbst nicht mehr einsichtig ist. Wie Max Weber (1988/1921) betonte, steht die Radikalität dieser Vorstellungen am Anfang der protestantischen Ethik, die den „Geist des Kapitalismus" antrieb (vgl. Soeffner 1992). Es ist diese Zentrierung des Subjekts um ein zunächst sich allein bestimmend wollendes, später auch Einzigartigkeit beanspruchendes Individuum, die die Moderne zu prägen scheint.

Ist der Individualismus deswegen eine der mächtigsten Triebkräfte der modernen Gesellschaft, so läutete spätestens mit der Ankunft der Postmoderne vor mehr als 40 Jahren auch der Abgesang auf das Individuum ein. Hatte die marxistische Kritik schon betont, dass der Individualismus weniger ein universales als ein bürgerliches Phänomen war, zweifelte die postmoderne Kritik das Subjekt an: So löste sich etwa der „Autor" auf, der juristische „Täter" wurde zunehmend zum Opfer seiner milieuhaft prägenden Zustände und das Individuum selbst wurde zum Epiphänomen neurobiologischer Vorgänge erklärt. So radikal die postmodernde Kritik anfangs schien, so hat sich ihre Diagnose durch die gesellschaftliche Entwicklung, vor allem die der Kommunikationstechnologien seither noch eher verschärft: Die Autorenschaft von zunehmend mehr Kulturprodukten (Literatur, Musik, Wissenschaft etc.) wird durch die digitalen Technologien aufgelöst, die Handlungsfähigkeit wird durch immer mehr Technologien „postsozial" durchsetzt, und an die Stelle eines bewussten Individuums rücken beratene, mit verschiedensten Psychopharmaka behandelte Akteure, die mit ihrer nichtmenschlichen Umwelt ein „Akteursnetzwerk" bilden, dessen Kern kaum mehr als „Subjekt" identifizierbar ist.

Vor diesem Hintergrund mag es verständlich sein, dass es heute durchaus Verwirrungen gibt, wenn von Subjekt, Individuum oder Identität die Rede ist (vgl. Habermas 1988, S. 192 ff). Doch es sind nicht nur diese historisch vielleicht einzigartigen Veränderungen, die zu dieser begrifflichen Verwirrung beitragen. Daran beteiligt sind auch mit der Veränderung der Kommunikation einhergehende transdisziplinäre Verschiebungen im wissenschaftlichen Diskurs. So war der Begriff des Subjekts herkömmlich in der Philosophie zuhause (wobei er nur in ohnehin disziplinüberschreitenden etwa marxistischen Theorien in eine Opposition zum Begriff des „Objekts" gebracht wird), während die Soziologie seit einigen Jahrzehnten den Begriff der Identität verwendet, um die ideologischen Assoziationen des „Individuums" zu vermeiden. Die kulturwissenschaftliche Entgrenzung aber von Philosophie (und „Epistemologie"), Soziologie und anderen Kulturwissenschaften hat zur Folge, dass der Begriff des Subjekts nun auch in den Sozialwissenschaften zuhause ist.

Im vorliegenden Text möchte ich den Begriff des Subjekts aus der Perspektive des sozialen Konstruktivismus angehen. Denn in dieser Theorie wird eine systematische Arbeitsteilung zwischen dem philosophischen Begriff des Subjekts und dem soziologischen der Identität vorgeschlagen (vgl. Knoblauch 2004). In jüngerer Zeit wurde der Sozialkonstruktivismus zu einem kommunikativen Konstruktivismus ausgebaut (vgl. Knoblauch 1995; Keller et al. 2012), dessen Grundbegriff das kommunikative Handeln darstellt. Im folgenden Teil möchte ich kurz skizzieren, dass dieser Ausbau auch mit Problemen des phänomenologischen Subjektbegriffs zu tun hat, an dem der Sozialkonstruktivismus anschließt. Auf dieser Skizze aufbauend möchte ich dann auf die Frage eingehen, wer kommunikativ handelt. Dabei möchte ich die These stützen, dass das Subjekt der Grund für die Kommunikation ist, aus der Gesellschaft empirisch besteht. Weil Subjekte sozial Handeln, muss kommuniziert werden, und weil sie Subjekte bleiben, endet diese Kommunikation nie, sondern bildet Gesellschaft. Zugleich ist es das Subjekt, was Kommunikation zum kommunikativen Handeln macht. Erst das Subjekt macht es erklärlich, dass Sozialität nicht in Systemen und Handeln nicht in Praktiken aufgeht, während die Kommunikation dafür sorgt, dass Sozialität alles umfasst, worüber kommuniziert werden kann, und Handeln damit nicht auf eine Form von Rationalität reduziert werden kann.

## 2  Das Subjekt in der gesellschaftlichen Konstruktion

Spielt das Subjekt für die frühe Soziologie keine tragende Rolle, so betritt es vor allem mit Webers Grundlegung der Soziologie als Handlungstheorie die Bühne der soziologischen Grundbegriffe. Vermutlich auch um die soziohistorische Prägung des „Individuums" nicht zuletzt durch den Protestantismus zu vermeiden, betont Weber bekanntlich die Bedeutung der Subjektivität des Handelns. Handeln – der grundlegende Prozess, aus dem Soziales besteht – lässt sich nicht einfach von außen beobachten; er setzt jenes „Innen" voraus, das vor Weber schon die „verstehende" Tradition von Vico bis Dilthey hervorgehoben hatte. „Innen" ist der Sinn, der von den einzelnen Handelnden „subjektiv" gemeint ist. Wie Schütz später monierte, ließ Weber es jedoch offen, was denn dieses Subjektive sei, das das Handeln und sein Meinen auszeichnet. Zu seiner Klärung stützte sich Schütz auf die Phänomenologie Husserls: Das Subjekt ist agens des Bewusstseins, das sich einerseits durch Intentionalität auszeichnet und andererseits durch deren Vergleich als Typisierung (die Schütz als Grundzug des Sinns ansah).

Das Subjekt ist also das Ich, das in der Zeit erfährt und erfährt, dass es erfährt. Das Handeln besteht dann für Schütz in einer besonderen Form des Erfahrens, die sich sozusagen zeitlich vorentwirft – und diesen Entwurf realisiert. Wenn man sich fragt, was nun das Subjektive des Handelns ausmacht, so könnte man schlicht sagen: der Umstand, dass *ich* jeweils handle. In der Tat sollte man beachten, dass die

Phänomenologie Handeln nicht aus der Beobachterperspektive beschreibt. Deswegen geht es auch nie um die Frage, ob Handeln zugeschrieben werden kann. Phänomenologie ist eine Form der Introspektion, die sich auf die jeweils eigenen Erfahrungen richtet. Die Phänomenologie ist gewissermaßen radikal subjektivistisch: Das Subjekt bin immer ich. Für die Soziologie ergibt sich allerdings daraus ein „kosmologisches" Problem (vgl. Luckmann 1974). Wie nämlich können wir Aussagen über andere Subjekte machen?

Diese Frage steht zwar auch im Zentrum soziologischer Methodenlehren, doch wird sie nicht einmal von Schütz als bloße Methodenfrage behandelt. Vielmehr geht schon Husserl davon aus, dass sich diese Frage aus der Perspektive eines jeden Subjekts stellt. Als Lösung bietet er den Begriff der „Intersubjektivität" an, der sich auf das Verhältnis zwischen dem Subjekt und Anderen bezieht. Für andere Theoriezusammenhänge sollte beachtet werden, dass Subjekt also nicht als Gegenbegriff zu „Objekt" firmiert, sondern als Bezugsgröße zu „Anderen". Für Husserl stellt sich die Intersubjektivität schon auf einer transzendentalen Ebene ein: selbst wenn das Subjekt die Geltung der Außenwelt bezweifelt, kann es die „Anderen" durch die Variation seiner selbst sozusagen vorwegnehmen. Schütz (1971) widersprach dieser „transzendentalen" Lösung vehement, reduziere sie die „Anderen" doch auf die im Bewusstsein vorhandenen Möglichkeiten. Auch wenn das Bewusstsein – und damit das Subjekt – von zentraler Bedeutung für die Intersubjektivität sei, so lasse sich diese lediglich als „empirisches" Phänomen verstehen: Die Lebenswelt des Alltags, die vom Handeln geprägt ist, schließt die Anderen ein. Die Anderen bilden deswegen auch eine der Säulen der Lebenswelt.

Die empirische Vorgegebenheit des Anderen ist auf verschiedene Weise behandelt worden: Schütz hat sie aus der subjektiven Weise als Teil einer „mundanen Phänomenologie" zu beschreiben und als „Strukturen der Lebenswelt" zu verallgemeinern versucht. Diese Strukturen der Lebenswelt bilden, wie Luckmann (1973) in der Weiterführung dieser Analysen argumentiert, eine Art „protosoziologische" Vorgabe für die empirische Soziologie. In gewisser Weise könnte man die so beschriebene Lebenswelt als Strukturen des Subjektiven beschreiben, berücksichtigt man, dass dieses Subjektive immer schon soziale Seiten aufweist. Diese „Strukturen der Lebenswelt" (Schütz und Luckmann 1979/1984) bilden denn auch die Grundlagen für die „gesellschaftliche Konstruktion der Wirklichkeit", wie das von Berger und Luckmann verfasste Konzept eines (wissens-)soziologischen Konstruktivismus lautet. Als Ausgangspunkt dient ihnen ein an Schütz angelehntes Konzept des (phänomenologisch vom Ich aus beschriebenen) sinnhaften Handelns, vom dem sie dann zeigen, wie es in der Interaktion zur Objektivität ausgeweitet wird. Berger und Luckmann (1970) bezeichnen diese Ausweitung zuerst als „dialektisch", stellen später aber fest, dass der Begriff der Dialektik durchaus problematisch ist. Denn er unterstellt eine dialektische und vor allem kontrastive Beziehung zum Objektiven, die – im Unterschied etwa zum sehr beschränkten Konzept Searles – sowohl die Sozialwelt wie auch die von ihr behandelte und „gewusste" Wirklichkeit umfasst. Vor allem aber führt der Begriff in einen merkwürdigen Zirkel, in den auch das Subjekt einbezogen ist (ausführlicher in Knoblauch 2005). Denn der dialektische Prozess entpuppt sich als analytisch-konstitutiver Aufbauprozess: Ein zunächst als vorsozial angenommenes handelndes Bewusstsein, das seine Intentionen (auch vermittels des Körpers) externalisiert und so objektiviert, dass eine Koordination mit Anderen möglich ist. Aus dieser Koordination entstehen Handlungsabläufe, die dank des zur Routinisierung fähigen Bewusstseins auf Dauer gestellt werden können. Sobald sie von Dritten adaptiert werden, gerinnen sie zu „objektiven" Institutionen, deren Sinn nun gesondert „legitimiert" werden muss. Die vormalig vorsozialen Subjekte finden sich nun in einer sozial objektivierten Welt, in die sie durch Internalisierung sozialisiert werden. Subjekt und Objekt bilden dabei keine Gegensätze, die sich aufheben, sondern eher zwei Momente eines Kreislaufes, der sich aber gerade am Subjekt auf eine merkwürdige Weise schließt: Das vorsoziale Subjekt ist, am Ende der Konstruktion, eine vollkommen sozialisierte „persönliche Identität" oder, in den Worten von Mead (1956), sein „Selbst". So plausibel dieser Kreis als Modell der Rekonstruktion dient, so macht er aber doch die Voraussetzung eines Subjektes vor der Konstruktion. Da aber das Subjekt schon immer in den Kreislauf verstrickt ist, da wir also, wie Luckmann (1973) es nennt, schon immer in einem „soziohistorischen Apriori" leben, stellt sich die Frage, wie man denn von einem solchen vorsozialen Subjekt ausgehen kann.[1]

Eine Lösung auf dieses Problem wurde von Husserl formuliert, der den letzten Grund des Bewusstseins im transzendentalen Ego erkannte. Allerdings wirft die Annahme eines transzendentalen Egos die Frage auf, wie dieses selbst begründet werden kann. Da diese Frage in den unendlichen Regress führt, gilt auch das „absolute" Begründungsprogramm Husserls als gescheitert.

Eine zweite Lösung wird von Schütz vorgeschlagen, der eine mundanphänomenologische Analyse des handelnden Subjekts durchführt, um allgemeine Strukturen der Lebenswelt auszuweisen. Das Subjekt und sein Bewusstsein sind hier mit einer Reihe von Eigenschaften versehen, die sich aus der „mundanen Phänomenologie", also der Introspektion von Schütz, ergeben. Da sich jedoch dieses

---

[1] Diese Frage stellt sich, wenn man den Prozess als dialektisch begreift, wie Simmel dies tut: „Nachdem die Synthese des Subjektiven das Objektive hervorgebracht, erzeugt nun die Synthese des Objektiven ein neueres und höheres Subjektives – wie die Persönlichkeit sich an den sozialen Kreis hingibt und sich in ihm verliert, um dann durch die individuelle Kreuzung der sozialen Kreise in ihr wieder ihre Eigenart zurückzugewinnen." (Simmel 1992/1908, S. 467)

Phänomenologie betreibende Subjekt – also etwa auch Schütz persönlich – in einer je spezifischen soziohistorischen Lebenswelt befindet, wird das Problem aufgeworfen, wie die zeit- und gesellschaftsspezifischen Merkmale, denen er ausgesetzt ist, verallgemeinern werden können. Analysiert Schütz nicht im Wesentlichen die Lebenswelt von Alfred Schütz (gerade auch angesichts der ungeklärten Methodologie der mundanen Phänomenologie)? Kann sie tatsächlich die Lebenswelt von Frauen, Nicht-Europäern, Tieren angemessen erfassen, wie die Kritik von Seiten des Feminismus, des Postkolonialismus und der Postsozialität lautet?

Wie schon andernorts (vgl. Knoblauch 2008) erläutert, müssen diese Fragen keineswegs bedeuten, das Programm einer lebensweltlichen Begründung aufzugeben. Vielmehr kann der Einbezug der verschiedenen Perspektiven zu einer Korrektur der Schützschen Lebensweltanalyse durch eine Art triangulierender Relationierung führen. Diese Relationierung erfordert zwar ein Subjekt als Bezugsgröße (sowohl des beschriebenen Gegenstandes wie auch der Beschreibung). Dabei sollte der Subjektbegriff jedoch sehr „dünn", also voraussetzungsarm gehalten werden. Dafür gibt es mehrere Gründe: zum einen ist der Prozess der Relationierung (etwa zwischen mir, den Lesenden und z. B. Schütz' Texten) ebenso wie der der Beschreibung dessen, was relationiert wird, selbst kommunikativ; während diese Form der Kommunikation Teil des Verfahrens der hier vertretenen Wissenschaft der Soziologie ist, darf man nicht ausschließen, dass Annahmen über das Subjekt diese Disziplin und die Kenntnisse der Lesenden überschreiten, etwa in Richtung auf die Psychologie, die Anthropologie oder die Philosophie. Drittens zeigt sich schon wenige Jahrzehnte nach Schütz' Analysen der Lebenswelt, dass einige ihrer als „universal" angesehenen Strukturen möglicherweise sehr zeittypisch sind (vgl. Knoblauch 2013). Will man den Begriff der Lebenswelt nicht aufgeben, müssen die „Strukturen" der Lebenswelt mit einem „dünnen" Subjektbegriff abgespeckt werden.

## 3   Das Subjekt der kommunikativen Konstruktion

Es gibt mehrere Gründe für die Annahme eines Subjekts. Der erste besteht in einem Problem antisubjektivistischer Theorien: Wenn nämlich das Soziale durch Praxis, Kommunikation Diskurse oder Strukturen geregelt wäre, dann müsste man sich ernsthaft fragen, warum die empirische Forschung der Wirklichkeitswissenschaft Soziologie so aufwändig ist; vor allem aber müsste man erwarten, dass das Soziale tatsächlich auch empirisch sehr klaren Regelungen (und poststrukturalistisch auch Verschiebungen der Regelungen) folgt. Wer sich allerdings mit den qualitativen Aspekten empirischer Daten beschäftigt, wird fortwährend

mit dem Problem konfrontiert, dass diese Daten in einem so immensen Maße vielfältig sind, dass die Entdeckung von „Strukturen", „Praktiken", „Systemen" oder
anderen „Ordnungen" nur auf Kosten des Absehens von vielerlei Aspekten der
Daten, der scharfen Selektion von Daten und der Beachtung der starken Variation
selbst innerhalb dieser Daten geschieht. Es ist sicherlich verständlich, dass sich die
wissenschaftliche Analyse auf die sozusagen hochgradig bereinigten Daten konzentriert; dennoch darf gerade in der empirischen Forschung die immense Vielfalt
nicht ignoriert werden. Einen Teil vor allem natürlicher Prozessdaten (z. B. von
Videoaufzeichnungen) kann man sicherlich auf die situative Variabilität sowohl
der erhobenen Daten wie auch der Erhebungssituation zurückführen. Um die Variabilität aber gerade von recht stark standardisierten Daten (Sprache, Interviews)
zu erklären, ist allerdings ein Rückgriff auf eine spezifizierende Instanz nötig, wie
sie die Subjektivität ist.[2]

Das Subjekt aber legt sich nicht nur aus empirischen Gründen nahe. Es gibt
einen weiteren Grund, den man als hermeneutisch bezeichnen muss: Gerade eine
reflexive Wissenschaft, die Rechenschaft darüber ablegt, was sie tut, wenn sie Wissenschaft treibt, sollte auch die besondere Situation des Theorie-Treibens (bzw.
-Schreibens) berücksichtigen. Denn selbst wenn das Theorie-Schreiben zuweilen
zu einer glatten Routine (einem „flow") werden kann, so bleibt das theoretisch Ge-
schriebene doch immer auf eine reflektierende Instanz bezogen, die in diesem Fall
ich bin (und die im Falle des Lesens sie, die diese Worte gerade lesende Person,
ist). Diese zwar nicht absolute, aber auch doch kaum zu ignorierende Subjektivität
gilt es auch systematisch zu berücksichtigen. Wenn etwa sich für die Theorie die
Frage stellt, ob „Handlungen" zugeschrieben (vgl. Schulz-Schaeffer 2007) oder
beobachtet (vgl. Luhmann 1997) sind, dann geht es nicht nur um im Text erwähnte
Figuren von „Handelnden" oder „Beobachtern", sondern auch um das schreibende
Subjekt, das den Handlungscharakter zu- oder abspricht – und dabei übrigens ganz
entschieden handelt.

Die Reflexion des Theorietreibens als einer Form des kommunikativen Handelns führt zum dritten Grund für die Annahme des Subjekts: die Kommunikation
oder eben das kommunikative Handeln. Wie eingangs angedeutet, ist es der Grundsatz des kommunikativen Konstruktivismus, dass soziales Handeln empirisch –
also in der empirischen Begegnung mit Anderen (was nicht bedeuten muss: in der
Begegnung mit empirischen Anderen) – immer kommunikatives Handeln ist. Der
Begriff des Handelns bedeutet, dass ein Subjekt vorausgesetzt wird.

---

[2] Ich folge dabei Schütz' Einteilung in objektiven (sozialen), situativen und subjektiven
Sinn. Vgl. Schütz 1974. Eine ausführlichere Darstellung dieses „Qualia-Problems" findet
sich in Knoblauch (2008).

Wie ich nun zu zeigen versuche, bedeutet diese Voraussetzung jedoch keine Vorgängigkeit. Mit Schütz kann man vielmehr auch davon ausgehen, dass das Subjekt selbst sich erst in der Begegnung mit dem Anderen konstituiert, denn „solange Menschen von Müttern geboren und nicht in der Retorte hergestellt werden, wir die Erfahrung vom Alter ego der Erfahrung vom eigenen Ich genetisch-konstitutionell vorausgehen" (Schütz 2003, S. 115). Das Subjekt, das später handeln wird, folgt also erst der Erfahrung des Anderen, die Schütz auch als Intersubjektivität bezeichnet. Intersubjektivität bezieht sich dabei nicht zuerst auf das Alter ego, sondern, wie Schütz betont, auf dessen Erfahrung, verweist also auf irgendwelche Formen sinnlich wahrnehmbarer Objektivierungen. Wenn diese Objektivierungen in einer Beziehung zu anderen stehen, dann müssen sie als Kommunikation bezeichnet werden. Weil diese Kommunikation aber auch eine Erfahrung beinhalten muss, zumindest die der Objektivation, setzt sie ein Subjekt voraus.

Man sollte die Körperlichkeit und Sinnlichkeit des kommunikativen Handelns gerade im Unterschied zu Habermas (1981) betonen, von dem der Begriff ja geprägt wurde. Während sich Habermas auf sprachliche Zeichen konzentriert, soll mit dem Begriff der Objektivierung unterstrichen werden, dass Kommunikation alle sinnlich wahrnehmbaren Formen umfasst. Sie schließen damit das (vermeintlich instrumentelle) Wirken ein, da Kommunikation immer mit dem Körper verbunden ist (auf die Rolle der Sinnlichkeit werde ich weiter unten zu sprechen kommen). Ich rede hier bewusst vom Körper, denn der (etwa von Schütz bevorzugte) Begriff des Leibes setzt eine schon vorgängig konstituierte Subjektivität voraus. Der Körper dagegen ist dasjenige, was auch andere wahrnehmen können – eine Wahrnehmung, die wir durchaus unsererseits wahrnehmen können.[3]

Der Körper ist entscheidend für was immer Teil einer „gemeinsamen Umwelt" werden kann, die für Schütz den Kern der Alltagswelt ausmacht. Auch wenn die Körperlichkeit selbst in einem sehr großen Maße sozial konstruiert werden kann (und das gilt bis in den technischen Begriff der Konstruktion hinein: von falschen Zähnen, Brillen bis hin zu Herzschrittmachern oder technischen Anschlüssen an Gehirnfunktionen), so kann man die Körperlichkeit nicht vollständig aus dem Sozialen und der Kommunikation ableiten. Sie bildet die Voraussetzung der Kommunikation. In einem gewissen, wenn auch sehr schwachen Sinne ist sie ein Aspekt der Subjektivität. Denn Körper dienen der Individuierung von Einzelwesen einer Gattung und zwingen schon deswegen zu irgendeiner Form der Kommunikation.

---

[3] Auf diese vermittelte Wahrnehmung des eigenen Körpers hebt ja Cooleys Begriff des „looking glass self" ab, das sich aus der Wahrnehmung des eigenen Körpers durch die anderen konstituiert.

Auch wenn man sicherlich sagen kann, dass Kommunikation die Differenz zwischen den kommunizierenden Teilen voraussetzt, die man als Körperlichkeit bezeichnen kann, bedarf diese Differenz einer näheren Bestimmung, um mit dem Begriff der Subjektivität in Verbindung gebracht werden zu können (und um über einen bloß systemtheoretischen Begriff der Kommunikation hinauszukommen). Diese Bestimmung der Subjektivität ist ziemlich gut mit dem umrissen, was Plessner als „Positionalität" bezeichnet (Plessner 1975, S. 128). Positionalität kennzeichnet für ihn ein allgemeines Merkmal organischer Lebensformen, das er interessanterweise relational definiert. Sie ist nicht einfach nur gesetzt im Raum (und als bewegbarer Körper in der Zeit), sondern bezogen auf andere. Während Plessner diesen Bezug beim Menschen zur exzentrischen Positionalität erweitert und damit ein sich selbst transzendierendes Subjekt zum Ausgangspunkt aller weiteren Weltkonstruktionen macht, ist die Positionalität des Körperlichen vielmehr als ein Moment des kommunikativen Handelns zu betrachten. Wenn nämlich Kommunikation von der Differenz der Kommunizierenden ausgeht, dann setzt kommunikatives Handeln die Differenz der Positionen voraus. Nichts anderes besagt das von Mead formulierte „taking the role of the other" als dass hier verschiedene „Perspektiven" vorausgesetzt werden, deren Behandlung erst die Erzeugung der Geste (und später des Symbols) nötig macht. Die Geste ist die Objektivierung in der gemeinsamen Umwelt, die auch bei Schütz die „Reziprozität der Perspektiven" sichert.

Auch wenn also, um eine Metapher von Schütz umzuschreiben, das kommunikative Handeln nun im Zentrum des Koordinatensystems steht, unterstellt es in seiner Körperlichkeit und Sinnlichkeit jeweils Differenzen von Bezügen in Raum und Zeit, die an als Positionalität bezeichnete Perspektivität gebunden sind.

Diese Positionen sind indes nicht „leer"; vielmehr erhalten sie referentielle Bezüge, die sich exemplarisch in der Indexikalität beispielhaft ausdrücken: „ich" als Differenz zum anderen, „hier" als Position des Körpers in der Zeit und „hier" im Raum bilden eine „Subjektivität", die nicht nur ein „origo" außerhalb der Sprache benötigt (vgl. Bühler 1982/1934). Allerdings sollte man die Sprachzentrierung der „indexikalen Ausdrücke" aufheben. Denn die sprachliche Deixis verdankt sich dem Umstand, dass die Worte („ich", „hier", „jetzt") Teil eines konventionalisierten Sprachsystems sind, das auch ihre Gegenbegriffe („du", „dort", „früher") strukturell enthält. „Indexikalitäten" sind jedoch auch ohne Sprache zu erkennen. Ein mustergültiges Beispiel dafür bietet der Fingerzeig (vgl. Tomasello 2008). Er macht deutlich, dass sich die Positionalität nicht einfach durch die raumzeitliche haecceitas auszeichnet (vgl. Habermas 1988, S. 194). Während sich die haecceitas durch einen Selbstbezug auszeichnet, ist Positionalität – etwa beim Fingerzeig – durch die Anderen bestimmt. Es ist erst durch die Anderen, dass meine Perspektive als Perspektive erscheint – und zur Position kristallisiert.[4] Auch der Fingerzeig ist dadurch ausgezeichnet, dass er nicht nur jemandem etwas zeigt, sondern das Zeigen dem Zeigenden selbst zeigt, der damit nicht nur die „Perspektive des Anderen" übernimmt, sondern auch seine eigene in der Differenz zum Anderen erkennt.[5]

Man kann diesen doppelten Verweis als Reflexivität bezeichnen: Gesten, Zeichen, Objektivierungen sind reflexiv in der Form, dass sie nicht nur Zeichen für mich sind, sondern auch für andere; ich sehe, dass ich sehe, aber ich sehe auch, dass andere sehen, dass ich sehe.[6] Reflexiv bedeutet hierbei keine Doppelung, sondern schließt auch die Form ein: dass ich wahrnehme, was ich wahrnehme, und dass ich wahrnehme, dass ich als wahrnehmend wahrgenommen werde. Dabei ist zu beachten, dass die Reflexivität an die – kulturell durchaus variablen[7] – Formen der Sinnlichkeit gebunden sind, die als Grundlage der Mediatisierung kommunikativen Handelns dienen. Die Sinnlichkeit ist auch die Brücke zur Reflexivität des Subjekts: sie ermöglicht es, dass jedes „passive" Erfahren (etwa das Sehen) als Handlung verstanden werden kann und dass jede Handlung wahrnehmbar ist.

Die Reflexivität aber geht nicht vom Subjekt aus; sie ist ein Merkmal des kommunikativen Handelns, das im körperlichen Vollzug als Objektivierung das Subjekt in eine Beziehung zu anderen stellt. Man kann diese triadische Beziehung auch in Sprach- und Zeichentheorien finden, doch wurde sie dort in der Regel zu einem Wesensmerkmal der Zeichen verdinglicht, ohne den Prozess der Objektivierung, also das kommunikative Handeln (wie auch seine Institutionalisierung bzw. „Konventionalisierung" als kommunikative Form) zu beachten.[8]

---

[4] Wie Tomasello (2008) mit Blick auf Kleinkinder und Schimpansen zeigt, scheint gerade die menschliche Kommunikation (als kommunikatives Handeln) sich dadurch auszuzeichnen, dass sie nicht einfach Subjekte koordiniert (was auch Schimpansen gelingt), sondern der Subjektivität des jeweils Anderen in der Kommunikation Rechenschaft trägt. Dazu gehört, wie Schütz spezifiziert, die räumliche Positionalität in der „Austauschbarkeit der Standpunkte", die im kommunikativen Handeln Subjektivität erzeugt; dazu gehört auch die zeitliche Koordination in der Abfolge von Handlungen (wie etwa Frage und Antwort).

[5] Diese relationale Bestimmung der Deixis wird auch von Hanks (1996) betont.

[6] Auf besonders dramatische Weise zeigt sich dieses Problem in der Kommunikation mit Wachkoma-Patienten, bei denen außer Frage steht, dass sie Erfahrungen machen (z. B. des Schmerzes), wohl aber fraglich ist, ob ihre entsprechenden Ausdrücke reflexiv sind. Vgl. Hitzler 2012.

[7] So zum Beispiel die Dominanz des Akustischen in oralen Kulturen und die abstrakte visuelle Revolution der Schriftkulturen.

[8] So sieht etwa Bühler (1982/1934) in seiner richtungsweisenden Organontheorie die Differenz von Ausdruck, Bedeutung (oder Signal) und Appell als Merkmal der Sprache an. Diese Unterscheidung findet sich in ähnlicher Weise (wenn auch weniger verdinglichend) schon bei Mannheim und bei Schütz; ausdrücklich findet sie sich bei Habermas und Luckmann.

Das kommunikative Handeln zeichnet sich gegen die Kommunikation durch seine besondere Reflexivität aus[9]: Dass nicht nur kommuniziert wird, sondern dass auch kommuniziert wird, dass kommuniziert wird.[10] Und das bedeutet auch: Dass Kommunikation immer als Kommunikation von jemandem wahrnehmbar ist: also dem Subjekt. Dieses Subjekt gründet zwar in der Körperlichkeit, zeichnet sich aber durch seine Positionalität, Indexikalität und, vor allem, Reflexivität aus (die wiederum jede Kommunikation „subjektiv" färbt).

# 4 Schluss

Aus Platzgründen kann die knappe Skizze des Subjektbegriffes nicht mehr wissenssoziologisch gewendet werden, so dass er mit der Zeitdiagnose der Subjektivierung verbunden werden kann. Doch allein der theoretische Kontext lässt schon folgern, dass sich die Frage nach dem Subjekt gerade durch die zunehmende Bedeutung der Kommunikation stellt, die man als „Geschwätzigkeit" bezeichnen kann (vgl. Knoblauch 1996). Je mehr die Bedeutung der Kommunikation zunimmt und die Rolle des subjektiven Wissens abnimmt, umso mehr affirmiert sich das Subjekt in der Kommunikation – bis hin zu seiner „Selbst"-Ermächtigung (Gebhardt et al. 2005). Das Subjekt ist der Grund dafür, dass das Handeln nicht in der sozialen Praxis aufgeht. Denn wenn wir die Möglichkeit annehmen, dass Handlungen reflektiert werden können, dann benötigen wir schon aus analytischen Gründen eine Einrichtung für diese Reflexion. Diese Einrichtung muss jedoch keineswegs substantiell gedacht werden. Wir müssen also, zumindest aus dem Blickwinkel der Soziologie, keine Spekulationen darüber anstellen, worin denn die philosophische, anthropologische oder psychologische Füllung des Subjekts besteht.[11] Es genügt vielmehr, das Subjekt als genau jene Instanz auszumachen, die nicht nur sozial ist, sondern das Soziale reflektiert.

---

[9] Es ist durchaus zu bezweifeln, dass diese Unterscheidung die menschliche Lebensform von der tierischen unterscheidet; der Unterschied dürfte vielmehr in der Form der Reziprozität liegen, die oben angedeutet wurde – und die in Formen des kommunikativen Handelns zum Ausdruck kommt.

[10] Dabei sollte man die Frage, was kommuniziert wird, keineswegs zu scharf definieren. Gerade in der körperlichen Kommunikation bleibt der Sinn zwar nie „implizit" (ganz im Gegenteil), doch muss er weder „klar", noch „bestimmt" noch deutlich sein – wie Schütz und Luckmann (1979) mit Blick auf alles sozial vermittelte Wissen festhalten.

[11] Es bedarf also weder einer anthropologischen Ausstattung im Sinne der klassischen aufklärerischen Sozialtheorien noch eines apriorischen Verstandes oder eines transzendentalen Ichs noch schließlich eines „Es" oder „I", das aus Instinkten bestünde.

Die Reflexion muss dabei weder „rational" sein (geht man davon aus, dass Rationalität unterschiedlichen Standards folgen kann) noch muss sie das Soziale „widerspiegeln"; es genügt, wenn sie sich auf das Soziale (also im einfachsten Fall: auf Andere) bezieht, und zwar auf eine solche Weise, dass die Differenz zwischen dem, was als Vollzug beobachtbar ist, und der Beobachtung erkennbar wird. In dieser Differenz nistet sich das Subjekt gleichsam in der Zeit, also im kontinuierlichen Zuge des Vollzugs ein. Das Subjekt ist, aus dieser Perspektive, die dauernde Transzendenz nach innen.[12]

Dass dieser Vollzug nicht nur Routine, nicht nur Praxis wird, liegt nicht nur an der Reflexivität, die das Subjekt auszeichnet. Vielmehr erfordert die in der Reflexivität geschaffene Differenz von Anderen geradezu notwendig Kommunikation. Kommunikation aber nicht aufgrund der „Uneinsichtigkeit" in den Anderen, also der „doppelten Kontingenz" (wie sie von Parsons oder Luhmann grundgelegt wird), die ja ihrerseits schon eine konstituierte Innerlichkeit (als „psychisches" System) voraussetzt. Sie erfolgt aufgrund des schieren Aktes der Kommunikation, die im Akt immer schon voraussetzt, dass da auch jemand ist, der angesprochen oder verstanden werden kann.[13] Diesen Akt nenne ich deshalb kommunikatives Handeln.

## Literatur

Berger, P. L., Luckmann, T. (1970). *Die gesellschaftliche Konstruktion der Wirklichkeit.* Frankfurt a. M.: Suhrkamp.
Bühler, K. (1982/1934). *Sprachtheorie.* Stuttgart: UTB.
Habermas, J. (1981). *Theorie des kommunikativen Handelns.* Frankfurt a. M.: Suhrkamp.
Habermas, J. (1988). *Nachmetaphysisches Denken.* Frankfurt a. M.: Suhrkamp.
Hanks, W. (1996). *Language and communicative practice.* Boulder: Westview Press.
Hitzler, R. (2012). Hirnstammwesen? Das Schweigen des Körpers und der Sprung in den Glauben an eine mittlere Transzendenz. In R. Gugutzer & M. Böttcher (Hrsg.), *Körper, Sport und Religion. Zur Soziologie religiöser Verkörperungen* (S. 125–139). Wiesbaden: VS Verlag für Sozialwissenschaften.

---

[12] Die poststrukturalistische Annahme, die Variationen seien das Ergebnis der „Performanz" der Strukturen verdinglicht in meinen Augen, dass die Strukturen selbst nur heuristische Konstruktionen der Theoretiker sind. Deswegen scheint mir die Annahme des Subjekts plausibler.

[13] Es kann hier nicht erneut ausgeführt werden, dass Kommunikation deswegen im Grunde mit allem Möglichen geschehen kann: mit Steinen (in verschiedenen magischen Traditionen), mit Tieren, Techniken und natürlich mit Nicht-Anwesendem, das sich bis in die völlige (aber zumindest „mittelbar" kommunizierte) Wahrnehmungslosigkeit auflösen kann.

Gebhardt, W., Engelbrecht, M. and Bochinger, C. (2005). Die Selbstermächtigung des religiösen Subjekts, In: *Zeitschrift für Religionswissenschaft 2*, 133–152.

Keller, R., Knoblauch, H., & Reichertz, J. (Hrsg.) (2012). *Kommunikativer Konstruktivismus. Theoretische und empirische Arbeiten zu einem neuen wissenssoziologischen Ansatz*. Wiesbaden: Verlag für Sozialwissenschaften.

Knoblauch, H. (1995). *Kommunikationskultur*. Berlin: de Gruyter.

Knoblauch, H. (1996). Einleitung: Kommunikative Lebenswelten und die Ethnographie einer geschwätzigen Gesellschaft. In: ders. (Hrsg.), *Kommunikative Lebenswelten. Zur Ethnographie einer geschwätzigen Gesellschaft.* (S. 7–24). Konstanz.

Knoblauch, H. (2004). Subjekt, Intersubjektivität und persönliche Identität. Zum Subjektverständnis der sozialkonstruktivistischen Wissenssoziologie. In M. Grundmann & R. Beer (Hrsg.), *Subjekttheorien interdisziplinär. Diskussionsbeiträge aus Sozialwissenschaften, Philosophie und Neurowissenschaften* (S. 37–58). Münster: Lit.

Knoblauch, H. (2005). *Wissenssoziologie*. Konstanz: UVK.

Knoblauch, H. (2008). Sinn und Subjektivität in der qualitativen Forschung. In H. Kalthoff, S. Hirschauer, & G. Lindemann (Hrsg.), *Theoretische Empirie. Zur Relevanz qualitativer Forschung* (S. 210–233). Frankfurt a. M.: Suhrkamp.

Knoblauch, H. (2013). Communicative Constructivism and Mediatization. *Communication Theory, 23*(3), 297–315.

Luckmann, T. (1973). Philosophie, Sozialwissenschaft und Alltagsleben. *Soziale Welt, 24*, 138–168.

Luckmann, T. (1974). Das kosmologische Fiasko der Soziologie. *Soziologie, 2*, 16–32.

Luhmann, N. (1997). *Die Gesellschaft der Gesellschaft 2*. Frankfurt a. M.: Suhrkamp.

Mead, G. H. (1956). *On social psychology*. Chicago: Chicago University Press.

Plessner, H. (1975). *Die Stufen des Organischen und der Mensch*. Berlin: De Gruyter.

Schulz-Schaeffer, I. (2007). *Zugeschriebene Handlungen*. Weilerswist: Velbrück.

Schütz, A. (1971). Das Problem der transzendentalen Intersubjektivität bei Husserl. In A. Schütz (Hrsg.), *Gesammelte Aufsätze. Bd. III: Studien zur phänomenologischen Philosophie* (S. 86–126). Den Haag: Nijhoff.

Schütz, A. (2003). *Der sinnhafte Aufbau der sozialen Welt*. Konstanz: UVK.

Schütz, A., Luckmann, T. (1979/1984). *Strukturen der Lebenswelt I/II*. Frankfurt am Main: Suhrkamp.

Simmel, G. (1992/1908). *Soziologie*. Frankfurt a. M.: Suhrkamp.

Soeffner, H.-G. (1992). Luther – Der Weg von der Kollektivität des Glaubens zu einem lutherisch-protestantischen Individualitätstypus. In H.-G. Soeffner (Hrsg.), *Die Ordnung der Rituale* (S. 20–75). Frankfurt a. M.: Suhrkamp.

Tomasello, M. (2008). *Origins of Human Communication*. Cambridge, London: MIT Press.

Weber, M. (1988/1921). *Die protestantische Ethik I*. Gütersloh: Mohn.

# Warum sollte die hermeneutische Wissenssoziologie an der Rekonstruktion des subjektiven Sinns festhalten?

Norbert Schröer

## 1 Die blassen Weil-Motive bei Alfred Schütz

Auch wenn eine bestimmte Gesellschaft zum Erreichen eines bestimmten Ziels in einer typischen Situation typische Mittel zur Verfügung stellt, führt das nicht automatisch zur Ausführung entsprechender typischer Handlungen. Nur wenn das Subjekt die gesellschaftlich bereitgestellte Typik von Situation, Mitteln und Ziel als Bezugspunkte seines Handelns akzeptiert, wird es in etwa in der vorgegebenen Weise handeln. Angelpunkt einer Handlungserklärung ist so betrachtet die Stellungnahme des Handlungssubjekts zu den gesellschaftlich bereitgestellten Orientierungsmustern.

Mit seiner Stellungnahme leistet das Subjekt demzufolge gleich zweierlei: Es legt das gesellschaftlich vorausgelegte Wissen entsprechend den eigenen Dispositionen aus, und es entwirft auf dieser Basis Handlungsziele und Handlungen.

---

Dieser Beitrag geht von Überlegungen aus, die ich schon in meinem Aufsatz „Strukturanalytische Handlungstheorie und subjektive Sinnsetzung. Zur Methodologie und Methode einer hermeneutischen Wissenssoziologie" (Schröer, 1997) angestellt habe. Ich habe mein Argument damals stark methodologisch-methodisch ausgerichtet, in dem vorliegenden Beitrag hingegen die subjekttheoretischen Aspekte betont.

---

N. Schröer (✉)
Fulda, Deutschland
E-Mail: norbert.schroer@sk.hs-fulda.de

© Springer Fachmedien Wiesbaden 2014
A. Poferl, N. Schröer (Hrsg.), *Wer oder was handelt?*,
Wissen, Kommunikation und Gesellschaft, DOI 10.1007/978-3-658-02521-2_4

Schon um sich zu entlasten, entfernt sich das Subjekt gewöhnlich in der Auslegung des Vorgegebenen und in den Handlungsentwürfen nicht allzuweit vom relativ festgefügten gesellschaftlichen Konsens. Vorgabe und Stellungnahme liegen
meist so eng beieinander, dass der subjektive Auslegungsprozess gar nicht weiter
auffällt. Aber trotzdem: Die subjektive Verarbeitung des gesellschaftlichen Typenrepertoires ist handlungskonstitutiv, und sie hält letztlich die soziale Ordnung lebendig (vgl. Schröer 1994).

Die gesellschaftliche Wirklichkeit und ihr Schicksal ist – folgt man diesen
Überlegungen – nicht in den eingefahrenen Vorauslegungen, sondern in den alltäglichen Auslegungen dieser Vorauslegungen durch die agierenden und reagierenden
Subjekte und den aus ihnen resultierenden Handlungsentwürfen und Handlungen
beschlossen. So betrachtet rückt ein subjektiver Handlungsbegriff ins Zentrum des
sozialwissenschaftlichen Interesses. Alfred Schütz hat dieses Interesse bekanntlich
gegenüber Parsons programmatisch zum Ausdruck gebracht. „Eine Theorie sozialen Handelns… muss an der subjektiven Perspektive mit aller Strenge festhalten,
will sie nicht ihre fundamentale Basis verlieren, nämlich: ihren Bezug zur Sozialwelt der alltäglichen Erfahrung. Das Festhalten an der subjektiven Perspektive ist
die einzige, freilich auch hinreichende Garantie dafür, dass die soziale Wirklichkeit
nicht durch eine fiktive, nicht existierende Welt ersetzt wird, die irgendein wissenschaftlicher Beobachter konstruiert hat" (Schütz 1977, S. 65 f.).

Schütz entschiedenes Eintreten für einen subjektiven Handlungsbegriff rührt
also von der Befürchtung her, Sozialwissenschaftler könnten in ihren Analysen gesellschaftlichen Handelns eben dieses Handeln mit einem Kategoriensystem überziehen, dass mit den Beweggründen der Handelnden nicht mehr viel gemein hat.
Deshalb fordert er mit allem Nachdruck, sozialwissenschaftliches Rekonstruieren
habe sich an der gelebten Motivbildung der Handelnden anzuschließen. Wie streng
er auf der Rekonstruktion der subjektiven Handlungsperspektive besteht, wird mit
dem Postulat der subjektiven Interpretation und dem der Adäquanz deutlich (vgl.
Schütz 2010).

Schütz trägt mit dieser Forschungsanlage der handlungstheoretischen Überzeugung Rechnung, dass die gesellschaftliche Wirklichkeit immer wieder von neuem
in dem vom Subjekt entworfenen Handeln entspringt. Ins Zentrum der sozialwissenschaftlichen Betrachtung rücken die Handlungsmotive, da in ihnen und nur in
ihnen – so Schütz – beschlossen ist, was die jeweilige Handlung ausmacht. Schütz
zeigte nun in seinen lebensweltlichen Analysen auf, dass Motive einen Zukunftsund einen Vergangenheitshorizont besitzen. Das Subjekt handelt *um* ein Ziel *zu*
erreichen. Es legt also entsprechend seinen übergeordneten Plänen ein Handlungsziel fest und bestimmt – zumeist routinisiert – die Mittel, mit denen es erfahrungsgemäß ans Ziel kommt. Das Handlungsziel selbst wurde vom Subjekt ausgewählt,

*weil* vergangene biographiekonstitutive Erfahrungen, die in den übergreifenden Zielen ihren Ausdruck finden, es dazu veranlasst haben. In den Worten von Schütz: „Diese Erfahrungen haben ihn bestimmt, so zu handeln, wie er gehandelt hat. Das Weil-Motiv seines Handelns motiviert den Entwurf des Handelns selbst" (Schütz 1971, S. 80).

Alfred Schütz stellt in seinen Konstitutionsanalysen die Um-zu-Motive in den Vordergrund. „So spricht er auch von einer Theorie sozialen ‚Handelns' (und nicht sozialer ‚Handlung')", wie Thomas Eberle bemerkt (Eberle 1984, S. 370). Diese Akzentuierung ist nachvollziehbar, will Schütz doch den dynamischen Faktor des Soziallebens hervorheben. Als Folge dieser Akzentuierung wirkt die Analyse der Weil-Motive etwas blass. Ihre Rekonstruktion geht nicht über die in Einstellungen verdichteten biographischen Erlebnisse hinaus: So wird beispielsweise auf die Lebensumstände, denen ein Mörder ausgesetzt war, verwiesen. Eine auf empirisch gehaltvolle Modellbildung ausgerichtete Sozialforschung sucht allerdings die Weil-Motive sozialen Handelns nicht einfach in subjektiven Erlebnissen, „sondern in sozialstrukturellen Bedingungen, aus welchen jene Erlebnisse wiederum resultieren" (Eberle 1984, S. 392). Diesen motivationalen Bezugsrahmen thematisiert Alfred Schütz in seinen lebensweltlichen Analysen nur andeutungsweise.

Wenn nun aber die Weil-Motive letztlich die Um-zu-Motive begründen, und wenn die Weil-Motive im Kern sich von sozialstrukturell verdichteten recht zwingenden Vortypisierungen herleiten, dann kann man sich fragen, ob nicht für die empirische Sozialforschung der Rekonstruktion der sozialstrukturellen Vortypisierung der Vorrang gebührt (vgl. Schütz und Luckmann 1979, S. 269). Denn selbst wenn man dabei bleibt, dass die Subjekte in irgendeiner Weise die sozialstrukturellen Vortypisierungen ‚akzeptieren' und tragen müssen, so fragt sich doch, ob der verbleibende Auslegungsraum für die Wahl von Um-zu-Entwürfen nicht so eng ist, dass er nachrangig wird. Zum einen ist das Subjekt über die biographiespezifische Internalisierung der sozialstrukturellen Vorauslegungen, über die Weil-Motive, nur schwer revidierbar eingestellt, und zum anderen muss es bei der Entwicklung von Handlungsentwürfen darauf achten, dass es in Bezug auf die etablierte soziale Wirklichkeit anschlussfähig bleibt. Diese Betrachtung läuft auf die Frage hinaus, ob der handlungstheoretische Zugriff nicht etwas feinsinnig daherkommt und strukturtheoretisch revidiert werden sollte.

## 2    Strukturtheoretische Renaissance?

Diese Frage führt unweigerlich zu der Folgefrage, was denn in diesem Zusammenhang eigentlich strukturtheoretisch heißen kann oder soll.

Das Forschungsparadigma, das gemeinhin mit dem Etikett ‚Strukturalismus'
angesprochen ist, rekurriert auf verborgene Strukturen, die die soziale Wirklichkeit
ordnen. Eine Bezugnahme auf handelnde Subjekte erübrigt sich, weil die sich stets
nach Maßgabe der sie beherrschenden Strukturen bewegen. Die Strukturen, nicht
die Subjekte bilden den Kern des Sozialen. Der Strukturalismus schließt eine Verletzung struktureller Bestimmungen aus. Empirisch nachweisbare Abweichungen
von rekonstruierten Strukturen weisen folglich entweder auf noch zu entdeckende
tieferliegende Strukturen oder auf noch zu entdeckende strukturelle Transforma-
tionsregeln hin (vgl. allgemein Reckwitz 1997, S. 9–74; im Besonderen für die
Objektive Hermeneutik: Oevermann 1986).

Eine handlungstheoretische Grundposition schließt strukturtheoretische Vorstellungen keineswegs aus. Mit einer Struktur kann hier allerdings keine aus dem
Hintergrund wirkende, die Subjekte marionettengleich führende, selbstversorgt re-
gelhafte Entität gemeint sein. Im Rahmen handlungstheoretischer Überlegungen
können Strukturen lediglich begriffen werden als gesellschaftlich vorgegebene,
institutionalisierte Handlungs- und Wissensrahmen, in Bezug auf die kulturspezi-
fische und insofern typische Probleme von den Subjekten weitgehend verbindlich
zu lösen sind. Strukturen sind hier also als tradierte institutionalisierte Vorauslegungen der sozialen Wirklichkeit zu verstehen – und zwar sowohl in Bezug auf
die Bestimmung der von den Subjekten zu lösenden Handlungsprobleme als auch
in Bezug auf die Bestimmung der Art und Weise der Problembewältigung. Entscheidend für eine handlungstheoretisch orientierte Strukturtheorie ist aber, dass
die gesellschaftlich etablierten Vorauslegungen nur über die aktive Aneignung und
Umsetzung der Subjekte weiterhin zur Geltung kommen können.

Wie kann man sich die einzelnen Etappen der subjektiven Aneignung und Umsetzung der gesellschaftlich vorausgelegten sozialen Wirklichkeit vorstellen? Die
Figur ist bekannt: Der Mensch wird in eine bereits vorausgelegte soziale Wirklichkeit hineingeboren. Über die Einbeziehung in die alltäglichen Handlungsprozesse
seines Bezugsmilieus wird er mit diesen Vorauslegungen vertraut und lernt, mit
ihnen umzugehen. Er erfährt mehr und mehr, welche Probleme er mit welchen Mitteln zu bewältigen hat. Über diesen an Erlebnisse gebundenen Erfahrungsaufbau
konstituiert sich Schritt für Schritt seine soziale Identität und die Persönlichkeit des
Subjekts heraus. Ausdruck findet die soziale Persönlichkeit in den übergreifenden
Plänen und Zielen, die für das Subjekt im Besonderen typisch sind. Aus dieser per-
sönlichkeitsspezifischen Planhierarchie leiten sich die Ziele (und die Mittelwahl)
des täglichen Lebens bis hin zum konkreten Handlungsziel in einer bestimmten Situation ab. Mit der Verfolgung und Umsetzung bestimmter Ziele erhält das Subjekt
die soziale Wirklichkeit und die für sie typischen Vorauslegungen.

Das Handeln des Subjekts ist demzufolge im Wesentlichen in den sozialstrukturellen gesellschaftlichen Vorauslegungen und den in ihnen verankerten bio-
graphiekonstitutiven Erfahrungsaufbauten, den Weil-Motiven, beschlossen. Die
Weil-Motive sind vom Handlungssubjekt – v. a. in Bezug auf ihren Entstehungs-
zusammenhang – kaum mehr angebbar. Und: Die ‚Wahl' der Um-zu-Motive ist in
der Regel so eng an die Weil-Motive gekettet, dass sie routinisiert erfolgt. „Eine
Einstellung kommt also der Bereitschaft gleich, unter typischen Umständen typische Verhaltensweisen, somit auch typische Um-zu-Motivationsketten, in Gang zu
setzen. Und zwar sofort, ohne erst ‚planen' zu müssen" (Schütz und Luckmann
1979, S. 265). D. h. aber nichts anderes, als dass sich die Aufrechterhaltung der sozialen Wirklichkeit in den wesentlichen Teilen von den Subjekten unerkannt vollzieht. Die Subjekte sind sich weder über die Voraussetzungen ihres Handelns noch
über deren strukturelle Handlungsfolgen im Klaren (vgl. Giddens 1984, 1992; vgl.
auch Kellner und Heuberger 1988). So betrachtet verdichtet sich der oben schon
aufgekommene Eindruck, mit der Betonung der leistenden Subjektivität sei ein
zumindest für die empirische Sozialforschung irreführender Akzent gesetzt oder –
positiv – bei der angedeuteten Dominanz der strukturellen Vorauslegungen sei es
sinnvoller, eine Handlungstheorie streng strukturtheoretisch einzukleiden.

## 3 Perspektivität der Erfahrungsbildung: zum Zusammenspiel von gesellschaftlichen Vorauslegungen und subjektiven Sinnsetzungen

Mit einer so strukturtheoretisch eingekleideten, ich würde sagen ausgehöhlten
Handlungstheorie wird suggeriert, dass es den Menschen gelungen ist, die ihnen
mit ihrer Umweltoffenheit (vgl. Gehlen 1975) und ihrer exzentrischen Positionalität (vgl. Plessner 1975) auferlegte konstitutionelle Instabilität ihrer Orientierung
mehr oder weniger lückenlos zu kompensieren. Wenn auch kein reproduktiver
Automatismus angenommen wird, so stellt sich das Subjekt doch auf beiden Mo-
tivebenen im Wesentlichen als sozialstrukturell kanalisiert dar. Der Aneignungsprozess wird auf der thematischen Ebene als unausweichlich und damit quasi-au-
tomatisch vorgestellt. Unterschlagen oder für irrelevant erklärt wird aber dabei die
Bedeutung, die der dem Subjekt auferlegten Perspektivität bei der Herausbildung
und Aneignung des sozialstrukturell Vorausgelegten zukommt.

Geht man davon aus, dass das gesellschaftlich vorausgelegte Typenrepertoire
Resultat der Bemühungen von Menschen ist, die Perspektivität ihrer Erfahrungs-
bildung und Handlungsorientierung zu überwinden, um so der konstitutionellen
Instabilität ihrer Orientierung wirkungsvoll zu begegnen (vgl. Berger und Luck-

mann 1969), dann leuchtet sofort ein, dass dieses Unternehmen nur eingeschränkt gelingen kann. Das Konglomerat an Regeln und Handlungsanweisungen kann bestenfalls annäherungsweise perspektivneutral und widerspruchsfrei geordnet sein. Die mit den Typen verbundenen Erfahrungen der Einzelnen können als Folge der Perspektivität des Erfahrungsaufbaus nie vollständig zur Deckung kommen, und im Grunde kann der Einzelne nie genau wissen, wie weit seine Intersubjektivitätskonstruktionen geteilt werden (vgl. Schröer 1999). Das Selbsterleben der Kontinuität in Anbetracht des gesellschaftlich Anderen geht also stets mit einem zumindest latenten Erleben seiner Diskontinuität einher.

Von daher liefert dieses Repertoire auch keine für jede denkbare Perspektive und Situation hinreichend detaillierte und angepasste Handlungsanleitung. Der Einzelne ist stets gezwungen, das präfigurierende, ihm vorgegebene Typenrepertoire seinen Bedürfnissen und Interessen entsprechend neu auszulegen, mit den anderen abzustimmen und entsprechend zu modifizieren. Die Erforderlichkeit einer anpassenden Aneignung des Vorausgelegten führt unweigerlich dazu, dass das gesellschaftliche Typenrepertoire fortwährend weiter ausdifferenziert wird (vgl. Soeffner 1989; Soeffner und Hitzler 1994; Hitzler 1992). Diese Anforderung an das Subjekt nimmt in einer sich zunehmend ausdifferenzierenden, globalisierten Welt zu und führt zur Ausprägung entsprechender Subjektformationen (vgl. Reckwitz 2008a; Reichertz 2010).

Das Subjekt steht also immer wieder vor der Aufgabe, neue Techniken der Problembewältigung zu erlernen, entweder indem es bewährte für sich passend macht oder neue erfindet (vgl. Blumer 1980). Überdies steht es ständig vor der Wahl, welche der denkbaren bzw. etablierten Lösungen es erfolgsversprechenderweise realisieren sollte. Denn der subjektive Aneignungsprozess hat auch dazu geführt, dass sich verschiedene Lösungstypen in Bezug auf einen Problemkreis herausgebildet haben. Die biographisch perspektivische Lage des Subjekts und der damit zusammenhängende permanente gesellschaftliche Wandel machen also fortwährend im großen und kleinen situative Anpassungsprozesse erforderlich, mit denen die gesellschaftliche Ordung erzeugt, verändert und erhalten wird.

Natürlich heißt das nicht, dass entgegen der oben gemachten Aussage die Subjekte ihr Leben in allen Phasen hoch reflektiert führen und gestalten. Zum einen ist die Systematisierung der Vorauslegung und die damit mögliche Routinisierung der Verhaltensgestaltung doch so weit gediehen, dass auch die situative Überprüfung weitgehend routinisiert verlaufen kann, und zum anderen kann das Subjekt auch auf Anpassungsroutinen zurückgreifen, so dass die thematische Hinwendung sich in Grenzen halten kann (vgl. Reichertz 2009). Aber die weitgehend unreflektierten und unthematisierten Routinisierungen sollten nicht darüber hinwegtäuschen, dass dem Subjekt immerfort kreative Anpassungsleistungen abverlangt werden, die zu einer Modifikation des gesellschaftlichen Typenrepertoires führen.

Am klarsten stellt sich diese Anforderung dem Subjekt in Krisensituationen, in Situationen also, in denen ihm nach einer dramatischen Veränderung des Handlungsrahmens für die Bewältigung der neu anstehenden Probleme keine auch nur annähernd angemessenen Orientierungsmuster zur Verfügung stehen. In solch ‚abduktiven Situationen' (vgl. Schröer und Bidlo 2011) ist das Subjekt gezwungen, neues Orientierungswissen zu kreieren, das verinnerlichte Wissen auf den neuen Handlungsrahmen hin weitreichend neu auszulegen und so für sich neue Lösungsstrategien zu entwickeln, die es dann gesellschaftlich durchsetzen muss (vgl. Mead 1980, S. 141 f.). Die Neuauslegung des gesellschaftlichen und subjektiv angeeigneten Wissens erfolgt in solchen Fällen nach dem pragmatischen Prinzip. D. h.: Die Auslegung wird abgeschlossen, wenn das Subjekt eine nach seinen Maßstäben akzeptable Lösung gefunden und so die Basis für die Ausbildung einer der neuen Situation angepassten Routine entwickelt hat. Der unter Handlungsdruck stehende Alltagsmensch ist – auch in Krisenzeiten – nur begrenzt an einer Auslegung des biographischen und sozialkulturellen Weil-Zusammenhangs interessiert – v. a. ist er nicht unbedingt daran interessiert, eine tiefgreifende Auslegung des strukturellen Rahmens vorzunehmen. In dieser pragmatischen Haltung der sozial Handelnden ist begründet, dass die sogenannten Alltagstheorien und -diskurse in aller Regel nicht oder nur äußerst begrenzt ihre strukturellen Voraussetzungen und Folgen erfassen.

Anders als die Krisensituation zeichnet sich der reproduktive Normalfall durch eine anhaltende Gültigkeit des Handlungsrahmens aus. Die Subjekte greifen die gesellschaftlich bereitgestellten Orientierungsmuster und Praktiken auf, sie setzen sie im Wesentlichen unverändert ein und reproduzieren so die soziale Wirklichkeit. Diese Reproduktion vollzieht sich – wie oben schon angedeutet – im selbstverständlichen Zugriff auf die vorgegebenen Muster. Dabei sollte man zwei Typen reduzierten Erfassens' auseinanderhalten: 1) Beim verkürzten Erfassen stehen die Überlegungen des Subjekts weitgehend thematisch im Einklang mit den strukturellen Voraussetzungen seines Handelns, ohne dass sie von ihm in aller Klarheit reflektiert werden. 2) Das Subjekt kann seine Handlungssituation aber auch verzerrt reflektieren und zu Einschätzungen kommen, die dem vorgegebenen Handlungsrahmen thematisch diametral entgegenstehen. Mit dieser Unterscheidung ist noch keine Aussage über den Erfolg von Handlungen, die vor dem Hintergrund verzerrter oder verkürzter reflexiver Sinnsetzungen vorgenommen wurden, gemacht. So ist es denkbar, dass verzerrte Intentionen eher mit erfolgreichem Handeln einhergehen als verkürzte. Dazu ein Beispiel aus meinen Polizeianalysen: Ein Vernehmungsbeamter, der die Aushandlungsdominanz des Beschuldigten und damit seine strukturell schwache Aushandlungsposition ahnt, kann davon beeindruckt eine Haltung ,wählen', mit der er dem Beschuldigten so viel Respekt entgegenbringt, dass der seinen Respekt vor ihm verliert und die Aussage verweigert. Andersherum kann ein Vernehmungsbeamter, der fälschlicherweise von seiner Dominanz überzeugt ist, ein Auftreten an den Tag legen, das dem Beschuldigten von vornherein den Blick für seine starke Aushandlungsposition verstellt und ihn so gefügig macht. In beiden Fällen handeln die Vernehmungsbeamten reproduktiv, sie beleben den etablierten strukturellen Handlungsrahmen auf verschiedene Weise – allerdings mit unterschiedlichem Erfolg (vgl. Schröer 1992a).

Für die Subjekte ist es meist schwierig, Auskunft über ihre Um-zu-Motive zu erteilen. Das heißt aber nicht, dass sie dazu nicht in der Lage sind. Diese Auskunft ist aber in der Regel – wie gerade festgestellt – in Bezug auf den strukturell vorgegebenen Bedingungsrahmen und die zu erwartenden strukturellen Folgen verkürzt, normalerweise sogar verzerrt. Da vom subjektiv gemeinten Sinn, vom intentionalen Bewusstsein, allerdings die Handlungsimpulse ausgehen – v. a. in Bezug auf immer wieder erforderliche Entscheidung zwischen typischen Handlungsalternativen oder in Bezug auf die Bildung neuer, die Reproduktion sichernder ,Lösungen' – müssen die beiden Auslegungsebenen – die routinisiert rahmende (praktische) und die reflektiert spezifische (intentionale) – für ein Gelingen der Reproduktion ,im Gleichgewicht' sein. Damit ist nicht gemeint, dass die reflektierte, ,subjektiv gemeinte' Auslegung den strukturellen Handlungsrahmen mehr oder weniger thematisch beschreibt. Entscheidend ist vielmehr, dass Routineauslegungen – also das in den Praktiken zum Ausdruck kommende praktische Bewusstsein – und die Auslegung hin zum subjektiv gemeinten Sinn miteinander anschlussfähig und kompatibel sind und sich so ,reproduktiv' ergänzen – und dazu bedarf es keiner thematischen Deckung. In diesem Sinne bleibt das intentionale Bewusstsein „der fortwährenden Strukturierung des sozialen Lebens nicht äußerlich, sondern fließt integral darin ein" (vgl. Giddens 1992, S. 78). Damit ist auf die „Dualität der Struktur" verwiesen. In den Worten Giddens: „Bei der Reproduktion von Strukturmomenten (…) reproduzieren die Akteure auch die Bedingungen, die ein entsprechendes Handeln ermöglichen. Struktur besitzt keine Existenz unabhängig von dem Wissen, das die Akteure von ihrem Alltagshandeln haben. Handelnde Menschen wissen immer, was sie tun – auf der Ebene diskursiven Bewußtseins in irgendeiner Beschreibung. (…) möglicherweise wissen sie (aber; N.S.) wenig von den verzweigten Folgen ihres Handelns" (Giddens 1992, S. 79).[1] Das Verhältnis

---

[1] Entsprechende Strukturierungsprozesse lassen sich im Rahmen meines Beitrags nicht angemessen empirisch illustrieren. Anthony Giddens verweist mit Nachdruck auf die berühmte ethnographische Studie von Paul Willis, Spaß am Widerstand. Gegenkultur in der Arbeiterklasse (1979), in der es um die nichtintendierte Reproduktion von kapitalistischen

von weitgehend ‚vergessenen' (biographischen, milieuspezifischen, handlungstyp-
spezifischen und sozialstrukturell übergreifenden) Weil-Motiven, pragmatischen
Routineauslegungen, reflektiert intentionalen kognitiven Handlungsorientierungen
und den strukturalen Handlungsfolgen stellt sich so als äußerst verwickelt dar.

Diese Verwicklungen zeigen sich besonders deutlich bei der empirisch allerdings schwer erfassbaren vom Handlungssubjekt ausgehenden Einleitung strukturellen Wandels (die nicht selten in Zusammenhang mit den oben schon angesprochenen Krisensituationen stehen). Am Beispiel eines kriminologischen Themas,
der Einführung der Diversionsorientierten Polizeitätigkeit in den frühen neunziger
Jahren, habe ich versucht, exemplarisch einen solchen Wandlungsprozess zu beschreiben, den ich hier aber nur andeuten kann. Den damals am Verfahren Beteiligten drängte sich in einem vom labeling approach geprägten gesellschaftlichen
Diskurs stehend (vgl. Rüther 1975) ein gewisser Reformbedarf für das Strafver-
fahrensrecht auf, und es boten sich ihnen hier verschiedene Reformalternativen
an. Sie haben dann aus einer Diskussion heraus (subjektiv intentional) die diver-
sionsorientierte Polizeitätigkeit gewählt, ohne sich über die erheblichen strukturellen Folgen dieser Entscheidung – die strukturelle Schwächung der Position des
Beschuldigten im Verfahren – im klaren gewesen zu sein (vgl. Schröer 1992b,
pointiert zusammengefasst: 1997, S. 282–284). Diese Schwächung wäre bei der
Wahl einer der Alternativen ausgeblieben.

Mit Blick auf die Begründung handlungstheoretischer Positionen sind solche
Beispiele einer Transformation des strukturellen Handlungsrahmens deshalb be-
schreibenswert, weil man mit ihnen plausibilisieren kann, dass von der Eigendynamik eines für wesentliche Handlungsvoraussetzungen und -folgen blinden Diskurses strukturelle Umgestaltungen ausgehen können, die bei denkbaren und ebenso
blind-rationalen Diskursalternativen ausgeblieben wären. D. h.: Sozialer Wandel
muss weder über entsprechende strukturelle Dispositionen vorherbestimmt noch
über tiefschürfende Einsichten des Handlungssubjekts in die strukturelle Ausgangslage vermittelt sein. Er kann ohne weiteres über die strukturelle Voraussetzungen inadäquat wiedergebende oder sie erst gar nicht berücksichtigende kog-
nitiv- intentionale Handlungsorientierungen eingeleitet werden. Die aus welcher
Rationalität auch immer zustande kommende subjektiv angebbare Auslegung des
Vorgegebenen erweist sich so letzlich als mit ausschlaggebend für die Transfor-

---

Herrschaftsverhältnissen ‚durch' das Widerstandsverhalten von jungen Schülern aus der Arbeiterklasse ‚hindurch' geht. Giddens kommentiert diese Studie ausführlich (vgl. Giddens
1992, S. 343–359). Eine weitere Illustration stellt Agnieszka Satola mit ihrer empirischen
Untersuchung zu Ausbeutungsverhältnissen und Autonomisierungsprozessen von polni-
schen Frauen, die in deutschen Haushalten irregulär beschäftigt werden, zur Verfügung (Satola 2014).

mation gesellschaftlicher Regeln. Deutlich wird: Gesellschaftlicher Wandel geht normalerweise immer auch von einem reflektiert und subjektiv intentional handelnden Subjekt aus, ohne dass das im Normalfall die strukturalen Folgen seines Handelns überblickt.

## 4   Zur empirischen Rekonstruktion gesellschaftlichen Wandels: das Nadelöhr ‚um-zu Motiv'

Damit ist das methodologische Prinzip für ein empirisches Forschungsprogramm vorgezeichnet. Die Rekonstruktion des sozialstrukturellen Weil-Zusammenhangs darf erst vor dem Hintergrund einer weitgehenden Rekonstruktion der subjektiven Handlungsorientierung der Handelnden erfolgen – sonst greift sie zu kurz.

Für die Ergebnisgewinnung besonders effektiv ist die Isolierung von irritierenden Um-zu-Motiven, von Um-zu-Motiven also, die nicht ohne weiteres im Modus des Weils erklärt werden können. Die von einer solchen Irritation ausgehende Rekonstruktion des Weil-Zusammenhangs kann dann

1. dazu führen, dass alte Überzeugungen über den sozialstrukturellen Rahmen aufgegeben und neue, die rekonstruierte subjektive Handlungsorientierung erklärende entwickelt werden müssen.
2. Das irritierende Um-zu-Motiv kann aber auch auf eine signifikante Ausdifferenzierung des Typenrepertoires verweisen. D. h.: Vor dem Hintergrund eines unveränderten und im Prinzip vom Interpreten gewussten strukturellen Handlungsrahmens hat der Protagonist einen neuen Lösungstyp kreiert.
3. Das irritierende Um-zu-Motiv kann natürlich auch Ausdruck einer Strukturtransformation sein. Diese Transformation kann lediglich situativen Charakter besitzen (‚der in die Beschuldigte verliebte Vernehmungsbeamte'), was für die Sozialforschung von nur geringem Interesse ist. Sie kann aber auch sozialstrukturell durchgreifend angelegt sein – und dann verdient sie großes Interesse. Ein Urteil darüber, ob das rekonstruierte Um-zu-Motiv auf eine sozialstrukturelle Transformation verweist, ist nur möglich, wenn der auswertende Sozialforscher sichere Kenntnis von der überformten Struktur zu besitzen glaubt. Nur dann ist es ihm möglich, den überholten Rahmen vom aktuell in Szene gesetzten abzugrenzen.

Die Rekonstruktion der subjektiv gemeinten und angebbaren Um-zu-Motive ist für den Sozialforscher vor allem dann von Interesse, wenn es darum geht, gesellschaftlichen Wandel zu prognostizieren oder nachträglich sein bereits registriertes

Zustandekommen zu erklären. Der Grund: Gesellschaftlicher Wandel ist entweder auf dramatische Veränderungen des Handlungsrahmens oder auf abweichende Initiativen von Handlungssubjekten zurückzuführen. Und diese Initiativen bzw. Krisenbewältigungen sind nicht vorstellbar, ohne eine entsprechende thematisch reflexive Hinwendung des Subjekts, die selbstverständlich die Handlungsvoraussetzungen und -folgen verkürzt und verzerrt repräsentieren kann. Die Transformation struktureller Vorgaben setzt eine gewisse reflexive Orientierung des Subjekts voraus, von der her die abweichenden Handlungen und Neuanpassungen ihre direkte Ausrichtung erfahren, bevor sie dann zu neuen Routinen mutieren können. Die Erklärung gesellschaftlichen Wandels ist ohne eine Bezugnahme auf die kognitive Handlungsorientierung, auf den subjektiv gemeinten Sinn in einem ausschlaggebenden Punkt lückenhaft.

Der Rekonstruktion der subjektiv gemeinten Um-zu-Motive steht allerdings das Problem des Fremdverstehens entgegen. Die handlungsleitenden Bewusstseinsvorgänge können vom außen stehenden Interpreten nur indirekt über die unterstellende Auslegung der spezifischen wahrnehmbaren Handlungen vorgenommen werden. Das Problem kann methodisch nur kompensatorisch gelöst und die kognitive Handlungsorientierung nur approximativ erfasst werden. Am weitesten dürfte man kommen, wenn man über eine praktisch involvierte beobachtende Teilnahme im Sinne der von Anne Honer entwickelten Lebensweltanalytischen Ethnographie (vgl. Honer 1991), also über ein „existentielles Engagement" und über sich dann beim gemeinsamen Handeln ergebende Gespräche oder – wenn es nicht anders geht – mittels extra angesetzter Interviews mit den Protagonisten die relevanten aktuellen Deutungsmuster und Alltagsdiskurse ermittelt. Sinnvoll ist auch die Hinzuziehung von feldvertrauten Co-Interpreten beim Auswerten der Texte (vgl. Schröer 2002) und – für komplexe Felder – die Bildung von multiperspektivischen Interpretengruppen (vgl. Schröer et al. 2012), wie wir sie in unserem aktuellen Projekt ausprobieren. Eine Rekonstruktion der subjektiven Binnenperspektiven ist mit solchen Verfahren zwar auch nur indirekt und in typischen Auffassungsperspektiven möglich, sie dürfte den gelebten Beweggründen aber am ehesten nahe kommen.

## 5   Verdeutlichende Abgrenzungen (von verwandten Positionen): ein Fazit

Mit den hier vorgestellten sozialtheoretischen und methodologischen Überlegungen zu einer strukturanalytischen Handlungstheorie wird die traditionelle Variante eines subjektiven Handlungsbegriffs in Frage gestellt. Das Bild vom bedacht vorauslegenden, seine Handlungen zentriert entwerfenden und insofern souverän

Stellung beziehenden Subjekt – das zu Beginn des Beitrags durchaus noch anklingt – wird abgelöst durch die Vorstellung von einem eher dezentrierten, insouveränen Subjekt, dessen Gestalt historisch konstruiert wird, dessen thematische Motivbildung von dieser Gestaltung und von den inhaltlichen Vorauslegungen her seine Ausrichtung erhält, dessen Motive sich im alltäglichen Normalfall im Modus des Selbstverständlichen bilden – dessen Handeln eingebettet ist in, aber eben nicht einfach determiniert ist durch gesellschaftlich-historisch auferlegte Subjektformationen und entsprechend eingeschliffene thematische Praktiken. Mit dieser Positionierung ist der Anschluss an die sogenannte Praxistheorie (vgl. Reckwitz 2003, 2008a, 2008b) und – wen wundert es – an den Kommunikativen Konstruktivismus (vgl. Reichertz 2009, 2010, 2014; Keller et al. 2013) hergestellt. Ich möchte nun abschließend den Kern meines subjekttheoretischen Arguments in einer vorsichtigen Abgrenzung diesen beiden Konzepten gegenüber noch einmal pointiert konturieren.

Ein Verdienst ‚der' Praxistheorie und ‚des' Kommunikativen Konstruktivismus besteht in der Herausarbeitung und Betonung der dezentrierten Lage der modernen Subjekte. Beide Konzepte betonen die Vorrangstellung der in den routinisierten Praktiken beschreibbaren Praxis, ohne dabei auf die Vorstellung von einem handelnd Einfluss nehmenden Subjekt zu verzichten. Reichertz verweist darauf, dass „es (…) eine fundamentale Unberechenbarkeit dessen (gibt), was der Andere als nächstes tun wird und wie ich auf seine Antwort antworten werde" (Reichertz 2009, S. 191). Die von den Subjekten getragene Praxis bewegt sich folglich – so Reckwitz dann – „zwischen einer relativen ‚Geschlossenheit' der Wiederholung und einer relativen ‚Offenheit' für Misslingen, Neuinterpretation und Konflikthaftigkeit des alltäglichen Vollzugs" (Reckwitz 2003, S. 294). Einen zentralen Grund für die reklamierte Offenheit und die Notwendigkeit der Neuinterpretation erkennt Reckwitz nun „in der praxeologischen Struktur des Subjekts als eines lose gekoppelten Bündels von Wissensformen" (Reckwitz 2003, S. 295 f.). Und er erläutert dann: „Einzelne soziale Praktiken setzen jeweils ein sehr spezifisches praktisches Wissen voraus; für das Subjekt und seine gesamte ‚Lebensform' (…) bedeutet dies jedoch umgekehrt, dass es gleichzeitig unterschiedliche, heterogene, möglicherweise auch einander widersprechende Formen praktischen Wissen inkorporiert hält, die es in seiner Lebensführung zum Einsatz bringt" (Reckwitz 2003, S. 296) und dann in die Neuauslegung zwingt. Bei Reichertz hört sich das etwas anders an. Für ihn entstehen diese neuen Formen „aufgrund der immer vorhandenen Kreativität der Kommunizierenden, deren Rationalität oder deren moralisch motivierten Wunsch, es besser, humaner zu machen" (Reichertz 2009, S. 191).

Vor dem Hintergrund meiner Überlegungen wirkt die Subjektkonstruktion bei Reichertz allerdings idealistisch: Es kommt einem so vor, als würde das souveräne

Subjekt hinterrücks wieder ‚etwas' eingeführt. Reckwitz Erklärung hingegen ist abbildhaft angelegt: Das Subjekt, das die disparate Praxis einer komplexen Gesellschaft genauso disparat in sich einschreiben lässt und dann situativ zur Interpretation und Neuausrichtung gezwungen wird, verkümmert zum dynamischen Praxisreflex, zum Akteur.

Ohne die von Reckwitz vorgetragenen Gründe für „die Unberechenbarkeit der Praktiken" (Kontextualität, Zeitlichkeit, lose gekoppelte Praktikenkomplexe, lose gekoppelte Bündel von Wissensformen; vgl. Reckwitz 2003, S. 295 ff.) in Abrede stellen zu wollen, erachte ich – anthropologisch dahinter schauend – die Nicht-hintergehbarkeit der Perspektivität der Erfahrungsbildung von Menschen als zuerst ausschlaggebend für die „fundamentale Unberechenbarkeit" (Reichertz 2009, S. 191) des Anderen. Wir inkorporieren nicht einfach in die gesellschaftliche Praxis eingelassene Wissensformationen und stoßen uns dann an deren Nichtpassung (vgl. Bourdieu 1976). Wir sind vielmehr grundlegender gezwungen, immer wieder auslegend Stellung zu beziehen, weil wir als Individuen mit der uns auferlegten Perspektivität immer schon – wenn man so sagen darf – ‚quer liegen' zum gesellschaftlich vorausgelegten Wissen. Aus unserer singulären Position heraus sind wir stets von Neuem gezwungen, – wie fragil auch immer – Anschluss zur gesellschaftlichen Praxis herzustellen. Wir sind – uns in unserem Solitär-Sein erfahrend – gezwungen, Subjekte zu werden (vgl. Soeffner 2014). ‚Vor' der Heterogenität der Praktiken liegt noch die Heterogenität der Perspektiven (mit der sich dann auch die Heterogenität der Praktiken anthropologisch erklärt)! Denkt man diesen Gedanken zu Ende, dann verbietet es sich sogar, von ‚der' gesellschaftlich vorgegebenen Praxis oder ‚dem' gesellschaftlich vorausgelegten Wissen zu sprechen. Jedes Subjekt hat einsozialisiert in die Gesellschaft über permanente und allgegenwärtige Austauschprozesse sein Handlungswissen um die gesellschaftlich etablierte Praxis aufgebaut, und dieses Wissen differiert stets nach Maßgabe des je eigenen Erfahrungsaufbaus von dem Wissen der anderen. Von daher ist es auch gefährlich, einen ‚sozialen Solipsismus' (Reichertz 2009, S. 168) anzunehmen. Wir können lediglich unterstellen, dass wir über einen tradierten und von uns weiter konstruierten Ähnlichkeitsbereich für die Konstruktion von Praktiken verfügen, mit dem uns die Schaffung von Anschlussfähigkeit erleichtert ist (vgl. Schröer 2009, S. 69 ff.). Mir geht es also darum herauszustellen, dass die Subjekthaftigkeit des Menschen seiner perspektivischen Positionalität, seiner „exzentrischen Positionalität" (vgl. Plessner 1975, Kap. 7), entspringt.

Dass damit nicht doch wieder von einem souveränen Subjekt ausgegangen wird, sollte oben deutlich geworden sein: Das im Alltag stehende und handelnde Subjekt ist weder daran interessiert noch ist es dazu in der Lage, in die strukturalen Tiefen der eigenen Perspektive und des ‚gemeinsamen' Ähnlichkeitsbereiches einzutauchen. Die perspektivischen Anpassungsprozesse laufen normalerweise routinisiert und unbemerkt ab, bei der Krisenbewältigung wird die Auslegung pragmatisch und nicht bis zur letzten Verstehenskonsequenz vorangetrieben. Dabei kommt es immer zu verkürzten Auslegungen, in der Regel auch zu verzerrten. Die alltäglich pragmatischen Auslegungen der Subjekte und die von ihnen ausgehenden handlungspraktischen Anpassungen sind aber zugleich unverzichtbar für den Erhalt der gesellschaftlichen Praxis. Ohne die immer wieder von Neuem um die Überbrückung von Perspektivendifferenz bemühten Subjekte, würde sich die gesellschaftliche Praxis auflösen. Passungen würden sich zersetzen, die Gesellschaft würde zerbröseln.

Für eine wissenssoziologisch hermeneutische Sozialforschung heißt das, dass bei aller Bedeutung der strukturellen Vorauslegungen die soziale Wirklichkeit von der Perspektive der subjektiven Sinnsetzungen her rekonstruiert werden sollte. Eine vollständige Handlungserklärung müsste demnach durch die intentionalen und routinisierten Sinnsetzungen der Subjekte hindurch die sozialstrukturellen Zusammenhänge, die strukturale Motivierung, freilegen, vor deren Hintergrund die reproduktiven oder transformatorischen Auslegungsprozesse erst möglich werden (vgl. Kellner und Heuberger 1988). Verzichtet man auf eine solche Rekonstruktion, dann geht das zu Lasten der Vollständigkeit der Handlungserklärung, die Analyse wird funktionalistisch – darüber sollte man sich ggf. zumindest im Klaren sein.

## Literatur

Berger, P., & Luckmann, T. (1969). *Die gesellschaftliche Konstruktion der Wirklichkeit.* Frankfurt a. M.: Fischer.
Blumer, H. (1980). Der methodologische Standort des symbolischen Interaktionismus. In Arbeitskreis Bielefelder Soziologen (Hrsg.), *Alltagswissen, Interaktion und gesellschaftliche Wirklichkeit* (Bd. 1 und 2, S. 80–146). Opladen: Westdeutscher Verlag.
Bourdieu, P. (1976). *Entwurf einer Theorie der Praxis.* Frankfurt a. M.: Suhrkamp.
Eberle, T. (1984). *Sinnkonstitution in Alltag und Wissenschaft.* Bern: Paul Haupt.
Gehlen, A. (1975). *Urmensch und Spätkultur.* Frankfurt a. M.: Athenaion.
Giddens, A. (1984). *Interpretative Sozialforschung.* Frankfurt a. M.: Campus.
Giddens, A. (1992). *Die Konstitution der Gesellschaft.* Frankfurt a. M.: Campus.
Hitzler, R. (1992). Der Goffmensch. Überlegungen zu einer dramatologischen Anthropologie. *Soziale Welt, 43*(4), 449–461.
Honer, A. (1991). *Lebensweltliche Ethnographie.* Wiesbaden: DUV.
Keller, R., Knoblauch, H., & Reichertz, J. (Hrsg.). (2013). *Kommunikativer Konstruktivismus. Theoretische und empirische Arbeiten zu einem neuen wissenssoziologischen Ansatz.* Wiesbaden: VS Verlag für Sozialwissenschaften.
Kellner, H., & Heuberger, F. (1988). Die Einheit der Handlung als methodologisches Problem. Überlegungen zur Adäquanz wissenschaftlicher Modellbildung in der sinnverste-

henden Soziologie. In E. List & I. Srubar (Hrsg.), *Alfred Schütz. Neue Beiträge zur Rezeption seines Werkes* (S. 257–284). Amsterdam: Rodopi.

Mead, G. H. (1980). Die Definition des Psychischen (1903). In G. H. Mead (Hrsg.), *Gesammelte Aufsätze*. (Bd. 1, S. 83–148). Frankfurt a. M.: Suhrkamp.

Oevermann, U. (1986). Kontroversen über sinnverstehende Soziologie. Einige Probleme und Mißverständnisse in der Rezeption der ‚objektiven Hermeneutik'. In S. Aufenanger & M. Lenssen (Hrsg.), *Handlungs- und Sinnstruktur* (S. 19–83). München: Kindt.

Plessner, H. (1975). *Die Stufen des Organischen und der Mensch*. Berlin: de Gruyter.

Reckwitz, A. (1997). *Struktur. Zur sozialwissenschaftlichen Analyse von Regeln und Regelmäßigkeiten*. Opladen: Westdeutscher.

Reckwitz, A. (2003). Grundelemente einer Theorie sozialer Praktiken. Eine sozialtheoretische Perspektive. *Zeitschrift für Soziologie, 32*(4), 282–301.

Reckwitz, A. (2008a). *Subjekt*. Bielefeld: transcript.

Reckwitz, A. (2008b). *Unscharfe Grenzen. Perspektiven der Kultursoziologie*. Bielefeld: transcript.

Reichertz, J. (2009). *Kommunikationsmacht. Was ist Kommunikation und was vermag sie? Und weshalb vermag sie das?* Wiesbaden: VS Verlag für Sozialwissenschaften.

Reichertz, J. (2010). Das sinnhaft handelnde Subjekt als historisch gewachsene Formation des Menschen? In B. Griese (Hrsg), *Subjekt – Identität – Person? Reflexionen zur Biographieforschung* (S. 21–48). Wiesbaden: VS Verlag für Sozialwissenschaften.

Reichertz, J. (2014). Von Menschen und Dingen. Wer handelt hier eigentlich? *In diesem Band*. In A. Poferl & N. Schröer (Hrsg.), *Wer oder was handelt? Zum Subjektverständnis der hermeneutischen Wissenssoziologie.* ( 95–122). Wiesbaden (Springer VS)

Rüther, W. (1975). *Abweichendes Verhalten und ‚labeling approach'.* Köln: Heymanns.

Satola, A. (2014). *Migration und irreguläre Pflegearbeit in Deutschland. Eine biographische Studie.* Stuttgart: ibidem

Schröer, N. (1992a). *Der Kampf um Dominanz. Hermeneutische Fallanalyse einer polizeilichen Beschuldigtenvernehmung.* Berlin: de Gruyter.

Schröer, N. (1992b). Strukturelle Aspekte diversionsorientierter Polizeitätigkeit im Rahmen des geltenden Straf- und Verfahrensrechts am Beispiel des Hammer-Modells. In J. Reichertz & N. Schröer (Hrsg.), *Polizei vor Ort. Studien zur empirischen Polizeiforschung* (S. 109–132). Stuttgart: Enke.

Schröer, N. (1994). *Interpretative Sozialforschung. Auf dem Wege zu einer hermeneutischen Wissenssoziologie.* Opladen: Westdeutscher Verlag.

Schröer, N. (1997). Strukturanalytische Handlungstheorie und subjektive Sinnsetzung. Zur Methodologie und Methode einer hermeneutischen Wissenssoziologie. In T. Sutter (Hrsg.), *Beobachtung verstehen, Verstehen beobachten. Perspektiven einer konstruktivistischen Hermeneutik* (S. 273–302). Opladen: Westdeutscher Verlag.

Schröer, N. (1999). Intersubjektivität, Perspektivität und Zeichenkonstitution. Kommunikation als pragmatische Abstimmung perspektivgebundener Deutungsmuster. In R. Hitzler, J. Reichertz, & N. Schröer (Hrsg.), *Hermeneutische Wissenssoziologie. Standpunkte zur Theorie der Interpretation* (S. 187–212). Konstanz: UVK.

Schröer, N. (2002). *Verfehlte Verständigung? Kommunikationssoziologische Fallanalyse zur Interkulturellen Kommunikation.* Konstanz: UVK.

Schröer, N. (2009). *Interkulturelle Kommunikation. Einführung.* Essen: Oldib.

Schröer, N., & Bidlo, O. (Hrsg.). (2011). *Die Entdeckung des Neuen. Qualitative Sozialforschung als Hermeneutische Wissenssoziologie*. Wiesbaden: VS Verlag für Sozialwissenschaften.

Schröer, N., Bettmann, R., Leifeld U., & Sharma, A. (2012). Protointerpretative Horizontverschmelzung. Zur Bildung einer ‚gemeinsamen Mitspielkompetenz' in einer multiperspektivischen Interpretengruppe. In N. Schröer, V. Hinnenkamp, S. Kreher, & A. Poferl (Hrsg.), *Lebenswelt und Ethnographie* (S. 217–230). Essen: Oldib.

Schütz, A. (1971). Zur Methodologie der Sozialwissenschaften. In A. Schütz (Hrsg.), *Gesammelte Aufsätze I* (S. 3–110). Den Haag: Martinus Nijhoff.

Schütz, A. (1977). Parsons' Theorie sozialen Handelns. In A. Schütz & T. Parsons. *Zur Theorie sozialen Handelns* (S. 25–75). Frankfurt a. M.: Suhrkamp.

Schütz, A. (2010). Das Problem der Rationalität in der Sozialwelt. In A. Schütz (Hrsg.), *Zur Methodologie der Sozialwissenschaften* (S. 201–241). Konstanz: UVK.

Schütz, A., & Luckmann, T. (1979). *Strukturen der Lebenswelt* (Bd. 1). Frankfurt a. M.: Suhrkamp.

Soeffner, H.-G. (1989). *Auslegung des Alltags – Der Alltag der Auslegung*. Frankfurt a. M.: Suhrkamp.

Soeffner, H.-G. (2014). Zwischen Selbstmythisierung und Selbstmythologisierung. Metamorphosen des abendländischen Ichs. In A. Poferl & N. Schröer (Hrsg.), *Wer oder was handelt? Zum Subjektverständnis einer hermeneutischen Wissenssoziologie.* (S. 23–35). Wiesbaden (Springer VS).

Soeffner, H.-G., & Hitzler, R. (1994). Hermeneutik als Haltung und Handlung. Über methodisch kontrolliertes Verstehen. In N. Schröer (Hrsg.), *Interpretative Sozialforschung. Auf dem Wege zu einer hermeneutischen Wissenssoziologie* (S. 28–55). Opladen: Westdeutscher Verlag.

Willis, P. (1979). *Spaß am Widerstand. Gegenkultur in der Arbeiterschule*. Frankfurt a. M.: Syndicat.

# Assoziationen. Über Subjektprobleme des Poststrukturalismus und die Perspektive der Wissenssoziologischen Diskursanalyse

Reiner Keller

## 1 Ausgangsüberlegungen[1]

> Es wäre sicherlich absurd, die Existenz des schreibenden und erfindenden Individuums zu leugnen. (Foucault 1974b, S. 20)

Ende der 1960er Jahre tobte in Frankreich eine aufgeregte intellektuelle Debatte: Sind die „Strukturen auf die Straße" gegangen, oder die „Menschen", die mehr oder weniger revolutionären Subjekte? Je nach eingenommener theoretischer Perspektive fiel die Antwort darauf unterschiedlich aus (vgl. Dosse 1996, 1997).[2] Denn offensichtlich liegen strukturelle Konstellationen der Erzeugung einer revolutionären Situation zugrunde, ob man sie nun in den Produktionsverhältnissen oder den Verhältnissen des Begehrens verortet. Doch andererseits: wenn dies nicht zu entsprechenden Definitionen der Situation führt, die aktiv zu konstituieren und handlungsleitend zu machen sind – dann wird nichts passieren. Strukturen transformie-

---

[1] Die nachfolgenden Überlegungen insbesondere Diskussionen in Keller (2005, Kap. 4.2.3, 2008, 2012) auf. Vgl. zu den dort jeweils etwas anders akzentuierten Ausführungen die betreffenden Texte.

[2] Dosse (1995) spricht an anderer Stelle von der in Frankreich an die Phase des Strukturalismus anschließenden „Humanisierung der Humanwissenschaften", also der Wiederkehr der menschlichen Akteure.

---

R. Keller (✉)
Augsburg, Deutschland
E-Mail: reiner.keller@phil.uni-augsburg.de

© Springer Fachmedien Wiesbaden 2014
A. Poferl, N. Schröer (Hrsg.), *Wer oder was handelt?*,
Wissen, Kommunikation und Gesellschaft, DOI 10.1007/978-3-658-02521-2_5

67

ren sich nicht selbst, sondern im Medium menschlichen Handelns (vgl. Sahlins 1992). Vielleicht liegt das ganze Interesse der Soziologie darin, diese Alternative nicht nach einer Seite hin aufzulösen, sondern die Zusammenhänge in den Blick zu nehmen.

Seit etwas mehr als zehn bis fünfzehn Jahren lässt sich in Teilen der deutschsprachigen Soziologie ein zunehmendes Plädoyer für den Begriff der Praktiken bzw. „Kultur- und Praxistheorien" und gegen „Handlungs- und Subjekttheorien" vernehmen. Sicherlich hat der Hinweis auf die Notwendigkeit der Analyse von Praktiken, des konkreten performativen „doings", der körperlichen Aspekte von Handlungsvollzügen, der sozialen Routinisierung und Transformation entsprechender Arten und Weisen des Tuns (vgl. Certeau 1988) für die Soziologie eine wichtige Perspektivierung ihrer Gegenstände wieder mit neuer Energie erschlossen, die ihr im Grunde seit ihren frühen Tagen bekannt ist. Unklarer bleibt der Ertrag hinsichtlich der Kritik des Subjektbegriffs. Schon die Soziologie der 1960er Jahre, in den so unterschiedlichen Werken von Talcott Parsons, Anselm Strauss oder Peter L. Berger sah keinen tieferen Grund des Subjektes, sondern sprach von Strukturen hier, von der Auflösung in die Vielzahl der Rollenspiele da, hinter denen sich kein fester Kern erkennen lasse. Und das gilt sicherlich gleichermaßen für die Klassiker der Disziplin.[3]

Am ehesten wohl lässt sich die Emphase der Subjekt-Kritik aus den Umwegen heraus verstehen, aus denen sie resultiert. So gilt gemeinhin Michel Foucault als ihr Haupturheber. Die Rezeption seines Werkes im Kontext der US-amerikanischen Poststrukturalismus-Debatte führte zu starken Auseinandersetzungen mit den Politisierungsansätzen, wie sie der dortigen Voice-Bewegung – also geistes- und sozialwissenschaftliche Perspektiven, welche gesellschaftlich diskriminierten und benachteiligten Bevölkerungsgruppen eine „Stimme" geben wollen – zugrunde lagen, und wohl auch zu einer skeptischen Haltung gegenüber einer eher ‚methodologisch-individualistisch' operierenden US-amerikanischen Mainstreamsoziologie. Doch inwiefern resultieren daraus Einwände für die soziologische Wissenskultur des deutschsprachigen Raumes? Werden hier nicht klassische Argumentationsfiguren ausgegraben, die der Grundlegung der Soziologie selbst mitgegeben waren – die Absetzung von theoretisch-philosophisch abstrahierten Subjektkonzepten hin zur empirischen Untersuchung multipler (menschlicher) Wirklichkeiten?

---

[3] Zima (2000) weist auf die vergleichsweise nachrangige Bedeutung des Subjektbegriffs in der Soziologie hin. Zu einer differenzierten Reaktion auf Argumente aus dem Kontext der Praxistheorien vgl. Schultz-Schäeffer (2010).

Ich will den mit diesen Beobachtungen verbundenen Fragen im Folgenden in drei Schritten nachgehen. Zunächst erfolgt eine knappe Rekonstruktion der Foucaultschen Beschäftigung mit der Frage nach dem Subjekt. Im Anschluss daran diskutiere ich Judith Butlers Anschluss an Foucault und ihre dabei erfolgende philosophisch-psychoanalytische Neuerschaffung des Subjekts. Im dritten Punkt behandle ich die Frage, welcher Konzepte des „menschlichen Faktors" (Keller 2012) eine Wissenssoziologischen Diskursanalyse bedarf, die sich als Bestandteil der sozialkontruktivistisch-hermeneutischen Tradition der Wissenssoziologie versteht und diese um Foucaultsche Perspektiven erweitert.

## 2 „Der Philosoph Foucault spricht. Denken Sie."[4]

In den Auseinandersetzungen um das Verhältnis von Strukturen, Praktiken und Subjekten spielten und spielen die Argumente von Michel Foucault eine große Rolle. Vor allem die in der 1966 erschienenen Studie „Die Ordnung der Dinge" (Foucault 1974a) enthaltene, berühmte und oft zitierte Formel vom „Verschwinden des Menschen wie am Meeresufer ein Gesicht im Sand" hat im Einvernehmen mit seinem Vorschlag zur Analyse diskursiver Formationen (in der „Archäologie des Wissens", Foucault 1988 [1969]) dazu verleitet, in seinem Werk eine Verabschiedung des Subjekts zu sehen und zu feiern, die unter anderem ab sofort jedwede Soziologie als Handlungswissenschaft unmöglich mache. Foucault verstand das „Verschwinden des Menschen" als prognostische Provokation im Hinblick auf mögliche zukünftige Veränderungen der wissenschaftlichen Wissensproduktionen, die, so seine These, zuletzt auf den Menschen als Kern und Zielpunkt der Grundlegungen zusteuerte. Entsprechend galten ihm Karl Marx, auch Sigmund Freud oder Claude Lévi-Strauss als Protagonisten der Verabschiedung solcher Positionen, weil sie den Menschen entweder als Produkt gesellschaftlicher Verhältnisse, unterbewusster psychischer Prozesse oder kognitiver Strukturen deuteten – Marx, der die gesellschaftlichen Arbeits- und Produktionsverhältnisse als Determinante der Subjektbildung beschrieb; Freud, der die Selbsttransparenz des Ich problematisierte; Lévi-Strauss, dessen strukturale Anthropologie kognitive, mentale Struktur- und Beziehungsmuster am Ursprung der Praktiken lokalisierte. Alle drei lieferten ihm Belege dafür, dass das moderne Subjekt keineswegs Herr im eigenen Hause sei, sondern Ergebnis von Erzeugungsmechanismen, die sich der Selbsttransparenz

---

[4] So lautete ein Vortragstitel von Michel Foucault (2002a), der vielleicht nicht von ungefähr das Kantsche Leitmotiv aus „Was ist Aufklärung?" aufgreift – im Französischen noch stärker betonend: „Le philosophe Michel Foucault parle. Pensez-vous même" – also: selber denken!

seines Bewusstseins entzögen. Auffallend ist sicherlich, dass sich Foucault nicht explizit auf die französische Soziologietradition Durkheims bezieht – das hätte doch diesbezüglich zumindest naheliegen können.[5] Zur Einschätzung muss man in Rechnung stellen, dass Foucault an prominenter Stelle durchaus – wenn auch nur anspielend – auf Durkheim zu rekurrieren scheint, wenn er die Titelung seines Lehrstuhls am Collège de France als „Geschichte der Denksysteme" vornimmt, eine Idee, die in Durkheims Arbeit über „Die elementaren Formen des religiösen Lebens" prominenten Status hat.

Seine eigene Beschäftigung mit der Frage des Subjekts war jedoch deutlich anders angelegt. Sie resultierte im Wesentlichen aus einer durch Nietzsche inspirierten Absetzung von der vorherrschenden Bewusstseinsphilosophie phänomenologisch-existentialistischer Prägung seiner Zeit, zugunsten einer empirisch-historischen, letztlich wissenssoziologischen Untersuchung von diskursiven und dispositiven Formen der Erzeugung von normalen und abweichenden Subjekten in den Feldern der Vernunft (Wahnsinn), der Körperlichkeit (Gesundheit/Krankheit), der Disziplinierung (Überwachen/Strafen) und der Sexualität. Mit Nietzsche, so schrieb Foucault, könne man gegen die Traditionen der Subjektphilosophie seit Descartes „*unterstellen, dass es Subjekte gibt*, und wir können unterstellen, dass es *das Subjekt* nicht gibt" (Foucault 2002b, S. 680; Hervorh. R. K.):

> Alle Philosophen haben den gemeinsamen Fehler an sich, daß sie vom gegenwärtigen Menschen ausgehen und durch eine Analyse desselben ans Ziel zu kommen meinen. Unwillkürlich schwebt ihnen ‚der Mensch' als eine aeterna veritas, als ein Gleichbleibendes in allem Strudel, als ein sicheres Maß der Dinge vor. Alles, was der Philosoph über den Menschen aussagt, ist aber im Grunde nicht mehr als ein Zeugnis über den Menschen eines sehr beschränkten Zeitraums. Mangel an historischem Sinn ist der Erbfehler aller Philosophen; [...] Sie wollen nicht lernen, daß der Mensch geworden ist, daß auch das Erkenntnisvermögen geworden ist [...] Demnach ist das historische Philosophieren von jetzt ab nötig und mit ihm die Tugend der Bescheidung. (Nietzsche 1985a, S. 136 f. [1878])

Statt in der Tradition der Bewusstseinsphilosophien ein ahistorisches Erkenntnis- und Handlungssubjekt zu postulieren, betonte Foucault also die historisch-gesellschaftliche Erzeugung der Subjekte. Orientiert an Nietzsche, wendet er sich einer entsprechenden Genealogie des modernen Subjekts zu, die gerade dessen historisch-kulturelle Veränderlichkeit zum Gegenstand der Analyse macht. Der Rekurs

---

[5] Es gab für ihn sicherlich viele gute Gründe, sich nicht auf Durkheim zu beziehen (etwa dessen Vorstellungen von Solidaritäten, Integration, Anomie und gesellschaftlichen ‚Normalzuständen').

auf Marx, Freud und Levi-Strauss ist für Foucault dabei nur ein Zwischenschritt. Angeregt durch seine Nietzsche-Rezeption erscheinen ihm die genannten Autoren und Theorien bald allzu monokausal, denn sie postulieren in unterschiedlicher Form je ein hautsächliches Determinations- oder Erzeugungsprinzip. Dagegen setzt er deswegen eine historische Analyse, die vielfältige Modi der Subjekterzeugung unterstellt: Hervorgebracht werden die je unterschiedlichen historischen Realitäten der Subjekte durch Macht-Wissen-Regime, durch Diskurse und Dispositive – durch Wissensverhältnisse und Wissenspolitiken, die entweder in Gestalt der Erzeugung von Wissen versuchen, zu bestimmen, was der Mensch (oder zumindest eine spezifische Sorte Mensch) ‚ist', oder die in Form von Materialitäten, die unterschiedlichste Elemente versammeln, eine spezifische Wirkung auf Menschen ausüben (etwa als nach dem panoptischen Prinzip organisierte Gebäudearchitektur). Dem Thema des souveränen Subjekts, das „von außen seine Freiheit in den Diskurs einbringt", setzt er „die Erkundung der von den verschiedenen ‚diskurrierenden' Subjekten ausgeführten Rollen und Operationen" entgegen (Foucault 2001a, S. 872). Die für die Bewusstseinsphilosophie grundlegende Annahme anthropologischer Universalien wird von ihm nicht komplett zurückgewiesen, aber doch entschieden auf den Prüfstein empirischer Analysen gebracht. Notwendig sei ein systematischer

> Skeptizismus gegenüber allen anthropologischen Universalien, was nicht bedeutet, dass man sie alle von vorneherein, insgesamt und ein für alle Mal verwirft, sondern dass man nichts aus diesem Bereich zulassen darf, das nicht im strengen Sinne unerlässlich ist; alles, was uns in unserem Wissen als von universeller Gültigkeit angeboten wird und was die menschliche Natur oder die Kategorien betrifft, die man auf das Subjekt anwenden kann, verlangt, geprüft und analysiert zu werden [...]. (Foucault 2005a, S. 779)

Einige wenige Beispiele mögen helfen, diese Herangehensweise an die Frage des Subjekts zu illustrieren. Wie weiter oben erwähnt, beschäftigt sich Foucault in seinen empirischen Untersuchungen zunächst damit, wie gesellschaftlich Grenzziehungen zwischen Normalität und Abweichung hergestellt werden, bezogen auf die Frage geistiger Urteilsfähigkeit, den gesunden oder kranken Körper, die Delinquenz und die Sexualität. Er nähert sich diesen Feldern einerseits über die Wissensgebiete, die sich darauf beziehen und die Phänomene dann je in historisch unterschiedlicher Form hervorbringen – den degenerierenden Masturbator, die hysterische und durch Stimulation behandelbare Frau, den zu bestrafenden oder zu resozialisierenden Dieb, den Narren, der die Wahrheit sagt, oder den Irren, den es abzusondern gilt, den diagnostizierten gesunden und den behandlungsbedürftigen kranken Körper, korrekte Bürger und Bürgerinnen, welche die staatlichen Regierungsweisen zu ihrem eigenen Anliegen machen usw. Diese Wissensgebiete sind heterogen, sie umfassen Literatur und Kunst ebenso wie Wissenschaften, Staatskunst oder Religion. Und sie sind historisch veränderlich. Zudem existieren sie nicht als bloße Ideenlandschaften, sondern sind in vielfältigen Formen mit Praktiken nicht nur des Sprechens und Schreibens, sondern auch des konkreten Tuns, des Einsperrens, Erziehens, Behandelns verbunden, die ihrerseits mit Materialitäten unterschiedlichster Art verknüpft sind: Raumarchitekturen, Folterwerkzeuge, medizinische Geräte, Vibratoren, Gesetze. Solche spezifizierbaren Verbindungen von Wissensgebieten, Arten und Weisen des Tuns sowie Materialitäten nennt Foucault Dispositive. Wichtig ist dabei, dass er beständig gegen Versuche arbeitet, die daraus entstehenden Effekte auf einen Masterplan, eine geheime Ursprungslogik oder strategische Intentionalität zu reduzieren. Stattdessen sieht Foucault vielfältige Entstehungsmechanismen und Effekte solcher Konstellationen – dafür formuliert er bisweilen großformatige diagnostische Konzepte wie „Disziplinargesellschaft", „Biopolitik" oder „Gouvernementalität".

Foucault spielt unter Nutzung der historisch bis ins Altgriechische rückverfolgbaren unterschiedlichen Wortbedeutungen von „Subjekt" darauf an, dass das Subjekt Ergebnis einer hervorbringenden Unterwerfung unter ein Macht-Wissen-Regime ist.[6] Das hätte er angesichts der Durkheimschen Sozialisationstheorie sicherlich auch in soziologischen Termini formulieren können – allerdings liefern Durkheims Annahmen über die Notwendigkeit der Sozialisation in bzw. Anpassung an bestehende moralische Ordnungen (Anomiegefahr!) wohl das Gegenteil von dem, was Foucault vorschwebte. Wie sieht also seine Abwendung von philosophischen Positionen, die ein ahistorisches „begründendes Subjekt" implizieren, einerseits, und von theoretischen Perspektiven, welche eine Determination durch Strukturen behaupten, andererseits aus? Die Antwort darauf liegt in der Untersuchung der stabilisierten, veränderlichen Abfolgen dessen, was tatsächlich passiert, was gesagt und getan wird, soweit das eben aus der historischen Distanz möglich erscheint. Dieses Interesse an der Konkretheit und Variabilität historischer Formationen unterscheidet ihn deutlich von strukturalistischen Positionen seiner Zeit. Zudem insistiert er auf der Vielfalt von Ereignissen und Prozessen, die ineinander spielen – solche Konstellationen sind immer historische Individuen im Sinne Max Webers.

Der späte Foucault wird die Frage nach der Konstitution von Subjekten in Diskursen und Dispositiven neu wenden. In den Bänden zwei und drei von „Sexualität und Wahrheit", aber vor allem in einigen Vorlesungen interessieren ihn zunehmend

---

[6] Der Begriff „sujet" kann eine Handlungsinstanz, das Thema einer Abhandlung oder als „assujettissement" eben Unterwerfung bedeuten.

die Fragen nach glückenden Selbstverhältnissen, nach einer Lebensweise, welche das individuelle Wohl mit dem Wohl anderer verbindet. Auch hier nähert sich Foucault dem Thema erneut empirisch, vor allem in Gestalt einer kommentierenden Lektüre antiker Ratgeberliteraturen, welche unterschiedliche „Technologien des Selbst" entwerfen und verbreiten – ganz ähnlich, wie sich Max Weber mit den Lebensführungsmaximen einer protestantischen Ethik auseinandersetzte. Was bedeutet demnach ein gutes und gelingendes Leben, das in Verantwortung für sich selbst und für andere geführt wird? Welche Diäten sind einzuhalten? Welche Umgangsweisen zu vermeiden? Solche Technologien des Selbst funktionieren nicht nur als Ratschläge dafür, was und wie etwas zu tun sei. Sie leiten darüber hinaus schon in der griechischen Antike zur Selbstbeobachtung an, zur Frage nach dem, was Wichtig ist, nach dem, was gewollt werden kann, was zu verändern ist:

> Umgekehrt würde ich andererseits sagen, dass diese Praktiken, wenn ich mich jetzt für die Form interessiere, in der sich das Subjekt auf aktive Weise, durch Praktiken des Selbst, konstituiert, dass diese Praktiken dann nichtsdestoweniger nicht etwas sind, was das Subjekt selbst erfindet. Es sind Schemata, die es in seiner Kultur vorfindet, und die ihm vorgegeben, von seiner Kultur, seiner Gesellschaft, seiner Gruppe aufgezwungen sind. (Foucault 2005b, S. 889)

Das lässt sich so ähnlich schon Anfang des zwanzigsten Jahrhunderts nicht nur bei Weber oder Simmel, sondern auch in der US-amerikanischen pragmatistischen Soziologie, bei Robert Park oder William I. Thomas finden. Das empirisch vielfältige Subjekt ist also eine „Form", die im historischen Prozess nicht mit sich identisch bleibt (vgl. Foucault 2005b, S. 888). An anderer Stelle spricht Foucault vom „Quasi-Subjekt" (Foucault 2005c, S. 434) oder davon, wir alle seien „Gruppuskeln" (Foucault 2002c, S. 383), durchzogen von einer „Vielfalt von Kraftlinien", in der ständig etwas in uns gegen etwas anderes in uns kämpfe. Darin ist er ein späterer Bruder im Geiste von John Dewey,[7] der schrieb: „(...) und ein Individuum als ein Mitglied verschiedener Gruppen kann in sich selbst geteilt sein und im wahren Sinne widerstreitende Ichs besitzen oder ein vergleichsweise desintegriertes Individuum sein" (Dewey 1996, S. 160 [1927]). Bereits Dewey bestimmte das Individuum als „Assoziation":

> Wir müssen unsere annähernde Vorstellung vom Individuum als etwas, das als ein einheitliches Ding agiert und sich bewegt, aus einem anderen Blickwinkel qualifizieren. Wir haben nicht nur seine Beziehungen und Bindungen zu berücksichtigen, son-

---

[7] Auxier (2002) diskutiert überzeugend Hinweise auf eine intensive Dewey-Lektüre Foucaults während seiner Zeit in Tunis. Rabinow (2011) verweist auf erstaunliche Parallelen der Argumentation zwischen beiden Denkern.

dern auch die Folgen, in bezug auf die es agiert und sich bewegt. [...] Sofern wir nicht zum stets verfügbaren Rettungsanker des Alltagsverstandes greifen und alle Fragen als unnütze Haarspalterei verwerfen, scheint es, daß wir ein Individuum nicht bestimmen können, ohne sowohl einen Bezug zu den bewirkten Veränderungen, als auch zu den vorangehenden Zusammenhängen und gegenwärtigen Bedingungen herzustellen. Wenn dem so ist, dann ist ein Individuum, was immer es sonst noch ist oder nicht ist, nicht einfach das räumlich isolierte Ding, für das es unsere Einbildungskraft gern halten möchte. [...] Jedes menschliche Wesen ist in einer Beziehung eine Assoziation, die aus einer Vielzahl von Zellen besteht, von denen jede ihr eigenes Leben lebt. Und so, wie die Aktivität jeder Zelle durch diejenigen bedingt und gelenkt wird, mit denen sie interagiert, so wird auch das menschliche Wesen, das wir als das Individuum par excellence ins Auge gefaßt haben, von seinen Assoziationen mit anderen bewegt und gelenkt; was es tut und welche Folgen sein Verhalten hat, woraus seine Erfahrung besteht, kann nicht einmal isoliert beschrieben, noch weniger erklärt werden. (Dewey 1996, S. 158 [1927])

Foucault konzipiert, so lautet mein Zwischenresümee, ein soziologisch-historisches Forschungsprogramm, das die Frage danach, „Wer oder was handelt?", zum Gegenstand empirischer Untersuchungen macht – also sich darauf richtet, wie diese Frage in unterschiedlichen historischen Konstellationen und Gebieten beantwortet wurde, welche Mittel dabei zum Einsatz kamen, welche Effekte daraus hervorgingen.

# 3 Judith Butler und das dezentrierte Subjekt des Poststrukturalismus

Michel Foucault bezog seine empirischen Forschungen auf historische Subjekt-Bildungen. Ohne größere Verzerrung lässt sich diesbezüglich wohl von einer *historischen Wissenssoziologie der Subjekte* sprechen. Insbesondere in seinen Interviews, aber auch in einigen späteren Texten machte er zudem deutlich, dass seine Analysen der historischen Subjektivierungen als Unterwerfungen keineswegs Freiheiten des Handelns bestreiten. Dies liegt zum einen daran, dass ‚Unterwerfung' zugleich etwas hervorbringt – Formen der Handlungsfähigkeit. Klassisch hat das in der Soziologie die Rollentheorie seit langem betont. Die Annahme von Rollenerwartungen und -sets impliziert Gestaltungsfreiheiten ebenso wie Handlungsfähigkeiten. Foucault betonte:

Ich habe mir vorgenommen – dieser Ausdruck ist gewiss allzu pathetisch –, den Menschen zu zeigen, dass sie weit freier sind, als sie meinen; dass sie Dinge als wahr und evident akzeptieren, die zu einem bestimmten Zeitpunkt in der Geschichte hervorgebracht worden sind, und dass man diese so genannte Evidenz kritisieren und zerstören kann. (Foucault 2005d, S. 960)

Das Verhältnis von Freiheit und Determination der Handelnden ist eine komplexe Angelegenheit, deren Letztbestimmung sich, wie Peter Berger und Hansfried Kellner (1984) festhalten, der Soziologie entzieht und eher im Rahmen einer philosophischen Anthropologie zu verorten wäre:

> Plessner hat dies die ‚Exzentrizität' des Menschen genannt, die sich bereits im biologischen Bauplan der Spezies finden lasse – der Mensch ist nicht ‚gegeben', in der Art und Weise wie jedes andere Lebewesen, sondern muß sich ständig ‚selbst vollenden'. In dieser ‚Unausgewogenheit' von Sein und Handeln bietet die biologische Verfassung des Menschen Raum für die Möglichkeit von Freiheit. Mead behandelte ziemlich genau das gleich Thema, als er die eigentümliche Tatsache erörterte, daß der Mensch sich sowohl Subjekt wie Objekt ist. [...] Ein minimales philosophisches Freiheitskonzept geht davon aus, daß der menschliche Wille das System der Determination, in dem der Mensch sich vorfindet, im wesentlichen oder in bestimmten Handlungen transzendieren kann. [...] Diese Fähigkeit ist notwendig verbunden mit der Fähigkeit, nein zu sagen – sei es zu übernatürlichen Mächten, zu den Naturkräften, zu seinem eigenen Körper und natürlich zu allen Aspekten der Gesellschaft. [...] An dieser Stelle müssen wir auf einen außerordentlich wichtigen Punkt hinweisen [...]: Die Freiheit des Menschen ist nicht irgendeine Art Loch im Gebäude der Kausalität. Anders gesagt, dieselbe Handlung, die man als frei ansehen mag, kann auch und zur gleichen Zeit als kausalgebunden aufgefaßt werden. In solchen Fällen sind zwei unterschiedliche Wahrnehmungen beteiligt, wobei die erstere auf das subjektive Selbstverständnis des Menschen, frei zu sein, achtet, die letztere hingegen auf die verschiedenen Systeme der Determination. Die beiden Wahrnehmungen sind nicht logisch widersprüchlich, doch sind sie scharf voneinander geschieden. [...] Wenn sich der Soziologe, oder auch jeder andere Sozialwissenschaftler, an die oben skizzierte Methode der Interpretation hält, [...] [muß er, Einfügung RK] sich mit ‚Freiheit' als einer Kategorie in ihrem Bewußtsein beschäftigen. (Berger und Kellner 1984, S. 87 ff.)

Poststrukturalismen schließen Subjekte nicht per se aus ihrem Begriffsapparat aus. Wiederholt weisen entsprechend argumentierende Autorinnen und Autoren darauf hin, dass eine solche Rezeption auf einem Missverständnis beruhe: Es gehe nicht um eine *Abschaffung*, sondern um eine *Dezentrierung* des Subjekts bzw. *essentialistischer* Konzepte des Subjekts (vgl. Seifert 1992, S. 272).[8] Insoweit wiederholt der Poststrukturalismus auf philosophischem Terrain Entwicklungen, die in der soziologischen Klassik bereits erfolgt waren. Die in diesem Zusammenhang formulierten unterschiedlichen Argumente richten sich einerseits gegen *die* Subjekt-*philosophie*, werden andererseits aber häufig mit einer pauschalen Kritik der *So-*

---

[8] Ähnlich schreibt später Urs Stäheli, es gehe „keineswegs um eine völlige Aufgabe des Subjekts [....], sondern um die Dekonstruktion der Annahme eines autonom handelnden und selbstidentischen Subjekts" (Stäheli 2000, S. 48).

*ziologie* verbunden. Ich kann hier auf die entsprechenden komplexen Diskussionen nicht en Detail eingehen. Soweit ich sehe, speist sich die Diskussion hauptsächlich aus zwei mehr oder weniger miteinander verbundenen Motiven:

• So geht es einmal um die theoretische Dezentrierung einer modernen bewusst-seins- oder aufklärungsphilosophischen und wohl auch pädagogischen Subjekt-konzeption, die das Subjekt als mit sich identisches und authentisches Wesen begreift und so zur Grundlage gesellschaftlicher Emanzipationsforderungen machen will. Diese Subjektvorstellung wird als essentialistisch und auch empi-risch unhaltbar verworfen.

• Zum anderen versteht sich der Poststrukturalismus häufig als kritisches Den-ken; deswegen muss dann geklärt werden, wie das dezentrierte, aber gleichzei-tig durch Unterwerfung konstituierte Subjekt ‚agency' erwirbt, d. h. hier vor allem: ‚Widerstand' gegen Herrschaftszumutungen leisten kann.

Zur theoretischen Entfaltung der Widerständigkeit bieten sich dem Poststruktura-lismus zwei Hypothesen an: erstens der Hinweis auf *Konstellationsbedingungen der Subjektformation*, die eine Situation der ‚Wahl' erzeugen, und zweitens ein in gewisser Weise der Dezentrierung widersprechendes Argument der *transsituativen Identität*en. Sie sollen nachfolgend kurz beleuchtet werden. Wie also konzipieren poststrukturalistische Ansätze das dezentrierte Subjekt und dessen Handlungs-macht?

Ruth Seifert (1992) weist im Kontext der feministischen Auseinandersetzun-gen darauf hin, dass die Verschiedenheit und Konflikthaftigkeit gesellschaftlicher Interessen ebenso „verschiedene und konfligierende Diskurse" hervorbringe. Der „Nährboden für Widerstand" finde sich demnach dort, wo bspw. zwei solcher Dis-kurse aufeinanderprallen und beide „in die Subjektivät eingehen" – d. h. „in den Bruchstellen der Diskurse". Als Beispiel erwähnt sie das Zusammentreffen von Vorstellungen über Menschenwürde/Freiheit mit solchen über „passive und ma-sochistische Weiblichkeit". Aus der Konflikthaftigkeit und Pluralität der Diskurs-verhältnisse ergibt sich so die Handlungsmacht gegenüber der determinierenden Anrufung durch nur einen Diskurs: „Innerhalb gewisser Grenzen kann also das Subjekt eine Wahl zwischen verschiedenen Diskursen treffen, die entweder vor-gegeben sind, oder aus dem Vorhandenen zusammengebaut werden" (Seifert 1992, S. 277).

Sehr einflussreich ist auch eine etwas andere Fassung dieser Idee von „Bruch-stellen der Diskurse" und einem damit verbundenen „Moment des Subjekts", die Ernesto Laclau vorgeschlagen hat. Laclau begreift einen konkreten Diskurs als ei-nen spezifisch artikulierten Zusammenhang von Sinnelementen, der eine Abgren-zung gegenüber dem, was er nicht ist, vornehmen muss, um identifizierbar zu sein.

Es gibt so einen unüberwindbaren „Mangel der Struktur" oder des „Diskurses", der aus der Notwendigkeit seiner Abgrenzung gegenüber diesem Außen resultiert. Damit schreibt sich zum einen dieses „Außen" prägend in den Diskurs ein; zum anderen wird deutlich, warum ein Diskurs sein eigenes In-Erscheinung-treten nicht vollständig determinieren kann, sondern immer wieder durch das „Außen" gestört wird: „Das konstitutive Außen bezeichnet somit eine radikale Andersheit – etwas, das im Sinnhorizont einer Gesellschaft nicht gefasst werden kann und diesen trotzdem heimsucht und in ihm insistiert" (Stäheli 2000, S. 37, in Bezug auf Laclau und Mouffe).

Ergänzt wird dieses Argument durch den Hinweis auf das „Subjekt als Mangel". Dieses Subjekt strebt oder begehrt nach einer identitären Einheit, die doch prinzipiell unerreichbar bleibt. In der Verfolgung dieses Begehrens identifiziert es sich mit den diskursiven Angeboten und verlässt sie dann auch wieder. Sowohl die Konzepte des „Mangels" der (diskursiven) Strukturen oder des Subjekts als auch die Vorstellung des „Begehrens des Anderen", das/der die Mangelbeseitigung verheißt – sei es eine Struktur, sei es eine Person – entstammen der psychoanalytischen Theorie von Jacques Lacan (vgl. Lacan 1973, 1975). Emphatisch wird nun das eigentliche „Moment des Subjekts" dort ausgemacht, wo in der Situation der Artikulation eines Diskurses „Unentscheidbares" in „Entscheidung" überführt wird. Sobald die Entscheidung getroffen ist, ist dieser Moment überwunden, die Unterordnung unter eine diskursive Kategorie im Sinne der determinierenden Subjektivierung erfolgt – aber eben nicht ein für allemal, sondern nur bis zum nächsten Ausbruch des Mangels, zur nächsten Konstellation der Unentscheidbarkeit.

Diese Argumentation birgt etliche Probleme. So führt sie zum einen theoretisch determinierte bzw. quasi-metaphysische Konzepte (die „Heimsuchung" durch das „konstitutive Außen" bzw. die „radikale Andersheit") sowie psychoanalytische Kategorien (der „Mangel" und das „Begehren") als erklärende Größen ein, die wohl selbst – wenn Foucaults Vorhaben zugrunde gelegt wird – eher einer soziologischen Untersuchung bedürften, als dass sie Erklärungsfunktionen übernehmen könnten. Zum anderen wird in der Idee, das Moment des Subjekts liege im Punkt der Überführung von Unentscheidbarkeit in Entscheidbarkeit, wiederum eine mystische Subjektgröße, die Spur oder Ahnung eines Nichtfassbaren bestimmt, die als aufblitzende Umkehrfigur der starken subjektphilosophischen Figur zwischen Stadien der kompletten Determination in Erscheinung tritt. Doch bedarf sozialwissenschaftlicher Analyse tatsächlich einer in diesem Sinne ebenfalls positiven Bestimmung des Subjekts als aufblitzender Moment, die letztlich der Determinationsthese verhaftet bleibt?

Judith Butler hat sich sicherlich weit mehr als viele andere Autorinnen und Autoren mit der philosophischen Frage beschäftigt, wie heutige empirische Subjekte

(Individuen, Identitäten) als *determiniert, dezentriert, transsituativ und widerständig zugleich* gedacht werden können. Butlers Argument nimmt dabei eine etwas
andere Richtung als die vorangehend diskutierten Positionen – sehr viel stärker
stellt sie nämlich die *Ahnung einer transsituativen Identitätsbehauptung* in den
Mittelpunkt (vgl. Butler 2001, S. 11, 91 ff. und 101–124):

> Zu einer kritischen Analyse der Subjektivation gehören: 1) eine Darstellung der Art
> und Weise, wie die reglementierende Macht Subjekte in Unterordnung hält, indem
> sie das Verlangen nach Kontinuität, Sichtbarkeit und Raum erzeugt und sich zunutze
> macht; 2) die Einsicht, daß das als kontinuierlich, sichtbar und lokalisiert hervor-
> gebrachte Subjekt nichtsdestoweniger von einem nicht anzueignenden Rest heim-
> gesucht wird, einer Melancholie, die die Grenzen der Subjektivation markiert; 3) eine
> Erklärung der Iterabilität des Subjekts, die aufweist, wie die Handlungsfähigkeit sehr
> wohl darin bestehen kann, sich zu den gesellschaftlichen Bedingungen, die sie erst
> hervorbringen, in Opposition zu setzen und sie zu verändern. (Butler 2001, S. 32 f.)

Dieser Argumentation scheint eine Lesart Foucaults zugrunde zu liegen, die letzteren in erster Linie als Theoretiker der Subjektivierung als Unterwerfung begreift.
Für Butler resultiert hieraus das Problem, wie sich daraus so etwas wie politischer
Widerstand entwickeln kann. Das setzt eine Vorstellung transsituativer Identität
voraus, die den Punkt abgibt, von dem aus Subjekte sich gegen ihre Unterwerfung
stellen. Butler stützt ihre Argumentation zunächst auf Lektüren von Nietzsches
Diktum „Es gibt keinen Täter hinter der Tat, das Tun ist alles" sowie von Althus-
sers berühmter Analyse der „Anrufung". Nietzsche diskutiert in seinem Text über
die „Genealogie der Moral", wie historisch insbesondere aus spezifisch christlich-
religiösen Strömungen heraus Normen sowie Motive entstehen und gesellschaftlich gültig werden, die Verantwortungen, Gründe, Ursachen für das an der Oberfläche sichtbare Tun konstituieren, also Täter fixieren. Eine etwas andere, damit
aber zusammenhängende Lesart, die er anbietet, bezieht sich darauf, dass die von
einem Tun ausgehenden Folgen in ihrer Gesamtheit nicht einer ursprünglichen Intention zugerechnet werden können. Wenn wir handlungspraktisch agieren, dann
setzt das nicht immer eine starke Intention voraus: ich schreibe diese Sprache,
weil ich es eben tue, aber ohne Entscheidung; ich agiere im doing gender, ohne
dies intentional zu steuern. Und mein Tun erzeugt vielfach – natürlich bei weitem
nicht immer – Folgen, die ich nicht intendiere oder überblicke (etwa, um bei den
erwähnten Beispielen zu bleiben, meine Beiträge zur Reproduktion der deutschen
Sprache oder der Geschlechterordnung).

Im Essay über „Ideologie und ideologische Staatsapparate" (Althusser 1977)
geht es um den Ruf eines Polizisten („He, Sie da!") und die anschließende Reaktion des Passanten. Wird das angerufene Subjekt durch die Anrufung erst kons-

tituiert? Tritt es also erst durch die Anrufung in die Welt?[9] Gibt es also auch hier keinen Täter hinter der Tat? Butler argumentiert entschieden gegen eine solche Deutung (wie sie vielleicht eine radikale Ethnomethodologie vertreten würde):

> Doch an dieser Stelle offenbart Nietzsches Erklärung der Subjektbildung, wie sie in Zur Genealogie der Moral dargelegt ist, auch etwas von ihrer eigenen Unmöglichkeit. Denn wenn das ‚Subjekt‘ erst durch eine Anschuldigung ins Leben gerufen bzw. als Ursprung verletzender Handlungen beschworen wird, dann müßte diese Anschuldigung von einer performativen Anrufung ausgehen, die dem Subjekt vorausgeht und ein vorgängiges wirkungsvolles Sprechen voraussetzt (Butler 2006, S. 76).

Dann muss das Subjekt aber vorgängig existieren und sich dazu verhalten. Diese Kontinuitäts-Annahme widerspricht wohl der These einer kompletten Dezentrierung; sie ist jedoch notwendig, damit der Anrufungsprozess (etwa eine Beleidigung im Sinne der *Hate Speech*) überhaupt erfolgreich stattfinden kann – mit welchen Folgen auch immer. Nur wer sich in seiner Identität und Integrität verletzt fühlt, wer also etwas hat, auf das er sich beziehen kann, kann Beleidigung, Beschämung, Verletzung empfinden. Deswegen gilt nach Butler: „Wir können unsere Identitäten, wie sie nun einmal geworden sind, nicht einfach abwerfen, und Foucaults Aufruf zur ‚Verweigerung‘ dieser Identitäten wird sicherlich auf Widerspruch stoßen" (Butler 2001, S. 97).

Butler betont zugleich das Moment der Dezentrierung, die „vielfache Konstituiertheit" des Subjekts, eine „Pluralität von Identifizierungen" (Butler 1997, S. 166 f.). Doch „[n]ichts von alledem ist so gemeint, daß Identität geleugnet, überwunden, ausgelöscht werden soll" (Butler 1997, S. 168). Stelle man mit Foucault (so Butler weiter) die Produktion des Subjekts durch die Macht in Rechnung, dann sei dies Unterwerfung und Befähigung zu gleich. Das durch Macht konstituierte Subjekt wird seinerseits handlungsmächtig, und zwar in einer Weise, die über das Konstituiertsein hinausgeht. Das ist die Grundlage seiner Widerstandsfähigkeit, seiner Fähigkeit zur Intervention. Butler verknüpft dann verschiedene Argumentationsfiguren, um diese Handlungsmacht weiter zu begründen:

---

[9] Oder existiert es vor- und nachgängig, ist damit also zu einem nicht durch den Ruf determinierten Handeln fähig? Tatsächlich betont Althusser im genannten Text die transsituative Produktion der Angerufenen durch die sich wiederholenden Anrufungen, d. h. die Sozialisationsprozesse, die von den „ideologischen Staatsapparaten" ausgehen. Und sehr wohl räumt er die Möglichkeit der „Missachtung der Anrufung" ein, für die es ganz unterschiedliche Gründe geben kann, und die er wesentlich in den Möglichkeiten des „Imaginären", in der menschlichen Vorstellungskraft situiert. Doch bleibt reichlich unklar, wie das Zusammenspiel von Anrufung, Subjektwerdung und Missachtung plausibel sein kann, wenn keine existierende ‚Handlungsträgerschaft‘ gedacht wird, die sich eben zur Situation verhält.

1. In einer psychoanalytisch argumentierenden Kritik an Foucault lokalisiert sie das Widerstandspotential in den Freudschen Überlegungen zur „formativen oder generativen Wirkungen von Restriktion oder Verbot" (Butler 2001, S. 84): Das Verbot schaffe das reflexive Bewusstsein. So will sie zu einer „Foucaultschen Perspektive innerhalb der Psychoanalyse" gelangen (Butler 2001, S. 84). Weiterhin greift sie auf die bereits erwähnten psychoanalytischen Gedankenfiguren im Anschluss an Jacques Lacan zurück, auf das Begehren nach und unabweisliche Scheitern der Identifikation mit der symbolischen Struktur, die wiederum aus dem unwiderruflichen doppelten Mangel dieser Struktur und des Subjekts herrührt (vgl. Butler 2001, S. 93).

2. Hinzu kommt das von Jacques Derrida und seinem Begriff der „différance" gewonnene Argument, dass es keine identische Wiederholung von Ereignissen und Strukturen gibt, sondern immer nur mehr oder weniger weit reichende Verschiebungen, die sich als Spuren in die Wiederholung einschleichen (vgl. insgesamt Butler 2001, insbes. 101 ff.; Derrida 1990a, b). D. h. die von Foucault beschriebene diskursive Konstitution des Subjekts tritt nur als Wiederholung zutage, und ist deswegen ebenfalls den Spuren einer permanenten Verschiebung unterworfen – ein letztes Moment, was, so Butler, ihre Totalisierung bzw. die totalisierende Unterwerfung und Konstitution des Subjekts verhindert. Die Verschiebung in der Wiederholung ist nun eine Veränderung, die nicht auf einer Intention beruht, sondern schlicht als Effekt aus der Einzigartigkeit situativer Konstellationen resultiert. Auch die gefühlte transsituative Identität, von der die Rede war, und deren Existenz Butler hervorhebt, existiert nur in ihrer permanent wiederholten Aufführung, als wiederholte Performanz, die aber eine Verschiebung beinhaltet, da keine zwei Weltsituationen identisch sind, es also im strengen Sinne keine Wiederholung gibt.[10]

---

[10] „Das Subjekt wird von den Regeln, durch die es erzeugt wird, nicht determiniert, weil die Bezeichung kein fundierender Akt, sondern eher ein regulierter Wiederholungsprozeß ist, der sich gerade durch die Produktion substantialisierter Effekte verschleiert und zugleich seine Regeln aufzwingt. In bestimmter Hinsicht steht jede Bezeichnung im Horizont des Wiederholungszwangs; daher ist die ‚Handlungsmöglichkeit' in der Möglichkeit anzusiedeln, diese Wiederholung zu variieren" (Butler 1991, S. 213). Bzw.: „Ich würde in der Tat noch hinzufügen, daß ein Subjekt nur durch eine Wiederholung oder Reartikulation seiner selbst als Subjekt Subjekt bleibt, und diese Abhängigkeit des Subjekts und seiner Kohärenz von der Wiederholung macht vielleicht genau die Inkohärenz des Subjekts aus, seine Unvollständigkeit. Diese Wiederholung oder besser Iterabilität wird so zum Nicht-Ort der Subversion, zur Möglichkeit einer Neuverkörperung der Subjektivationsnorm, die die Richtung ihrer Normativität ändern kann" (Butler 2001, S. 95).

Ähnlich wie in der bereits erwähnten Hegemonietheorie von Ernesto Laclau und Chantal Mouffe kommt in der Perspektive Butlers, wie wir gesehen haben, die bereits erwähnte spekulative Deutungsfigur der „Heimsuchung durch den nichtanzueignenden Rest" zum Einsatz, ergänzt um die psychoanalytische Unterstellung eines notwendig antreibenden und fehlschlagenden „Verlangens" (Begehrens) nach Kontinuität. Mit dem Rekurs auf die Psychoanalyse wird eine historisch situierte Konstitutionstheorie des Subjekts mit weitreichenden theoretischen Annahmen über verborgene, dem Bewusstsein entzogene psychische Mechanismen eingesetzt, die Foucault kritisiert hatte. Und der Hinweis auf die ‚Verschiebung in der Wiederholung' bleibt ebenfalls problembehaftet. Denn unklar ist ja auch hier, inwiefern aus einer solchen Verschiebung tatsächlich weitreichende Veränderung hervorgehen kann, zumindest dann, wenn die Verschiebung sich gleichsam nebenbei ereignet, aufgrund der prinzipiellen Unmöglichkeit identischer Wiederholung. Schließlich lässt sich fragen, worauf sich die Verschiebung denn bezieht? Auf das Adressierungsgeschehen in Situationen (heute wird im Seminar anders gegrüßt als in den 1960er Jahren)? Auf die eingebrachten Identitäten (z. B. Gender, Ethnizität, persönliche Identität)? Zwischen der situierten Verschiebung und der „Opposition zu gesellschaftlichen Bedingungen" klafft eine weite Lücke im argumentativen Raum der poststrukturalistischen Sozialphilosophie Butlers.

Was lässt sich an dieser Stelle als Zwischenfazit formulieren? Die poststrukturalistischen Perspektive Judith Butlers arbeitet sich an dem *philosophischen* Problem ab, die Freiheit eines Handlungsvermögens zu begründen, das – so die Annahme – durch Determination und Unterwerfung hergestellt wird. Das mag für Ansätze einer kritischen Soziologie interessant sein, die sich von den Theorietraditionen Frankfurter Provenienz absetzen will. Sie tut dies jedoch um den Preis des erneuten Versuches, die ‚Eigentlichkeit des Subjekts' zu begründen, also *Subjektphilosophie nach der Subjektphilosophie* zu betreiben.[11]

---

[11] Andeuten kann ich an dieser Stelle nur, dass die poststrukturalistischen Hinweise auf die Dezentrierung des Subjekts dort hilfreich für soziologische Reflexion ist, wo sie als Kritik an essentialisierenden Vorgehensweisen einer soziologischen Forschung fungiert, die spezifische Merkmale von Individuen (etwa Geschlechterattribute) unreflektiert zur Grundlage ihrer Analyse und Auswertung macht, etwa dann, wenn sie ‚Einstellungen der Männer' oder ‚der Frauen' erhebt.

# 4 Der ‚menschliche Faktor' in der Wissenssoziologischen Diskursanalyse

Was bedeutet es also, dass sich die Hermeneutische Wissenssoziologie dafür interessiert,

> wie Handlungssubjekte, hineingestellt und sozialisiert in historisch und sozial entwickelte Routinen und Deutungen des jeweiligen Handlungsfeldes, diese einerseits vorfinden und sich aneignen (müssen), andererseits diese immer wieder neu ausdeuten und damit auch ‚eigen-willig' erfinden (müssen)? (Hitzler, Reichertz und Schröer 1999, S. 13)

Wer oder was handelt also in Gestalt von „Assoziationen"? Die Hermeneutische Wissenssoziologie kann davon ausgehen, dass Gesellschaften in Sozialisationsprozessen handelnde Wesen hervorbringen, die wir im Sprachgebrauch und Anwendungsbereich moderner Gesellschaften als ‚Subjekte (oder Akteure) des Handelns' bezeichnen können, wenn wir die Rolle der Sinnkonstitution und Sinnattribution betonen. Von einem ‚Subjekt' zu sprechen, meint in diesem Zusammenhang, ein spezifisches Selbstverhältnis zu adressieren, innerhalb dessen ein Ich sich Erleben, Erfahrungen, Intentionalität und Handeln bzw. Handlungen zurechnet – als eigenes Erleben, Erfahren und Bezwecken. Anders als die Akteur-Netzwerk-Theorie behauptet, sind nicht alle Aktanten gleich. Dinge, Maschinen, Automaten handeln nicht. Sie mögen Effekte erzeugen, eingeschriebene technische Prozeduren ausführen oder anderweitig in soziale Beziehungen einbezogen sein. Hier jedoch ein ‚Handeln' zu behaupten, ist nichts anderes als Anthropomorphismus.

Eine entsprechend ansetzende Wissenssoziologie zielt auf eine doppelte und komplementäre Bewegung, die einerseits historische Wissensvorräte, wie sie in Diskursen prozessiert und in Institutionen stabilisiert sind, und andererseits die Aneignungsprozesse solcher Wissensvorräte durch handelnde Subjekte in den Blick nimmt. Eine solche Aneignung kann gewiss als „Sinnbasteln" (Ronald Hitzler) beschrieben werden, und ebenso kann davon ausgegangen werden, dass es in diesem Sinne empirische Subjekte sind, die Erlebnisse und Erfahrungen ihrer Existenz und der Welt machen – im Rahmen des historischen Apriori der Wissensverhältnisse, innerhalb derer sie existieren.

Der weiter oben erwähnte poststrukturalistische Hinweis auf die Störung von Routinen des Handelns ist das klassische Argument des philosophischen und soziologischen Pragmatismus am Anfang des 20. Jahrhunderts und dort als Quelle von Kreativität und Veränderung bestimmt. Die Überführung von Unentscheidbarkeit in Entscheidung findet bereits im Thomas-Theorem zur „Definition der Situation" ihre Formulierung. So schreibt William I. Thomas im Zusammenhang seiner Studie über die „unadjusted girls":

Die Situationsdefinition gleicht einer Bestimmung des Unbestimmten [...] Ob es am Sonntag Vergnügungen geben sollte, ob die Weltgeschichte die Entfaltung des Willens Gottes ist, ob man Wein trinken darf, ob in den Schulen die Evolutionstheorie gelehrt werden darf, ob die Ehe unauflöslich ist, ob ein außereheliches Geschlechtsleben gestattet ist, ob bereits Kinder über Geschlechtsdinge aufgeklärt werden sollten, ob die Kinderzahl begrenzt werden darf – alle diese Fragen sind unbestimmt geworden. Es gibt konkurrierende Situationsdefinitionen, von denen keine bindend ist. (Thomas 1965, S. 324 f.)

Die komplexe, niemals in exakt gleicher Weise sich darstellenden Handlungssituationen erzeugen in gleichsam struktureller Weise den Zwang zur interpretierenden „Definition der Situation". Diese Kompetenz setzt die sozialisatorische Einübung in Symbolsysteme und Rollenperspektiven voraus – es sind immer gesellschaftlich geformte und dadurch ‚handlungsermächtigte' Akteure, die dann handlungsmächtig wirken. Für die pragmatistisch-interpretative Soziologie ist nicht nur die allgemeine historische Erscheinungsform der Subjekte variabel. Auch das, was mitunter in anderen Soziologien als Selbst-Reflexivität, Zentriertheit oder ‚stabiler Identitätskern' gesehen wird, kann – wie grundlegend bei George Herbert Mead oder spezifischer bei Anselm Strauss (vgl. Strauss 1968) formuliert – als veränderlich, prozessual, dezentriert gedacht werden. Die Idee eines Rollenspielers im Sinne eines im Individuum verankerten authentischen Kerns und Kontrolleurs der verschiedenen Rollenspiele wurde von ihnen als alltägliche Fiktion zurückgewiesen, die letztlich ein Resultat der Unterschiedlichkeit, der Differenzierung der eingenommenen Rollen darstelle. Diese Sichtweise liegt auch der Bestimmung des Rollenbegriffs zugrunde, die Peter L. Berger in seiner Anfang der 1960er Jahre geschriebenen Einführung in die Soziologie vornahm:

Soziologisch betrachtet ist das Selbst kein dauerhaftes, vorgegebenes Wesen, das von einer Situation zur nächsten fortschreitet, sondern ein dynamischer Prozeß, etwas das in jeder neuen gesellschaftlichen Situation neu geschaffen und nur durch den dünnen Faden der Erinnerung zusammengehalten wird. [...] Mit anderen Worten: Der Mensch ist nicht unter anderem auch ein gesellschaftliches Wesen, sondern in jeder Faser, die empirischer Analyse zugänglich ist, ist er sozial. Wenn man also auf die Frage, was ein Mensch im Kaleidoskop seiner Rollen ‚wirklich' ist, eine soziologische Antwort geben will, so bleibt einem nichts anderes übrig, als alle die Situationen der Reihe nach aufzuzählen, in denen er irgend etwas ist. (Berger 1971, S. 118 [1963])

Das durch und durch soziale Wesen Mensch geht in dieser Bestimmung jedoch nicht auf, sondern ist immer zugleich „innerhalb und außerhalb" von Gesellschaft:

Andererseits gibt es immer auch Bestandteile der subjektiven Wirklichkeit, die nicht in der Sozialisation wurzeln. Das des eigenen Körpers Innesein ist zum Beispiel vor und unabhängig von allem, was in der Gesellschaft über ihn erlernbar ist. Das subjektive Leben ist nicht völlig gesellschaftlich. Der Mensch erlebt sich selbst als ein Wesen innerhalb und außerhalb der Gesellschaft. Das deutet darauf hin, daß die Symmetrie zwischen objektiver und subjektiver Wirklichkeit niemals statisch, niemals ein unabänderlicher Tatbestand ist. Sie muß immer in actu produziert und reproduziert werden. (Berger und Luckmann 1980, S. 144 f.)

Aus der Sicht einer kultursensiblen Soziologie, wie sie von Weber und auch von den US-amerikanischen Pragmatisten vertreten wurde, kann es keine universelle Subjektform geben, sondern allenfalls soziohistorische, und d. h. eben letztlich kontingente soziale Definitionen dessen, was ein Subjekt, ein Individuum, ein menschliches (oder tierisches, pflanzliches, mineralisches, geistiges, jenseitiges) Wesen ausmacht. Deswegen kann im Mittelalter Tier-Subjekten der Prozess für die Begehung übler Taten gemacht werden (vgl. Dinzelbacher 2006). Anderswo übernehmen handlungsfähige Kartoffelpflanzen eine wichtige Rolle im aktiven Leben einer Gesellschaft, wenn die „Grenzen der Sozialwelt" entsprechend gezogen werden (vgl. Luckmann 1980a). Und an manchen Orten steht die Beziehung zu Dämonen im Vordergrund (vgl. Crapanzano 1983).

Max Weber ist sicher eine der wenigen Einführungen des Subjektbegriffs in die Soziologie geschuldet. Er definierte Handeln bekanntlich über den „subjektiven Sinn", der einem Verhalten gegeben wird. Soziologie sei „die Wissenschaft vom sozialen Handeln", und soziales Handeln sei jenes Handeln, welches seinem „gemeinten Sinn nach auf das Verhalten anderer bezogen wird und daran in seinem Ablauf orientiert ist", wie es in dem berühmten Zitat aus „Wirtschaft und Gesellschaft" heißt (Weber 1980, S. 1). Wenn hier, am Beginn der Soziologie, von „subjektivem Sinn" die Rede ist, so meint dies nicht eine begründende transzendentale Subjektivität, sondern zunächst die anthropologische Grundüberlegung, dass Sinnzuweisungen als konkrete Prozesse und singuläre Akte im menschlichen Bewusstsein konstituiert werden müssen; es sind Individuen, menschliche Akteure, welche im Zusammenspiel von Körpern bzw. Materialitäten und Denkprozessen in die Welt eingreifen, ihr Verhalten orientieren, ihm Sinn zuweisen, Situationen definieren, Handlungen vornehmen, Praktiken vollziehen. Sonst würden Texte wie diejenigen des vorliegenden Bandes nicht entstehen können.

Dieser „subjektive Sinn", von dem die Rede ist, kann natürlich ein komplett standardisiertes Modell der Sinngebung aufgreifen. Die sinnverstehende Soziologie, um die es Weber geht, bezieht sich deswegen keineswegs zwangsläufig auf die empirische Ebene der Menschen und Individuen selbst zurück. Sie muss nicht befragen und beobachten, sondern sie kann auf einer vergleichsweise abstrakten

Ebene einen Diskurs untersuchen und ein „Motivvokabular" rekonstruieren, wie Charles W. Mills dies später im direkten Rekurs auf Weber nennen sollte (vgl. Mills 1940). Sie kann sich auch analysierend in Gesprächen oder Textanalysen den gesellschaftlich bereit gestellten, mitunter allerdings unpässlichen „Situationsdefinitionen" zuwenden, von denen William I. Thomas und Dorothy Thomas sprachen (vgl. Thomas 1965).

Was bedeutet dies nun für eine wissenssoziologisch orientierte Diskursforschung? Zunächst setzt sie grundlagentheoretisch voraus, dass die mehr oder weniger stark institutionalisierten Praktiken, die einen Diskurs konstituieren, von zeichennutzenden und zeichenkompetenten Wesen erzeugt werden, die sich dabei einerseits sozialisatorisch erworbenen Regelwissens bedienen (von der allgemeinen Kenntnis von Zeichensystemen angefangen bis zur Kompetenz zur Nutzung unterschiedlicher Text- und Redegattungen). Sie sind andererseits nicht durch die institutionellen Muster und Vorrichtungen determiniert, sondern nur instruiert. Das heißt, sie können davon graduell oder ganz und gar abweichen (um den Preis von Sanktionen). Und sie sind zu problembezogenen Suchprozessen und Kreativitäten fähig. Damit ist nicht bestritten, dass die Regeln und Ressourcen, an denen sie sich orientieren, aus historisch komplexen Handlungsverkettungen erwachsen sind und Strukturierungen bilden, denen die einzelne Handlung weitgehend ‚untergliedert' ist. Und im Regelfall interessiert sich Diskursforschung als empirisches Vorhaben nicht für die Individualität oder Subjektivität einzelner TeilnehmerInnen des Diskurses, d. h. für deren Wissen oder Bewusstsein von und zur Situation, in der sie sich wiederfindet. Eher zählt das, was eben gesagt, geschrieben, getan wird – unterschiedliche Protokolle von Handlungspraxis. Entsprechende Prozesse, Kompetenzen, Muster des Zeichengebrauchs muss sie auch auf der Ebene der Forschung unterstellen.

Für die Wissenssoziologische Diskursanalyse stellt sich deswegen alles in allem die Frage des Subjekts in differenzierter, aber vielleicht eben auch unproblematischer Weise. Sie bezieht sich auf die sozialen Akteure und Akteurinnen, die Sprecherpositionen in Diskursen einnehmen ebenso wie auf die in den Diskursen formulierten Subjektpositionen; sie muss davon die tatsächlichen Subjektivierungen oder Subjektivierungsweisen ebenso unterscheiden wie die Bedeutung der Sozialforscher(innen) in der Analyse. Eine empirisch-analytische Erschließung von Diskursen differenziert demnach folgende ‚Erscheinungsweisen' des menschlichen Faktors:

• (individuelle oder kollektive) soziale Akteure, die sozial konstituiert sind und in ihren Tätigkeiten Soziales hervorbringen sowie (vorübergehend) als Sprecher/innen oder Adressaten/innen von Diskursen fungieren;

- die in Diskursen bereit gestellten Sprecherpositionen;
- das in den Dispositiven eines Diskurses eingesetzte weitere Personal der Diskursproduktion und Weltintervention;
- die in Diskursen bereit gehaltenen Subjektpositionen;
- die konkreten Subjektivierungsweisen, mit denen soziale Akteure als Adressaten/innen sich die bereit gehaltenen Subjektpositionen aneignen.

Die Wissenssoziologische Diskursanalyse zielt nicht auf die phänomenologische Rekonstruktion von Konstitutionsprozessen als Bewusstseinsleistungen, sondern auf die Analyse und Erklärung der diskursiven Konstruktion gesellschaftlicher Wissensbestände einschließlich derjenigen Elemente, die sich auf Sprecherpositionen und Subjektpositionen im Sinne diskursiv adressierter Subjekte richten. Sie unterscheidet die diskursiv vorgestellten Subjektpositionen von den tatsächlichen Deutungs- und Handlungs-Praktiken der in komplexe Erfahrungen und Situationen eingebundenen Akteure des Alltags.

Soziale Akteure sind Adressaten von Wissensbeständen und darin eingelassenen Wertungen, aber auch nach Maßgabe der soziohistorischen und situativen Bedingungen selbstreflexive Subjekte, die in ihrer alltäglichen Be-Deutungsleistung soziale Wissensbestände als Regelbestände mehr oder weniger eigensinnig interpretieren. Schon nach Alfred Schütz setzt dies gesellschaftliche Diskursuniversen als einschränkende und ermöglichende Bedingungen voraus. So schreibt er in den 1940er Jahren in Bezug auf wissenschaftliche Diskursuniversen und die Möglichkeiten von Akteuren, sich in das dortige Gespräch einzubringen:

All this, however, does not mean that the decision of the scientist in stating the problem is an arbitrary one or that he has the same ‚freedom of discretion' in choosing and solving his problems which the phantasying self has in filling out its anticipations. This is by no means the case. Of course, the theoretical thinker may choose at his discretion [...] But as soon as he has made up his mind in this respect, the scientist enters a preconstituted world of scientific contemplation handed down to him by the historical tradition of his science. Henceforth, he will participate in a universe of discourse embracing the results obtained by others, methods worked out by others. This theoretical universe of the special science is itself a finite province of meaning, having its peculiar cognitive style with peculiar implications and horizons to be explicated. The regulative principle of constitution of such a province of meaning, called a special branch of science, can be formulated as follows: Any problem emerging within the scientific field has to partake of the universal style of this field and has to be compatible with the preconstituted problems and their solution by either accepting or refuting them. Thus the latitude for the discretion of the scientist in stating the problem is in fact a very small one. [...] Theorizing [...] is, first, possible only within a universe of discourse that is pregiven to the scientist as the outcome of other people's theorizing acts. (Schütz 1973a, S. 250 ff.)

Diskurse sind in diesem Sinne also Bemühungen um Sinnkonventionen oder Sinn-stabilisierungen bzw. Kontroversen über solche Prozesse. Sie bedürfen der Kom-petenz gesellschaftlicher Akteure, sich an disziplinären Regeln des Schreibens und Argumentierens zu orientieren und auf Ressourcen zurückzugreifen – jedoch nicht im Sinne des Vollzugs diskursiver Automatismen, sondern im Sinne einer Instruk-tion, eines interpretierenden, mal mehr oder weniger kreativen Umgangs mit den ‚nicht selbst gemachten diskursiven und gesellschaftlichen Umständen‘, die da-durch reproduziert, produziert und transformiert werden (können). Das impliziert sozialisatorische Prozesse, bspw. in Diskursformationen, aber auch in sozialen Gruppen, Organisationen und Handlungsfeldern, in denen die jeweils notwendi-gen Kompetenzen des als angemessen geltenden Deuten und Handelns erworben werden, und das impliziert ein weitverzweigtes Geflecht reziproker sozialer Po-sitionierungen und Wechselwirkungen, durch welche die Einheit der Handelnden konstituiert und über die Zeit stabilisiert oder verändert wird, einschließlich der Fixierung und Transformation ihnen ermöglichter und verbotener Handlungsop-tionen.

Alfred Schütz und George Herbert Mead haben im ersten Drittel des 20. Jahr-hunderts in unterschiedlicher und komplementärer Weise gezeigt, wie Symbol-systeme, Zeichen und Wissen im menschlichen Bewusstsein prozessiert und der Erwerb der Zeichenkompetenz als Grundlage der Teilnahme an einem Diskursuni-versum verstanden werden kann. Bereits bei Schütz wird die gesellschaftliche For-mung und Voraussetzung der Sinnkonstitution durch das Bewusstsein betont – es ist der überwiegend sprachlich gespeicherte gesellschaftliche Wissensvorrat an Typisierungen von Deutungs- und Handlungsweisen, der die Sinnzuschreibungen, Verstehens- und Kommunikationsprozesse sowie die wechselseitigen Handlungs-Abstimmungen zwischen Akteuren zugänglich macht. Das Bewusstsein der einzel-nen Individuen ist immer sozial geformtes Bewusstsein in einer sozio-historisch konkreten Welt, das auf kollektive Wissensvorräte zurückgreift. Es bleibt zwar in einem radikalen Sinne von außen unzugänglich, interagiert und kommuniziert jedoch in einer intersubjektiven Lebenswelt im Medium der Wissensvorräte und damit Sprache. Diese bilden die Grundlage und Bedingung hinreichender Ver-ständigung.

Die Hermeneutische Wissenssoziologie und mit ihr die Wissenssoziologische Diskursanalyse gehen davon aus, „daß sich Wirklichkeit in Bewusstseinstätigkei-ten konstituiert und daß historische Welten gesellschaftlich konstruiert werden" (Luckmann 1999, S. 19). Die Unverzichtbarkeit der Annahme konstituierender Bewusstseinsleistungen impliziert jedoch nicht, diese Leistungen als diejenigen eines transzendentalen Bewusstseins im Sinne der Bewusstseinsphilosophie zu begreifen. Die gedankliche Konstitution und Sinnstiftung ist nur möglich auf der

Basis eines gesellschaftlichen Typisierungsvorrates, der den einzelnen Subjekten historisch vorgängig existiert und in permanenten Kommunikationsvorgängen vermittelt wird. Individuen sind damit den soziohistorischen Transformationen, Komplexitäten und situativen Bedingungen der Wissensformationen insoweit unterworfen, als diese den Sinnhorizont ihrer Lebenswelt bilden. Gleichzeitig agieren sie als mehr oder weniger eigenwillige Interpreten dieser Wissensvorräte. Erst dadurch sind sie in der Lage, diskursive Strukturen zu realisieren und zu aktualisieren. Sowohl die sozialphänomenologische Position wie auch die Meadsche Sozialisationstheorie betonen die Rolle des oder der Anderen, in deren Wahrnehmung sich Erfahrung konstituiert und die als Vermittler des Gesellschaftlichen zugleich die Selbstwahrnehmung des Ich prägen, stabilisieren und verändern.

Das Stichwort der „Identität" (vgl. Luckmann 1980b) im Zusammenhang der sozialkonstruktivistischen Wissenssoziologie, die das „Selbst" als „Diskontinuität" und „dynamischen Prozess" (Berger 1971, S. 118 f.) begreift, impliziert:

> An die Stelle eines mehr oder weniger substantialistischen Subjektbegriffes, wie er von der [Husserlschen; Anm. RK] Phänomenologie zumindest impliziert wird, tritt ein Begriff von Identität, der wesentlich Intersubjektivität, Interaktion und Kommunikation voraussetzt. [...] Das Subjekt wird zwar, wie wir sehen werden, nicht völlig aufgegeben, doch ist seine inhaltliche Füllung ein der gesellschaftlichen Kommunikation nachgeordnetes Phänomen, dessen jeweils historische Ausprägung besser als persönliche Identität bezeichnet werden kann (Knoblauch 2004, S. 39 ff.).

Den diskurstheoretischen Ansatz der Wissenssoziologischen Diskursanalyse kümmert gewiss, wer spricht, doch nicht als Blick auf menschliche Subjektivitäten, sondern im Hinblick auf Wissensverhältnisse und Wissenspolitiken, vor deren Hintergrund nicht alle Sprechenden gleiche Wirkungen erzielten. Sie unterscheidet spezifischer Akteur(innen), Sprecher(inne)n, Sprecherpositionen, Subjektpositionen und tatsächlichen Subjektivierungen oder Subjektivierungsweisen:

• Die Kategorie der *sozialen Akteure* beizubehalten ist unter anderem deswegen wichtig, weil es nur so eine Suchrichtung für die Frage gibt, warum spezifische Sprecherpositionen mitunter nicht eingenommen werden bzw. wer zu den Ausgeschlossenen eines Diskursprozesses gehört. Sie ermöglicht auch, festzuhalten, dass ein solcher Akteur (insbesondere als Kollektivakteur) an verschiedenen Stellen in Diskursen in Erscheinung treten kann: auf mehreren Sprecherpositionen ebenso wie auf der Ebene der Inhalte (über die gesprochen wird) und der Adressierungen. Die Kategorie des Akteurs ermöglicht hier, den Zusammenhang dieser unterschiedlichen Positionierungen in den Blick zu nehmen und nach seinen Effekten zu befragen.

- In der Sprache der WDA handelt es sich bei den diskursiven *Sprecherpositionen* um Positionen in institutionellen bzw. organisatorischen diskursiven Settings und daran geknüpfte Rollenkomplexe – von Rollen (und Operationen) sprach ja auch Foucault (vgl. Foucault 2001a, S. 872). Soziale Akteure sind dann Rollenspieler, die solche Positionen einnehmen und als Teil eines materialen Dispositivs der Diskursproduktion die Äußerungen und Aussagen formulieren, aus denen ein Diskurs sich zusammensetzt. Hier spielt in der Soziologie die Eigensinnigkeit der auf die Positionen gesetzten Subjekte eine untergeordnete Rolle bzw. wird (nur) insoweit zum Thema, wie sie dafür ausschlaggebend sein kann, welches Maß an Diskursdistanz, -interpretation und -performanz tatsächlich im diskursiven Rollenspiel zum Tragen kommt – sofern dies als bedeutsam erachtet wird. Dabei muss ein wichtiger Unterschied zwischen Diskursen im Blick gehalten werden. Gesellschaftliche Spezialdiskurse (wie Religion, Wissenschaft, Recht) zeichnen sich dadurch aus, dass sie im geschichtlichen Prozess eine institutionelle Strukturierung und Hierarchisierung ihrer Sprecherpositionen generiert haben. Potentielle Sprecher müssen eine entsprechende Karriere, Ausbildung, Sozialisation durchlaufen, um innerhalb des Diskurses und der dort verfügbaren Sprecherpositionen sprechen zu können (mit ungleich verteilten Chancen auf Gehör). Öffentliche Diskurse bzw. Diskurse in öffentlichen Arenen bauen demgegenüber auf einer sehr viel heterogener strukturierten Sprecherlandschaft auf. Darin bestimmen unterschiedliche Ressourcen und (symbolische) Kapitalien die Legitimität von Sprechern und Artikulationsmöglichkeiten. Gerade das Web 2.0 stiftet hier in vielfacher Weise eine neu Un- und Umordnung von Diskursen.
- Wenn wir die dispositive Ebene der Diskurse und ihrer Machteffekte in den Blick nehmen, lässt sich noch eine weitere Art und Weise der Einbeziehung sozialer Akteure in Diskurse ausmachen, die nicht in der Kategorie der Sprecherposition aufgeht. Die Sprecherpositionen werden begleitet von zahlreichen unterstützenden Rollen/Funktionen, von einem weiteren, mehr oder weniger emsigen *Personal der Diskursproduktion und der diskursiv-dispositiven Weltintervention*. Es wäre verkürzt, diese *Agent(inn)en* der Diskurse angesichts des Blicks auf die Sprecherpositionen zu übersehen. Beispiele für entsprechende, in Dispositiven manifestierte Personengruppen sind etwa die Interviewer, die Daten für den sozialwissenschaftlichen Diskurs zusammentragen, aber auch die Ingenieure, die neue Recyclingmaschinen entwerfen usw. Es ist evident, dass Diskurse nicht ohne solches Personal auskommen und mitunter ist die Grenze zu den Sprecherinnen und Sprechern sicher fließend. Diskurse mobilisieren, wenn sie Machteffekte zeitigen, in ihren institutionellen Settings ein Personal,

das in mehr oder weniger weit ausgreifende institutionelle Infrastrukturen eingebunden ist und bspw. berät, informiert, kontrolliert.

- Davon zu unterscheiden sind die in Diskursen in Gestalt von *Subjektpositionen* vorgenommenen Positionierungen und Adressierungen sozialer Akteure.

Unter „*Subjekt(modell)*" wird in diesem Zusammenhang eine angenommene
Form der Reflexion und Handlungssteuerung verstanden, das heißt ein unter-
stelltes – gewünschtes, abgelehntes, gelobtes, denunziertes – Selbstverhältnis
der reflexiven Handlungssteuerung individueller (und vielleicht auch kollektiver) sozialer Akteure. Diskurse entwerfen eine komplexe Subjekt-Kartographie
des Feldes, von dem sie handeln. In antagonistischen Auseinandersetzungen
konstituieren sie beispielsweise Identifikationsangebote für Subjektivierungen entlang von Gegensätzen zwischen einem positiv besetzten ‚Wir' und den
‚gegnerischen Anderen'. In komplexeren Konstellationen werden umfangrei-
che Aktantenstrukturen von Helden und Bösewichtern, Rettern in der Not und
ihren Helfershelfern, von Unbeteiligten, Problemverursachern und Verantwort-
lichen, Normkonformen und Abweichlern usw. entfaltet. Zugleich entstehen
wie am Reißbrett *Modellsubjekte*, mitunter verbunden mit entsprechenden
Modell-Technologien des Selbst, welche den unterschiedlichen Adressaten
eines Diskurses als Verheißung, ‚Blaupause' oder mahnendes Beispiel vorge-
halten werden. Wenn unsere Gesellschaften gegenwärtig im Anrufungsregime
des „unternehmerischen Subjektes" prozessieren, dann ist dies gewiss nicht die
einzige diskursiv konstituierte Subjektposition.

Das, was als mögliche, beschimpfte, erwünschte, geforderte, zu verhindernde Subjektposition auf der Oberfläche der Diskurse konturiert und anschließend mitunter
dispositiv unterstützt wird, entspricht selten dem, was die so Adressierten aus dieser Adressierung machen. Schließlich sind sie in sehr komplexe, widersprüchliche,
vielfältige, unzusammenhängende interdiskursive und (handlungs-)praktische, in
gewissem Sinne wohl auch ‚dinginduzierte' Subjektivierungsanforderungen gestellt Vor dem Hintergrund der interpretativ-sozialkonstruktivistischen Tradition
ist davon auszugehen, dass die diskursiv Angesprochenen darauf nach Maßgabe
eigener Auslegungen, Erfahrungen, Relevanzen und Freiheitsgrade des Handelns
(re)agieren – das hatte im Übrigen bereits Foucault so gesehen: das Kind, dem
man das Nasebohren verbietet, wird es wohl dennoch tun. Das kann sich im gesamten Spektrum möglicher Reaktionsformen entfalten: als bemühte Einnahme
der gewünschten Subjektposition, als ihre Subversion, als Fehlinterpretation, als
Adaption in Teilen, als Umdeutung, als Ignorieren, als hochreflexive Auseinandersetzung oder naiver Vollzug usw. Diese Feststellung führt einerseits zur Grenze der sozialwissenschaftlichen Diskursforschung und andererseits zu der in der

sozialkonstruktivistischen Wissenssoziologie angelegten Herausforderung, gerade
der Komplementarität und Dialektik zwischen objektivierter Wirklichkeit und sub-
jektivierter Wirklichkeit der Gesellschaft Rechnung zu tragen. Die *tatsächlichen*
*Subjektivierungsweisen* (oder synonym: *Subjektivierungen*) zu analysieren, ist
wohl selbst nicht Diskursanalyse, sondern Analyse von Lebenswelten, Handlungsfeldern, Handlungsweisen und Erfahrungen bzw. Erfahrungsformen, die anderer
Zugänge bedarf. Die Wissenssoziologische Diskursanalyse versucht, durch ihre
Analysekonzepte und die grundlagentheoretische Einbettung in die interpretative
und sozialkonstruktivistische Tradition die entsprechenden Anschlussmöglichkei-
ten für Analysen der konkreten Subjektivierungsweisen in ihren Vermittlungen mit
Diskursprozessen verfügbar zu machen.

# 5  Abschließende Bemerkungen

Studien, die sich an der Wissenssoziologischen Diskursanalyse orientieren, haben
mittlerweile eine Vielzahl von empirischen Beiträgen zu den genannten Akteurs-
und Subjektkategorien vorgelegt, die hier nicht im Einzelnen diskutiert werden
können (vgl. z. B. Bosancic 2014; Keller 2009; Traue 2010; Keller und Truschkat
2012). Stattdessen möchte ich abschließend darauf hinweisen, dass das, was über
die „diskurrierenden Subjekte" gesagt wurde, natürlich auch, wie schon Schütz
das sah, für die Forschenden gilt: Sie bewegen sich in Diskursuniversen, innerhalb
derer sie an kollektive Vorarbeiten, Regeln und Ressourcen anschließen, und dennoch nicht dazu verurteilt sind, ausschließlich zu wiederholen, was gesagt wurde.
Sie sind TeilnehmerInnen eines ewigen Gesprächs:

> Der Stoff zu dem Drama kommt aus dem ‚unendlichen Gespräch', das schon im Gang
> ist, wenn wir geboren werden. Es ist, wie wenn ich einen Salon betrete. Ich bin recht
> spät gekommen, andere sind schon länger da und sind in einem lebhaften Gespräch
> begriffen. Die Erregung ist nicht gering und keiner will einen Augenblick innehalten,
> um mir zu berichten, worum es eigentlich geht. Genaugenommen kann das auch nie-
> mand, denn das Gespräch war schon längst im Gange, als noch keiner von den jetzt
> Anwesenden da war, und daher wäre keiner von ihnen in der Lage, alle vorherge-
> gangenen Phasen der Diskussion zu rekapitulieren. Ich höre eine Zeitlang zu, bis ich
> glaube, das, worum es geht, einigermaßen mitbekommen zu haben – und ich beginne
> mitzureden. Einer antwortet, ich antworte ihm, ein zweiter kommt mir zu Hilfe, ein
> dritter nimmt Partei gegen mich, was meinen Gegner entweder freut oder ihm pein-
> lich ist – das hängt davon ab, wie gut oder schlecht der Beistand ist, den ich von
> meinem Verbündeten bekomme. Doch die Diskussion nimmt kein Ende. Es wird spät,
> ich muß gehen. Und wenn ich gehe, ist das Gespräch immer noch mit unverminderter
> Lebhaftigkeit im Gange. Aus diesem unendlichen Gespräch (diese Vorstellung liegt
> dem Werk Georg Herbert Meads zugrunde) kommt der Stoff für das Drama. (Burke
> 1966, S. 105 f. [1941])

# Literatur

Althusser, L. (1977) [1970]. *Ideologie und ideologische Staatsapparate. Aufsätze zur marxistischen Theorie.* Hamburg: Argument.

Auxier, R. (2002). Foucault, Dewey, and the history of the present. *The Journal of Speculative Philosophy, 16*(2), 75–102.

Berger, P. L. (1971) [1963]. *Einladung zur Soziologie.* München: List.

Berger, P. L., & Kellner, H. (1984). *Für eine neue Soziologie. Ein Essay über Methode und Profession.* Frankfurt a. M.: Fischer.

Berger, P. L., & Luckmann, T. (1980) [1966]. *Die gesellschaftliche Konstruktion der Wirklichkeit. Eine Theorie der Wissenssoziologie.* Frankfurt a. M.: Fischer.

Bosancic, S. (2014). *Arbeiter ohne Eigenschaften. Über Subjektivierungsweisen angelernter Arbeiter.* Wiesbaden: VS Verlag für Sozialwissenschaften.

Brunner, C. (2010). *Wissensobjekt Selbstmordattentat. Epistemische Gewalt und okzidentalistische Selbstvergewisserung in der Terrorismusforschung.* Wiesbaden: VS Verlag für Sozialwissenschaften.

Burke, K. (1966) [1941]. *Dichtung als symbolische Handlung. Eine Theorie der Literatur.* Frankfurt a. M.: Suhrkamp.

Butler, J. (1991). *Das Unbehagen der Geschlechter.* Frankfurt a. M.: Suhrkamp.

Butler, J. (1997). *Körper von Gewicht.* Frankfurt a. M.: Suhrkamp.

Butler, J. (2001) [1997]. *Psyche der Macht. Das Subjekt der Unterwerfung.* Frankfurt a. M.: Suhrkamp.

Butler, J. (2006) [1997]. *Hass spricht.* Frankfurt a. M.: Suhrkamp.

de Certeau, M. (1988). *Kunst des Handelns.* Berlin: Merve.

Crapanzano, V. (1983). *Tuhami. Portrait eines Marokkaners.* Stuttgart: Klett-Cotta.

Derrida, J. (1990a) [1968]. Die différance. In P. Engelmann (Hrsg.), *Postmoderne und Dekonstruktion* (S. 76–113). Stuttgart: Reclam.

Derrida, J. (1990b) [1967]. Die Struktur, das Zeichen und das Spiel im Diskurs der Wissenschaften vom Menschen. In P. Engelmann (Hrsg.), *Postmoderne und Dekonstruktion. Texte französischer Philosophen der Gegenwart* (S. 114–139). Stuttgart: Reclam.

Dewey, J. (1996) [1927]. *Die Öffentlichkeit und ihre Probleme.* Darmstadt: Wissenschaftliche Buchgesellschaft.

Dinzelbacher, P. (2006). *Das fremde Mittelalter. Gottesurteil und Tierprozess.* Essen: Magnus-Verlag.

Dosse, F. (1995). *L'Empire du sens. L'humanisation des sciences humaines.* Paris: La Decouverte.

Dosse, F. (1996). *Geschichte des Strukturalismus. Bd. 1: Das Feld des Zeichens. 1945–1966.* Hamburg: Fischer.

Dosse, F. (1997). *Geschichte des Strukturalismus. Bd. 2: Die Zeichen der Zeit 1967–1991.* Hamburg: Fischer.

Foucault, M. (1974a) [1966]. *Die Ordnung der Dinge. Eine Archäologie der Humanwissenschaften.* Frankfurt a. M.: Suhrkamp.

Foucault, M. (1974b) [1972]. *Die Ordnung des Diskurses.* München: Hanser.

Foucault, M. (1988) [1969]. *Archäologie des Wissens.* Frankfurt a. M.: Suhrkamp.

Foucault, M. (2001a) [1969]. Antwort auf eine Frage. In M. Foucault, *Schriften in vier Bänden. Dits et Écrits.* (Bd. 1: 1954–1969, S. 859–886) Frankfurt a. M.: Suhrkamp.

Foucault, M. (2002a) [1973]. Der Philosoph Foucault spricht. Denken Sie. In M. Foucault, *Schriften in vier Bänden. Dits et Écrits.* (Bd. 2: 1970–1975, S. 527–529). Frankfurt a. M.: Suhrkamp.

Foucault, M. (2002b) [1974]. Die Wahrheit und die juristischen Formen. In M. Foucault, *Schriften in vier Bänden. Dits et Écrits.* (Bd. 2: 1970–1975, S. 669–792). Frankfurt a. M.: Suhrkamp.

Foucault, M. (2002c) [1972]. Die Intellektuellen und die Macht. In M. Foucault, *Schriften in vier Bänden. Dits et Écrits.* (Bd. 2: 1970–1975, S. 382–393). Frankfurt a. M.: Suhrkamp.

Foucault, M. (2005a) [1984]. Foucault. In M. Foucault, *Schriften in vier Bänden. Dits et Écrits.* (Bd. 4: 1980–1988, S. 776–782). Frankfurt a. M.: Suhrkamp.

Foucault, M. (2005b) [1984]. Die Ethik der Sorge um sich als Praxis der Freiheit. In M. Foucault, *Schriften in vier Bänden. Dits et Écrits.* (Bd. 4: 1980–1988, S. 875–902). Frankfurt a. M.: Suhrkamp.

Foucault, M. (2005c) [1982]. Die Hermeneutik des Subjekts. In M. Foucault, *Schriften in vier Bänden. Dits et Écrits.* (Bd. 4: 1980–1988, S. 423–438). Frankfurt a. M.: Suhrkamp.

Foucault, M. (2005d) [1982]. Wahrheit, Macht, Selbst. Ein Gespräch zwischen Rux Martin und Michel Foucault. In M. Foucault, *Schriften in vier Bänden. Dits et Écrits.* (Bd. 4: 1980–1988, S. 959–966). Frankfurt a. M.: Suhrkamp.

Hitzler, R., Reichertz, J., & Schröer, N. (1999). Das Arbeitsfeld einer Hermeneutischen Wissenssoziologie. In R. Hitzler, J. Reichertz, & N. Schroer (Hrsg.), *Hermeneutische Wissenssoziologie* (S. 9–13). Konstanz: UVK.

Keller, R. (2005). *Wissenssoziologische Diskursanalyse. Grundlegung eines Forschungsprogramms.* Wiesbaden: VS Verlag für Sozialwissenschaften.

Keller, R. (2008). *Michel Foucault.* Konstanz: UVK.

Keller, R. (2009) [1998]. *Müll – Die gesellschaftliche Konstruktion des Wertvollen.* Opladen: Westdeutscher Verlag. 2. Aufl. Wiesbaden: Verlag für Sozialwissenschaften.

Keller, R. (2012). Der menschliche Faktor. Über Akteur(inn)en, Sprecher(inn)en, Subjektpositionen, Subjektivierungsweisen in der Wissenssoziologischen Diskursanalyse. In R. Keller, W. Schneider, & W. Viehöver (Hrsg.), *Diskurs – Macht – Subjekt. Theorie und Empirie von Subjektivierung in der Diskursforschung* (S. 69–107). Wiesbaden: VS Verlag für Sozialwissenschaften.

Keller, R., & Truschkat, I. (Hrsg.). (2012). *Methodologie und Praxis der Wissenssoziologischen Diskursanalyse. Band 1: Interdisziplinäre Perspektiven.* Wiesbaden: VS Verlag für Sozialwissenschaften.

Knoblauch, H. (2004). Subjektivität, Intersubjektivität und persönliche Identität. Zum Subjektverständnis der sozialkonstruktivistischen Wissenssoziologie. In M. Grundmann & R. Beer (Hrsg.), *Subjekttheorien interdisziplinär. Diskussionsbeiträge aus Sozialwissenschaften, Philosophie und Neurowissenschaften* (S. 37–58). Münster: Lit.

Lacan, J. (1973). *Schriften I.* Olten b. Freiburg: Walter.

Lacan, J. (1975). *Schriften II.* Olten b. Freiburg: Walter.

Luckmann, T. (1980a) [1970]. Die Grenzen der Sozialwelt. *Lebenswelt und Gesellschaft. Grundstrukturen und geschichtliche Wandlungen* (S. 56–92). Paderborn: Schöningh.

Luckmann, T. (1980b). Persönliche Identität als evolutionäres und historisches Problem. *Lebenswelt und Gesellschaft. Grundstrukturen und geschichtliche Wandlungen* (S. 123–141). Paderborn: Schöningh.

Luckmann, T. (1999). Wirklichkeiten: individuelle Konstitution und gesellschaftliche Konstruktion. In R. Hitzler, J. Reichertz, & N. Schroer (Hrsg.), *Hermeneutische Wissenssoziologie* (S. 17–28). Konstanz: UVK.

Mills, C. W. (1940). Situated actions and vocabularies of motive. *American Sociological Review, 5*(6), 904–913.

Nietzsche, F. (1985a) [1878]. Menschliches Allzumenschliches. Ein Buch für freie Geister. In F. Nietzsche, *Werke in vier Bänden* (Bd. III). Salzburg: Das Bergland-Buch.

Rabinow, P. (2011). Dewey and Foucault: What's the problem? *Foucault Studies, 11,* 11–19.

Reckwitz, A. (2008). *Subjekt.* Bielefeld: transcript.

Sahlins, M. (1992). Die erneute Wiederkehr des Ereignisses: Zu den Anfängen des Großen Fidschikrieges zwischen den Königreichen Bau und Rewa 1843–1855. In R. Habermas & N. Minkmar (Hrsg.), *Das Schwein des Häuptlings. Sechs Aufsätze zur Historischen Anthropologie* (S. 84–129). Berlin: K. Wagenbach.

Schulz-Schaeffer, I. (2010). Praxis, handlungstheoretisch betrachtet. *Zeitschrift für Soziologie, 39*(4), 319–336.

Schütz, A. (1973a) [1945]. On multiple realities. In M. Natanson (Hrsg.), *Collected papers I: The problem of social reality* (S. 207–259). Den Haag: Nijhoff.

Seifert, R. (1992). Entwicklungslinien und Probleme der feministischen Theoriebildung. Warum an Rationalität kein Weg vorbeiführt. In G.-A. Knapp & A. Wetterer (Hrsg.), *Traditionen Brüche. Entwicklungen feministischer Theorie* (S. 255–286). Freiburg: Kore.

Stäheli, U. (2000). *Poststrukturalistische Soziologien.* Bielefeld: transcript.

Strauss, A. (1968). *Spiegel und Masken.* Frankfurt a. M.: Suhrkamp.

Thomas, W. I. (1965). *Person und Sozialverhalten* (Hrsg. von E. H. Volkart). Neuwied: Luchterhand.

Traue, B. (2010). *Das Subjekt der Beratung: Zur Soziologie einer Psycho-Technik.* Bielefeld: transcript.

Weber, M. (1980) [1922]. *Wirtschaft und Gesellschaft. Grundriss der verstehenden Soziologie* (5. Aufl). Tübingen: Mohr.

Zima, P. (2000). *Theorie des Subjekts.* Tübingen: Francke.

# Von Menschen und Dingen.
# Wer handelt hier eigentlich?

## Jo Reichertz

*Vielmehr habe ich mich um eine Geschichte der
verschiedenen Formen der Subjektivierung der Menschen
in unserer Kultur bemüht. Und zu diesem Zweck habe ich
Objektivierungsformen untersucht, die den Menschen zum
Subjekt machen.*
*(Foucault 2005, S. 240)*

*Mein Vater hatte all dies vergessen, und es schmerzte
ihn nicht mehr. Er hatte Erinnerungen in Charakter
umgemünzt, und der Charakter war ihm geblieben. Die
Erfahrungen, die ihn geprägt hatten, taten weiterhin ihre
Wirkung.*
*(Geiger 2011, S. 73)*

## 1 Der Subjektbegriff der neuen Wissenssoziologie und der qualitativen Sozialforschung

„Was ist das, was in uns lügt, hurt, stiehlt und mordet?" Das lässt Georg Büchner seinen Danton zu Zeiten der Französischen Revolution verzweifelt fragen. Damit fragt Danton wie viele vor ihm und viele nach ihm nach der ‚Natur' des eigenen Inneren, von dem uns oft einiges fremd vorkommt, nicht zu uns gehörig, anderes

J. Reichertz (✉)
Essen, Deutschland
E-Mail: jo.reichertz@uni-due.de

© Springer Fachmedien Wiesbaden 2014
A. Poferl, N. Schröer (Hrsg.), *Wer oder was handelt?*,
Wissen, Kommunikation und Gesellschaft, DOI 10.1007/978-3-658-02521-2_6

dagegen vertraut und zugehörig (vgl. Büchner 1974, S. 41). Die Antwort von Danton ist so klar wie pessimistisch: „Puppen sind wir von unbekannten Gewalten am Draht gezogen; nichts, nichts wir selbst!" Heute sprechen manche, ähnlich pessimistisch gestimmte Soziologen in ihrer Sprache bleibend nicht mehr von ‚Puppen' und ‚Drähten', sondern von Akteuren, die bis in die Poren ihres Verhaltens von (latenten) Strukturen gesteuert werden[1]. Im Kern dreht sich diese Debatte, die zumindest in Europa seit dem Altertum mal ausdrücklich, mal implizit geführt wurde, aber mit der Aufklärung endemisch wurde, um die Frage nach dem eigenen Inneren, nach dem ‚unbewegten Beweger' in uns selbst, nach dem ‚Ich' und nach der Handlungsmacht des Ich. Modern und soziologisch ausgedrückt geht es dabei letztlich um die Frage, ob die Menschen eigenständige Subjekte sind, die zumindest idealiter das tun (können), was sie im Sinn haben oder ob sie das wollen, was sie aufgrund von sozialen, biologischen oder chemischen Prozessen und sozialen Strukturen wollen müssen[2].

Wer oder was ist das, das denkt, das fühlt, das Entscheidungen trifft? Kann ich wollen, was ich will? Wer spricht eigentlich und wer kommuniziert? Wer oder was ist das, was einen Anderen liebt? Und noch ärger die Frage: Wer oder was ist das eigentlich, das vom Anderen geliebt wird? Ich, mein Körper, mein Bewusstsein, meine Vorstellung von mir? Und: Gibt es ein Jenseits der Erste-Person-Perspektive?

Seit etwa einem Jahrzehnt ist die Diskussion über diesen inneren Kern in uns, diese Instanz, deren Sitz im Laufe der Geschichte in unterschiedlichen Regionen unseres Körpers (Gehirn, Herz, Magen etc.) vermutet wurde, zumindest in westlich orientierten Gesellschaften einmal wieder in einer heißen Phase.

---

[1] „Die Reproduktionsgewalt von gesamtgesellschaftlichen Strukturierungsgesetzlichkeiten kann nicht auf Reservate besonders dramatischer und problemgeladener sozialer Vorgänge beschränkt sein, sondern muß sich bis in die unscheinbaren Vorgänge hinein, die kleinsten Poren des Alltagslebens durchdringend, nachweisen lassen" (Oevermann 1983, S. 277).

[2] Bereits Schopenhauer hat daraus hingewiesen, dass man zwar tun kann, was man will, aber dass man nicht wollen kann, was man will. Man kann diese Überlegungen noch weiter führen und weitere Unterformen des Wollens betrachten, für die das Gleiche gilt: Natürlich kann man fantasieren, aber kann man auch wollen, was man fantasiert. Natürlich kann man etwas vergessen oder auch erinnern, aber kann man auch erfolgreich wollen, etwas zu vergessen oder zu erinnern. Kurz: Bei vielen Bewusstseinsprozessen kommt es nicht zu Ich-Akten, sondern zu passiven Synthesen. Wenn aber das Bewusstsein passive Synthesen vornimmt, ohne das Subjekt zu ‚fragen' oder ihm die entscheidende Rolle zu überlassen, dann fragt sich, ob das Subjekt noch Subjekt (also Herr im eigenen Haus) ist oder den passiven Synthesen seines Bewusstseins ausgeliefert ist. Die Frage nach den passiven Synthesen ist eine wichtige Frage bei der Suche nach der ‚Subjekthaftigkeit' des Subjekt.

Die Gründe für die Wiederbelebung der Debatte um das Subjekthafte am Menschen sind vielfältig. Angestoßen wurde die neue Debatte sicher auch durch die medial erfolgreich inszenierten Ergebnisse der *Neurowissenschaften*. Die Gehirnforschung beansprucht zu der Frage der Handlungsmotivierung und der Handlungsfreiheit etwas zu sagen zu haben – und das, was sie vorbringt, ist der Zweifel daran, ob der Mensch in der Tat das Subjekt seiner Handlungen ist. Gehen die Handlungen von Menschen wirklich auf die Intentionen von Subjekten zurück – auf deren sinnhaftes Tun?

Aber das ist nur die Begleitmusik. Im Wesentlichen ist die neue Debatte hausgemacht: vor allem die neueren Theoriediskussionen innerhalb der Sozialwissenschaften haben für den Boom der Frage nach der Besonderheit und den Eigenschaften des Subjekts gesorgt. Verantwortlich sind erst einmal die Arbeiten von Luhmann, Bourdieu und Foucault (vgl. Luhmann 1997; Bourdieu 1987; Foucault 2004 – siehe allgemein dazu Stäheli 2000). Hausgemacht ist auch der Ärger, den die Praxistheorien den Subjekttheorien bereiten (vgl. Schatzki et al. 2000; Hörning und Reuter 2004; Latour 2002, 2010, Latour und Woolgar 1986; Reckwitz 2008). Subjekte sind hier nur noch eine *agency*, etwas, das etwas in Bewegung bringt – was natürlich auch Dinge leisten, weshalb zunehmend und ernsthaft diskutiert wird, Dinge als Akteure anzusehen und Mensch-Maschine-Konstellationen als Hybride anzusehen. Vor allem diese neueren Theoriedebatten, die im Kern, wenn auch von unterschiedlichen Seiten aus kommend, sind es, die einmal mehr die lieb gewonnenen Vorstellungen vom menschlichen Subjekt unterminieren, haben die Frage nach dem Subjekt auch in der *Wissenssoziologie* und der *qualitativen Sozialforschung* auf die Tagesordnung gebracht.

In anderen Soziologien (z. B. der Sozialstrukturanalyse) hat sie sich dagegen nie wirklich gestellt – auch das gehört zum Befund über die aktuelle Lage – war doch die Soziologie vom Beginn an eher die wissenschaftliche Disziplin, die sich für die ,Physik des Sozialen' interessierte als für die Freiheit des Einzelnen. Auch wenn die Bedeutung der Arbeiten von Weber und Simmel auf der einen Seite und Husserl und Schütz auf der anderen nicht unterschätzt werden dürfen, war es doch erst die neue, phänomenologisch ausgerichtete Wissenssoziologie (vgl. Berger und Luckmann 1980) und der Aufstieg der qualitativen Sozialforschung, die für einen teilweisen Gestaltwandel, also die *teilweise* Umstellung von Struktur auf Subjekt, gesorgt haben. Sie ist also gerade mal 40 Jahre alt.

Die teilweise *Subjektivierung der Sozialwissenschaften* ging mit der Subjektivierung der Gesellschaft in den 1970er Jahren einher. Allgemein kam es zu einer auch politischen *Dekollektivierung* und *Entgesellschaftung* (vgl. Giddens 1992, S. 41). Verbunden mit der Neufokussierung auf Subjekte war eine Umstellung der angestrebten *Reichweite* der Theoriebildung: Interessierte sich die Soziologie der Nachkriegsjahre eher für langfristige Prozesse, so wurden mit der Dekollektivierung der Soziologie kurzfristige Prozesse auf der Mikro- oder Nanoebene zunehmend in den Blick genommen und damit deren Träger – die Subjekte.

Obwohl alle Beteiligte in den theoretischen Debatten vom ‚Subjekt' und dessen Bedeutung sprechen und diese entweder betonen oder leugnen, wird aber oft übersehen, dass dort recht unterschiedliche ‚Dinge' mit dem Begriff ‚Subjekt' gemeint sind.

Will man den Gesamtdiskurs deshalb verstehen, ist es m. E. in unserem Zusammenhang sinnvoll, zumindest *drei* Diskurse auseinanderzuhalten: einmal den allgemeinen westlichen kultur- und geisteswissenschaftlichen Diskurs über das Wesen und die Besonderheit des Subjekts; zum Zweiten den wissenssoziologischen Diskurs über das Subjekt; und drittens den der qualitativen Sozialforschung, der sich nur zu Teilen mit dem der Wissenssoziologie überschneidet. Wissenssoziologie und Qualitative Sozialforschung sind selbst natürlich Teil des allgemeinen westlichen Diskurses über die Natur des Subjekts, haben aber eigenständige Vorstellungen vom Subjekt und unterscheiden sich teils wesentlich voneinander.

Aber auch die Subjektbestimmung *innerhalb* der Wissenssoziologie ist keineswegs einheitlich: So (um ein Beispiel zu nennen) pflegen Schütz (vgl. Schütz 1977, 2004a, 2005) und Luckmann (vgl. Luckmann 1979, 1992, 2007) einen anderen Subjektbegriff als Berger und Luckmann (vgl. Luckmann 1980), hat doch die Wissenssoziologie von Schütz und Luckmann sich stets mehr für das Subjekt im Allgemeinen und eine Sozialtheorie bzw. eine Protosoziologie interessiert, die Wissenssoziologie von Berger und Luckmann dagegen sehr viel mehr für das Soziale im Subjekt und die Frage, wie das Soziale in das Subjekt hinein kommt – und nicht dafür, wie sich das Subjekt das Soziale eigenständig aneignet. Um Letzteres hat sich sehr viel mehr George Herbert Mead bemüht (vgl. Mead 1973).

Aber auch innerhalb der *qualitativen Sozialforschung*, die sich mehr für das konkrete Individuum und eine Zeitdiagnose interessiert, variieren die in der Regel implizit bleibenden Subjektvorstellungen: Meist findet sich in der Methodologie eines Verfahrens ein anderes Subjekt als in der konkreten empirischen Forschung dieses Verfahrens.

Trotz dieser Binnendifferenzierungen gibt es zudem unübersehbare Differenzen zwischen der neuen Wissenssoziologie und der qualitativen Sozialforschung. Denn die Erste entstammt eher dem Kulturkreis und Gedankengut des deutschen *Idealismus*, die Zweite mehr dem des amerikanischen *Pragmatismus*. Komplizierter wird die Angelegenheit dadurch, dass sich manche Wissenssoziologen (vor allem in der konkreten Forschungspraxis) auch auf den Pragmatismus beziehen.

Das Subjekt der neuen deutschen Wissenssoziologie ist vor allem dadurch gekennzeichnet, dass es denkt – und das meist vernünftig. Zentral für dieses Subjekt ist sein Bewusstsein. Das Bewusstsein ist das Mittel der Welterkenntnis und des

Weltzugangs. Zudem ist das *deutsche'* Subjekt[3] privat und verfügt über eine ausgeprägte Innerlichkeit, die mit großem Aufwand gepflegt und geschätzt wird. Dieses Subjekt hat einen Körper und einen Leib, den es vorfindet bzw. sich aneignen muss. Dieses deutsche Subjekt ist *bei* sich und vor allem *für* sich da. Es genügt sich und sein Gegenüber ist nicht die Gruppe, sondern *ein* anderer oder auch: viele andere, die so sind wie es. Auch wohl deshalb wird die Gesellschaft als Addition von Subjekten verstanden, die sich entschließen, etwas miteinander zu tun.

Das Subjekt der qualitativen Sozialforschung ist dagegen vor allem vom amerikanischen Pragmatismus geprägt, weshalb das *amerikanische'* Subjekt nie wirklich für sich allein ist, sondern die Gruppe immer in sich trägt und sich im Sinne der Gruppe auch selbst führt. Es weiß in jeder Situation, was zu tun ist[4] und was getan werden soll. Es vollzieht und schafft Ordnung an jeder Stelle. Es kennt die Regeln der Bedeutungskonstruktion und kann deshalb auch die Bedeutung von sozialem Handeln (gültig) rekonstruieren.[5] Statt Innerlichkeit forciert dieses Subjekt den Austausch und den Handel. Es setzt auf die Tat und weniger auf den Gedanken. In sich birgt es einen Rest ungebändigte Natur, der bei den einen der Garant für Kreativität ist, bei anderen das Unheimliche, das sozial überwacht und eingehegt werden muss. Das amerikanische Subjekt steht mit seiner Körperlichkeit und

---

[3] Neben dem deutschen und amerikanischen Subjekt kann man natürlich noch viele weitere, mit der Kultur variierende Subjektvorstellungen konstruieren. Über das ,französische' Subjekt hat Ehrenberg (vgl. Ehrenberg 2011) Auskunft geben, über das ,indische' Subjekt macht sich Ronald Kurt in diesem Band Gedanken. Wenn hier von ,deutsch' und ,amerikanisch' gesprochen wird, dann wird nicht versucht, allen US-Amerikanern oder Deutschen ein bestimmtes Subjektverständnis zu zuschreiben, sondern der Gebrauch der Worte ,deutsch' und ,amerikanisch' rechtfertigt sich aus dem Umstand, dass die Idee für dieses Subjektverständnis deutschen und amerikanischen Quellen entnommen ist. Genauso gut hätte ich zur Kennzeichnung der beiden Konzepte die Begriffe ,rund' vs. ,eckig', ,blau' vs. ,grün' etc., verwenden können. Kurz: die hier verwendeten Begriffe sind Namen für Idealtypen. Se dienen dem Zweck, dem Idealtypen dienen und sind nicht Kennzeichnung von nationalen Besonderheiten.

[4] „Für den Pragmatismus liegt die soziale Steuerung im deskriptiven Sinne der Regulation von Verhaltensweisen gänzlich in den Situationen. Die allgemeine Form des Soziallebens besteht darin, dass jeder weiß, was er in dieser oder jener Situation zu tun hat, dass er über das ganze notwendige Alltagswissen verfügt" (Ehrenberg 2011, S. 63).

[5] Das ,amerikanische' Subjekt fand nicht nur über Anselm Strauss und die Arbeiten aus seinem Umkreis in die deutsche qualitative Sozialforschung und imprägnierte so (ohne expliziert worden zu sein) die Narrationsanalyse und Biographieforschung, sondern wesentlich auch über die Arbeiten von Dewey, Mead und Peirce. Diese pragmatistischen Überlegungen wurden sowohl von der narrativen Tradition der deutschen qualitativen Sozialforschung (Fritz Schütze) aufgegriffen als auch von der hermeneutischen Tradition, die vor allem Mead und Peirce rezipierte (Ulrich Oevermann).

seinen Emotionen in der Welt mitten im Leben und ist deshalb allen Fährnissen des Lebens ausgesetzt. Deshalb wird hier Gesellschaft nicht als Zusammenschluss von Subjekten verstanden, sondern als übergeordnete Einheit, welche die Subjekte nach ihrer Vorstellung mehr oder weniger gut sozialisieren möchte. Wenn man so will: das amerikanische Subjekt steht in der Nachfolge der Affen, weil es Ergebnis von Naturprozessen (auch wenn das Subjekt mehr ist als ein Affe), das deutsche Subjekt jedoch in der Nachfolge Gottes, weil es die Fortführung der Seele mit einem anderen Begriff darstellt (auch wenn es jedoch weniger ist als Gott).

Doch zurück zur Frage nach dem Subjekt in der Wissenssoziologie und der qualitativen Sozialforschung. Gerade dort ist die Klärung der Frage nach dem Subjekt nun besonders wichtig – ist doch hier das Subjekt der Angelpunkt aller Theoriebildung. So ist in der Wissenssoziologie das Subjekt (ausgestattet mit einem Bewusstsein) die aktive Instanz, welche den Dingen und Menschen um sich herum Sinn und Bedeutung verleiht (natürlich vor dem historischen und gesellschaftlichen Hintergrund). Und für die qualitative Sozialforschung ist das Subjekt unhintergehbar, weil sie ihre Existenzberechtigung daraus zieht, dem sinnhaften Handeln des Subjekts (und nicht den Strukturen) zu seinem Recht zu verhelfen und es somit nicht mit der Metaphysik der Strukturen (vgl. Reichertz 2000) zum Verschwinden zu bringen.

Im Folgenden möchte ich die Bedeutung des Subjekts in der qualitativen Sozialforschung ausführlicher behandeln (und das Problem der Wissenssoziologie mit dem Subjekt nur streifen). Dabei werde ich auf der Grundlage des Kommunikativen Konstruktivismus (vgl. Reichertz 2009; Keller et al. 2012) an zwei ‚Fronten' argumentieren: zum einen an der ‚heimischen' Front gegen eine Engführung des Subjekts und des Handlungsbegriffs auf *bewusste* Absichten, Pläne und Entscheidungen (und die damit verbundene Handlungsmacht der Subjekte – siehe auch die Einleitung von Angelika Poferl und Norbert Schröer). Ich möchte zeigen, dass zentral für die Bestimmung des Subjekts die Sinnhaftigkeit seines Handelns ist und dass dieser Sinn sich nicht nur aus dem subjektiven Bewusstsein des Handelnden speisen muss, sondern dass er sich auch aus der jeweiligen Sprach- und Interaktionsgemeinschaft speisen kann (vgl. Soeffner 2000, 2004; Reichertz 2009, 2010, 2011, 2012a und b). Die zweite Front, an der ich versuche Argumente in Stellung zu bringen, ist die aktuelle, auch durch bestimmte Praxistheorien forcierte Engführung des Handlungsbegriffs auf die wirkungsvolle Aktion, die Subjekte dezentriert und in Akteure verwandelt, deren wesentliches Merkmal es ist, durch Bewegungen des Körpers ‚Wirkungen' in der Welt zu verursachen. Wenn man auf diese Weise das Sinnhafte dem Handeln entzieht, dann ‚handeln' nicht mehr nur Menschen, sondern auch die Dinge. Letztlich geht es also um die Diskussion der subjekttheoretischen Grundlagen der Wissenssoziologie.

## 2 Die Bedeutung des Subjekts in der qualitativen Sozialforschung

Zuerst möchte ich die Diskussion in der qualitativen Sozialforschung betrachten – auch wenn es nur möglich ist, das Bild mit sehr groben Strichen zu zeichnen: Einig ist man sich innerhalb der Methodologie der qualitativen Sozialforschung, zumindest in der wissenssoziologisch informierten Diskussion, dass die alltäglichen wie wissenschaftlichen Vorstellungen über das Subjekt selbst sozialen Ursprungs sind und damit abhängig von Zeit und Kultur variieren.

In der Empirie geht es jedoch nicht mehr um die soziale Konstruiertheit des Subjektbegriffs, sondern allenfalls für die soziale und kommunikative Konstruktion des konkreten Subjekts und seiner Identität. Meist geht es jedoch in der konkreten empirischen qualitativen Sozial*forschung* um subjektiver Sinn und subjektive Sichtweisen. Gemeint ist mit ‚Subjekt' in der Regel dann aber nicht ein transzendentales oder kommunikativ konstruiertes Subjekt, sondern ein empirisches. Genauer: gemeint ist innerhalb qualitativer Forschungspraxis meist ein konkretes, historisches und individualisiertes Subjekt, das einen bestimmten Körper und eine bestimmte Psyche sein eigen nennt, emotional, wie rational handelt, in bestimmten Zeiten mit bestimmten Problemen lebt und in bestimmten Situationen auf bestimmte Andere trifft, absichtsvoll handelt und deutet – also z. B. Peter Meyer oder Paula Schröder. Qualitative Sozialforschung interessiert sich für deren Sicht der Welt, deren Interessen, deren Absichten, deren Deutungen. All dies gilt es zu erfassen und zu analysieren. Und vor allem geht es immer wieder um das kommunikative Handeln dieser empirischen Subjekte, wie sie Leben vorfinden, wahrnehmen und deuten, wie sie ihr Leben (kommunikativ) ändern, und wie sie Welt und die Anderen (mit)gestalten.

Und weil sich die Aufmerksamkeit der Sozialforscher/innen vor allem auf die Lebensformen, die Ausdrucksweisen, Deutungsleistungen und Aneignungspraktiken dieser empirischen Subjekte richtet, weil also die Lebensäußerungen konkreter Subjekte im Scheinwerferlicht der Forschung stehen, bleibt die darunter liegende Vorstellung davon, was ein Subjekt ausmacht, was es von einem Objekt unterscheidet, was also ein Subjekt (sozialtheoretisch) ‚ist', meist im Dunklen. Das wäre nun nicht weiter tragisch, wenn nicht genau diese Vorstellungen von den Besonderheiten von Subjekten die Vorgehensweise und Interpretationen von qualitativen Sozialforschern/innen maßgeblich beeinflussen würden. Diese Vorstellungen über die Fähigkeiten und Leistungen des Subjekts stehen sozusagen ‚vor der Klammer' jeder Analyse von empirischen Subjekten, finden sich oft nur in den methodologischen Bestimmungen, bleiben ansonsten jedoch meist implizit und strukturiert so die Forschungsanlage und somit auch deren Ergebnisse heimlich und unkontrolliert mit.

Oft wird (nicht nur in der qualitativen Sozialforschung) erst einmal so getan, als seien Subjekt und konkretes Individuum nicht so weit auseinander. Ebenfalls oft wird auch so getan, als sei ‚Subjekt' etwas, was es zu allen Zeiten genau so gab, als sei ‚Subjekt' eine natürliche Kategorie, etwas, für das es auf der Welt zwar unterschiedliche Namen gab und gibt, das aber überall auf der Welt und zu allen Zeiten existierte. Demnach war Alexander der Große in gleicher Weise ein ‚Subjekt' wie Karl der Große, und dessen ‚Subjekthaftigkeit' sei identisch mit der moderner Menschen. Was sie allein voneinander unterscheide, das sei ihr unterschiedliches Wissen, ihr Glaube und ihre Zeit.

Glaubt man aber den Studien nicht nur von Foucault, aber diesen vor allem, dann irrt dieser Glaube an die Universalität von Subjekthaftigkeit, dann müssen auch qualitative Sozialforscher davon ausgehen, dass jede Zeit und jede Kultur andere Subjektvorstellung und demnach auch andere Subjektformationen ausgebildet haben. Dann muss man davon ausgehen, dass nicht nur die konkreten Menschen in den Zeiten verschieden sind, sondern auch die in den Zeiten gewachsenen Subjektformationen. Zudem muss man davon ausgehen, dass dies auch jetzt noch der Fall ist, dass also Subjektformationen sich in stetem Wandel befinden oder sich der Wandel von Subjektformationen sogar beschleunigt hat (vgl. Rosa 2005, S. 333 ff.). Wenn dem so ist, dann hat das auch Konsequenzen für jede Art qualitativer Sozialforschung, dann muss man vielleicht auch die lieb gewonnene Vorstellung vom sinnhaft handelnden Subjekt als Beschreibung einer bestimmten westlichen Kultur des Subjekts begreifen.

Diesen Konsequenzen will ich im Weiteren nachgehen, indem ich versuche, die Prämissen, die beim aktuellen Gebrauch des Subjektbegriffs in der qualitativen Sozialforschung lautlos, aber bestimmend mitlaufen, herauszuarbeiten und zu historisieren. Dazu wird es nötig sein, erst einmal das Feld qualitativer Sozialforschung zu umreißen.

Hier einige dieser Prämissen: Es sind immer konkrete Menschen, die handeln. Stets nehmen konkrete, in die Geschichte und in die Gesellschaft eingebettete Menschen etwas wahr, bewerten es, messen ihm Sinn zu, ordnen sich dann (aufgrund der vorgenommenen Sinnzuschreibung) unter, oder lassen alles beim Alten, oder entscheiden sich dafür, etwas zu verändern oder Neues zu entwickeln.

Auf dieses Handeln wirkt das Äußere – die Natur, die Sozialität – nicht direkt ein, sondern das Außen wird von der implizit deutenden Wahrnehmung und der (bewussten oder routinierten) Deutung des Handelnden gebrochen. Das Äußere besitzt nur dann (einschränkende oder ermöglichende) Kraft und manchmal auch Macht über den Handelnden, wenn es durch ihn und damit für ihn Bedeutung erhalten hat. Jenseits dieses bedeutungsvollen Äußeren mag es Weiteres geben, doch dieses interessiert die Wissenschaft vom Menschen erst, wenn es zu einem historisch anderen Zeitpunkt bedeutungsvoll geworden ist. Ziel der qualitativen Sozialforschung ist es, das Handeln der Menschen als Ausdruck von bedeutungsvollem Handeln zu verstehen und auch zu erklären.

## 3   Ist eine Protosoziologie die Lösung?

Wenn man die oben formulierte Frage nach dem letzten Grund des Subjekts durchdenkt, dann kommt man entweder in einen infiniten Regress oder man muss das ‚Ich' als eine dem Körper eingeborene, entweder von der Natur oder von Gott dem Menschen mitgegebene Instanz begreifen. Das ist natürlich Metaphysik im strengen Sinne des Wortes. Wenn man die Sozialforschung jedoch nicht auf eine Metaphysik eines dem Körper eingeborenen oder von Gott gegebenen ‚Ichs' mit der Fähigkeit, nach bestimmten Gesichtspunkten zu entscheiden, aufbauen will, dann muss man nach einer anderen Erklärung Ausschau halten – auch wenn die notwendigerweise ebenfalls historisch ist und somit die Signatur der Zeit in sich trägt.

Eine Möglichkeit für eine Antwort ist, dass man die Vorstellung eines bewusst entscheidenden ‚Ichs' aufgibt. Diesen Weg scheint mir z. B. Luckmann (oft) zu gehen, wenn er, durchaus im Anschluss an Husserl und Schütz, von „aktiven und passiven Synthesen des Bewusstseins" (Luckmann 2007, S. 60) spricht und immer weniger von einem die Geographie der Lebenswelt aus sich heraus schaffenden ‚Ich'. Diese Verschiebung des Aktivitätsakzents vom ‚Ich' auf das Bewusstsein und die Hinzunahme passiver Synthesen als Leistungserbringer der Weltkonstitution des Ich löst indes nicht nur nicht die angesprochenen Probleme, sondern schafft neue. Einerseits droht das Ich nämlich mit dem Bewusstsein deckungsgleich zusammenzufallen (was wenig Sinn macht), andererseits stellt sich die Frage, ob unter „passiven Synthesen des Bewusstseins" unbewusste oder reflexartige oder organische Aktivitäten des Bewusstseins zu verstehen sind. Und: Was hat man sich unter ‚passiven Aktivitäten des Bewusstseins' vorzustellen? Und ist man, wenn man von ‚passiven Aktivitäten' spricht, nicht ganz nah an Bestimmungen, die (wenn auch mit anderen Worten) so auch von den Neurowissenschaften vorgetragen werden?

Die Vorstellung, ein ‚Ego' würde sich selbst vor jeder Erfahrung bereits im Gegensatz zu dieser Welt und zu den anderen empfinden würde, also losgelöst von der Welt und isoliert von den anderen existieren und somit genötigt sein, ein Verhältnis zu dieser Welt und den anderen erst aufzubauen, ist, so vertraut es auch klingen mag, keine Protosoziologie, sondern eine Soziologie, die ihre eigene Zeiteingebettetheit unterschlägt. Auch Egos werden nicht erwachsen geboren, sondern müssen es erst noch werden. Alle Egos müssen eine Ontogenese durchlaufen und diese ist eingebettet in eine Phylogenese und diese ist im Laufe der Menschheitsgeschichte gestaltet, verändert und modifiziert worden. Auch Egos sind (wie die Protosoziologie) eine soziale Konstruktion.

## 4    Das Ich als Ausdruck gesellschaftlicher Praxis

Ich denke, es spricht vieles dafür, dass ein ‚Ich' und natürlich auch die Vorstellung, ein ‚Ich' zu sein bzw. ein ‚Ich' zu haben, sich aus der sozialen Praxis einer Gesellschaft konstituiert – und genau das haben ja und vor allem auch Berger und Luckmann (vgl. Berger und Luckmann 1980) überzeugend für die Entwicklung der persönlichen Identität des Menschen dargelegt (siehe hierzu auch den in diesem Zusammenhang sehr hilfreichen Artikel von Peter Stegmaier: vgl. Stegmaier 2006). Der Organismus erfährt von Beginn seines Lebens an vieles, was ihm gut tut, und vieles, was schmerzt – noch bevor ein eigenes ‚Ich' ontogenetisch ‚aufgetaucht' ist. Der Organismus lernt, sich zu bewegen, zu krabbeln und zu plappern, er reagiert auf seine Mitmenschen, er kommuniziert sogar auf seine Weise, er kann die wesentlichen Bedeutungen der Kommunikation seiner Nächsten verstehen, auch dann, wenn er noch kein einziges Wort kennt. Viele von diesen Fähigkeiten und auch sehr viel von diesem Wissen sind dabei dem Körper bereits bei der Geburt inhärent. Der Organismus erwirbt aufgrund seiner Interaktion mit seiner Welt und noch wichtiger: aufgrund der Interaktion der Welt mit ihm viel, sehr viel Wissen von sich, von den anderen und von der Welt – auch wenn das Wissen noch nicht im Griff seines Bewusstseins, sondern in seinem gesamten Körper (also auch, aber nicht nur im Gehirn) gespeichert wird (vgl. hierzu die Debatte in Reichertz und Zaboura 2006).

Die hier vertretene, unverkennbar den Spuren des Pragmatismus folgende Konzeption geht davon aus, dass der Organismus nicht ohne Wissen auf die Welt kommt – und damit macht sie wie die phänomenologische Deskription Aussagen über den Menschen vor der ‚soziologischen Klammer'. Dieses Wissen ist zum einen die Gabe der Phylogenese an die jeweils aktuelle Generation und zum anderen das in den Körper (Gehirn) eingeschriebene Wissen, das aus der aktuell in der Sozialisation erfahrenen praktischen Interaktion resultiert. Damit enthält diese Konzeption also ebenfalls eine Metaphysik – nämlich die des Biologischen und des praktisch erworbenen Körperwissens. Der Vorteil dieser Metaphysik ist, dass sie *empirisch* stimmiger erscheint als die Annahme eines isolierten, dem Organismus bereits eingeborenen ‚Ichs'.

Das ‚Ich' ‚emergiert' in dieser Sicht aus einer sozialen Praxis. Dabei wird Wissen in einer Gemeinschaftshandlung in den (oft auch widerständigen und zunehmend eigenständiger werdenden) Körper eingeschrieben. Das ‚Ich' ist also das Ergebnis sozialer Praxis und ist ihr nicht vorgängig. Das Selbstbewusstsein stellt sich in dieser Sicht später ein, nämlich dann, wenn das verkörperte ‚Ich' sich selbst so zuwendet, wie es sich den Dingen seiner Umwelt zuwendet (siehe auch Mead 1973 und vor allem Tomasello 2002,2008). Aber auch diese Zuwendung zu sich selbst vollzieht sich mit den Praktiken und Deutungen, die sozial erworben sind. ‚Ich' und Selbstbewusstsein variieren deshalb mit Zeit und Gesellschaft nicht zufällig, sondern systematisch. Jede Gesellschaft produziert ihre eigene Form des ‚Ich' und der Selbstzuwendung.[6] Über die gesellschaftliche Einheit der Handlung konstituiert sich also ein ‚Ich', das sich dann erst als handelndes ‚Ich' entdeckt und das sich dann als solches darstellt.

Kurz: Das Ich ist immer ein in Gesellschaft handelndes Ich und es ist durch gesellschaftliches Handeln zu einem Ich gemacht worden. Es, das Ich, glaubt von sich, *soll* von sich glauben und *muss* von sich glauben, Herr über sein Handeln zu sein. Dieses Ich ist Ergebnis von Handlungen und es ist zugleich der Akteur seines Handelns. Sein Handeln geht auf sein historisch gewordenes Ich zurück. Frei im Sinne von „ursächlich verantwortlich" kann dieses soziale Ich nicht sein. Dennoch wird es sozial darauf verpflichtet. Und deshalb entsteht es – nämlich das Ich als freies Ich. Der (einzelne) Mensch ist nicht von ‚Natur aus' auf Freiheit angelegt. Die Freiheit des Menschen, wie die Freiheit des ‚Ich', sind historische, noch nicht einmal so alte Ideen, die auf dem christlichen und aufklärerischen Denken beruhen und zutiefst davon geprägt sind. Mit der Idee von Freiheit wird die Freiheit (in bestimmten Grenzen und Maßen) zur gesellschaftlichen Verpflichtung. Und durch die Pflicht zur Wahl wird es erst das, was von ihm behauptet wird – nämlich frei.

Ähnliches gilt für die *Einheit* des ‚Ich'. Auch diese ist historisch erarbeitet und so haben z. B. die griechische Antike wie auch die christliche Askeselehre wie auch andere Formen der Selbstbesinnung, der Selbstsorge und der Selbstfeststellung die Praktiken und Techniken bereitgestellt, wie die Einheit des ‚Ich', des Subjekts her- und sichergestellt werden konnte. Freiheit und Einheit des ‚Ich', des Subjekts, sind also gesellschaftlich vorbereitet, gesellschaftlich in bestimmte Bahnen gelegt und in diesen Grenzen auch gesellschaftlich verbürgt und sanktioniert. Das Subjekt oder genauer: das, was man in der europäischen Denktradition unter ‚Subjekt' versteht, also das transzendente Subjekt, ist somit (und darin gleicht es dem empirischen Subjekt, dem Individuum) entgegen dem eigenen Missverständ-

---

[6] In dieser Form stimmt auch eine Reihe von Neurowissenschaftlern dieser Aussage zu, so z. B. Prinz (2004), Singer (2003) und Pauen (2007).

nis zutiefst sozial geformt: es ist sozial geschaffen. Nicht nur der einzelne konkrete
Mensch ist in Leib und Seele von den sozialen Verhältnissen maßgeblich gestaltet,
sondern in den sozialen Verhältnissen jeder Zeit ist eine Form der Subjekthaftigkeit
eingelassen, die allen Subjekten ein vergleichbares Format gibt. Diese jeweils historische ‚Subjektformation', dieses ‚Ich', hat nicht gewählt, wählen zu können, so
gestaltet zu sein und gestaltet zu werden, wie es gestaltet wurde und gestaltet wird.
Es wurde gestaltet. Wählen zu können, ja wählen zu müssen, gehört in dieser Zeit
zu seiner Subjekthaftigkeit, macht seine historische Besonderheit aus. Und wenn
diese konkreten Subjekte, diese Individuen, in ihrer Zeit handeln, dann wählen sie
unter den auferlegten Alternativen aus oder genauer: dann wählten sie unter Alternativen aus. Und damit schaffen sie sich – und das ist die Pointe – immer wieder
aufs Neue als zur Freiheit und Einheit verpflichtete Subjekte.

Nach der Diskussion der Engführung des Subjektbegriffs der neuen Wissenssoziologie möchte ich mich jetzt auf der Suche nach einer Bestimmung der subjekttheoretischen Grundlagen der Wissenssoziologie der zweiten Front zuwenden
– nämlich der, welche das Handeln von Subjekten auf das Wirken von Akteure
reduziert. Wissenssoziologie wie qualitative Sozialforschung konzentrieren sich
bei ihren Arbeiten sehr, zu sehr auf das bewusst handelnde, planende und entscheidende Subjekt und auf die Innensichten einzelner Subjekte. Und da sie vor allem
das *bewusste* Wollen und Handeln in den Blick nehmen, sind ihre Analysen oft
unterkomplex und geben Raum für Kritik, die im Wesentlichen darauf hinausläuft,
dass Menschen in Interaktion und Kommunikation mehr tun als nur miteinander zu
agieren. Denn Menschen agieren immer auch mit Dingen und die Dinge setzen der
Handlungsmächtigkeit der Subjekte Grenzen oder aber eröffnen Möglichkeiten,
die sie allein nicht hätten. Es ist höchste Zeit, sich aus wissenssoziologischer Sicht
mit den Dingen *und* den Subjekten zu beschäftigen und der Frage, was wissenssoziologisch von den Dingen zu halten ist. Dazu bedarf es eines kleinen Umwegs
– nämlich des Umwegs über den Situationsbegriff.

## 5   Die Bedeutung der Situation für die qualitative Sozialforschung

Die Wissenssoziologie und die qualitative Sozialforschung haben sich ihr Problem
mit dem Subjekt zum Teil selbst eingebrockt – auch weil sie sich zu sehr auf die
*Bewusstseinsleistungen* der Subjekte konzentriert haben und auch zu sehr auf die
Bedeutung der *Interaktion*. Dabei haben beide die *Situation* aus dem Blick verloren und damit Kommunikation wie Interaktion aus ihrer Geschichte und ihrer Geschichtlichkeit herausgelöst und insbesondere den Praxistheoretikern hinreichend

Gründe für die Position geliefert, die qualitative Sozialforschung verfehle mit der Konzentration auf die einzelnen Subjekte den Gegenstand der Sozialwissenschaften. Lange Zeit fand die Situation in der Sozialwissenschaft jedoch kaum Beachtung – was in den 1970er Jahren übrigens anders war, und was sich jetzt, angesichts der Herausforderungen durch die Arbeiten von Latour und der Praxisforschung (vgl. Schatzki et al. 2000; Hörning und Reuter 2004; Latour 2010; Latour und Woolgar 1986) langsam ändert. Latour und in dessen Spur auch andere qualitativ arbeitende Sozialwissenschaftler wollen die *Asymmetrie*[7] zwischen den Dingen und den menschlichen Akteuren beseitigen, wollen die Bedeutung der Dinge in der Situation sichtbar machen und damit den Dingen auch die Bedeutung, die ihnen zukommt, zurückgeben. Mit der wachsenden Bedeutung der Dinge rückt auch die Situation wieder mehr in den sozialwissenschaftlichen Blick, sind es doch die Dinge und deren Ordnung, die sich am augenfälligsten in einer Situation zu Wort melden. Wegen dieser neuen Bedeutung der Dinge möchte ich im Weiteren der Frage nachgehen, ob der Latoursche Dingbegriff eine systematische Revision des Situationsbegriffs erfordert.

Auch wenn der Latoursche Dingbegriff und auch dessen Fähigkeit, ‚Agency‘ zu haben, in den Schriften von Latour changiert, möchte ich seine Position bzw. die Position, gegen die ich argumentiere, mit folgenden Bestimmungen Latours umgrenzen (zur ANT von Latour siehe Schmidgen 2011 und Mathar 2012). Demnach ist für Latour „jedes Ding, das eine gegebene Situation verändert, indem es einen Unterschied macht, ein Akteur, oder, wenn es noch keine Figuration hat, ein Aktant" (Latour 2010, S. 123). Ein Hammer, ein Wasserkessel, ein Korb, Kleider, Fernbedienungen, aber auch Autos, Bremsen und auch Reifen sind in diesem Verständnis Objekte, die „entsprechend unserer Definition Akteure oder genauer *Beteiligte* am Handlungsverlauf" (Latour 2010, S. 123 f.) sind.

---

[7] Auch wenn der gewünschten Beseitigung der Asymmetrie keine moralische Stellungnahme, sondern die epistemologische Entscheidung zugrunde liegt (vgl. ausführlich Latour 2002), nicht vorschnell und vorab den Menschen einen bestimmten Wesenskern und damit zugleich das Handlungsprimat einzuräumen (und damit den Sprachgebrauch der Menschen vorschnell der Wissenschaft zugrunde zu legen), also nicht bereits theoretisch imprägniert nur noch das zu sehen, was man schon zu wissen glaubt, so liegt auch der Entscheidung, auf eine prinzipielle Unterscheidung zwischen Dingen und Menschen zu verzichten und statt dessen auf deren Relationen zu setzen, ebenfalls eine theoretische Imprägnierung zugrunde – einfach deshalb, weil es keinen ‚Sprung' in das Vorsoziale, das Ungedeutete geben kann. Auch die Umstellung vom ‚Wesenskern der Akteure' zur ‚Relation der Akteure' ist letztlich essentialistisch begründet und ihr liegt (wie Hirschauer zeigt) das Vor-Urteil zugrunde, dass alle Akteure schon immer in Bewegung waren und diese Bewegung in ihren Netzen immer nur weitergeben (vgl. Hirschauer 2012, S. 20).

Das scheint eindeutig zu sein, aber der Teufel liegt im Detail: Denn was bedeutet die Formulierung, „dass jedes Ding, das eine Situation verändert, ein Akteur
ist"? Ohne Zweifel verändert z. B. ein geplatzter Reifen die weiteren Ereignisse.
Ohne Zweifel macht er dann einen *Unterschied* aus. Ist aber dann der Reifen der
Akteur und sein Platzen ein Tun oder Handeln? Ist, um die Sache noch weiter zuzuspitzen, der Reifen geplatzt oder ist die Luft im Reifen explodiert oder hat ein
spitzer Stein auf der Straße den Reifen zerstört? All das wären bei dieser Sicht der
Dinge Kandidaten für den Akteurstatus – natürlich sind sie keine *human beings*,
sondern *non-humans*, die am Handeln beteiligt sind, und die man bei einer Wissenschaft des Sozialen notwendigerweise berücksichtigen muss[8].

Gewiss muss man hier unterscheiden: Nicht alle Dinge, die wir ‚Dinge' oder
‚Objekte' nennen, sind gleich. Einige Objekte entstammen der Natur und andere
Dinge haben die Menschen erzeugt, um damit irgendwelche Handlungsprobleme
zu bearbeiten. Diesen Satz können natürlich auch Sozialkonstruktivisten sagen,
auch wenn und auch weil die Unterscheidung zwischen Natur und Kultur eine
sozial konstruierte ist.

Zur ersten Sorte von Dingen gehören die *Vulkane,* zur zweiten Sorte gehört
die *Violine* (zu dieser Art von Objekten zählen auch Autos, Bremsen, Reifen und
natürlich auch Zäune und Flugzeuge). Auch wenn Vulkane und Violinen einiges
gemeinsam haben, sie sind nämlich ‚Dinge' (wenn auch nicht geschaffen vom gleichen Akteur), sind sie doch kategorial zu unterscheiden: die einen in der Natur
entstanden (Vulkane), die anderen sind von Menschen gemacht (vgl. auch Linde 1972). Gewiss haben beide Auswirkungen auf die Handlungen von Menschen
und gewiss stoßen beide bestimmte Handlungen an. So geht von dem Vulkan die
Drohung von Feuer und Tod aus, aber auch das Versprechen auf fruchtbare Erde
und neues Wachstum. Aber obwohl der Vulkan die Felder der Menschen fruchtbar
machen kann, ist er keine Ausweitung der menschlichen Hand – wie z. B. der Pflug
oder der Kunstdünger.

Sowohl die ‚natürlichen' als auch die ‚gemachten' Dinge legen bestimmte
Handlungen der Menschen nahe, machen ein ‚Angebot' oder ‚verbieten' etwas,
ermöglichen etwas oder schließen es aus: Autos können nicht fliegen oder durch
Felsen hindurch fahren, Menschen ertrinken im Wasser oder schlafen bei Müdig-
keit ein. Diese ‚Offerten' und ‚Imperative' der Dinge und Körper gehen nicht auf

---

[8] „ANT ist nicht die leere Behauptung, dass Objekte etwas ‚anstelle' der menschlichen Akteure tun: Sie sagt einfach, dass eine Wissenschaft des Sozialen nicht einmal beginnen kann,
wenn die Frage, wer und was am Handeln beteiligt ist, nicht zunächst einmal gründlich
erforscht ist, selbst wenn das bedeuten sollte, Elemente zuzulassen, die wir, in Ermangelung
eines besseren Ausdrucks, *nicht-menschliche Wesen (non-humans)* nennen könnten" (Latour
2010, S. 124).

eine irgendwie erkennbare *Agency* der Dinge zurück, sondern resultieren aus deren kommunikativ konstruierten ‚Eigenschaften'. Insofern sind die Offerten und Imperative letztlich Offerten und Imperative der Menschen, die sie gedeutet haben und in der Sprache und Kultur institutionalisiert haben.

Die Violine ist im Vergleich zum Vulkan eine „extension of man" (vgl. McLuhan 1964) und enthält deshalb einen Imperativ, der sich in einer Art Reflexivität auf sich selbst bezieht. Dieser Imperativ lautet: „Benutze mich auf eine besondere Weise!" Wenn der Vulkan ausbricht, dann bewegt sich zwar sehr viel (es kommt zu einer massiven Aktion), aber die Bewegung hat nichts mit Menschen zu tun und alles, was passiert, passiert ohne Sinn, ist allein durch die Gesetze, die von der Physik beschrieben werden, bestimmt und erklärbar. Aber wenn die Violine ‚spielt', dann findet eine Aktion statt, dessen Urheber ein Mensch ist, und alles was passiert, passiert mit Sinn. Auch wenn der Ton vollständig durch die Gesetze der Natur erklärbar ist, geht die Melodie auf den sinnhaft handelnden Menschen zurück – wenn der spielende Mensch sein Werkzeug beherrscht, also wenn er die Praktik des richtigen Spielens nicht mehr bewusst ausübt, sondern sie sich aus seinem geübten Körper ‚ergibt'.

Ohne Zweifel ‚ist' (= bedeutet) das Werkzeug sehr viel mehr seine Erschaffer absichtsvoll ‚hineingetan' haben – und zwar auf dreifache Weise: (1) Das Werkzeug hat einen *Bedeutungsüberschuss*, welcher von seinen Erschaffern in der Regel nicht wahrgenommen wird. Die soziale Bedeutung eines Werkzeugs zeigt sich erst in der Geschichte seines Gebrauchs und der Praxis der menschlichen Aneignung. Hier kann es durchaus passieren, dass das Werkzeug letztendlich zu anderen Zwecken genutzt wird als von seinen Erschaffern beabsichtigt. (2) Auch die *Materialität* des Werkzeugs hat Folgen über die Absichten der Erschaffer hinaus. In der Regel sorgt die Materialität des Dings dafür (bei einem Hammer der eiserne Kopf und der hölzerne Stiehl), dass ein bestimmtes Problem (Nagel einschlagen) in der Welt gelöst wird. Aber die Materialität des Werkzeugs sorgt auch dafür, dass die Welt, in der der Hammerbenutzer lebt, sich nachhaltig ändert: Bäume müssen gefällt, Eisenerz muss abgebaut und Eisen erzeugt werden. Dafür müssen Handwerker ausgebildet, Maschinen erbaut und Verteilungswege geschaffen werden. All dies verändert die Welt. (3) Aber das Werkzeug hat über die Absichten der Erschaffer hinaus auch noch deshalb *unbeabsichtigte Wirkungen*, weil jedes Werkzeug immer auch auf den Werkzeugbenutzer zurückwirkt und sowohl ihn als auch die Gesellschaft, in der er lebt, verändert: So verschafft der Hammer dem Hammerbenutzer nicht nur Schwielen an der Hand, eine andere Armmuskulatur und damit letztlich auch einen anderen Körper, einen anderen Körperbau, sondern durch die Hammerbenutzung wird der Hausbau billiger, damit für sehr viel mehr Menschen erwerbbar, was die Wohnsituation und damit die Art des Zusammenlebens der Menschen massiv verändert[9].

Insofern erwecken Dinge, weil sie weit mehr ‚sind' und sehr viel mehr Folgen haben, als die Erschaffer im Sinn hatten und weil sie den Menschen deshalb manchmal als etwas Naturhaftes von außen entgegenzutreten scheinen, manchmal den Anschein, als würden sie etwas von sich aus, manchmal auch autonom, tun. Aber der Hammer, die Violine, das Auto, der Reifen, der Zaun und das Flugzeug bleiben immer nur Dinge, mit denen Menschen agieren. Insofern sind sie *Werkzeuge* von Akteuren, aber nicht selbst Akteure. Manche dieser Dinge sind dem Menschen äußerlich, mit manchen ergänzt er seinen Körper (Brillen, Prothesen) und manche nimmt er nach innen (Herzschrittmacher). Aber auch dann, wenn der Mensch mit diesen Dingen verwächst und somit eine Einheit bildet, die nur in dieser Einheit so funktioniert oder nur so überleben kann, auch dann sind diese Dinge nicht autonom, sondern immer Werkzeuge von Menschen für Menschen. Nur die intentionalistische Sprache oder besser unser intentionalistischer Sprachgebrauch macht diese Dinge zu Akteuren.

Menschen schlugen sich zu Beginn ihrer Geschichte in massiven Konfliktfällen mit den Fäusten und konnten sich so aus dem Feld schlagen oder sogar töten. Heute tun sie Vergleichbares mit automatischen Maschinengewehren, die in der Lage sind, mehr als 1.200 Schuss pro Minute abzufeuern. Damit sind diese Maschinen sehr viel schneller, als ein menschlicher Finger sich krümmen kann. Menschen benutzten in früheren Zeiten Katapulte, um Menschen hinter Mauer zu vernichten. Heute setzen sie elektronisch gesteuerte Drohnen ein, die in der Lage sind, tief in feindliches Terrain einzudringen und gezielt einzelne Menschen zu töten. Obwohl also Maschinengewehre oder Drohnen ‚Aktionen' bewirken können, zu denen kein Mensch in der Lage ist, macht es keinen Sinn zu sagen, Maschinengewehre und Drohnen seien eigenständige Akteure und sie würden Krieg führen. Auch wenn Menschen sehr intensiv an Gewehren wie Drohnen trainieren müssen und sich damit auch auf diese Geräte einstellen, bilden sie dennoch keine hybriden (Handlungs-)Einheiten. Menschen beschließen, andere zu töten, nicht die Maschinen. Sie werden ‚nur' eingesetzt.

Besonders sichtbar wird diese sprachlich verursachte Fehlinterpretation, wenn auch in der Fachliteratur davon gesprochen wird, Navigationssysteme würden uns führen, leiten, lenken oder sogar warnen (vgl. Laux 2011, S. 285 ff.). Denn sicher

---

[9] Wie sehr die Materialität der geschaffenen Dinge auf den Menschen und dessen Leistungen zurückwirkt, kann man auch in vielen Sportarten beobachten: So ‚verwachsen' z. B. Tennisspieler oder auch Skifahrer oft so sehr mit ihrem Sportgerät, dass sie dessen Materialität als eigenständig und widerständig erfahren. Dennoch würde kein Sportler ernsthaft sagen, der Schläger spielte Tennis oder der Ski fahre eigenständig.

ist, dass nicht das Navigationsgerät den Autofahrer führt, auch nicht die dort implementierte Software oder gar das Display, auf dem eine graphische Abbildung
der Straßenführung zu sehen ist. Es sind die Vorgaben der menschlichen Erschaffer
von Navigationsgeräten, die als Anweisungen dem Betrachter als Vorschläge auf-
scheinen, die der Autofahrer im Übrigen jederzeit missachten kann und oft auch
tut. Niemand fährt in einen Fluss, nur weil das Navigationssystem das vorgibt.

# 6   Algorithmen als autonome Akteure?

In der neueren sozialwissenschaftlichen Diskussion (und hier vor allem in der
Debatte um die Dynamik des Finanzmarktes) ist ein neuer Kandidat für die Ak-
teursrolle aufgetaucht, dem oft eine entscheidende Rolle bei der Gestaltung der
Gesellschaft der Gegenwart zugeschrieben wird: der *Algorithmus*. Wurde noch
vor einigen Jahrzehnten die Maschine als wichtiger Kandidat für die Position des
eigenständigen Akteurs gehandelt, so sind es heute nicht mehr die Maschinen
selbst, sondern die ihnen innewohnenden elektronisch codierten und materiell ein-
geschriebenen Steuerungseinheiten, die Algorithmen, die selbst wieder Kalkülen
aufrufen. Selbst Wissenschaftler/innen, die ansonsten vorsichtig sind, Objekten
eine Agency zuzuschreiben, knicken beim Algorithmus ein und räumen ihm nicht
nur Handlungsvermögen und Handlungsmacht, sondern auch Entscheidungsfähig-
keit ein (vgl. Dacorogna et al. 2001, auch Knorr-Cetina 2005, 2012). Die zuge-
spitzte Frage lautet also: Entscheiden Algorithmen wirklich oder was tun sie oder:
Was lässt man sie tun? Entscheidend für die Beantwortung der Fragen ist allerdings
die Vorstellung von Agency. Liegt dann eine Agency, also eine Handlungsmacht,
vor, wenn etwas in den Lauf der Welt so eingreifen kann, dass es einen Unterschied
macht (dann hat der geplatzte Reifen eine Agency) oder ist es nur dann sinnvoll,
von Agency zu sprechen, wenn ein Akteur sinnhaft so in die Welt eingreift, dass
ein Unterschied entsteht, also wenn ein Akteur auch versucht, *sinnhaft* die Welt in
irgendeiner Weise zu lenken.

Nun sind Algorithmen, auf mathematischen Kalkülen aufruhend, erst einmal
nur mathematische Repräsentationen von Sachverhalten und Verfahrensvorschriften. Sie haben die Form: Wenn X der Fall ist, dann soll Y folgen. Algorithmen
bestehen aus einer endlichen Folge von eindeutig definierten und vorgegebenen
Handlungsschritten und Verfahrensvorschriften, welche genau definierte Probleme oder genau definierte Typen von Problemen ‚lösen' sollen. Insofern werden
Algorithmen als standardisierte Problemlöser für standardisierte Probleme von
Menschen eingesetzt. Menschen geben ihren Maschinen mittels Algorithmen Auf-
träge – nämlich den Auftrag, in einer bestimmten Situation X, die Handlung Y zu

vollziehen. Insofern sind Algorithmen immer Imperative – Imperative, die sich an Menschen oder an Technik richten, oder aber auch an andere Algorithmen. Und da diese Imperative auch Maschinen beigegeben werden können, die in der Lage sind, in Bruchteilen von Sekunden die Situation zu erfassen und zu bewerten, verbessern die Menschen, die sie nutzen, mit diesen Maschinen ihre Fähigkeit, auf Situationen bedacht, also überlegt zu reagieren, enorm.

Das gilt natürlich auch und vor allem für das *algorithmic trading* (auch *flash-trading* oder *e-trading*), das auf einer quantifizierten Kalkulation und auf induktiv ermittelten Vorhersagen beruht (zu den finanzmathematischen Grundlagen siehe Kalthoff und Maeße 2012, auch Bernstein 2000 und Vogl 2011, auch Taleb 2008a und b). Vor allem sogenannte Optionen und Futures werden vor allem über computerisierten Börsen mit für sie typischen hohen Transaktionsgeschwindigkeiten abgewickelt. „Neue Kursnotierungen treffen im Sekundenrhythmus ein und stehen nahezu in Echtzeit den Marktteilnehmern zur Verfügung. Gehandelt wird per Telefon oder per Computer, und so vergeht oft nur sehr kurze Zeit vom Entschluss eines Händlers bis zur Ausführung einer Transaktion. Im computerisierten Future-Handel (*e-trading*) liegen die Latenzzeiten (*order latency*) derzeitig im unteren Bereich von 5 bis 35 Millisekunden" (Reichert 2012, S. 195).

Der Trading-Algorithmus ist so konstruiert und gebaut, dass er auf der Basis von Wahrscheinlichkeitsberechnungen selbst minimale Veränderungen des Marktes ‚erkennen' und dann ‚automatisch' Kaufentscheidungen tätigen kann. Entscheidend ist, dass der Computer automatisch und ungeheuer schnell, aber nicht unabhängig vom menschlichen Trader, entscheidet, wie dies oft behauptet wird (vgl. z. B. Kissell und Malamut 2006, S. 12). Dieses schnelle und automatische Entscheiden auf dem Aktienmarkt mag zwar für viele Trader (und Beobachter) eine „revolution of trading" (Curran und Rogow 2009) sein, aber es ist definitiv kein Aufstand der Dinge gegen den Menschen. Computer sind nur sehr viel schneller als Menschen, ersetzen sie jedoch nicht.

Trading-Algorithmen führen auch kein eigenes Leben – auch wenn es manchen so erscheint. Selbst dann, wenn sie unerwartete Entscheidungen treffen, wenn sie scheinbar allein mit anderen Algorithmen ‚interagieren' (also wenn scheinbar nur noch die Maschinen aufeinander reagieren) und wenn sie Folgen produzieren, die niemand wollte und voraussehen konnte (was schon mehrfach geschehen sein soll, z. B. der *Black Monday* am 19. 10 1987), selbst dann bewegen sie sich in der Sinnhaftigkeit der Erzeuger der Algorithmen.

Algorithmen sind in eine mathematische Form gegossene, eindeutige Befehle. Weil Algorithmen Befehle in mathematischer Form sind, eignen sie sich besonders gut dafür, Maschinen Befehle zu geben. Der Algorithmus ist sogar die hervorgehobene Form, mit der Menschen Maschinen bestimmte Befehle geben. Wenn also

Menschen sich entscheiden, bestimmten Algorithmen die Lösung von bestimmten Aufgaben zu überlassen, dann handeln die Algorithmen nicht selbstständig, sondern sie sind lediglich der erweiterte und ausgelagerte ‚Arm' des Menschen oder die mathematisch niedergelegte Entscheidung, in einem bestimmten Fall sehr schnell etwas Bestimmtes zu tun. Algorithmen sind also in keiner Weise eigenständig (nur automatisch) und wenn Algorithmen ‚entscheiden', tun sie das nur so und nur auf diese Weise, die ihnen ihr menschlicher Programmierer mit und eingeschrieben hat.

Aus dieser Sicht sind *nicht* die Algorithmen Akteure, sondern die Menschen, die zum einen die Algorithmen schreiben und zum zweiten die Menschen, die den Algorithmen in bestimmten, fest definierten Situationen bestimmte Aufgaben zur Erledigung anvertrauen. Wenn man in der Soziologie jedoch die Algorithmen als eigenständige Akteure in den Blick nimmt, übersieht man gerade das Soziale in den Algorithmen, übersieht, dass hinter den Algorithmen Menschen mit Interessen stehen, die das Wirken der Algorithmen verständlich machen. Mit Hilfe der Algorithmen handeln Menschen in bestimmten Situationen in spezifischer Weise auf einem globalen, hart umkämpften Markt. Die, welche diese Mittel einsetzen, tun dies, weil sie sich Vorteile davon erhoffen. Und die, welche nicht die finanziellen Mittel haben, mit Algorithmen zu arbeiten, erzielen auf dem Markt weniger Gewinne. Wer die Algorithmen zu Akteuren erklärt, verdunkelt somit die soziale Dynamik oder genauer gesagt die massiven gesellschaftlichen Auseinandersetzungen hinter dem Einsatz der Algorithmen.

Nebenbei betreibt eine Sozialforschung, die Algorithmen zu Akteuren stilisiert, objektiv (auch wenn das nicht intendiert ist) das Geschäft derer, die ihren Einfluss und ihre Interessen in Dunklen lassen wollen. Insofern betreibt man mit solchen verdunkelnden Formulierungen die Affirmation des Bestehenden: Soziale Vorgänge, die durchaus interessengeleitet sind, werden als quasi natürliche, nicht-menschliche Vorgänge objektiviert, ausgelagert und damit überhöht.

Diese Sprechweise von den Algorithmen als Akteure ist nicht nur unangemessen, sondern sie verdeckt und verbirgt zugleich: Sie kann nicht verstehen und erklären, was der Fall ist, was sich gerade ereignet und gibt damit das Ziel der Soziologie und der Sozialforschung preis. Eine solche Forschung leistet gerade nicht das, was Soziologie verlangt, nämlich die Aufklärung von sozialem Geschehen mit dem Ziel, Entwicklungen in der Gesellschaft und Zusammenhänge zu verstehen und zu erklären, auf dass auch eine gesellschaftliche Entscheidung darüber möglich wird, ob man den Entwicklungen ihren Lauf lässt oder ob man sie einhegt oder ihnen eine andere Richtung gibt. Gewinne und Verluste stehen in keinem angemessenen Verhältnis zueinander.

# 7 Die medial bedingte Vergessenheit der Situation

Die qualitative Sozialforschung ist in den 1970er Jahren (nicht nur) in Deutschland mit dem Anspruch angetreten, dem Subjekt zu seinem Recht zu verhelfen, seinen Hoffnungen und seine Befürchtungen einen Ausdruck zu geben. In Frontstellung zur quantitativen Sozialforschung, die sich allein für das Äußere des Subjekts interessierte, hielt es die qualitative Sozialforschung für wichtig und notwendig, die Binnensicht der Subjekte zu berücksichtigen, wollte man deren Agieren verstehen und erklären. Ganz zentral war dabei Thomas-Theorem („If men define situations as real, they are real in their consequences." – Thomas und Thomas 1928) und die Bedeutung, die dieses Theorem dem subjektiven Empfinden oder genauer der subjektiven Deutung der Subjekte und der Situation zuweist.

Der qualitativen Sozialforschung ging es um den *Sinn* der Subjekte – wobei allerdings von Anfang an zwei Richtungen darüber miteinander stritten, was mit ‚Sinn' eigentlich gemeint ist bzw. sein soll. Die eine, eher *verstehend* orientierte Richtung ging davon aus, dass das Handeln der Subjekte nur dann verstanden und erklärt werden kann, wenn das sinnhafte (bewusste) Tun der Handelnden dabei maßgeblich berücksichtigt wird. Dieser *subjektive Sinn* war es, den es zu ermitteln galt, weil nur so das Verhalten der Subjekte adäquat erfasst werden kann.

Einer anderen, eher *kritisch* orientierten Richtung der Sozialforschung ging es zwar auch um die Sinnhaftigkeit von Handeln, aber sehr viel mehr um die Erreichung eines *sinnvollen* Lebens und um die Aufhebung von Entfremdung. Ziel dieser Art der qualitativen Forschung war auch nicht nur die Sinnhaftigkeit des Handelns der Subjekte zu erkennen, sondern auch zu fordern, dass mehr Sinn im Leben der Subjekte sein solle. Die bestehenden Verhältnisse wurden entsprechend kritisiert und es galt, diese entweder zu überwinden oder das Leiden daran zu therapieren.

Beide Richtungen der qualitativen Sozialforschung wandten sich anfangs der gesamten Komplexität menschlichen Handelns zu (Gestik, Mimik, Haltung, Situierung, Sprechen etc.), mussten jedoch bald feststellen, dass die Medien der Fixierung dieses Handelns (also die damaligen Methoden der Datenerhebung) nicht das gesamte komplexe Handeln fassen konnten, sondern nur bestimmte Ausschnitte: also vor allem das, was sich mittels der damaligen Aufzeichnungsmedien (= Tonbänder) festhalten ließ. Zwar wurde anfangs auch vereinzelt versucht, die Situation als ganze, z. B. mittels analoger Kameras, abzubilden, das stellte sich jedoch bald als sehr schwierig und nicht handhabbar heraus – eine Einschätzung, die sich angesichts neuer digitaler Aufzeichnungs- und Transkriptionsmedien aktuell ändert.

Da die Tonbandgeräte nur Töne und hier vor allem nur den sprachlichen Teil des kommunikativen Handelns festhalten konnten, wurden die Verschriftlichungen des Sprechens, also *Texte,* zum zentralen Datum qualitativer Forschung. So wurde in der qualitativen Sozialforschung schon sehr früh aus kommunikativem Handeln Text, was keineswegs identisch ist, sondern sich bedeutsam unterscheidet. Für viele Sozialwissenschaftler wurde die Welt zum Text und die qualitative Sozialforschung geriet vielen zur Textwissenschaft. Nach dieser Etablierung des Textes als entscheidendes Datum und der maschinellen Tonaufzeichnung als zentrales Datenfixierungsmedium, konzentrierte sich die Sozialforschung auf diese Verfahren der Datenerhebung und der Datenauswertung – und dünnten die Komplexität der Situation und die der Kommunikation drastisch aus (eine sehr gute Beschreibung der Wechselwirkung der Sozialforschung mit dem jeweiligen Stand der Medien liefert Ziegaus 2009).

War Anfang der 1970er Jahre noch die nur ausschnitthafte Erfassung der sozialen Situation durch die Untersuchungsmedien im Alltag der Forschung präsent, so geriet sie zunehmend in Vergessenheit[10]. Bei einigen bestand die soziale Wirklichkeit oft nur noch aus Text (vgl. z. B. Garz 1994), was zur Folge hatte, dass die Medien auf den Gegenstand zurückwirkten und die Medien vom Gegenstand der Sozialwissenschaft nur noch Teile, nur noch kleine Ausschnitte, zeigten bzw. sichtbar machten, speicherten und fixierten und damit überhaupt einer Analyse zugänglich machten. All dies führte, so die hier vertretene These, sowohl zur Ausbildung eines ,dünnen' Handlungsbegriffs als auch zur Ausbildung eines ,dünnen' Akteurbegriffs als auch zum weitgehenden Verschwinden des Situationsbegriffs aus der Sozialforschung. Handeln wurde auf diese Weise reduziert auf den Modus ,eine Wirkung haben' und der Akteur wurde reduziert auf den Ausgangspunkt dieser Wirkungsentfaltung. Vor allem diese doppelte Ausdünnung (im Zusammenspiel mit einer intentionalistischen Sprache und der Belebung von Strukturen und Systemen in der theoretischen Soziologie) machte es möglich, dass auch andere ,Entitäten' den Anschein erwecken konnten, sowohl Akteure zu sein als auch zu handeln. Den Zäunen wurde ihr Stehen und den Flugzeugen ihr Fliegen als Handlung zugerechnet, was eine massive Reduktion bedeutet und zu einer Verarmung sozialwissenschaftlicher Analysen geführt hat und führt.

Man hat den Begriff des Akteurs so ausgedünnt (als Agency), dass er jetzt auch noch auf einige andere Entitäten passt und man hat den Begriff des Handelns so entleert, dass er jetzt für viele Operationen passt. Nicht die Dinge haben sich geändert oder zeigen sich aufgrund von neuem Wissen in einem neuen Licht, sondern die Dinge werden neu subsummiert, weil man die Definition der Kategorien geändert hat.

---

[10] Die Vergessenheit gilt allerdings nur für Deutschland. Im anglo-amerikanischen Raum befindet sich die Situation selbstverständlich im Zentrum qualitativer Sozialforschung.

Menschen sind dagegen immer mehr als ‚Akteure', die etwas bewirken (wollen). Sie lassen sich nur unter Einbüßung der Angemessenheit der Beschreibung auf ihr Akteur-Sein reduzieren. Menschliche Subjekte sind immer auch mehr, sie sind in soziale Beziehungen und soziale Situationen eingebettete Individuen, die fühlen, hoffen und fürchten, denken, entscheiden und sich dem Leben hingeben. Gegenstand der Sozialforschung und der Soziologie ist nicht die Einheit, die etwas bewirkt, sonst wäre ihr Gegenstand der Körper, sondern ihr Gegenstand ist die leiblich-geistige Einheit, die sinnhaft handelt, also aufgrund des sozialen Sinns, den die Welt und die anderen für diese Einheit hat. Völlig unzureichend erscheint allerdings die Verengung von Intentionalität auf das bewusste Gestalten von Handlungen und Kommunikation auf das Hier und Jetzt (vgl. Reichertz 2009). Interaktion und Kommunikation sind nämlich selbst dann noch sinnhaft, wenn dieser Sinn von den Agierenden nicht mehr im Bewusstsein realisiert wird. In Situationen, also spezifisch situierten Interaktionen und Kommunikationen, treffen die Beteiligten auf Objekte, Institutionen und Menschen, die sie in ihrem Handeln beschränken oder aber ihnen Angebote unterbreiten. So treffen sie auf natürliche oder soziale Bahnungen, die bestimmte Handlungen erleichtern oder erschweren, sie finden dort typische Motive vor, die geneigt machen, bestimmte Entscheidungen zu treffen, und sie begegnen Anderen, die von ihnen erwarten, eine bestimmte Wahl zu treffen.

Dennoch – ob bewusst oder im Vollzug praktischen Handelns: Nur Menschen können Situationen als Situationen schaffen, indem sie für- und miteinander kommunizieren, was für sie jeweils in der Situation los ist. Nur Menschen können den jeweils für sie geltenden Rahmen artikulieren und damit angeben, was für sie jeweils der Fall ist. Auch wenn die Technik in bestimmten Situationen den Anschein erweckt, den Menschen diese Artikulation der Situation abzunehmen (z. B. bei Notfallsystemen), so hat der Mensch auch hier immer das letzte Wort – selbst dann, wenn er Unrecht hat. Menschliche Subjekte handeln immer vor dem Hintergrund einer kommunikativ erarbeiteten, also gemeinsam artikulierten Situation: Menschen stellen für sich und für andere fest, was jeweils der Fall ist, und diese Artikulation der Situation ist ganz entscheidend für das weitere Handeln. Nur Menschen stellen verbindlich fest, was für alle in der Situation gegeben ist – alles andere ist nicht verbindlich, und dies kann weder Technik noch ein Biosystem leisten.

Dinge und natürlich auch Technik sind in dieser wissenssoziologischen Sicht ‚Organ-Ausweitungen' des Menschen, geschaffen von Menschen, um ihnen selbst und den nachfolgenden Generationen die Bewältigung von Problemen zu erleichtern (vgl. Schulz-Schaeffer 2008). Technik ist immer der Ersatz von Organleistungen, deren Ausweitung oder deren Überbietung (vgl. Gehlen 1986). Technik eröffnet Handlungsmöglichkeiten aus der Vergangenheit für die Zukunft, macht

Angebote oder begrenzt den Möglichkeitsraum. Geschaffene Techniken (Objekte, Dinge) sind ‚Gesten' (Flusser 1994, vgl. auch Reichertz 2007b) aus der Vergangenheit. Die vergangenen Generationen sind die Feldherren, welche die (die jeweilige Technik nutzende) Generation nicht nur in einem bestimmten Schritt vorwärts gehen lässt, sondern sie haben diese auch mit bestimmten ‚Waffen' (Mitteln) ausgerüstet und gegen einen bestimmten ‚Feind' (Probleme) geführt. Jede Technik ist so gesehen der ‚Krieg der Alten' gegen alte Probleme – nicht mehr, aber auch nicht weniger. In jeder solchen ‚Geste' sind die Erfahrungen der jeweiligen Produzentengeneration fixiert und aufbewahrt und somit auf Dauer gestellt. Objekte sind gehärtete, materialisierte Gesten, welche das vergangene Weltwissen in sich tragen und weitergeben.

Einiges spricht also dafür, dass dieses sinnhaft handelnde Subjekt, das zwischen Handlungsentwürfen wählte, das plante und Pläne verfolgte, der Vergangenheit angehört, und dass die qualitative Sozialforschung einer Subjektformation anhängt und sie damit in der Literatur am Leben erhält, die es so nicht mehr gibt – wenn es sie je gegeben hat. Die Frage ist allerdings, was die qualitative Sozialforschung erwartet, wenn sie sich von dem Glauben an das ‚Subjekt' verabschiedet.

„Was ist das, was in uns lügt, hurt, stiehlt und mordet?" Wie die zurückliegende Betrachtung zeigte, ist diese Frage Dantons schon Ergebnis einer sozial erzeugten und sozial verordneten Selbstdistanzierung, Selbstentzweiung und Selbstvervielfältigung. Die Frage von Danton zu beantworten heißt mithin, die Zeit von Danton oder genauer: die besondere Zeit von Georg Büchner zu verstehen. Die Frage, was das Subjekt über die Zeiten hinweg ‚ist', kann man so jedoch nicht verstehen. Die Frage verliert sich nämlich bei genauer Betrachtung in der Geschichte und in Geschichten. Die Welt wartet nicht dort draußen darauf, entdeckt zu werden, sondern wir schaffen sie Tag für Tag neu – und zwar vor allem mittels Kommunikation (vgl. Keller et al. 2012). Deshalb ändert sich die Wirklichkeit tagtäglich und mit ihr die soziale Ordnung und die Normen und Werte, die in ihr gelten. Und mit ihr ändert sich das Subjekt und noch wichtiger: die Vorstellungen der Gesellschaft darüber, was ein Subjekt ausmacht.

## Literatur

Berger, P. L., & Luckmann, T. (1980). *Die gesellschaftliche Konstruktion der Wirklichkeit. Eine Theorie der Wissenssoziologie.* Frankfurt a. M.: Fischer.

Bernstein, P. L. (2000). *Wider die Götter.* München: Gerling Akademie.

Bourdieu, P. (1987). *Sozialer Sinn. Kritik der theoretischen Vernunft.* Frankfurt a. M.: Suhrkamp.

Büchner, G. (1974). *Sämtliche Werke.* München: Hanser.

Curran, R., & Rogow, G. (2009). Rise of the (market) machines. *The Wall Street Journal*, June 19. S. 4.

Dacorogna, M. M., et al. (Hrsg.) (2001). *An introduction to high-frequency finance*. San Diego: Academic Press Inc.

Ehrenberg, A. (2011). *Das Unbehagen in der Gesellschaft*. Frankfurt a. M.: Suhrkamp.

Elster, J. (1987). *Subversion der Rationalität*. Frankfurt a. M.: Campus.

Flusser, V. (1994). *Gesten*. Frankfurt a. M.: Fischer.

Foucault, M. (2004). *Hermeneutik des Subjekts*. Frankfurt a. M.: Suhrkamp.

Foucault, M. (2005). *Analytik der Macht*. Frankfurt a. M.: Suhrkamp.

Garz, D. (Hrsg.). (1994). *Die Welt als Text*. Frankfurt a. M.: Suhrkamp.

Gehlen, A. (1986). *Urmensch und Spätkultur*. Wiesbaden: Verlag für Wissenschaft und Forschung.

Geiger, A. (2011). *Der alte König in seinem Exil*. München: Hanser.

Giddens, A. (1992). *Die Konstitution der Gesellschaft*. Frankfurt a. M.: Campus.

Hirschauer, S. (2012). *Intersituativität. Teleinteraktionen jenseits von Mikro und Makro*. Mainz: MS.

Hörning, K., & Reuter, J. (Hrsg.). (2004). *Doing Culture. Zum Begriff der Praxis in der gegenwärtigen soziologischen Theorie*. Bielefeld: transkript.

Kalthoff, H., & Maeße, J. (2012). *Die Hervorbringung des Kalküls*. In H. Kalthoff & U. Vormbusch (Hrsg.), *Soziologie der Finanzmärkte*. Bielefeld: transcript. S. 201–235.

Keller, R., Knoblauch, H., & Reichertz, J. (Hrsg.). (2012). *Kommunikativer Konstruktivismus*. Wiesbaden: Springer.

Kissell, R., & Malamut, R. (2006). Algorithmic decision-making framework. *Journal of Trading 1*(1), 12–21.

Knorr-Cetina, K. (2005). How are Global Markets Global? The Architecture of a Flow World. In K. Knorr-Cetina & A. Preda (Hrsg.), *The sociology of financial markets* (S. 38–61). Oxford: Oxford University Press.

Knorr-Cetina, K. (2012). *Skopische Medien*. In F. Krotz & A. Hepp (Hrsg.), S. 167–196.

Latour, B. (2002). *Wir sind nie modern gewesen*. Frankfurt a. M.: Fischer.

Latour, B. (2010). *Eine neue Soziologie für eine neue Gesellschaft*. Frankfurt a. M.: Suhrkamp.

Latour, B., & Woolgar, S. (1986). *Laboratory life: The social construction of scientific facts*. Princeton: Princeton University Press.

Laux, H. (2011). Latours Akteure. In N. Lüdtke & H. Matsuzaki (Hrsg.), *Akteur – Individuum – Subjekt* (S. 275–300). Wiesbaden: VS.

Linde, H. (1972). *Sachdominanz in Sozialstrukturen*. Tübingen: Mohr.

Luckmann, T. (1979). Phänomenologie und Soziologie. In W. Sprondel & R. Grathoff (Hrsg.), *Alfred Schütz und die Idee des Alltags in den Sozialwissenschaften* (S. 196–206). Stuttgart: Enke.

Luckmann, T. (1992). *Theorie des sozialen Handelns*. Berlin: De Gruyter.

Luckmann, T. (2007). *Lebenswelt, Identität und Gesellschaft*. Konstanz: UVK.

Mathar, T. (2012). Akteur-Netzwerk Theorie. In S. Beck, J. Niewöhner, & E. Sörensen (Hrsg.), *Science and technology Studies* (S. 173–190). Bielefeld: transcript.

McLuhan, M. (1964). *Die magischen Kanäle*. Düsseldorf: Econ.

Mead, G. H. (1973). *Geist, Identität und Gesellschaft*. Frankfurt a. M.: Suhrkamp.

Pauen, M. (2007). *Was ist der Mensch*. München: DVA.

Prinz, W. (2004). Kritik des freien Willens. Bemerkungen über eine soziale Institution. *Psychologische Rundschau, 55(4)*, 198–206.

Reckwitz, A. (2008). *Subjekt*. Bielefeld: transcript.

Reichert, R. (2012). Börsenturbulenzen. In H. Kalthoff & U. Vormbusch (Hrsg.), *Soziologie der Finanzmärkte* (S. 179–200). Bielefeld: transcript.

Reichertz, J. (2000). Objektive Hermeneutik und hermeneutische Wissenssoziologie. In U. Flick, E. v. Kardorff, & I. Steinke (Hrsg.), *Qualitative Forschung. Ein Handbuch* (S. 515–524). Reinbek: Rowohlt.

Reichertz, J. (2006). *Was bleibt vom göttlichen Funken?* In J. Reichertz & N. Zaboura (Hrsg.), *Akteur Gehirn – oder das vermeintliche Ende des handelnden Subjekts*. Wiesbaden: VS Verlag S. 189–206.

Reichertz, J. (2007a). Qualitative Sozialforschung – Ansprüche, Prämissen, Probleme. *Erwägen – Wissen – Ethik, 18(2)*, 195–208.

Reichertz, J. (2007b). Qualitative Forschung auch jenseits des interpretativen Paradigmas? *Erwägen – Wissen – Ethik, 18(2)*, 276–293.

Reichertz, J. (2007c). *Die Macht der Worte und der Medien*. Wiesbaden: VS Verlag für Sozialwissenschaften.

Reichertz, J. (2009). *Kommunikationsmacht*. Wiesbaden: VS Verlag für Sozialwissenschaften.

Reichertz, J. (2010). Das sinnhaft handelnde Subjekt. In B. Griese (Hrsg.), *Subjekt – Identität – Person* (S. 21–48). Wiesbaden: VS Verlag für Sozialwissenschaften.

Reichertz, J. (2011). Commmunicative power is power over identity. *European Journal for Communications, 36*, 147–168.

Reichertz, J. (2012a). Kommunikationsforschung als Hermeneutik des Sozialen. In D. Hartmann, et al. (Hrsg.), *Methoden der Geisteswissenschaften* (S. 125–147). Weilerswist: Velbrück.

Reichertz, J. (2012b). Kommunikation – Vom Verstehen zur Wirkung. In J. Renn, et al. (Hrsg.), *Lebenswelt und Lebensform* (S. 247–271). Weilerswist: Velbrück.

Reichertz, J., & Zaboura, N. (Hrsg.). (2006). *Akteur Gehirn*. Wiesbaden: VS Verlag für Sozialwissenschaften.

Rosa, H. (2005). *Beschleunigung*. Frankfurt am Main: Suhrkamp.

Schatzki, T., Knorr-Cetina, K., & Savigny, E. (Hrsg.). (2000). *The practice turn in contemporary theory*. London: Routledge.

Schmidgen, H. (2011). *Bruno Latour*. Hamburg: Junius.

Schütz, A. (1972). *Rationalität in der sozialen Welt*. In A. Schütz (Hrsg.) *Studien zur soziologischen Theorie. Gesammelte Aufsätze*, Bd. 2 (S. 22–52). Den Haag: Nijhoff.

Schütz, A. (1977). Parson's Theorie sozialen Handelns. In A. Schütz & T. Parsons, *Zur Theorie sozialen Handelns* (S. 25–78). Frankfurt a. M.: Suhrkamp.

Schütz, A. (1981). *Theorie der Lebensformen*. Frankfurt a. M.: Suhrkamp.

Schütz, A. (2004a). *Der sinnhafte Aufbau der sozialen Welt*. Konstanz: UVK [1932].

Schütz, A. (2004b). *Relevanz und Handeln 1*. Konstanz: UVK.

Schütz, A. (2005). *Philosophisch-phänomenologische Schriften*. Konstanz: UVK.

Schütz, A., & Luckmann, T. (2003). *Strukturen der Lebenswelt*. Konstanz: UVK.

Schützeichel, R. (Hrsg.). (2006). *Emotionen und Sozialtheorie. Disziplinäre Ansätze*. Frankfurt a. M.: Campus.

Schulz-Schaeffer, I. (2008). Technik als sozialer Akteur und als soziale Institution. In K.-S. Rehberg (Hrsg.), *Die Natur der Gesellschaft. Teil 2* (S. 705–719). Frankfurt a. M.: Campus Verlag.

Singer, W. (2003). *Ein neues Menschenbild?* Frankfurt a. M.: Suhrkamp.

Soeffner, H.-G. (2000). *Gesellschaft ohne Baldachin.* Weilerswist: Velbrück.

Soeffner, H.-G. (2004). *Auslegung des Alltags – Der Alltag der Auslegung.* Konstanz: UVK.

Stäheli, U. (2000). *Poststrukturalistische Soziologien.* Bielefeld: transcript.

Stegmaier, P. (2006). *Die Bedeutung des Handelns.* In J. Reichertz & N. Zaboura. (Hrsg.), *Akteur Gehirn – oder das vermeintliche Ende des handelnden Subjekts.* Wiesbaden: VS Verlag. (2006), S. 101–120.

Strauss, A. (1974). *Spiegel und Masken.* Frankfurt a. M.: Suhrkamp.

Taleb, N. N. (2008a). *Narren des Zufalls.* Weinheim: Wiley.

Taleb, N. N. (2008b). *Der Schwarze Schwan.* München: Hanser.

Thayer, L. (1968). *Communication and communication systems in organization, management, and interpersonal relations.* Homewood: R. D. Irwin.

Thomas, W. I. (1931). The relations of research to the social process. In W. F. Swann, et al. (Hrsg.), *Essays on research in the social sciences* (S. 175–194). Washington: Kennikat Press.

Thomas, W. I., & Thomas, D. S. (1928). *The child in America: Behavior problems and programs.* New York: Knopf.

Thomas, W. I., & Znaniecki, F. 1918-20/1927: 1846-7, (1918/20). *The polish peasant in Europe and America.* 5 vols, Chicago: Chicago University Press/Boston: Badge Press (1927) reprinted, New York: Alfred Knopf.

Tolhurst, E. (2012). Grounded theory method: Sociology's quest for exclusive items of inquiry [44 paragraphs]. *Forum Qualitative Sozialforschung* 13(3), Art. 26. http://nbn-resolving.de/urn:nbn:de:0114-fqs1203261. Zugegriffen 15.Oktober 2013.

Tomasello, M. (2002). *Die kulturelle Entwicklung des menschlichen Denkens.* Frankfurt a. M.: Suhrkamp.

Tomasello, M. (2008). *Origins of Human Communication.* Cambridge: MIT Press.

Vogl, J. (2011). *Das Gespenst des Kapitalismus.* Zürich: diaphanes.

Ziegaus, S. (2009). *Die Abhängigkeit der Sozialwissenschaften von ihren Medien. Grundlagen einer kommunikativen Sozialforschung.* Bielefeld: transkript.

# Ist der Mensch ein Subjekt? Ist das Subjekt ein Mensch? Über Diskrepanzen zwischen Doxa und Episteme

Ronald Hitzler

*Para mi compañera*

## 1  Grenzmarkierungen

Die eigentlich ‚vorgängige' epistemologische Frage danach, wie (bzw. aufgrund welcher Merkmale) ich überhaupt (irgend) etwas als etwas (Bestimmtes) wahrnehme oder mir vorstelle (so interessant es grundsätzlich auch ist, sie zu stellen), überspringe ich hier und im Weiteren. Ich beginne (erst) beim anthropologischen Interesse daran, was, im Rahmen meines Erlebens schlechthin, die Kriterien bzw. Indikatoren dafür sind, etwas als sozial relevantes Anderes und/oder als etwas mir so signifikant Gleichendes anzusehen, dass ich es als ‚Meinesgleichen' (an-) erkenne (vgl. als Überblick über einschlägige sozialphilosophische Positionen Bedorf 2011; zur für mich gegebenen Grundproblematik vgl. Soeffner z. B. 2012a).

Im hier gegebenen Kontext als bekannt voraus setze ich das – für meine Argumentation unverzichtbare – Konzept der Universalprojektion von Thomas Luckmann (vgl. Luckmann 1980, 2008), in dem dieser klärt, was für jemanden wie mich etwas sozial Relevantes und damit zumindest in irgendeinem Sinne etwas

R. Hitzler (✉)
Dortmund, Deutschland
E-Mail: ronald@hitzler-soziologie.de

© Springer Fachmedien Wiesbaden 2014
A. Poferl, N. Schröer (Hrsg.), *Wer oder was handelt?*,
Wissen, Kommunikation und Gesellschaft, DOI 10.1007/978-3-658-02521-2_7

121

‚wie ich' ist.[1] Die aus dem Konzept der Universalprojektion resultierende generelle *soziologische* Frage hat Luckmann ja selber im Verweis auf den Schützschen Pragmatismus angedeutet. Mit genuin gesellschaftstheoretischen Implikationen aber kritisiert bekanntlich vor allem Gesa Lindemann (vgl. Lindemann 2002, 2009) die wesentlich *transzendentalphänomenologisch* bestimmten „Grenzen der Sozialwelt". Sie fragt von einer ihres Erachtens spezifisch *modernen* „conditio sine qua non" des Sozialen, nämlich vom *lebenden Menschen* aus, danach, wo und wie dementsprechend die Grenzen des Sozialen heutzutage gezogen werden. Und sie kommt auf vier augenfällige Grenzmarkierungen: sozusagen synchron grenzen wir in der Moderne den Menschen gegen das Tier auf der einen Seite und gegen die Maschine auf der anderen Seite ab; sozusagen diachron grenzen wir das Leben ab gegen das Noch-nicht-Leben hier und das Nicht-mehr-Leben da.

Damit kolportiere ich ebenso wenig etwas Neues wie mit dem Hinweis, dass keineswegs nur Gesa Lindemann daran arbeitet, die kommunikativen *Konstruktionen* dieser Grenzen und ihrer gewollten ebenso wie ihrer in Kauf genommenen vollzugspraktischen Konsequenzen zu rekonstruieren. Vielmehr werden diese Grenzen in einer ganzen Reihe von Disziplinen ausgelotet, und auch einige Wissenssoziologinnen und Wissenssoziologen sind dabei, diese ehedem als substanziell begründet, mittlerweile als arbiträr angesehenen Grenzziehungen zu erkunden und zu befragen (vgl. z. B. Bonnemann 2008; Endreß 2004; Keller und Lau 2008; Keller et al. 2007; Knoblauch et al. 2002; Nieder und Schneider 2007; Poferl 2001; Schetsche 2004; Schneider 1999).

In diesem Tross der Grenzziehungsrekonstrukteure bewege nun auch ich mich: Mit Blick auf das Grenzgebiet von Mensch und Tier befasse ich mich – eher ‚linker Hand', aber schon ziemlich lange – mit der Frage nach den Handlungsfähigkeiten, ja nach den Handlungsstrategien unserer nächsten, nichtmenschlichen Verwandten, also der Menschenaffen (vgl. dazu Hornbostel 2010). Mit Blick auf das Grenzgebiet von Mensch und Maschine interessiere ich mich – erst seit Kurzem, und eher mit Blick auf emotionen*stimulierende* Effekte als auf subjekt*simulierende* Eigenschaften – für komplex und damit auch pseudolernfähig programmierte Maschinen[2]. Und vor allem anderen und mit hoher Intensität forsche ich dort, wo

---

[1] Zur Erinnerung: Subjektiv kann ego allem und jedem die Qualität(en) attestieren, eine Person bzw. ein alter ego zu sein. *Inter*subjektiv als zwei Personen bzw. zwei egos erfahrbar werden Individuen durch intersubjektiv wahrnehmbaren Austausch, durch Kommunikation. Sozial relevant werden solche kommunikativen Konstruktionen von Personen durch den „Dritten", den vor allem Gesa Lindemann (vgl. Lindemann 2006a, b) wieder in die Diskussion eingebracht hat (vgl. auch Fischer 2008).

[2] Z. B. als Hochschulpartner in dem von Helma Bleses koordinierten und über SILQUA geförderten Projekt „Emotionen stimulierende Assistenzroboter in der Pflege und Betreuung

das menschliche Leben, mit Martin Heidegger (vgl. Heidegger 1967) begriffen als Ganzheit des Daseins, in seiner Qualität als *Sein zum Tode* unabweisbar und in seiner Qualität als *Mit-Sein* im höchsten mir bekannten Maße zweifelhaft wird. Hier, im Grenzgebiet zwischen Leben und Nicht-mehr-Leben[3], habe ich – sozusagen ‚angedockt‘ an Problemstellungen der aktuellen medizin-ethischen Debatte (vgl. z. B. Dörr et al. 2000; Jox et al. 2011; Jox et al. 2012; Ueberschär und Ralph 2007) – den (jedenfalls derzeit) dringendsten Klärungsbedarf zu solchen basalen Fragen wie: Wann ist der Mensch ein Mensch?[4] Wann ist der Mensch ein Subjekt?[5] Wann ist das Subjekt eine Person?[6] Wann ist die Person (und ist *nur* eine Person) ein sozialmoralisch relevanter Anderer?[7] Usw. (vgl. dazu auch Hitzler und Grewe 2013).

Ich beginne mit der – mundanphänomeologisch evidenten[8] – subjektiven Gewissheit, dass *kein* Handeln für mich *mit Gewissheit* Handeln ist, außer dem meinen. Und das impliziert, bezogen auf die Frage danach, wer oder was handelt, die Antwort: *Das* jedenfalls handelt, was ich als „ich" zu denken gewohnt bin. Der ganze, soziologisch so gewichtige, Rest ist das Gegenteil von Schweigen: Es ist das unaufhörliche – auch text- und bilderförmige – „Geschwätz"[9], dem ich an-

---

dementiell erkrankter Menschen in der stationären Langzeitpflege (EmoRobot)". – Abgesehen von solchen, mit Blick auf die demographische Entwicklung hochrelevanten, gleichwohl speziellen Einsatzgebieten werden diese Maschinen meinem bisherigen Kenntnisstand zufolge grosso modo so programmiert, dass sie den für heutzutage epidemisch werdende, individualisierungshypertrophe Soziopathen symptomatischen Bedürfnisstrukturen entsprechend bei Subjekten intendierter Maßen den Eindruck evozieren, sie verhielten sich sozial. Durch dieses pseudosoziale (Pseudo-)Verhalten erst entsteht auch der Eindruck, sie handelten sinnhaft, denn erst ein Geschehen bzw. ein Verhalten, das beim Subjekt den Eindruck erweckt, es sei auf das Subjekt bezogen, erscheint dem Subjekt auch sinnhaft.

[3] (Noch) nicht gearbeitet habe ich auf dem Grenzgebiet von Leben und Noch-nicht-Leben. Ich bin aber immerhin im Fern-Gespräch vor allem mit dem Mediziner Ingolf Schmid-Tannwald (München), der sich als dezidierter „Abtreibungsgegner" naheliegender Weise anhaltend mit einschlägigen ethischen Fragen befasst.

[4] Vielleicht dann, wenn er das Gattungsschicksal teilt.

[5] Jedenfalls dann, wenn er als Individuum sinnhaft handelt.

[6] Dann, wenn es sozial handelt; d. h., wenn sein Handeln sinnhaft an Anderen orientiert ist.

[7] Dann, wenn ihr von anderen Subjekthaftigkeit attestiert wird, obwohl epistemologisch gilt: Alter ego semper incertus est.

[8] Weil Handeln im phänomenologisch strengen Sinne eine primordiale, ausschließlich dem Subjekt selber ‚wirklich‘ zugängliche Sphäre ist, lässt sich Handeln, genau genommen, weder beobachten, noch ‚sicher‘ erfragen, sondern nur erleben und erfahren, da „es sich beim Handeln um eine Bewusstseinsleistung und nicht um eine objektive Kategorie der natürlichen Welt handelt" (Schütz und Luckmann 2003, S. 454).

[9] Vgl. dazu den von Hubert Knoblauch (vgl. Knoblauch 1996) herausgegebenen Sammelband „Kommunikative Lebenswelten". Kulturtheoretisch ausgedrückt ist das hier als „Ge-

scheinend nicht entkomme, das mich glauben lässt, da seien andere, die hinlänglich seien wie ich, und an dem ich mich folglich auch selber beteilige – so wie jetzt,
wenn ich im Weiteren, und ganz im Sinne des Grenzmarkierungsvorschlags von
Lindemann, vor dem Hintergrund einer hier nur kurzen, anderorts zu explizieren-
den Andeutung der Relationierungen von Mensch und Tier und von Mensch und
Maschine, im Weiteren dann den intersubjektiven Zugang zu einer Entität mit zunächst einmal unklarem ontologischem Status[10] zu klären versuche.

## 2 Menschen, Tiere und Maschinen

Auf dem Grenzgebiet von Mensch und Tier habe ich in Jean-Paul Sartres „Entwürfe für eine Moralphilosophie" (Sartre 2005, S. 560) eine plausible Begründung
dafür gefunden, warum manche Menschen ihren Hund lieben: weil sie sich einre-
den können, von diesem Tier so geliebt zu werden, wie sie sind bzw. wie sie wahrgenommen werden wollen, denn „der Mensch fühlt sich bestätigt, wenn er sich mit
einem Hof begrenzter Freiheiten umgibt, die gezwungen sind, ihn so widerzuspie-
geln wie die Leibniz'schen Monaden Gott widerspiegeln". D. h., so wie sein Gott
dem (Christen-)Menschen die Freiheit gibt, *damit* dieser sich dafür entscheiden
soll, ihn zu lieben, projiziert der Tierfreund Liebesfähigkeit in seinen Hund hinein.

In ,Alltagsweisheit' übersetzt bedeutet das dann, dass es allemal besser sei,
von einem Hund wie ein Mensch behandelt zu werden, als von einem Menschen
wie ein Hund. Dieses „Besser" setzt allerdings (stillschweigend) die Annahme des
Hundehalters voraus, dass der bzw. zumindest *sein* Hund Eigenschaften hat, aufgrund derer er *handeln* (und mithin auf irgendeine Art und Weise seinen Halter
*gut* be-handeln) kann. Und es setzt außerdem (stillschweigend) voraus, dass Menschen Eigenschaften haben, aufgrund derer ihr Handeln auch dann für ein Subjekt
relevant ist, wenn es dem Subjekt *nicht* gefällt. Kurz: Mensch-Hund-Mensch ist
eine Moralgeschichte, die – jedenfalls zunächst einmal – auf *Doxa* basiert (zu den
moralischen Dilemmata der Mensch-Tier-Beziehung vgl. Herzog 2012; zum epistemologisch eingeschränkten Subjektstatus von Tieren vgl. Brandt 2009).

---

schwätz" Etikettierte m. E. ungefähr das, was Jo Reichertz (vgl. Reichertz 2009) als „Kommunikationsmacht" ausweist.

[10] „Entitäten mit unklarem ontologischem Status" gehören kategorial zum von Erving Goffman (vgl. Goffman 1980) so genannten „Komplex des Erstaunlichen". Elemente des Komplexes des Erstaunlichen irritieren bekanntlich unsere primären Rahmungsselbstverständ-
lichkeiten. Ihre Bewältigung erfordert deshalb einen (mehr oder weniger deutlich) erhöhten
Deutungsaufwand (vgl. dazu exemplarisch Grewe 2012).

Im Grenzgebiet von Mensch und Maschine handle ich selber im Rekurs auf eine Mischung aus Elementen eines Sonderwissensbestandes und idiosynkratischer Doxa: In den zurückliegenden Jahren habe ich mir angewöhnt, zur Entspannung in keineswegs dürftiger, aber individuell sehr knapper Freizeit Online-Poker zu spielen. Aus diesem Interesse heraus ist ja dann unter anderem auch das sogenannte Poker-Projekt entstanden, mit dem wir uns in der ersten Förderphase am DFG-Schwerpunktprogramm „Mediatisierte Welten" beteiligt haben (vgl. Hitzler und Möll 2012; Hitzler 2012a). Grundsätzlich, sonst würde ich bei diesem Spielen gewiss kein Geld riskieren, gehe ich davon aus, dass in dem virtuellen Poker-Raum, in dem ich eine (kleine) Bankroll habe, die Kartenverteilung tatsächlich *zufällig* erfolgt. Und ich gehe grundsätzlich davon aus, dass die Avatare, mit denen ich an einem der virtuellen Tische sitze, tatsächlich Menschen repräsentieren, die in der realen Spielzeit irgendwo auf diesem Globus an Bildschirmen ihrer Computer sitzen und dort ebenso Entscheidungen treffen, wie ich das tue. (Ich agiere hier also ausschließlich auf der Grundlage subjektiver Mutmaßungen.)

Ungeachtet dessen, dass ich sozusagen exemplarisch bin für das, was man im Poker-Jargon einen „Fisch" nennt, weil ich mich weder systematisch in Pokerstrategien einarbeite, noch in der Regel mich genug auf das Spielgeschehen konzentriere, in das ich jeweils involviert bin, habe ich zum einen signifikant den Eindruck, weit überzufällig oft sogenannten Bad Beats zum Opfer zu fallen.[11] Meine ‚dogmatische' Erklärung dafür ist dann nicht etwa, dass ich mich täusche, sondern dass mittels einer raffinierten Programmierung solchen „Fischen", die sich immer weiter ausnehmen lassen, im Flop, Turn oder River eben signifikant oft Karten zugeteilt werden, die bewirken, dass sie eine relativ ‚sicher' erscheinende „Hand" letztendlich doch noch verlieren. Zum anderen frage ich mich (vor allem, wenn ich verliere) mitunter, ob wohl tatsächlich alle meine Mitspieler stets (durch ihre Avatare lediglich zur Veranschaulichung repräsentierte) Menschen sind, oder ob ich – zumindest gelegentlich – auch gegen sogenannte „Bots" spiele; d. h. gegen Software-Programme, die anstelle eines menschlichen Spielers am virtuellen Pokertisch ‚agieren'. Wenn dem so ist, dann nämlich verwandelt sich sozusagen hinter meinem Rücken das, was ich da tue: statt mit menschlichen Mitspielern zu interagieren, handle ich (auch) im Rahmen einer Pseudo-Interaktion zwischen mir und einem Computerprogramm. Solcherlei meine ich, wenn ich mit Christopher P. Scholtz (vgl. Scholtz 2008) von „subjektsimulierenden Maschinen" spreche.[12] Ge-

---

[11] „Ein bad beat beschreibt in den Hold'em-Varianten des Kartenspiels Poker eine Hand, die trotz ihrer offensichtlichen Stärke verliert. Unter den Pokerspielern gibt es keine allgemein gültige Definition, was genau ein bad beat ist." http://de.wikipedia.org/wiki/Bad_Beat.

[12] Die Artefakt-Eigenschaften subjektsimulierender Maschinen scheinen uns in vielerlei Hinsicht nahezulegen, sie als Interaktionspartner – und zwar als ‚angenehme' Interaktions-

nauer genommen müsste ich hier vermutlich den Begriff „rollenspielersimulieren-
de Software" verwenden. Jedenfalls basiert auch meine Online-Poker-Larmoyanz
auf *Doxa*.

## 3   Soziale Vermittlungen und Vertraulichkeiten

Genauer zu erkunden versuche ich die Diskrepanzen zwischen Doxa und Episteme
nun an meiner (durchaus im Heideggerschen Sinne) ‚eigentlichen' Problemstel-
lung – an der Frage nach Subjektivität im Grenzgebiet von Leben und Nicht-mehr-
Leben:

Zwischen Februar 2009 und 2012 habe ich einen *einzigen* Menschen mit einer
schweren hypoxischen Hirnschädigung in den letzten 3 Jahren seines Lebens be-
gleiten und betreuen dürfen, den ich im Weiteren als „[A]" bezeichne. Während
jener Zeit habe ich darauf geachtet, den Menschen, die – teils mehr, teils weniger
– am Schicksal von [A] Anteil zu nehmen mir signalisiert haben, zu schreiben,
dass [A] nun in einer Langzeitpflegeeinrichtung *lebt* und sich nicht nur als Körper,
sondern eben *sich* (was immer das konnotiert) „von sich bemerkbar macht" (Lindemann 2002, S. 114 f.). Mit meinen Berichten ging es mir erklärtermaßen darum,
dem – eher in dem von Erving Goffman in „Asyle" (1974a), als in dem von David
Sudnow in „Passing on" (1967) thematisierten Sinne verstandenen – *sozialen* Sterben von [A] entgegenzuwirken (vgl. dazu auch Hoffmann 2011, v. a. S. 184 ff).
D. h., ich wollte vor allem verhindern, dass dieser Mensch zu seinen Lebzeiten zu
einer bloßen Erinnerung wird und dann als Erinnerung allmählich verblasst.

Das Problem nachhaltiger Teilhabe von schwerst hirngeschädigten Menschen
am sozialen Miteinander und damit ihrer sozialen „Lebendigkeit" hat m. E. vor
allem damit zu tun, dass im Gegensatz zu dem, was subjektsimulierende Maschinen anscheinend zwar noch nicht wirklich ‚zufriedenstellend' können, was sie den
Ideen (und Versprechungen) ihrer Entwickler zufolge aber (irgendwann) können
sollen, nämlich „dialogisch" mit ihren – als alltagskompetent gedachten – Nutzern
zu interagieren, das Statthaben von – im weitesten Sinne verstandener – Kommunikation (vgl. grundlegend dazu Keller et al. 2013) gerade das ist, was ausgesprochen zweifelhaft wird im Umgang mit solchen Menschen. Deren spezifisches Sein

partner – wahrzunehmen. Zum Beispiel und insbesondere sind sie – bislang eher ansatzweise
– so programmiert bzw. sollen sie den Erwartungen ihrer Entwickler nach so programmiert
werden können, dass sie sich (vollkommen) an unsere „Fähigkeiten, Vorlieben, Anforderungen und aktuellen Bedürfnissen" zu orientieren und sich (vollkommen) auf unsere „Situation und emotionale Befindlichkeit" einzustellen scheinen (Biundo und Wendemuth 2010,
S. 335; vgl. dazu auch Pfadenhauer 2012).

unterminiert *nicht nur* Interaktionsnormalitäten und damit auch die gewohnten Intersubjektivitätserfahrungen und -erwartungen, wie das etwa körperlich und vor allem geistig behinderte, demente und manche psychiatrisierten Menschen (auch) tun.[13] Ihr spezifisches Sein unterminiert – wie sonst nur anhaltend bewusstlose und (hirn-)tote Menschen (vgl. zur Differenz aber z. B. Laureys 2006) – darüber hinaus tatsächlich nachgerade alle sozial plausibilisierbaren bzw. alltagsverständlichen Kriterien, denen entsprechend einem Individuum der Status zugesprochen wird, eine *Person* zu sein – zumindest gegenwärtig anscheinend mehr als neo-animistisch mystifizierte High-Tech-Installationen (vgl. Fink und Weyer 2011; Weyer und Fink 2011).

Zumindest ist unklar, ob es – auch Skeptikern gegenüber – plausibilisierbare Gründe gibt für die Annahme, dass Menschen, die im sogenannten Wachkoma leben, überhaupt (kommunikativ) handeln können, denn „zwar gibt es körperliche Expressionen … bei schwerst bewusstseinsbeeinträchtigten Menschen, die als gezielte, reflexive Bezugnahme auf die Umwelt gedeutet werden können. Es bleibt jedoch häufig unklar, ob diese Entäußerungen als ein Ausdrucksverhalten im Sinne exzentrischer Positionalität zu verstehen sind" (Remmers et al. 2012, S. 676). Unzweifelhaft hingegen habe im wie auch immer verstandenen Zusammenhang mit [A] *ich* (kommunikativ) gehandelt. Weil- und um-zu-motiviert zu diesem Handeln war ich allerdings infolge der Annahme, das, worum mir zu tun war, sei (ebenfalls) ein *Subjekt* (d. h. ein – mitunter – zu sinnhaftem Handeln fähiges Individuum).

Nach [A]s biologischem Tod habe ich den Menschen, die mir signalisiert haben, sich dafür zu interessieren, wie es *mir* gehe, geschrieben, [A] *wohne jetzt bei mir.* Obwohl ich anhaltend jeden Tag in der Wohnung immer wieder so rede, als spräche ich [A] dabei an, impliziert dieses „bei mir Wohnen" für mich aber nicht nur keine physische, sondern auch keine spirituelle Kopräsenz. Denn ‚selbstverständlich' *weiß* ich als religiös ‚unmusikalischer' Mensch, dass dieses „bei mir Wohnen" eine Metapher ist für meinen (eher hilflosen) Versuch, meine Erinnerung an [A] dadurch zu konservieren, dass ich eine Gedenkstätte in meinen Lebensraum einbaue bzw. dass ich meinen Lebensraum in eine Gedenkstätte transformiere.[14] Jedenfalls ‚sagt' mir also zumindest mein ‚gesunder Menschenverstand', dass *nur* ich es bin, der hier – (im Sinne von Luckmann 1992) sozial *einseitig* – handelt.

---

[13] Zur Auseinandersetzung mit der ambivalenten Bedeutung von „Behinderungen" vgl. Waldschmidt und Schneider 2007.

[14] Diese Erinnerungsexternalisierung vermögen Menschen, die in meiner Wohnung herumgehen, kaum zu übersehen.

Dass [A] in jenem Pflegeheim *gelebt* hat, war zwischen Juni 2009 und Februar 2012 von mir hingegen *keineswegs* metaphorisch gemeint.[15] Alle analytischen Skrupel, die ich auf der Basis meiner Versuche, mein Erleben dieses Lebens phänomenologisch zu beschreiben, in Fachvorträgen und -diskussionen expliziert habe, haben mir dementsprechend zur Klärung der Frage gedient, was ich *jenseits* etwelcher Doxa wissen – und d. h. zumindest der Zielsetzung nach epistemologisch sichern – kann (vgl. dazu bereits Hitzler 2010). Als erkenntnistheoretische *Frage* formuliert: Aufgrund welcher Merkmale betrachte ich das – unzweifelhaft menschliche – Wesen, das da in einem ziemlich ‚unzugänglichen' Zustand, nämlich im chronifizierten sogenannten Wachkoma, lebt, als [A]? Und sozusagen als Voraussetzung dafür, überhaupt nach einer Antwort auf diese Frage suchen zu können: Was ist das eigentlich, das [A] (für mich) zu [A] macht?

Mein *alltägliches* Erleben und Mit-Erleben des Lebens von [A] in jener Pflegeeinrichtung war – entgegen diesen analytischen Skrupeln – eines des extrem intensiven *Zusammen*-Lebens[16] von uns beiden. D. h., mein alltägliches Erleben war im durch Hypoxie einerseits und biologischem Tod andererseits markierten Zeitverlauf zunehmend und letztlich in hohem Maße von der Gewissheit geprägt, dass zwischen diesem Menschen, um den mir zu tun war, und mir ‚mehr' als nur eine *prinzipiell* soziale und einseitige, dass zwischen uns vielmehr anhaltend eine *per-*

---

[15] Schon rein biologisch gesehen sind die Vitalfunktionen eines Menschen, der im sogenannten Wachkoma lebt, – jedenfalls zum größten Teil – intakt: Die inneren Organe „arbeiten". Kreislauf und Stoffwechsel funktionieren. Zwar würde der Mensch im Zustand „Wachkoma" verhungern, würde er nicht ernährt (mit welcher Technik und/oder Technologie auch immer). Wird er aber ernährt, funktioniert auch der Verdauungsapparat (das ist bei einem Kleinkind prinzipiell nicht anders). In der Regel funktioniert auch die Eigenatmung. Was hingegen häufig nicht funktioniert, das ist der Schluckreflex. Die nach einem Luftröhrenschnitt gelegte Trachealkanüle ist aber nichts anderes als eine Prothese (vgl. Schneider 2005) (eine Prothese allerdings, die verhindert, dass die Stimmbänder vibrieren können, die also mechanisch „stumm" macht). Die Muskulatur des Körpers eines Menschen mit schwersten Hirnschädigungen weist zumeist durch Spastiken verursachte starke Kontrakturen auf. Folglich kann dieser Mensch so gut wie keine Muskelpartie *gezielt* bewegen. Manchmal scheint er zu schlafen, manchmal scheint er wach zu sein. Manchmal scheint er auf manche Geräusche zu reagieren und manchmal nicht. Seine Augen sind manchmal geschlossen und manchmal geöffnet. Manchmal scheinen die geöffneten Augen etwas zu fixieren, manchmal nicht. Usw. – Was ich hier zu plausibilisieren versuche, ist jedoch, dass das funktionierende vegetative System lediglich die unzweifelhafte organische Basis bildet für eine genuin menschliche, empfindungsfähige Lebensform (vgl. dazu auch Remmers et al. 2012).

[16] Ständig unterbrochen wurde dieses Zusammen-Leben allerdings durch meine Akzeptanz äußerlicher Auferlegtheiten. Diese durch ‚die (von mir akzeptierten) Umstände' auferlegten Unterbrechungen habe zumindest ich, und hat – meinem Empfinden nach – oft auch [A], als emotional quälend empfunden.

*sönliche* und *wechselseitige* Beziehung, ja, in gewisser Weise eine Vertrauensbeziehung (vgl. Endreß 2002) besteht – ungeachtet dessen, dass unsere Möglichkeiten, zu interagieren und zu kommunizieren, (auch) mir als erheblich eingeschränkt erschienen gegenüber den mannigfaltigen Formen des Miteinander-Umgehens zwischen hellwachen, normalen Erwachsenen.[17]

Diese alltägliche Gewissheit einer persönlichen und wechselseitigen Beziehung mit diesem, den medizinischen Diagnosen zufolge, schwerst hirngeschädigten Menschen setzt sozusagen zwangsläufig das voraus, was ich *analytisch* ständig in Zweifel gezogen habe: dass es nicht nur überhaupt ein Gegenüber *gibt*, sondern dass dieses Gegenüber eben eine *Person* ist (vgl. dazu z. B. Hitzler 2012b; Hitzler und Mücher 2012; vgl. auch dazu nochmals Remmers et al. 2012). Das habe ich auch mit meinen oben erwähnten Berichten an die von mir als „Freundinnen und Freunde von [A]" etikettierten Adressatinnen und Adressaten zu transportieren versucht. Diese Texte waren mithin Zwischenformen bzw. waren auf einer mittleren Erkenntnisebene angesiedelt zwischen meinem zunehmend deutungssicheren doxischen Alltags*erleben* und den aus meinen analytischen Reflexionen resultierenden epistemologischen Zweifeln.

Auf diese Berichte hin habe ich aus diesem Kreis der „Freundinnen und Freunde von [A]" auch immer wieder Rückmeldungen mit Bekundungen mehr oder weniger starker Zugewandtheit zur jeweiligen ‚Lage der Dinge' erhalten. Ansonsten war mein Eindruck, dass die alten, also aus der Zeit vor ihrem Leben im sogenannten Wachkoma bestehenden Beziehungen zu [A] allmählich schwächer wurden, und dass – mit ganz wenigen Ausnahmen – auch Menschen, die für sich explizit ein als „besonders" deklariertes Verhältnis zu [A] reklamiert haben, eben zusehends (vielerlei) Wichtigeres zu tun hatten, als diesen Menschen in seiner interaktiv und kommunikativ hermetisch wirkenden Lebensform und in seiner befremdlich, ja ‚grotesk' anmutenden Leiblichkeit (vgl. Hitzler 2012b) an-dauernd im Zentrum ihrer Aufmerksamkeit zu (be)halten.

Als relevant erachte ich die Erwähnung dieser Entwicklung hier *nur* deshalb, weil sich mir – quasi wie in einer Gegenbewegung zu meiner Wahrnehmung dieses Rückzugs alter, auf ‚Normalität' zwischen hellwachen erwachsenen Men-

---

[17] Und sie erschienen mir auch als erheblich eingeschränkter als ich es im Umgang zwischen einem mir wohlvertrauten, hochgradig geistig und körperlich behinderten Menschen und mir und auch als ich es im Umgang zwischen einem mir ebenfalls wohlvertrauten, stark dementiell und an „flüssiger Aphasie" erkrankten Menschen und mir kenne. – Für die faszinierende Geschichte einer allmählich, qua „Austausch" (im Sinne von Goffman 1974b, S. 97–254), statthabenden Re-Konstruktion der infolge einer Subarachnoidalblutung unterminierten vorgängigen (gemeinsamen) Lebensweise und (Mit-) Welterfahrung vgl. Eberle und Eberle-Rebitzke 2012.

schen rekurrierender Sozialbeziehungen – in der und über die Pflegeeinrichtung
ein Deutungsmuster-Milieu aufgetan hat, in dem Menschen mit zu großen Teilen
schweren und schwersten Hirnschädigungen im Zentrum allseitiger Aufmerksamkeit und Zuwendung standen (bzw. in dieses Zentrum gestellt wurden) und in dem
(dergestalt) relativ konsensuell eine andere Idee von ‚Normalität' konstruiert und
stabilisiert wurde (vgl. dazu Hitzler 2014). Im Rahmen dieser anderen, sozusagen
unweigerlich spirituell, partiell aber auch kirchenreligiös unterfütterten ‚Norma-
litätskonstruktionen' war nicht nur [A]s Existenz als *soziales* Wesen fraglos ‚gesetzt'. Zumindest der dort herrschenden Ideologie nach durfte auch weder [A]s
Subjekthaftigkeit noch [A]s Status als grundsätzlich mit Respekt zu behandelnde
Person in Zweifel gezogen werden.

Dieses Deutungsmuster war angesichts des Abebbens ‚alter' Sozialbeziehungen für mich in meinem ‚Zusammenschluss' (vgl. Soeffner 2012b), ja in meiner
(hier keineswegs merkwürdig wirkenden, sondern ausschließlich positiv kommen-
tierten) ‚Verpuppung' mit [A] selbstverständlich ausgesprochen verführerisch – so
verführerisch etwa, wie es für den ‚heimatlos' gewordenen modernen Sinnsucher
verführerisch sein muss, seine sozialen Probleme und seine existenziellen Zweifel
in (irgend) eine Kirche hineinzutragen, glauben zu *wollen* und auf Visionen (vgl.
Schnettler 2004) und/oder (wenigstens bescheidene) Epiphanien zu hoffen (vgl.
z. B. Gross 2007; Beck 2008; Knoblauch 2009).

## 4    Konvergenzen divergenter Deutungsmuster

*Mein* intellektuelles Antidot gegen die doxischen Verlockungen dieses Konsens-
milieus war mein stetiges, nachgerade mental-asketisches Bemühen um phänomenologische Selbstaufklärung (vgl. z. B. Hitzler 2012d; vgl. auch Fußnote 18). Aus
dieser heraus habe ich ‚heute' aber immerhin, zunächst einmal *mir,* (auch epistemologisch) hinlänglich als gesichert erscheinende Erkenntnisse über – einige (Arten
von) – Appräsentationen und Reaktionen sowie über (einige) Möglichkeiten (kommunikativer) Aktionen und Interaktionen *auch* eines Menschen im chronifizierten
sogenannten Wachkoma. Vorsichtiger ausgedrückt: Ich *reklamiere,* inzwischen mir
hinlänglich gesichert erscheinende Erkenntnisse zu haben zur Subjektivität dieses
– und damit auch *des* – Menschen mit schwersten Hirnschädigungen. Und diese
Erkenntnisse scheinen durch das, was in der aktuell hochgradig sensibilisierten
und sensibilisierenden biomedizinischen Hirnforschung zu Tage gefördert wird,
experimentell abgesichert werden zu können:

Allenthalben stoßen Teams wie das von Adrian Owen (vgl. Owen et al. 2006;
Owen und Coleman 2008), wie die „Coma Science Group" um Steven Laureys in
Lüttich, aber auch wie hierzulande z. B. das in dem von Andreas Bender geführten

Therapiezentrum Burgau[18] und wie die Forschungseinheit von Boris Kotchoubey (im Institut von Niels Birbaumer) in Tübingen (die sich vor allem auf den Nachweis von Schmerzempfinden mit einfacheren Tests als Owen konzentriert – vgl. z. B. Kotchoubey et al. 2003; Kotchoubey und Lang 2011) mit diagnostischen High-Tech-Apparaturen auf Hinweise von Bewusstsein auch bei Menschen mit schwersten Hirnschädigungen. Dementsprechend weisen (auch) diese biomedizinischen Forschungspioniere – mit Blick auf „apallische" (Kretschmer 1940) bzw. im „vegetativen Zustand" (Jennett und Plum 1972) bzw. das „Syndrom teilnahmsloser/reaktionsloser Wachheit" (vgl. Laureys et al. 2010; Demertzi et al. 2011) zeigende Patienten und im expliziten oder impliziten Anschluss an bereits in den 1990er Jahren veröffentlichte Untersuchungen von Cranford (1996) und von Andrews et al. (1996) – immer wieder darauf hin, dass in der herkömmlichen Schulmedizin von 30 bis 40 % einschlägigen Fehldiagnosen ausgegangen werden muss.

Und selbst dort, wo die entsprechenden Messungen – mittels Elektroenzephalogramm (EEG) bzw. High Density Elektroenzephalogramm (HD-EEG), mittels Positronenemissionstomographie (PET) und vor allem mittels funktioneller Kernspintomographie (fMRT) – *keine* Hinweise auf Bewusstsein bzw. auf Rudimente von Bewusstsein in unserem alltagspragmatischen Sinne liefern (was bei Menschen, die im sogenannten Wachkoma leben, anscheinend deutlich mehrheitlich der Fall ist), mehren sich die unter Einsatz avancierter Medizintechnologien gewonnenen Hinweise zumindest darauf, dass an-dauernde Empfindungsfähigkeit (für Schmerz, Lust, Angst, Freude usw.) ja sogar *Empathie* für die Befindlichkeit Anderer auch bei schwerst hirngeschädigten Menschen sich nicht mehr ausschließen lässt.

Diesseits solcher mit den Mitteln der High-Tech-Forschung zu medizinischen Fragen gesuchten Antworten finden wir aber auch – und bislang vor allem – vielfältige Erkenntnisse aus der Praxis praktischer Langzeitbeobachtungen in immer noch eher low-tech-basierten Therapie- und Pflegesettings. Weil in Therapie und Pflege in aller Regel keine Technologie zuhanden ist, um z. B. Gehirnscans durchzuführen, sind die hier Beschäftigten im direkten Umgang mit Menschen im sogenannten Wachkoma eben anhaltend auf die Deutung von Appräsentationen beziehungsweise auf Techniken (wesentlich) basalerer Kommunikation verwiesen (vgl. z. B. Affolter 2001; Bienstein und Fröhlich 1994; Herkenrath 2004; Hülsken-Giesler 2012; Kraeftner und Kroell 2009; Nydahl 2007). Erfahrene Pflege- und Therapiekräfte versuchen folglich oft, aus ihrem Praxiswissen – und üblicherweise ohne explizite Begründungen – (vermeintlich kommunikative) Äußerungen von

---

[18] Bender ist auch – zusammen mit der Münchner Neurologin Marianne Dieterich – wesentlich am Aufbau des sogenannten KOPF-Registers beteiligt (= **K**oma **O**utcome bei **P**atienten der neurologischen **F**rührehabilitation).

Menschen mit schwersten Hirnschädigungen als solche zu erfassen und diese von
unwillkürlichen (pathologischen und/oder zufälligen) Reaktionsmustern zu unterscheiden. Dabei betrachten sie vor allem taktile Eindrücke als Indizien für Be-
findlichkeitsäußerungen. Diese wiederum werden nicht als einseitig messbare Zu-
standsanzeichen der von ihnen versorgten Menschen gedeutet, sondern vielmehr
als erst im Prozess der Pflege bzw. Therapie interaktiv bzw. kommunikativ erzeugt
verstanden (vgl. Hitzler et al. 2013). Phänomene wie geöffnete Augen und Blickfi-
xierung gelten zum Beispiel eben nicht nur als Anzeichen, sondern als Zeichen (im
Sinne von Schütz und Luckmann 2003, S. 634 ff.) von Wachheit und Zugewandtheit. Und innerhalb dieses Deutungsrahmens ganz folgerichtig gehen erfahrene
Therapie- und Pflegekräfte auch davon aus, dass nicht nur sie (auf der Basis einer
Mischung aus implizitem Erfahrungs- und explizitem Sonderwissen) Befindlichkeiten ihrer Klienten erspüren, sondern dass auch diese spüren bzw. ‚registrieren‘,
wie Pflege- und Therapiekräfte die Kommunikation und Kooperation mit ihnen
empfinden (vgl. z. B. Herkenrath 2012).

Der Deutung zugrunde gelegt wird hierbei also der *Glaube* an ein *wechselseiti-
ges* Gewahrwerden im Sinne jenes von Charles Horton Cooley (vgl. Cooley 1902,
S. 183 f.) in die Diskussion gebrachten Spiegelungsprozesses, der aktuell durch die
Theorie der „Spiegelneuronen" naturwissenschaftlich bestätigt zu werden scheint
(vgl. Zaboura 2008; vgl. im weiteren Zusammenhang auch die Beiträge in Reichertz und Zaboura 2006). Erfahrene Pflege- und Therapiekräfte vermeinen tatsächlich am eigenen Leib zu spüren, dass und wie ihnen die ihnen vertrauten Klienten als *Personen* begegnen, die sich auf soziale Beziehungen mit ihnen einlassen
können. Solchen praktischen bzw. aus der alltäglichen Pflege- und Therapiepraxis
erwachsenden Verstehensgewissheiten gegenüber hat die Erfassung von Befindlichkeiten, von Stimmungen und von Strebungen von Menschen im sogenannten
Wachkoma *mich* für eine lange Zeit vor kaum bzw. nicht lösbare Deutungspro-
bleme gestellt: Kaum wähnte ich, einer signifikanten Korrelation von Ausdruck
und Befindlichkeit auf der Spur zu sein, schon erwies sie sich als nicht *verlässlich*
reproduzierbar. Kaum habe ich Wahrgenommenes als *un*willkürliche Anzeichen
*un*willkürlicher ‚innerer‘ Vorgänge begriffen, schon hat sich bei mir Gewissheit
über Appräsentationen willkürlicher Re-Aktivität – und das heißt: für basale Kom-
munikationsfähigkeit – des Menschen konstituiert, um den mir zu tun war (vgl.
dazu auch Hitzler 2012e)

## 5   Miteinander-Leben erleben

Damit stand ich eben vor der Frage, wie ich mich dessen, wovon ich situativ subjektive Gewissheit hatte, transsituativ objektivierend vergewissern könne. – Nun,
zur epistemologischen Sicherung meiner Wahrnehmungen und Empfindungen im
langzeitlichen Mit-Erleben des Menschen, um den mir zu tun war, hat mir, wie

oben bereits angedeutet, vorzugsweise die eidetische Klärung[19] der Frage gedient, aufgrund welcher Merkmale und Vorgänge ich vermeinte, bei einem (bzw. bei diesem einen) Menschen im sogenannten Wachkoma zu registrieren, er appräsentiere oder kommuniziere:

Die beim Mit-Erleben relevante Erkenntnisweise setzt Akte des Deutens ebenso voraus, wie das Deuten das Glauben voraussetzt. Denn so unabdingbar, wie wir etwas zu wissen glauben müssen, um was auch immer erkennen zu können, so undenkbar ist unser menschliches Sozialleben ohne Akte immerwährenden Verstehens (vgl. Soeffner 2004, 2010; auch Kurt 2004). Aber ebenso wenig, wie Deuten im Glauben aufgeht, geht Mit-Erleben im Deuten auf. Beim hier thematischen Mit-Erleben ging es mir jedoch keineswegs um eine *Alternative* zum Deuten. Es ging mir dabei lediglich um einen Erkenntnis*mehr*wert – gewonnen hier aus der reflexiven Zuwendung zu drei Jahren Begleitung und Betreuung dieses einen Menschen mit einer schweren hypoxischen Hirnschädigung. Das heißt: Es ging um das Mit-Erleben multipler, nicht kontrollierbarer organischer Zustände und Prozesse von [A]. Es ging um das Mit-Erleben von kleinen Bewegungen, von Körperhaltungen und von Gesichtsausdrücken. Es ging um das Mit-Erleben von Reaktionen, von Re-Aktionen und sogar von rudimentären umweltbezogenen Aktionen. Es ging um das Mit-Erleben des expressiven Verlangens nach Zuwendung. Es ging um das Mit-Erleben des Registrierens von Anwesenheit, von Zärtlichkeit, von Angesprochen-Werden, von Musik. Es ging um das Mit-Erleben des Erlebens eines Spaziergangs im Rollstuhl, einer Ausfahrt im Auto, eines Konzertbesuchs, eines Einkaufsbummels. Vor allem und bei allem aber ging es um das Mit-Erleben eines ganzen Spektrums von Empfindungen, die kamen und gingen und mitunter auch sich verdichteten zu situativen und transsituativen Befindlichkeiten. Und schließlich ging es, wenn auch ganz selten, sogar um das Mit-Erleben von *Empathie* – nicht etwa meiner eigenen, sondern der von [A].

---

[19] Bei der eidetischen Klärung beginne ich sozusagen mit der Frage „Was erlebe ich da eigentlich?" Dann klammere ich alles, was ich ‚zufällig' mit meinem Erleben je verbinde, nach und nach aus, bis ich den Eindruck habe, das Phänomen in reiner Form, reduziert also auf das ihm unabdingbar Wesentliche, vor meinem ‚geistigen Auge' zu haben. Diesen Eindruck versuche ich zu variieren, d. h. vor allem: ich versuche, ihm andere Erlebensannahmen gegenüber zu stellen und ihn dergestalt reflektierend zu falsifizieren. Was trotz aller Falsifikationsversuche als essentielles Erleben letztendlich *bleibt*, ist – jedenfalls für mich – sozusagen unbestreitbar. Es ist evident. Weil das, was ‚jetzt' evident ist, durch neue Einsichten – auch für mich – wieder in Frage gestellt werden kann, hat es sich in der Tradition von Alfred Schütz und Thomas Luckmann als ausgesprochen fruchtbar erwiesen, phänomenologische Deskription und Analyse des Erlebens nie als reine Introspektion bzw. in einer solipsistischen Haltung durchzuführen, sondern stets mit allem abzugleichen, was von anderen zu dem ‚gesagt' wurde und wird, was je Gegenstand (m)einer phänomenologischen Befasstheit ist. Und jede je vermeinte Voraussetzungslosigkeit einer Einsicht muss weiter und immer wieder in Frage gestellt werden. In eben dieser Falsifizierbarkeit phänomenologischer Evidenz liegt deren epistemologisches Potenzial (vgl. dazu auch Hitzler 2005).

Ex post betrachtet scheint mir – neben der ständigen Bereitschaft, meine mit meinem Erleben des Menschen, um den mir zu tun ist, assoziierten subjektiven Sinnesdaten immer wieder aufs neue zu reflektieren – eine, wenn nicht gar *die* wesentliche Voraussetzung dieses Mit-Erlebens unabdingbar die Bereitschaft gewesen zu sein, auch meine eigene Leiblichkeit als Erkenntnisquelle zu nutzen – und dergestalt die Bereitschaft zu entwickeln zur empathischen Übernahme (bis hin zur phantasierten Inkorporation) der vermeinten Perspektive dieses schwerst hirngeschädigten Menschen.[20] Dieser Mensch, um den mir zu tun war und auch jetzt noch zu tun ist, war fast all seiner Sinne beraubt. Das diesem Menschen noch zur Verfügung stehende Repertoire an Interaktions- und Kommunikationsmitteln war, gegenüber dem des normalen, hellwachen Erwachsenen, überaus begrenzt, denn dieser Mensch war fast vollständig gelähmt, hochgradig spastisch kontraktiert und trachealkanülisiert. Und dieser Mensch, um den mir zu tun war und ist, war allem Anschein nach nicht mehr bei *dem* Bewusstsein, das hellwache, erwachsene Normalmenschen gemeinhin meinen, wenn sie von „Bewusstsein" sprechen. Aber in allem, was ich [A] ansehen, anhören und anfühlen konnte, und in allem, in dem und mit dem dieser Mensch mir während seines Lebens im sogenannten Wachkoma begegnete, war dieser Mensch unverkennbar er selbst. Keineswegs nur war sein Körper trotz aller Gebrechen unverkennbar der seine, auch – und vielleicht sogar mehr noch – war [A]s Wesensart, [A]s Charakter, der (vielleicht präreflexive) Kern von [A]s Persönlichkeit in fast allen Situationen gegenwärtig, in denen ich [A] und die ich mit [A] erleben durfte.

Als wie generalisierbar die aus meiner in unser Miteinander-Sein eingebetteten Langzeitbeobachtung dieses einen Menschen resultierenden Einsichten sich erweisen werden, kann ich durchaus noch nicht absehen.[21] Interessanterweise scheinen

---

[20] Ein solches Empathie-Konzept ist – gerade wenn man sich, wie ich das tue, wesentlich auf die Tradition „Verstehender (Wissens-)Soziologie" bezieht, die auf Max Weber und Alfred Schütz zurückgeht – ausgesprochen problematisch. Gleichwohl mache ich hier – im Dienste der Sache, um die es mir geht – wieder Anleihen bei existentialistischen Varianten verstehender Soziologie und Phänomenologie (vgl. z. B. Douglas und Johnson 1977; Kotarba und Fontana 1984; Kotarba und Johnson 2002; Wolff 1976; vgl. dazu auch Hitzler 1984, 1986). – So, dass um eines als bedeutsam gesetzten Themas willen das kanonisch gesicherte Terrain der Erkenntnis auch gelegentlich einmal verlassen werden muss, verstehe ich auch jenes methodologisch-methodische Zusammenspiel von existentiellem Involvement, ethnographischen Explorationen und phänomenologischen Deskriptionen, das Anne Honer (vgl. z. B. Honer 1989, 2011 und 2012) uns mit ihren ‚kleinen' Lebensweltanalysen hinterlassen und aufgegeben hat.

[21] Ausgesprochen plausibel verallgemeinert Norbert Schröer in zwei Texten (vgl. Schröer und Möhlen-Studzinski 1994; Schröer 1999) Erzählungen von an Multipler Sklerose erkrankten Menschen. Allerdings geht es ihm dabei eben nicht, wie mir hier, um einen vor allem (existenzial-) phänomenologischen Zugriff, sondern um hermeneutische Fall-Interpretationen.

aber immerhin die relevanten Erträge, die mit der Erkenntnisweise der medizinischen High-Tech-Diagnostik hier und mit der der Phänomenologie des Mit-Erlebens da gewonnen werden, deutlich zu konvergieren. Und was auf dieser Basis zu tun für *mich* mithin vor allem ansteht, das ist die systematisierende Aufarbeitung, die extensive Interpretation, der theoretische Abgleich und die argumentative Plausibilisierung der von mir in den drei Jahren des Mit-Erlebens von [A] gewonnenen einschlägigen Daten über unsere (im strengen Sinne verstandenen) Interaktionen. In diesem Sinne ist dieser Beitrag noch immer eine Ankündigung. Den von mir gleichwohl vermeinten *Ertrag* dieser Ankündigung versuche ich im Hinblick auf das Verhältnis von Menschsein und Subjektsein nun abschließend nochmals kenntlich zu machen:

# 6  Das (einzige) mit Gewissheit gegebene Subjekt

Wenn ich a) die Geschichte von der Hundeliebe, b) die Geschichte meiner Online-Poker-Erfahrungen, c) die Geschichte von [A]s postmortalem ‚Einzug' in meine Wohnung und d) die Geschichte meines Zusammenlebens mit diesem Menschen in der Zeit nach seiner hypoxischen Hirnschädigung miteinander vergleiche, was lässt sich dann – auch dem hier imaginierten Skeptiker gegenüber auf- und nachweisbar – daraus zum Phänomen „Subjekt" schlussfolgern?

Ad a): Ich vermute, dass ich das Tier in dem Maße liebe, wie sein Verhalten mir zu glauben erlaubt, es liebe mich seinerseits bedingungslos (es vergöttere mich sozusagen). – Die subjekttheoretisch relevante Frage dabei scheint mir zu sein, ob ich dem Tier kognitive und/oder emotionale Intentionen unterstelle, die den meinen ähnlich sind.

Ad b): Ich vermute, dass die der Maschine inhärente ‚Logik' für mich undurchschaubar ist und dass Ereignisse, die meine Erwartungen irritieren, deshalb mein Misstrauen wecken. – Die subjekttheoretisch relevante Frage dabei ist, ob ich misstrauisch bin gegenüber der Maschine oder gegenüber den Menschen, die sie programmieren und/oder einsetzen.

Ad c): Ich vermute, dass [A], *seit [A] biologisch tot ist*, nur und ausschließlich noch das ist, wozu *ich* – sozusagen völlig souverän – [A] mache. – Die subjekttheoretisch relevante Frage dabei ist, ob es (gute) Gründe gibt dafür, anzunehmen, dass das, wozu ich etwas mache, (gleichwohl) mit Intentionalität begabt sein könnte, oder steht außer Frage, dass ich in dem, wozu ich etwas mache, ausschließlich *meinen* Intentionen wieder ‚begegne'.

Ad d): Ich vermute, dass [A] *im sogenannten Wachkoma* eine besondere menschliche Lebensform verkörpert hat und wir beide zu einem relativ spezifischen persönlichen Miteinander-Sein gefunden haben. – Die subjekttheoretisch relevante
Frage *dabei* bleibt (für mich), ob ich phänomenologisch stringent plausibilisieren und ggf. mit falsifizierbaren empirischen Daten ‚belegen' kann, dass ich es
bei dem in Frage stehenden Individuum (zumindest gelegentlich) mit einem
eigen-willigen, sinnhaft und sozial handelnden Anderen zu tun hatte.

Wie immer diese Fragen auch beantwortet werden (können), eines bleibt auf jeden
Fall konstant: Das, was die jeweilige Frage überhaupt stellt, ist das je im „ich"
verborgene Subjekt. Das mir *mit subjektiver Gewissheit* gegebene Subjekt ist das,
was „ich" zu nennen ich gewohnt bin.[22]
Ich konkludiere also: Anzunehmen, dass der Mensch unter *allen* Umständen
und in *allen* denkbaren Bewusstseinszuständen, ein sinnhaft handelndes Individuum, d. h. ein Subjekt sei, erscheint mir mehr als zweifelhaft. Anzunehmen, dass der
Mensch schlechthin, also in *allen* menschenmöglichen Lebensformen, zumindest
mitunter sinnhaft handelt, d. h., dass er unter anderem auch ein Subjekt sei, liegt
hingegen zumindest dann nahe, wenn ich *mich* unter die Kategorie Mensch sub-
sumiere. Die radikal bewusstseinsphilosophische Antwort auf meine beiden titel-
gebenden Fragen lautet mithin: Der Mensch ist *auch* ein Subjekt. Und das (einzige)
Subjekt, dessen Subjekthaftigkeit mir *mit epistemischer Gewissheit* gegeben ist, ist
ein Mensch – vulgo: Ich (vgl. dazu auch Knoblauch 2008). Aber *ich* habe doxische
Gewissheit über den Umgang dieses einen Subjekts mit anderen Subjekten – auch
dort, wo mir zunächst einmal epistemologische Zweifel angebracht zu sein scheinen (wie eben auch hier bei der Id-Entifizierung einer Entität mit zunächst einmal
unklarem ontologischen Status). Gleichwohl: Just damit beginnt – unter anderem
– Soziologie (vgl. Luckmann 1984; vgl. auch Soeffner 2010). Aber erst *damit*!

## Literatur

Affolter, F. (2001). *Wahrnehmung, Wirklichkeit und Sprache*. Villingen-Schwenningen: Ne-
   ckar.
Andrews. K., Murphy, L., Munday, R., & Littlewood, C. (1996). Misdiagnosis of the vegetative state: Retrospective study in a rehabilitation unit. *British Medical Journal, 313*,
   13–16.

---

[22] Mit Blick auf allfällige epistemologische Zweifel hätte ich – gegen Alfred Schütz – ggf.
allerdings auch kein Problem damit, das, was ich als „ich" zu denken gewohnt bin – mit
Jean-Paul Sartre (vgl. Sartre 1994) und Aron Gurwitsch (vgl. Gurwitsch 1966) – als durch
ein „non-egologisches Bewusstsein" konstituiert zu begreifen (vgl. dazu auch Waldenfels
1983).

Beck, U. (2008). *Der eigene Gott*. Frankfurt a. M.: Verlag der Weltreligionen.

Bedorf, T. (2011). *Andere*. Bielefeld: transcript.

Bienstein, C., & Fröhlich, A. (1994). *Bewusstlos. Eine Herausforderung für Angehörige, Pflegende und Ärzte*. Düsseldorf: Verlag Selbstbestimmtes Leben.

Biundo, S., & Wendemuth, A. (2010). Von kognitiven technischen Systemen zu Companion-Systemen. *KI Zeitschrift künstliche Intelligenz, 24*(4), 335–339.

Bonnemann, J. (2008). Wege der Vermittlung zwischen Faktizität und Freiheit. In J. Raab, M. Pfadenhauer, P. Stegmaier, J. Dreher, & B. Schnettler (Hrsg.), *Phänomenologie und Soziologie* (S. 199–209). Wiesbaden: VS Verlag für Sozialwissenschaften.

Brandt, R. (2009). *Können Tiere denken?* Frankfurt a. M.: Suhrkamp.

Cooley, C. H. (1902). *Human nature and the social order*. New York: Scribner's.

Cranford, R. (1996). Misdiagnosing the persistent vegetative state. *British Medical Journal, 131*, 5–6.

Demertzi, A., Schabus, M., Weilhart, K., Roehm, D., Bruno M.-A., & Laureys, S. (2011). Wachkoma: medizinische Grundlagen und neurowissenschaftliche Revolution. In R. Jox, K. Kühlmeyer, & G. D. Borasio (Hrsg.), *Leben im Koma* (S. 21–32). Stuttgart: Kohlhammer.

Dörr, G., Grimm, R., & Neuer-Miebach, T. (Hrsg.). (2000). *Aneignung und Enteignung*. Düsseldorf: Verlag Selbstbestimmtes Leben.

Douglas, J. D., & Johnson, J. M. (Hrsg.). (1977). *Existential Sociology*. Cambridge: Cambridge University Press.

Eberle, T. S., & Eberle-Rebitzke, V. (2012). „Alles war ohne Inhalt, ohne Bedeutung". Der Umgang mit den Folgen einer Hirnblutung. In N. Schröer, V. Hinnenkamp, S. Kreher, & A. Poferl (Hrsg.), *Lebenswelt und Ethnographie* (S. 325–344). Essen: Oldib.

Endreß, M. (2002). *Vertrauen*. Bielefeld: transcript.

Endreß, M. (2004). Entgrenzung des Menschlichen. Zur Transformation der Strukturen menschlichen Weltbezuges durch Gewalt. In W. Heitmeyer & H.-G. Soeffner (Hrsg.), *Gewalt* (S. 174–201). Frankfurt a. M.: Suhrkamp.

Fink, R. D., & Weyer, J. (2011). Autonome Technik als Herausforderung der soziologischen Handlungstheorie. *Zeitschrift für Soziologie, 40*(2), 91–111.

Fischer, J. (2008). Tertiarität. Die Sozialtheorie des „Dritten" als Grundlegung der Kultur- und Sozialwissenschaften. In J. Raab, M. Pfadenhauer, P. Stegmaier, J. Dreher, & B. Schnettler (Hrsg.), *Phänomenologie und Soziologie* (S. 121–130). Wiesbaden: VS Verlag für Sozialwissenschaften.

Goffman, E. (1974a). *Asyle. Über die soziale Situation psychiatrischer Patienten und anderer Insassen*. Frankfurt a. M.: Suhrkamp.

Goffman, E. (1974b). *Das Individuum im öffentlichen Austausch*. Frankfurt a. M.: Suhrkamp.

Goffman, E. (1980). *Rahmen-Analyse*. Frankfurt a. M.: Suhrkamp.

Grewe, H. A. (2012). Wachkoma: Deutungsmuster eines irritierenden Phänomens. In N. Schröer, V. Hinnenkamp, S. Kreher, & A. Poferl (Hrsg.), *Lebenswelt und Ethnographie* (S. 367–378). Essen: Oldib.

Gross, P. (2007). *Jenseits der Erlösung*. Bielefeld: transcript.

Gurwitsch, A. (1966). A non-egological conception of consciousness. In A. Gurwitsch (Hrsg.), *Studies in phenomenology and psychology* (S. 287–300). Evanston: Northwestern University Press.

Heidegger, M. (1967). *Sein und Zeit*. Tübingen: Niemeyer.

Herkenrath, A. (2004). *Begegnungen mit dem Bewusst-Sein von Menschen im Wachkoma*. Witten: Inaugural-Dissertation., Universität Witten/Herdecke (unpubliziert)

Herkenrath, A. (2012). Von der Lebenswelt eines Menschen im Wachkoma: Grenzen lebensweltanalytischer Ethnographie und die Chancen therapeutischer Begleitung. In N. Schröer, V. Hinnenkamp, S. Kreher, & A. Poferl (Hrsg.), *Lebenswelt und Ethnographie* (S. 379–386). Essen: Oldib.

Herzog, H. (2012). *Wir streicheln und wir essen sie*. München: Hanser.

Hitzler, R. (1984). Existenzialer Skeptizismus. *Sociologia Internationalis, 2,* 197–215.

Hitzler, R. (1986). Die Hingebung und das Existenziale. *Zeitschrift für philosophische Forschung, 40*(2), 272–282.

Hitzler, R. (2005). Die Beschreibung der Struktur der Korrelate des Erlebens. In U. Schimank & R. Greshoff (Hrsg.), *Was erklärt die Soziologie?* (S. 230–240). Berlin: LIT-Verlag.

Hitzler, R. (2010). Ist da jemand? Über Appräsentationen bei Menschen im Zustand „Wachkoma". In R. Keller & M. Meuser (Hrsg.), *Körperwissen* (S. 69–84). Wiesbaden: VS Verlag für Sozialwissenschaften.

Hitzler, R. (2012a). Eine multidimensionale Innovation. In I. Bormann, R. John, & J. Aderhold (Hrsg.), *Indikatoren des Neuen* (S. 141–153). Wiesbaden: VS Verlag für Sozialwissenschaften.

Hitzler, R. (2012b). Die rituelle Konstruktion der Person. Aspekte des Erlebens eines Menschen im sogenannten Wachkoma [44 Absätze]. *Forum Qualitative Sozialforschung, 13*(3), Art. 12. http://nbn-resolving.de/urn:nbn:de:0114-fqs1203126. Zugegriffen am 19. Dezember 2014

Hitzler, R. (2012c). Hirnstammwesen? Das Schweigen des Körpers und der Sprung in den Glauben an eine mittlere Transzendenz. In R. Gugutzer & M. Böttcher (Hrsg.), *Körper, Sport und Religion* (S. 125–139). Wiesbaden: Springer VS Verlag für Sozialwissenschaften.

Hitzler, R. (2012d). Am Ende der Welt? Zur Frage des Erlebens eines Menschen im Wachkoma. In N. Schröer, V. Hinnenkamp, S. Kreher, & A. Poferl (Hrsg.), *Lebenswelt und Ethnographie* (S. 355–366). Essen: Oldib.

Hitzler, R. (2012e). Wie eine „Nicht-kommunikative Patientin" Schmerzen kommuniziert. *Not, 6,* 50–54.

Hitzler, R. (2014). In der Konsensmaschinerie. Milieuzugehörigkeit zwischen dem Entdecken von Gemeinsamkeiten und dem Erleben von Gemeinschaft. In P. Isenböck, L. Nell, & J. Renn (Hrsg.), *Die Form des Milieus*. 1. Sonderband der Zeitschrift für theoretische Soziologie (S. 100–114). Weinheim: Beltz Juventa.

Hitzler, R., & Grewe, H. A. (2013). Wie das Bewusstsein (der einen) das Sein (der anderen) bestimmt. In O. Berli & M. Endreß (Hrsg.), *Wissen und soziale Ungleichheit* (S. 240–258). Weinheim: Juventa.

Hitzler, R., & Möll, G. (2012). Eingespielte Transzendenzen. In F. Krotz & A. Hepp (Hrsg.), *Mediatisierte Welten* (S. 257–280). Wiesbaden: VS Verlag für Sozialwissenschaften.

Hitzler, R., & Mücher, F. (2012). Die professionelle Konstruktion der Person. In H.-G. Soeffner (Hrsg.), *Transnationale Vergesellschaftungen* (Bd. 2, CD-Rom). (Verhandlungen des 35. Kongresses der DGS 2010 in Frankfurt a. M). Wiesbaden: VS Verlag für Sozialwissenschaften.

Hitzler, R., Leuschner, C. I., & Mücher, F. (2013). *Lebensbegleitung im Haus Königsborn*. Weinheim: Juventa.

Hoffmann, M. (2011). *Sterben? Am liebsten plötzlich und unerwartet*. Wiesbaden: VS Verlag für Sozialwissenschaften.

Honer, A. (1989). Einige Probleme lebensweltlicher Ethnographie. Zur Methodologie und Methodik einer interpretativen Sozialforschung. *Zeitschrift für Soziologie, 18*(4), 297–312.

Honer, A. (2011). *Kleine Leiblichkeiten. Erkundungen in Lebenswelten.* Wiesbaden: VS Verlag für Sozialwissenschaften.

Honer, A. (2012). Die Bedeutung existenziellen Engagements. In N. Schröer, V. Hinnenkamp, S. Kreher, & A. Poferl (Hrsg.), *Lebenswelt und Ethnographie* (S. 21–30). Essen: Oldib.

Hornbostel, S. (2010). Affe trifft Goffmensch. In A. Honer, M. Meuser, & M. Pfadenhauer (Hrsg.), *Fragile Sozialität* (S. 37–48). Wiesbaden: VS Verlag für Sozialwissenschaften.

Hülsken-Giesler, M. (2012). Institutionelle Herausforderungen der Langzeitversorgung von Menschen im Wachkoma/Phase F – eine pflegewissenschaftliche Perspektive. In G. C. Schulze & A. Zieger (Hrsg.), *Erworbene Hirnschädigungen* (S. 164–185). Bad Heilbrunn: Julius Klinkhardt.

Jennett, B., & Plum, F. (1972). Persistent Vegetative State after Brain Damage. *The Lancet, 299,* 734–737.

Jox, R. J., Kühlmeyer, K., & Borasio, G. D. (Hrsg.). (2011). *Leben im Koma.* Stuttgart: Kohlhammer.

Jox, R. J., Kühlmeyer, K., Marckmann, G., & Racine, E. (Hrsg.). (2012). *Vegetative state – A paradigmatic problem of modern society.* Münster: Lit.

Keller, R., & Lau, C. (2008). Bruno Latour und die Grenzen der Gesellschaft. In G. Kneer & M. Schröer (Hrsg.), *Bruno Latours Kollektive* (S. 306–338). Frankfurt a. M.: Suhrkamp.

Keller, R., Viehöver, W., Wehling, P., & Lau, C. (2007). Zwischen Biologisierung des Sozialen und neuer Biosozialität: Dynamiken der biopolitischen Grenzüberschreitung. *Berliner Journal für Soziologie, 17*(4), 547–567.

Keller, R., Knoblauch, H., & Reichertz, J. (Hrsg.). (2013). *Kommunikativer Konstruktivismus.* Wiesbaden: Springer VS Verlag für Sozialwissenschaften.

Knoblauch, H. (Hrsg.). (1996). *Kommunikative Lebenswelten.* Konstanz: UVK.

Knoblauch, H. (2008). Transzendentale Subjektivität. Überlegungen zu einer wissenssoziologischen Theorie des Subjekts. In J. Raab, M. Pfadenhauer, P. Stegmaier, J. Dreher, & B. Schnettler (Hrsg.), *Phänomenologie und Soziologie* (S. 65–74). Wiesbaden: VS Verlag für Sozialwissenschaften.

Knoblauch, H. (2009). *Populäre Religion. Auf dem Weg in eine spirituelle Gesellschaft.* Frankfurt a. M.: Campus.

Knoblauch, H., Raab, J., & Schnettler, B. (2002). Wissen und Gesellschaft. In T. Luckmann (Hrsg.), *Wissen und Gesellschaft* (S. 9–39). Konstanz: UVK.

Kotarba, J. A., & Fontana, A. (Hrsg.) (1984). *The Existential Self in Society.* Chicago: University of Chicago Press.

Kotarba, J. A., & Johnson, J. M. (Hrsg.). (2002). *Postmodern Existential Sociology.* Walnut Creek: Altamira Press.

Kotchoubey, B. (2005). Apallic syndrome is not apallic: Is vegetative state vegetative? *Neurological Rehabilitation, 15*(3–4), 333–356.

Kotchoubey, B., & Lang, S. (2011). Intuitive versus theory-based assessment of consciousness: The problem of low-level consciousness. *Clinical Neurophysiology, 22,* 430–432.

Kotchoubey, B. Lang, S., Bostanov, V. & Birbaumer, N. (2003). Cortical processing in Guillain-Barre syndrome aufer years of total immobility. *Journal of Neurology 250*(9), 1121–1123

Kraeftner, B., & Kroell, J. (2009). Washing and assesing: multiple diagnosis and hidden talents. In J. Latimer & M. Schillmeier (Hrsg.), *Un/knowing Bodies* (S. 159–180). Mladen, Oxford and Carlton: Wiley.

Kretschmer, E. (1940). Das apallische Syndrom. *Zeitschrift für die gesamte Neurologie und Psychiatrie, 169,* 576–579.

Kurt, R. (2004). *Hermeneutik.* Konstanz: UVK.

Laureys, S. (Februar 2006). Hirntod und Wachkoma. *Spektrum der Wissenschaft,* 62–72.

Laureys, S., Celesia, G. G., Cohadon, F., Lavrijsen, J., Leon-Carrión, J., Sannita, W. G., Sazbon, L., Schmutzhard, E., von Wild, K. R., Zeman, A., Dolce, G., & the European Task Force on Disorders of Consciousness. (2010). Unresponsive wakefulness syndrome: A new name for the vegetative state or apallic syndrome? *BMC Medicine, 8*(68). http://www.biomedcentral.com/1741-7015/8/68. Zugegriffen am 19. Dezember 2014

Lindemann, G. (2002). *Die Grenzen des Sozialen.* München: Fink.

Lindemann, G. (2006a). Die dritte Person – Das konstitutive Minimum der Sozialtheorie. In H.-P. Krüger & G. Lindemann (Hrsg.), *Philosophische Anthropologie im 21. Jahrhundert* (S. 125–145). Berlin: Akademie.

Lindemann, G. (2006b). *Das Soziale von seinen Grenzen her denken.* Weilerswist: Velbrück.

Lindemann, G. (2009). Gesellschaftliche Grenzregime und soziale Differenzierung. *Zeitschrift für Soziologie, 38*(2), 94–112.

Luckmann, T. (1980). Über die Grenzen der Sozialwelt. In T. Luckmann (Hrsg.), *Lebenswelt und Gesellschaft* (S. 56–92). Paderborn: Schöningh.

Luckmann, T. (1984). Eine phänomenologische Begründung der Sozialwissenschaften? In D. Henrich (Hrsg.), *Kant oder Hegel?* (S. 506–518). Stuttgart: Klett-Cotta.

Luckmann, T. (1992). *Theorie des sozialen Handelns.* Berlin: de Gruyter.

Luckmann, T. (2008). Konstitution, Konstruktion: Phänomenologie, Sozialwissenschaft. In J. Raab, M. Pfadenhauer, P. Stegmaier, J. Dreher, & B. Schnettler (Hrsg.), *Phänomenologie und Soziologie* (S. 33–40). Wiesbaden: VS Verlag für Sozialwissenschaften.

Nieder, L., & Schneider, W. (Hrsg.) (2007). *Die Grenzen des menschlichen Lebens aus kulturwissenschaftlicher Sicht.* Münster: LIT.

Nydahl, P. (Hrsg.). (2007). *Wachkoma.* München: Urban & Fischer.

Owen, A. M., & Coleman, M. R. (March 2008). Functional neuroimaging of the vegetative state. *Nature Reviews Neuroscience, 9,* 235–243.

Owen, A. M., Coleman, M. R., Davis, M. H., Boly, M., Laureys, S., & Pickard, J. D. (2006). Detecting awareness in the vegetative state. *Science, 313,* 1402.

Pfadenhauer, M. (2012). *Künstlich begleitet. Der Roboter als neuer bester Freund des Menschen?* Karlsruhe: Vortragsmanuskript.

Poferl, A. (2001). Doing gender, doing nature? In A. Nebelung, A. Poferl, & I. Schultze (Hrsg.), *Geschlechterverhältnisse, Naturverhältnisse* (S. 9–17). Opladen: Leske + Budrich.

Reichertz, J. (2009). *Kommunikationsmacht.* Wiesbaden: VS Verlag für Sozialwissenschaften.

Reichertz, J., Zaboura, N. (Hrsg.). (2006). *Akteur Gehirn.* Wiesbaden: VS Verlag für Sozialwissenschaften.

Remmers, H., Hülsken-Giesler, M., & Zimansky, M. (2012). Wachkoma, Apallisches Syndrom: Wie tot sind Apalliker? In M. Anderheiden (Hrsg.), *Handbuch Sterben und Menschenwürde* (S. 671–696). Berlin: de Gruyter.

Sartre, J.-P. (1994). *Die Transzendenz des Ego.* Reinbek b. Hamburg: Rowohlt.

Sartre, J.-P. (2005). *Entwürfe für eine Moralphilosophie.* Reinbek b. Hamburg: Rowohlt.

Schetsche, M. (Hrsg.). (2004). *Der maximal Fremde*. Würzburg: Ergon.

Schneider, W. (1999). *„So tot wie nötig – so lebendig wie möglich!" Sterben und Tod in der fortgeschrittenen Moderne*. Münster: LIT.

Schneider, W. (2005). Die Prothesen-Körper als gesellschaftliches Grenzproblem. In M. Schroer (Hrsg.), *Soziologie des Körpers* (S. 371–397). Frankfurt a. M.: Suhrkamp.

Schnettler, B. (2004). *Zukunftsvisionen*. Konstanz: UVK.

Scholtz, C. P. (2008). *Alltag mit künstlichen Wesen*. Göttingen: Vandenhoeck & Ruprecht.

Schröer, N. (1999). Die Erfahrung chronischer Erkrankung: ein zwingender Anlass zur Selbstfindung. In A. Honer, R. Kurt, & J. Reichertz (Hrsg.), *Diesseitsreligion* (S. 369–384). Konstanz: UVK.

Schröer, N., & Möhlen-Studzinski, R. (1994). „Du sollst ne neue Sichtweise kriegen". Die Erkrankung an Multipler Sklerose als Konversionserlebnis. In N. Schröer (Hrsg.), *Interpretative Sozialforschung* (S. 219–232). Opladen: Westdeutscher.

Schütz, A., & Luckmann, T. (2003). *Strukturen der Lebenswelt*. Konstanz: UVK.

Soeffner, H.-G. (2004). *Auslegung des Alltags – Der Alltag der Auslegung*. Konstanz: UVK.

Soeffner, H.-G. (2010). *Symbolische Formung*. Weilerswist: Velbrück.

Soeffner, H.-G. (2012a). Der Eigensinn der Sinne. In N. Schröer, V. Hinnenkamp, S. Kreher, & A. Poferl (Hrsg.), *Lebenswelt und Ethnographie* (S. 461–474). Essen: Oldib.

Soeffner, H.-G. (2012b). Widerständige Lebenswelten. *Soziologie, 41*(4), 437–442.

Steinbach, A., & Donis, J. (2011). *Langzeitbetreuung Wachkoma*. Wien: Springer.

Sudnow, D. (1967). *Passing on: the social organization of dying*. Englewood Cliffs: Prentice-Hall.

Ueberschär, E., & Ralph C. (Hrsg.). (2007). *Lebensverlängernde Maßnahmen beenden?* Rehburg-Loccum: Evangelische Akademie Loccum.

Waldenfels, B. (1983). Das umstrittene Ich: Ichloses und Ichhaftes Bewusstsein bei A. Gurwitsch und A. Schütz. In R. Grathoff & B. Waldenfels (Hrsg.), *Sozialität und Intersubjektivität* (S. 15–30). Paderborn: Fink.

Waldschmidt, A., & Schneider, W. (Hrsg.). (2007). *Disability Studies, Kultursoziologie und Soziologie der Behinderung*. Bielefeld: transcript.

Weyer, J., & Fink, R. D. (2011). Die Interaktion von Mensch und autonomer Technik in soziologischer Perspektive. *Technikfolgenabschätzung – Theorie und Praxis, 20*(1), 39–45.

Wolff, K. H. (1976). *Surrender and Catch*. Dordrecht: Reidel.

Zaboura, N. (2008). *Das empathische Gehirn*. Wiesbaden: VS Verlag für Sozialwissenschaften.

# Subjektive Erfahrung, intersubjektive Verständigung und Sozialität. Phänomenologische Erörterungen

## Thomas S. Eberle

Dem Wissenschaftssystem scheint tatsächlich ein Prozess der inneren Ausdifferenzierung eigen zu sein: Es gibt immer mehr wissenschaftliche Disziplinen, Theorie- und Forschungsansätze und auch immer mehr Fach- und Spezialgebiete. Oft wird diese Diagnose verknüpft mit Forderungen nach mehr Interdisziplinarität, grenzüberschreitender Zusammenarbeit, ganzheitlichem und vernetztem Denken oder gar integrativen Ansätzen. Dass sich der Trend zur Ausdifferenzierung auch bei jenen Forschungsansätzen zeigt, die sich in der deutschsprachigen Soziologie mittlerweile unter der Bezeichnung „Wissenssoziologie" versammeln, ist nicht weiter überraschend. Ebenso wenig die damit verbundene Aufforderung, eine Standortbestimmung vorzunehmen in Bezug auf die Frage „Wer oder was handelt?"

Solche Standortbestimmungen befördern bestenfalls die gegenseitige Verständigung. Indem alle Teilnehmenden in Bezug auf eine zentrale Fragestellung ihre theoretischen und vortheoretischen Prämissen reflektieren und offenlegen, wird vieles klarer, können Missverständnisse ausgeräumt werden und kann der gegenseitige Austausch bereichernd wirken. Nüchtern betrachtet ist die Chance, dass man Kolleginnen und Kollegen von der eigenen Position überzeugt, ziemlich gering – trotz aller Plausibilisierungsbemühungen. Wissenschaftssoziologisch gesehen fällt auf, dass die paradigmatische Prägung von Wissenschaftlerinnen und Wissenschaftlern berufsbiographisch meist relativ früh erfolgt, dass diese ihr Theorie- und Forschungsverständnis zwar ständig weiterentwickeln, dabei aber doch

T. S. Eberle (✉)
Universität St. Gallen, Tigerbergstrasse 2, 9000 St. Gallen, Schweiz
E-Mail: thomas.eberle@unisg.ch

© Springer Fachmedien Wiesbaden 2014
A. Poferl, N. Schröer (Hrsg.), *Wer oder was handelt?*,
Wissen, Kommunikation und Gesellschaft, DOI 10.1007/978-3-658-02521-2_8

143

meistens innerhalb des einmal gewählten grundlegenden Forschungsansatzes verbleiben. Von dieser nüchternen Beobachtung ausgehend, versuche ich im Folgenden in aller Bescheidenheit zu erläutern, warum ich – allen gegenläufigen Trends zum Trotz – der Meinung bin, dass es für die Wissenssoziologie fruchtbar ist, die subjektive Sinnwelt des Akteurs in die Forschung miteinzubeziehen und dabei von der phänomenologischen Lebensweltanalyse von Alfred Schütz auszugehen.

Im Folgenden möchte ich zuerst kurz auf das in der Soziologie vieldiskutierte Verhältnis von Common-sense und soziologischer Perspektive eingehen. Daran anschließend erörtere ich den phänomenologischen Zugang zur subjektiven Erlebnis- und Erfahrungswelt. Daraufhin frage ich nach der Konstitution von Intersubjektivität und schließlich nach der Sozialität, also dem sozio-kulturellen Apriori des subjektiven Erlebens. Im Zuge dieser Ausführungen können verschiedene Prämissen herauskristallisiert werden, die in der gegenwärtigen qualitativen Forschungslandschaft verwendet werden. Abschließend komme ich auf die Frage zurück, warum sich Sozialwissenschaftler so gerne über ihre Prämissen streiten.

## 1    Common-sense und soziologische Perspektive(n)

Die Liste der soziologischen Distanzierungsversuche vom Common-sense ist lang. Bereits Durkheim (vgl. Durkheim 1970) empfahl in seinen *Regeln der soziologischen Methode* nachdrücklich, die soziologischen Begriffe von jenen des Common-sense abzugrenzen. Die szientifischen soziologischen Ansätze des 20. Jahrhunderts lebten diesem Diktum nach: Sich vom Common-sense abzugrenzen wurde gleichsam als Voraussetzung betrachtet, um einen Überlegenheitsanspruch der soziologischen Erkenntnisse geltend zu machen. Die entsprechenden Argumentationsfiguren finden wir auch heute noch in vielen soziologischen Publikationen – darauf werde ich nochmals zurückkommen.

Max Weber (vgl. Weber 1972) begründete mit seiner Verstehenden Soziologie einen alternativen Ansatz, indem er den subjektiven Sinn, den der Handelnde mit seinem Handeln verbindet, zum Angelpunkt der soziologischen Analyse machte. Zwar befasste auch er sich mit der wissenschaftlichen Begrifflichkeit und erörterte die Bildung von Durchschnitts- und Idealtypen, band diese aber mit dem Kriterium der Sinnadäquanz, die er zusätzlich zur Kausaladäquanz wissenschaftlicher Aussagen einforderte, unmittelbar an die Typisierungen des Common-sense. Der subjektive Sinn des Handelns und das Kriterium der Sinnadäquanz boten denn auch das Einfallstor für Alfred Schütz, um Webers Handlungstheorie mit der Phänomenologie zu verbinden, von Äquivokationen zu befreien und mit seiner Analyse der *Strukturen der Lebenswelt* (vgl. Schütz und Luckmann 1976, 1989, 2003) die Soziologie philosophisch zu begründen.

## 2    Das subjektive Erleben als Ausgangspunkt und Evidenz

Auf der Suche nach einem archimedischen Punkt der Erkenntnis versuchte Husserl bekanntlich die Kluft zwischen Rationalismus und Empirismus zu überbrücken. Er stellte sich zunächst in die rationalistische Tradition, übernahm Descartes' Methode des radikalen philosophischen Zweifels und sah im „ego cogito" den apodiktischen Ausgangspunkt philosophischer Reflexion. Allerdings müssen die Cartesianischen Meditationen nach Husserl nochmals neu und radikaler angesetzt werden: Erstens bezieht sich das „cogito", der Akt des Erkennens, stets auf ein „cogitatum", ein Erkanntes, das nicht als isolierte Gegenständlichkeit gefasst werden darf. Zweitens darf das „ego" nicht lebensweltlich verstanden, sondern muss transzendental konzipiert werden.

Das „ego-cogito-cogitatum" erläutert Husserl mit Hilfe des von Franz Brentano übernommenen Intentionalitätskonzepts: Unser Bewusstsein ist immer Bewusstsein-von-etwas, es ist immer auf etwas gerichtet. Wir sehen „etwas", hören „etwas", fühlen „etwas", erinnern „etwas", fantasieren „etwas" usw. – das Bewusstsein ist mit anderen Worten nie leer, sondern gefüllt mit Phänomenen. Ein Phänomen ist zunächst einmal immer ein Bewusstseinsphänomen, d. h. es wird durch synthetische Akte des Bewusstseins konstituiert. Diese bilden den noetischen Aspekt eines Phänomens: Das Wahrgenommene verändert sich, wenn ich es nur flüchtig, gleichsam am Rande meines Bewusstseins wahrnehme oder mich ihm mit voller Aufmerksamkeit zuwende und es ganz genau betrachte. Das Phänomen hat aber auch einen noematischen Kern, d. h. einen Gehalt, der im Wahrgenommenen selbst liegt und auch mittels noetischer Variationen – dem Versuch, das Phänomen anders zu sehen – nicht verändert werden kann. Noësis und noema können nur analytisch getrennt werden, ein Phänomen bildet immer eine noetisch-noematische Einheit. Damit ist die Spaltung von Rationalismus und Empirismus überwunden, denn ein Phänomen wird immer im Zusammenspiel von Bewusstseinsleistungen (Wahrnehmungs- und Erkenntnisakten) und dem „empirischen" Gehalt des Perzipierten bzw. Erkannten konstituiert.

Dieser Punkt bedarf deshalb besonderer Betonung, weil sowohl Gegner der Phänomenologie als auch skeptische Freunde oft meinen, die Phänomenologie befasse sich nur mit Bewusstseinsakten. Diese bilden indes nur die noetische Seite des Phänomens, die noematische besteht im „empirischen" Gehalt des Wahrgenommenen. Diesbezüglich besteht kein grundsätzlicher Unterschied zum Beobachterkonzept: Man perzipiert etwas Beobachtbares. Da Phänomene eine noetisch-noematische Einheit bilden, liegen stets beide Seiten im Blickfeld der phänomenologischen Analyse. Mit der Methode der eidetischen Reduktion schlug Husserl ein Verfahren vor, das erlauben soll, das *eidos,* das „Wesen" der Phänomene zu enthüllen. Mithilfe der Technik freier Variation sollen die Bestandteile, die Beschaffenheit und die Umgebung eines wahrgenommenen Phänomens so lange variiert werden, bis sich seine invarianten Eigenschaften herausschälen. Wir nehmen beispielsweise einen Tisch wahr und fragen, was das „Wesen" eines Tischs ausmacht: Ist es immer noch ein Tisch, wenn er sechs, fünf, vier, drei, zwei Beine oder nur eines hat; wenn er aus Holz, Glas, Marmor, Plastic ist; wenn er rot, grün, gelb, blau oder weiß ist; wenn er groß oder klein ist; wenn er lang oder kurz, rechteckig, fünfeckig, dreieckig oder rund ist; etc. Auf diese Weise wird die „Idee" des Tisches freigelegt und von seinen variablen Eigenschaften geschieden – jener Idee, die uns erlaubt, auch einen neuartigen Tisch, den wir in seinem Sosein noch nie angetroffen haben, zielsicher als „Tisch" zu erkennen. Diese Technik ist zweifellos geeignet, verschiedene Sinnschichten eines Phänomens freizulegen, ob es hingegen sinnvoll ist, dabei platonische Ideen zugrunde zu legen, darf füglich bezweifelt werden. Im Unterschied zu Husserl hat Schütz diese Art „Bilderbuchphänomenologie" dezidiert als Irrweg bezeichnet und die eidetischen Untersuchungen von Sozialbeziehungen, der Gemeinschaft und des Staates durch Husserls Schülerinnen Edith Stein und Gerda Walther entsprechend kritisiert (vgl. Schütz 2009, S. 305 f.). Schütz erblickte den Nutzen der Phänomenologie vielmehr in grundlegenden Konstitutionsanalysen der Lebenswelt, ähnlich dem späten Husserl (vgl. Husserl 1954).

Im Unterschied zum soziologischen Beobachterkonzept sind der phänomenologischen Analyse auch Phänomene zugänglich, die empirisch nicht beobachtbar, also intersubjektiv nicht überprüfbar sind: Träume, Fantasien, Gedanken, Absichten, Pläne, usw. Um alle diese Phänomene auf die gleiche Ebene zu stellen, schlug Husserl die Methode der transzendentalen Reduktion vor: Sämtliche ontologischen Setzungen des Common-sense sollen – nicht bestritten, aber – eingeklammert werden; diese Einklammerungen nannte er *epoché*. Die Phänomene sollten nicht nach ihrem ontologischen Status, sondern nach ihrer Konstitutionsweise unterschieden werden. Mit der *epoché* der transzendentalphänomenologischen Einstellung gewinnt auch das *ego* einen anderen Charakter, der nicht mit einem mundanen ego, einem in der Alltagswelt agierenden Menschen verwechselt werden darf; bei der Transzendentalphänomenologie geht es immer um die Frage nach den Bedingungen der Möglichkeit von Erkenntnis. Auch die transzendentalphänomenologische Analyse fragt aber – wie die eidetische Analyse – nach dem *Sinn* der Phänomene, nicht nur nach der Perzeption von Farben und Formen. In der Kategorie des Sinns erblickte Schütz denn auch die Schlüsselkategorie, um die Phänomenologie mit Webers Handlungstheorie zu verbinden und um den sinnhaften Aufbau der sozialen Welt zu analysieren.

Schütz (vgl. Schütz 2004a [1932]) wandte sich schon früh von der Transzendentalphänomenologie ab und entwickelte eine Mundanphänomenologie. Auf die Gründe komme ich im nächsten Kapitel zu sprechen. Schütz war allerdings überzeugt, dass Husserls Erkenntnisse aus der transzendentalphänomenologischen Sphäre auch in der mundanphänomenologischen Sphäre Gültigkeit haben (was von den phänomenologischen Soziologen akzeptiert, von phänomenologischen Philosophen aber zuweilen bestritten wird). Mittels kräftiger Anleihen bei Husserl analysiert Schütz den Erlebnisstrom in seiner Zeitlichkeit, mit der Urimpression und deren retentionalen und protentionalen Abschattungen, unterscheidet die vorprädikative Sphäre der passiven Synthese von Erlebnissen von der prädikativen Sphäre der Urteile und beschreibt, wie sich Erfahrungen in Akten reflexiver Zuwendung konstituieren. Er unterscheidet polythetische von monothetischen Zugriffsweisen und macht auf die unterschiedlichen Zeitspannen der in den Blick gefassten Erlebnisse in die antizipative oder retrospektive Richtung aufmerksam. Er stellt die grundlegende Bedeutung des biographiespezifischen Wissensvorrates, dessen Typik und Relevanzstruktur heraus und analysiert die verschiedenen situativen thematischen, interpretativen und Motivations-Relevanzen in ihrem Wechselspiel. Er untersucht die Prozesse der Typisierung und unterscheidet abstrakte von konkreten, anonyme von personalen oder generelle von spezifischen Typen. Er schildert, wie der Mensch in mannigfaltigen Wirklichkeiten, also in verschiedenen Sinnbereichen lebt und beschreibt einige Merkmale, wodurch sich diese unterscheiden. Er bezeichnet die alltägliche Welt des pragmatischen Handelns als „primordiale" Welt und beschreibt, wie Andere dank Anzeichen und Zeichen verstanden werden. Er streicht die konstitutive Bedeutung der Sprache heraus und zeigt, wie mittels Symbolen andere, nicht direkt erfahrbare (z. B. religiöse) Wirklichkeiten appräsentiert und zugänglich werden. Alle diese Analysen erfolgen primär in einer phänomenologischen Einstellung und erschließen, wie sich beim subjektiven Erleben, bei der subjektiven Wahrnehmung Sinn konstituiert und wie der Sinn von Erfahrungen und von Handlungen gebildet wird.

Wer oder was handelt in dieser Perspektive? Schütz bleibt diesbezüglich durchaus schwammig: In Anlehnung an Husserl spricht er von *ego* und *alter ego,* aber auch vom „Ich" und vom „Anderen", vom „Menschen", vom „Einzelnen", vom „Individuum", vom „Handelnden" und vom „Subjekt" – oft auch in Kombinationen wie „der sozial Handelnde", „das handelnde Ich" oder „die psycho-physische Subjektivität ‚Mensch'". Auch in der Phänomenologie bleiben viele, selbst zentrale Begriffe „operativ", d. h. sie werden nicht als „thematische" Begriffe erläutert und präzisiert (um eine Unterscheidung von Eugen Fink (1959) zu verwenden). Schütz untersucht auch nicht genauer, inwiefern sich das *ego* der transzendentalphänomenologischen Sphäre vom *ego* der mundanphänomenologischen Sphäre unterscheidet und was für Sinnmodifikationen es bei diesem Übergang erfährt; eher beiläufig erwähnt er, dass „[i]n der Welt des täglichen Lebens [...] sowohl das Ich als auch das Du nicht als transzendentale, sondern als psychophysische Subjekte auftreten" (Schütz 2004a, S. 225). Der Subjektbegriff ist allerdings – wie im Übrigen auch die anderen aufgeführten Begriffe – Lebewesen vorbehalten, die mit Bewusstsein ausgestattet sind, und diese haben daher nicht nur einen Körper, sondern einen Leib (sie existieren als Leib).

Schütz revidierte Webers Unterscheidung von sinnhaftem Handeln und sinnlosem Verhalten. Hat man einmal die *Zeitstruktur des Sinnbegriffs* verstanden, so zeigt sich, dass weder Handeln noch Verhalten im Moment ihrer Ausführung sinnhaft sind. Handeln erhält seinen Sinn durch seine Vorentworfenheit modo futuri exacti, also durch den prospektiven Entwurf, Verhalten dagegen wird retrospektiv als sinnhaft wahrgenommen. Ebenso versucht Schütz die Dialektik von Strukturzwang und Handlungsautonomie, also von sozialen Bedingungen und voluntativer Handlungsabsicht durch die Zeitstruktur zu fassen: die sozialen Bedingungen bilden die Weil-Motive des Handelns, die Um-zu-Motive bestehen in den Zielen und Plänen des Handelnden. Ein konkretes Handeln wird nicht nur von selbstgewählten Motiven geleitet, sondern auch von zahlreichen auferlegten Relevanzen. Im Gegensatz zu den meisten Rational Choice-Modellen (mit Ausnahme von Esser (vgl. Esser 1991a, b)) beginnt Schütz die Analyse des Wahlhandelns nicht beim Prozess des Entscheidens zwischen Optionen (auf der Basis vorgegebener Präferenzen), sondern bei der Frage: Wie kommt es eigentlich, dass überhaupt etwas zur Wahl steht? Aus einem komplexen Spiel der *petites perceptions* (auch auf Gedankenebene: die Assoziationen spielen wie wild) bilden sich wohlgeformte Alternativen. Dabei unterscheidet Schütz sorgfältig zwischen der Wahl zwischen Gegenständen und der Wahl zwischen Handlungsalternativen. Haben sich solche Optionen jedoch einmal herauskristallisiert, tritt in Anlehnung an William James ein „voluntatives fiat" hinzu, das aus Optionen eine Absicht generiert, die umgesetzt werden soll. Verfügten die Akteure nicht über ein Mindestmaß an Wahlfreiheit, ließe sich ihr Handeln deterministisch voraussagen (vgl. Schütz 2004b, S. 251–300).

Von besonderer Bedeutung ist die phänomenologische Einsicht, dass Akteure sich immer auf dem unbefragten Boden der Lebenswelt bewegen. Wir bewegen uns in einem Meer sinnhaft vorkonstituierter Selbstverständlichkeiten, die den Horizont dessen bilden, was uns thematisch wird oder problematisch erscheint. Auch beim Wahlhandeln wird daher unterschieden zwischen offenen und problematischen Möglichkeiten. Dies ist m. E. eine sehr zentrale Einsicht, deren Relevanz oft übersehen wird. Nur auf dieser Grundlage kann die Alltagswelt, können alltagsweltliche Interaktionen, Kommunikationen und Kollaborationen überhaupt funktionieren. Zu diesen Selbstverständlichkeiten gehören auch die Routinehandlungen. In seiner Analyse der Rationalität wissenschaftlicher Handlungsmodelle und der Rationalität alltagsweltlicher Handlungen hebt Schütz hervor, dass deren Rationalität umso schwieriger aufzuklären sei, je standardisierter sie seien (vgl. Schütz 2010, S. 364 f.). (Dies nennt Schütz „das Paradox der Rationalität auf der Ebene der Alltagserfahrung", Schütz 2010). Phänomenologisch wurde dies aufgeklärt mit dem Aufweis, dass auch Routinehandlungen einmal erlernt werden mussten in Form von einzelnen, sequenziellen Schritten und polythetischen Akten der Sinnkonstitution, bevor sie inkorporiert und als routinisierte Handlungsabläufe abgespult werden konnten. Routinehandlungen können, gerade wenn sie habitualisiert und körperlich gut eingespielt sind, gleichzeitig auch mit anderen Tätigkeiten gekoppelt werden: Beherrscht man einmal das Lenken eines Autos und hat Erfahrung mit den verschiedensten Verkehrssituationen, kann man nebenher auch über etwas nachdenken, mit jemand Anderem telefonieren oder das Radio bedienen (was allerdings infolge „beeinträchtigter Konzentrationsfähigkeit" auch zuweilen zu Unfällen führen kann). Doch wer handelt hier eigentlich? Gibt es gleichsam mehrere *egos,* die nebeneinander her tätig sind: das eine intentional aufs Verkehrsgeschehen gerichtet, das andere aufs Telefongespräch und das dritte noch mit Nachdenken? Auch Routinehandlungen wie Autolenken erfordern ein Mindestmaß an intentionaler Zuwendung, werden aber zuweilen derart „automatisch" vollzogen, dass sie gleichsam vom Körper ausgeführt werden und das Wachbewusstsein frei für Anderes ist.

Nach phänomenologischer Auffassung ist ein mit Bewusstsein begabtes Subjekt untrennbar mit einem Leib verbunden, und zweifellos sind auch bei multiplen Tätigkeiten, die nebeneinander herlaufen, das Bewusstsein wie der Leib stets mitbeteiligt. Insofern kann man vereinfachend wohl weiterhin vom *ego* sprechen, auch wenn dieses *ego* im einzelnen nicht so klar fassbar ist. Wichtiger ist wohl der Umstand, dass das subjektive Erleben und die subjektive Erfahrung der phänomenologischen Analyse direkt zugänglich sind. Schütz ist daher der Ansicht, dass niemand so gut den subjektiven Sinn einer Handlung erfassen kann wie der Handelnde selbst. Ihm sind alle seine Erlebnisse, Erfahrungen, seine Wissensbestände, seine Handlungsziele, seine auferlegten und selbstgewählten Relevanzen in voller Fülle zugänglich. Unserem subjektiven Erleben sind Töne, Gerüche, Geräusche, Gefühle und Empfindungen zugänglich, selbst wenn wir sie nicht in sprachliche Formen gießen und verbal ausdrücken können. Wir erleben ganz unmittelbar, dass unser Erleben vorsprachliche Schichten aufweist und dass wir sinnlich erlebbare Phänomene auch in einer vorprädikativen Sphäre als sinnhaft wahrnehmen. Wir erleben oft Empfindungen und Gefühlszustände, die wir nicht sprachlich ausdrücken und kommunizieren können. Wir wissen, dass das was wir sagen, oft nicht das trifft, was wir eigentlich meinen. Und wir wissen, dass die Soziologie lange einen Bogen um Phänomene gemacht hat, die nicht leicht vertextet werden können: Bilder, Sounds, Gerüche u.v.a.m. Denn die Sozialwissenschaft ist eine Textwissenschaft (vgl. Gross 1981). Die subjektive Erfahrung ist, mit anderen Worten, eine hervorragende Ressource – und jedem ist sein subjektives Erleben in direktem Zugriff möglich. Jeder lebt in seiner subjektiven Erlebnis- und Erfahrungswelt – wie kommt es, dass es Soziologen gibt, die darauf verzichten wollen?

## 3  Intersubjektive Verständigung

Das Ziel von Schütz' Lebensweltanalyse war es, die sozialwissenschaftliche Methodologie philosophisch zu begründen. Die Strukturen der Lebenswelt können gelesen werden als (Proto-)Theorie des Verstehens. Nicht sich selbst zu verstehen, war sein primäres Anliegen, sondern die Frage, wie man den Anderen und dessen Handlungen verstehen und wie man sozialwissenschaftliche Konstruktionen bilden kann, die zu den alltäglichen Konstruktionen der Handelnden sinnadäquat sind. Die Gegebenheitsweise der subjektiven Erlebniswelt des Anderen ist aber eine andere als meine eigene: Während ich direkten Zugriff auf meine Erlebnisse und Erfahrungen habe, kann ich jene eines Anderen nur indirekt, nämlich signitiv vermittelt erschließen. Meine eigene Erlebnis- und Erfahrungswelt benutze ich dabei als Verstehensressource: Ich verstehe den Schmerz des anderen unter anderem, weil ich selbst schon Schmerzen erlebt habe.

Zunächst soll indes kurz erörtert werden, warum Schütz die transzendentalphänomenologische Sphäre verließ und eine Mundanphänomenologie entwickelte. Der Grund liegt darin, dass Schütz von Husserls Versuch, die Intersubjektivität transzendentalphilosophisch zu begründen, nicht überzeugt war. Im *Sinnhaften Aufbau* postuliert er daher die „Generalthesis des alter ego". Das heißt, er setzte die *Existenz* des Anderen einfach als gegeben voraus, hoffte zu diesem Zeitpunkt aber noch, dass Husserls transzendentalphänomenologischer Begründungsversuch gelingen könnte. Später – lange nach seiner „pragmatischen Wende" (vgl. Srubar 1988) – begrub er diese Hoffnung und argumentierte: „Denn da menschliche Wesen von Müttern geboren und nicht in Retorten zusammengebraut werden, ist die Erfahrung der Existenz anderer menschlicher Wesen und des Sinns ihres Handelns gewiß die erste und ursprünglichste empirische Beobachtung, die der Mensch macht" (Schütz 2010, S. 455).

Es ist nicht ganz klar, welche ontologischen Annahmen des Commen-sense Schütz mit der Mundanphänomenologie übernahm: Geht es nur um den „naiven Realismus" bezüglich der Existenz anderer Menschen – als Gegenwehr gegen den Verdacht des Solipsismus – oder geht es auch noch um weitere, in der mundanen Sphäre des Common-sense verankerte ontologische Setzungen? Mit der Mundanphänomenologie vollzog Schütz nämlich eine interessante Wendung, nämlich jene zum empirischen Subjekt: dem Menschen in seiner relativ-natürlichen Einstellung (Scheler). An ontologischen Setzungen wählte Schütz eine minimalistische Variante: „dass auch das Du Bewusstsein überhaupt habe, dass es dauere, dass sein Erlebnisstrom die gleichen Urformen aufweise wie der meine" (Schütz 2004a, S. 220). Die letztere Annahme ist konstitutiv für die Phänomenologie: Konstitutionsanalysen machen nur dann wirklich Sinn, wenn ihre Ergebnisse anthropologisch universal sind.

Obwohl Husserl die phänomenologische Analyse bei der Intentionalität des subjektiven Bewusstseins ansetzte, hatte er keinerlei solipsistische Neigungen. Den Schlüssel lieferte Leibniz' Monadologie, der auch Schütz zunächst folgte: Wenn jedes transzendentale Bewusstsein konstitutionsanalytisch dieselben formalen Strukturen besitzt, muss das Interface analysiert werden. Auf der Ebene der Mundanphänomenologie heißt dieses *Kommunikation*. Schütz untersuchte primär den Prototyp der face-to-face Interaktion in leiblicher Kopräsenz und betrachtete alle anderen Interaktionsformen als davon abgeleitet. Im Unterschied zu anderen wissenssoziologischen Ansätzen wird Intersubjektivität aber nicht als gegeben betrachtet – z. B. aufgrund eines gemeinsamen Symbolsystems – sondern wird in situ hergestellt. Zeichen haben nicht nur eine objektive und situative (bei Husserl „okkasionale") Bedeutung, sondern auch eine subjektive. Je nach Lebensgeschichte, biografiespezifischem Wissensvorrat, Typik und Relevanzsystem werden dieselben Begriffe anders gedeutet und Aussagen unterschiedlich ausgelegt. Intersubjektive Verständigung muss erarbeitet werden. Im *Sinnhaften Aufbau* fasst Schütz dies relativ radikal: Das Verstehen des *alter ego* ist nur approximativ möglich.

Nach der pragmatischen Wende von Schütz kommt allerdings eine zusätzliche Dimension hinzu: Der Verstehensprozess ist nicht nur ein Interpretationsakt des Verstehenden auf Basis seiner Selbstdeutung. In der Interaktionssituation reagiert der Andere vielmehr auf meine Deutungen, zumindest insofern sie kommunikativ erkennbar gemacht werden – oder wie Garfinkel es ausdrückte: insofern sie „accountable" sind. In der face-to-face Interaktion erhalte ich als Akteur also unmittelbare Feedbacks zu meinen Interpretationen, indem der Andere auf eine bestimmte Art und Weise reagiert. Kommunikative Akte sind in diesem Sinne „Wirkhandlungen", indem sie auf das Gegenüber einen Effekt haben – und dessen interaktive Akte wiederum eine Wirkung auf mich. Schütz beschrieb diesen reziproken Wirkungszusammenhang über die Motivstruktur: Mein Um-zu-Motiv wird zum Weil-Motiv des Anderen, et vice versa.

Ein persistentes Missverständnis, das sich immer wieder mal selbst bei Kollegen äußert, die der Phänomenologie wohlgesinnt oder wenigstens nicht abgeneigt gegenüberstehen, ist folgendes: Dass sich ein Interaktionsgeschehen nach Auffassung der Phänomenologen auf die Intentionen der Akteure zurückführen ließe. Dies ist natürlich blanker Unsinn. Niemand kann voraussehen, wie sich ein Interaktionsablauf oder ein längeres Gespräch turn-by-turn entwickelt, welche Wendungen es nimmt und wie man vom Hundertsten ins Tausendste gelangt – es sei denn beim Spezialfall von exakt festgelegten (und befolgten) Ritualen und Zeremonien. Die phänomenologischen Soziologen sind lediglich der Ansicht, dass die Intentionalitäten der Akteure immer beteiligt sind, ja beteiligt sein müssen. Damit sind auch Perzeptionen und Imaginationen gemeint, nicht nur Um-zu-Motive, d. h. der Begriff „Intention" darf nicht auf „Absicht" reduziert werden. Und selbstverständlich ist kein phänomenologischer Soziologe so naiv anzunehmen, dass Handlungen oder Interaktionssequenzen realiter so ablaufen, wie man sich das ursprünglich vorgestellt hat. Das hieße gerade die Zeitlichkeit außer Acht lassen, auf die die Phänomenologen so viel Wert legen: Pläne, Ziele, Vorstellungen – die im Alltag sowieso oft nur im Modus der Vagheit vorliegen – werden laufend revidiert, wenn man sich den konkreten, situativen Kontingenzen realer Handlungskontexte gegenübersieht.

Wer oder was handelt? Das Handeln wird unverbrüchlich den Akteuren zugeschrieben. Auch wenn sich diese zu Handlungs- und Verhaltensweisen hinreißen lassen, über die sie sich nachträglich selbst wundern: ohne die beteiligten Akteure hätten sie nie stattgefunden. Dies impliziert nicht, dass Akteure stets die Autoren ihrer Handlungen seien; manchmal verliert man die Beherrschung, lässt sich in einen Streit verwickeln, von Anderen zu etwas verführen. Behauptet wird lediglich ihre Beteiligung – und die Intentionalitäten der Akteure bilden dazu die Voraussetzung.

Interaktionsverläufe weisen allerdings oft auch Merkmale auf, die ein Muster interaktiven Zusammenwirkens erkennbar machen und eine Emergenzperspektive nahelegen. In der Tat hat die systemische – nicht zu verwechseln mit der systemtheoretischen – Betrachtungsweise typische interaktive Schuldzuweisungs- und Eskalationsmuster aufgezeigt, die einen unbestreitbaren Erkenntniswert besitzen. Allerdings sind solche Prozessstrukturen von Menschen produziert und sagen mehr über Dynamiken aus, in die sich Akteure mit bestimmten Perzeptions- und Deutungsmustern verwickeln, als über emergente Manifestationen eines selbstoperierenden Systems.

# 4 Sozialität

Ein Nachteil des transzendentalphänomenologischen Ansatzes ist es, dass die Analyse stets aus einem Erwachsenenbewusstsein heraus vorgenommen wird, dessen Genese nur partiell in den Blick gerät. Schütz' Hinwendung zur Mundanphänomenologie, vor allem aber seine pragmatische Wende ermöglichte die Erkenntnis des *sozio-kulturellen Apriori:* Menschen werden in eine historisch gewachsene und kulturell vorgeformte Lebenswelt hineingeboren, wachsen in dieser heran und werden von ihr nachhaltig geprägt. Die sprachliche Typik, die kulturellen Muster und die gesellschaftlichen Strukturen liegen bereits vor, wenn ein Baby auf die Welt kommt; sie werden von den Heranwachsenden in ihrem Dasein und Sosein als selbstverständliche Gegebenheiten wahrgenommen. Die kollektiven Muster bilden eine unverzichtbare Grundlage für jegliche intersubjektive Verständigung: *making sense* funktioniert dann am besten, wenn man mit einem gemeinsamen Sprachverständnis und mit denselben kulturellen Hintergrundannahmen operiert wie das Gegenüber. (Wie gemeinsam diese im einzelnen sind, stellt sich jedoch erst sukzessive im Bemühen um interaktive Verständigung heraus.)

Schütz hat diesen Sachverhalt schon früh erkannt und seine Lebensweltanalyse daher nicht nur aus einer subjektiven Perspektive, sondern auch aus einer pragmatischen Perspektive vorgenommen. Schütz' Konzeption von Lebenswelt enthält, wie Srubar (vgl. Srubar 1988) klar herausgearbeitet hat, einen subjektiven als auch einen intersubjektiven, pragmatischen Pol. Dies impliziert, die vorhandenen kollektiven Muster zu erkennen, sie aber nicht als objektiv gegebene Bedeutungsstruktur zu reifizieren: Gesellschaftliche Wissensbestände, sprachliche Typen, kulturelle Muster müssen immer erst subjektiv angeeignet werden und erhalten dadurch spezifische Konnotationen, die – im Kontext einer spezifischen Biographie entstanden – als „subjektiv" bezeichnet werden. Missachtet man diese, ist man für den einen Pol der Lebenswelt blind.

Vor diesem Hintergrund habe ich persönlich nie nachvollziehen können, mit welcher Begeisterung respektive Rigidität gewisse Soziologen sich allein mit „kollektiven Phänomenen" beschäftigen wollen. Sie laufen stets Gefahr, objektive Strukturen zu reifizieren und den damit verbunden subjektiven Sinn zu übersehen – obwohl sie als erkennende Subjekte doch auch selbst einen unmittelbaren Zugang zu dieser Seite haben. Es mutet oft ziemlich absurd an, wie sehr sie sich im Konzept objektiver Strukturen verheddern und dann doch irgendwie mit dem „Problem der ‚agency'" fertig werden müssen. Nachdem der Mensch konzeptionell aus ihrer Soziologie verabschiedet wurde, findet sich Agency entsprechend nur noch auf einer relativ abstrakten, in jedem Fall aber auch diffusen Ebene.

## 5  Die Endoxa des Common-sense

Walter-Busch (vgl. Walter-Busch 1989) hat sich eingehend mit der Geschichte der Sozialwissenschaften und der Entwicklung ihrer Erklärungskraft beschäftigt. In Bezug auf die Managementwissenschaften, deren Aussagen sich immer mit dem

Sachverstand praktisch handelnder und ihre Alltagspraxis reflektierender Manager messen mussten, kam er zum Schluss, dass sich der Überlegenheitsanspruch der Sozialwissenschaften nicht rechtfertigen lässt. Vielmehr habe sich im Laufe des 20. Jahrhunderts immer mehr herauskristallisiert, dass die zunehmende Verwissenschaftlichung der Managementwissenschaften nicht zu „besseren" Einsichten führe. Die wissenschaftlichen Aussagen über die Praxis des Management seien zwar immer praxisferner und theorielastiger geworden, seien indes bei einer Rückübersetzung in die Praxis dem Erfahrungswissen der Praktiker oft unterlegen. Dass sozialwissenschaftliche Aussagen immer einen Bedeutungsüberschuss bzw. ein Begründungsdefizit aufweisen, führt er auf das Messproblem, das Erklärungsproblem und das Wertproblem der Sozialwissenschaften zurück. Darin liegt der Grund, warum die szientifische Forschungsstrategie der zunehmenden Modell- und Datenpräzisierung zu keinem kumulativen Erkenntnisfortschritt geführt hat. Vielmehr sind auch sozialwissenschaftliche Aussagen endoxa und daher von beschränkter Allgemeingültigkeit; sie sagen „viel aber Ungenaues". Nach Walter-Busch gehören Endoxa stets gesellschaftlichen Entstehungs- und Verwendungskontexten an und stehen damit in einem sozialhistorisch rekonstruierbaren Verweisungszusammenhang (vgl. Walter-Busch 1989, S. 12–14). Ihre Aussagen sind zwar methodisch kontrolliert, aber den Endoxa des Common-sense (den „vorfindlichen Meinungen") nicht unbedingt überlegen, manchmal – wie die Managementpraxis zeigt – auch deutlich unterlegen. (Wobei „Praxistauglichkeit" hier nicht zu einem allgemeingültigen Kriterium wissenschaftlicher Aussagen generalisiert werden soll...)

Die zunehmende Verwissenschaftlichung manifestiert sich nicht nur bei den von Walter-Busch untersuchten Managementwissenschaften, sondern in jedem gesellschaftlichen Wissensbereich. In vielen Forschungsbereichen zeigt sich, dass die Sozialwissenschaften immer abstrakter werden, bezüglich ihrer Konzepte auch immer öfter Anleihen bei Philosophen machen und sich vom Commonsense zunehmend entfernen. Ein in Deutschland besonders populäres Beispiel ist die Systemtheorie Luhmanns, dem es gelungen ist, die gängigen Endoxa des Alltagsverstandes, die üblichen metaphysischen Setzungen außer Kraft zu setzen und Gesellschaft nochmals grundsätzlich neu zu denken. Die Faszination dieser teilweise akrobatischen theoriebautechnischen Konstruktionen ist mir persönlich keineswegs fremd: Sich hier hineinzudenken kann durchaus Spaß machen. Die Rückübertragung der gewonnenen Erkenntnisse ins Alltagsleben – und damit ihre Sinnadäquanz – blieben mir indes ziemlich zweifelhaft.

In Bezug auf die Frage, wer oder was handelt, halte ich es für lohnenswert, sich zwischenhinein auch mal auf die Endoxa des Common-sense zu besinnen. Wir finden viele von ihnen beispielsweise in Gerichtsverhandlungen, bei denen strafrechtliche Fälle auf der Basis nicht nur der juristischen Normen, sondern insbesondere auch des „gesunden Menschenverstands" gefällt werden. Stets wird die Annahme zugrunde gelegt, dass Menschen nicht einfach nur Spielbälle deterministischer gesellschaftlicher Kräfte sind, sondern ihr Handeln und Verhalten auch steuern können (was wir in unserem Alltagsleben alle auch selbst erleben). Es wird aber auch über verminderte Zurechnungs- und Schuldfähigkeit verhandelt und selbstverschuldete (z. B. Angetrunkenheit) von nicht selbstverschuldeter verminderter Urteilskraft (z. B. Hirnschlag) differenziert. Man unterscheidet auch unbewusste von bewussten Motiven, echte von vorgeschobenen Motiven, absichtsvolle Mordanschläge von fahrlässigen Tötungen, und spricht insbesondere auch von Tötungen im Affekt. Man weiß auch, dass Zeugenaussagen sehr verschieden ausfallen können, die Wahrnehmung von Sachverhalten also subjektiv unterschiedlich sein kann, und dass sich Menschen oft nicht exakt erinnern können. Oft können sie das Erlebte auch nicht gut verbalisieren. Oft revidieren Betroffene später ihre vormaligen Darstellungen, und zwar nicht nur aus strategischen Gründen, sondern weil sie während des weiteren Nachdenkens und Rückbesinnens zu anderen, „zutreffenderen" Versionen gelangen.

In Max Webers handlungstheoretischer Grundlegung der Soziologie finden sich viele dieser Endoxa wieder (vgl. Weber 1972, S. 1–10); dies vielleicht auch aufgrund seiner juristischen Ausbildung. Auch bei Schütz – womöglich ebenfalls wegen seines juristischen Hintergrunds – findet sich vieles davon wieder, wenn auch oft eher implizit. Viele dieser Prämissen kann man auch bei der konkreten Applikation qualitativer Forschungsmethoden entdecken – oft aber lediglich in vortheoretischer Form und nicht in Form einer systematischen theoretischen Grundlegung oder Methodologie. Ebenso oft *vermisst* man sie aber auch in der qualitativen Sozialforschung: Die verbreiteten Verfahren der akribischen Transkription von Interviews und der exakten Analyse der schriftlich fixierten Daten etwa verleihen den Aussagen eine Objektivität, die der Alltagsverstand zu relativieren weiß – schließlich handelt es sich um situativ erzeugte Äußerungen, die oft eher tentativen Charakter haben, die der Interviewte anschließend überdenkt, um zu treffenderen Aussagen zu kommen. Gerade diese Chance des weitergeführten Gesprächs, die im Alltag selbstverständlich ist, bleibt ihnen aber oft verwehrt.

## 6  Fazit

In diesem Beitrag versuchte ich zu skizzieren, wie die Frage „Wer oder was handelt?" aus der Perspektive einer phänomenologischen Soziologie beantwortet wird. Dabei versuchte ich auch einige selbst bei Wissenssoziologen verbreitete

Missverständnisse auszuräumen und einige Unterschiede zu anderen wissenssoziologischen Ansätzen deutlich zu machen. Ich fasse im Folgenden die relevantes-
ten Punkte nochmals in prägnanter Form zusammen:

- Wie bei Max Weber ist es der Akteur, der handelt. Schütz übernimmt die impli-
  zierte ontologische Setzung.
- Wie bei Max Weber bildet die Analyse des subjektiven Sinns, den der Handelnde mit seinem Handeln verbindet, einen zentralen Bezugspunkt der Analyse.
  An diesem Bezugspunkt orientiert sich auch das Postulat, sozialwissenschaftliche Konstruktionen am Kriterium der Sinnadäquanz zu beurteilen (vgl. Eberle
  1999).
- Zu bedenken gilt es dabei, dass Schütz im Unterschied zu Weber den „subjektiven Sinn" nicht in einem neukantianischen, sondern in einem phänomenologischen Rahmen auslegt.
- Schütz präzisiert die Sinnkategorie und arbeitet die Sinnstrukturen der Sozialwelt heraus. Insbesondere wird Sinn in seiner Zeitlichkeit betrachtet und subjektiver Sinn durch strikte Bezugnahme auf das erkennende Subjekt bzw. den
  Akteur. Die Lebenswelt hat aber nicht nur einen subjektiven, sondern auch einen intersubjektiven, pragmatischen Pol.
- Im Gegensatz zu Ansätzen sprachsoziologischer Provenienz unterscheidet
  die Phänomenologie eine vor-prädikative Sinnebene. Diese ist zwar selbst in
  der phänomenologischen Analyse schwierig zu versprachlichen, aber die vorsprachliche Ebene bildet in jedem Fall eine wichtige Schicht lebensweltlicher
  Sinnorientierung. Obwohl die enorme Relevanz sprachlicher Typen explizit anerkannt und betont wird, ist der Prozess der Typisierung bereits auf vorsprach-
  licher Ebene angelegt.
- Intentionen mit Um-zu-Motiven gleichzusetzen, ist eine Verkürzung. Die Intentionalität des Akteurs ist wesentlich umfassender als seine Um-zu-Motive und
  umfasst insbesondere auch das gesamte Wahrnehmungsspektrum, das durch
  thematische und interpretative Relevanzen und Typisierungen strukturiert wird.
- Um-zu-Motive werden immer im zeitlichen Fluss gesehen: Kein phänomenologischer Soziologe geht davon aus, dass Handlungs- oder Interaktionsverläufe einem vorentworfenen Plan folgen; vielmehr verflechten sich Um-zu- und
  Weil-Motive von Interaktionspartnern in einer vielschichtigen Art und verändern sich im Laufe eines Interaktionszusammenhangs. Es wäre völlig verfehlt,
  ein Interaktionsmuster auf einen subjektiven Plan „im Bewusstsein des einzelnen Akteurs" zurückführen zu wollen. (Dies ist leider ein verbreitetes Missverständnis bei Kritikern der phänomenologischen Soziologie.) Jedes Vorhaben,
  jeder Handlungsentwurf muss auch mit den Kontingenzen der jeweiligen Situation in ihrem zeitlichen Verlauf kompatibilisiert werden.

- Die Opposition verschiedener Ansätze gegen die Kategorie des Bewusstseins (Ethnomethodologie, Actor-Network-Theory) beruht wohl ebenfalls auf der Annahme, dass die Phänomenologie dem Bewusstsein einen zentralen Stellenwert zuschreibe. Sie übersehen in der Regel, dass es den Phänomenologen primär um die Intentionalität des Bewusstseins geht, also um die noetisch-noematische Einheit, oder anders ausgedrückt: um die Frage, wie sich die Welt im subjektiven Bewusstseins spiegelt – oder treffender formuliert: konstituiert.

- In Interaktionsverläufen, besonders auch in sozialen Netzwerken wie *online social media*, manifestieren sich zuweilen Strukturen und Prozessdynamiken, die man als „emergent" bezeichnen mag. Von Emergenz zu sprechen, verdeckt aber gleichzeitig den konstitutiven Zusammenhang, da diese Manifestationen nur dank der Handlungen der beteiligten Akteure überhaupt zustande kommen. Theorien der Emergenz verdecken daher gerade die zentrale Schicht der sozialen Wirklichkeit: die Ebene der Akteure. Ohne sie geschieht nämlich nichts – überhaupt nichts. Sie aus einer sozialwissenschaftlichen Theorie zu verabschieden, hat Folgen.

- Intersubjektivität ist, selbst bei gegebenem Symbolsystem und trotz der Sozialität, nicht gegeben, sondern muss in situ bewerkstelligt werden. Die Herstellung von Intersubjektivität ist ein sozialer Prozess in der Zeit.

- Das Konzept der Sozialität stellt zwar die (enorme) Prägung des heranwachsenden Menschen durch gesellschaftliche und kulturelle Wissensbestände und Objektivationen heraus, sein sozio-kulturelles Apriori also. Da der gesellschaftliche Wissensbestand (in Teilen) subjektiv angeeignet werden muss, erhalten diese Anteile des biografiespezifischen subjektiven Wissensvorrats stets auch subjektive Konnotationen. Erfahrungsgemäß spielen diese bei der intersubjektiven Verständigung eine wesentliche Rolle: Oft reden wir aneinander vorbei, verstehen unter denselben Begriffen Verschiedenes oder wir produzieren Missverständnisse.

Warum streiten sich Sozialwissenschaftler so gerne über die Adäquanz der einzelnen Forschungsansätze? Naturwissenschaftler (wie mein Bruder) sind zuweilen erstaunt über die Heftigkeit, mit der sich Sozial- und Geisteswissenschaftler streiten können. Bei Naturwissenschaftlern seien, so mein Bruder, solche Religionskriege kaum zu finden, da man Aussagen des Anderen oft mit Fakten widerlegen könne; daher sei man auch in Bezug auf die eigenen Aussagen immer vorsichtig. Aufgrund des sozialwissenschaftlichen Begründungsdefizits haben die Sozialwissenschaftler demgegenüber weit mehr Freiraum für Religionskriege, und die Diagnose, dass es dabei vor allem um einen Streit über Endoxa geht, um „vorfindliche Meinungen" also, ist kaum von der Hand zu weisen. Die Kraft der Schützschen Lebensweltanalyse liegt unter anderem auch darin, dass er die Alltagswelt und den Common-sense als Konstruktionen erster Ordnung und somit als Grundlage der wissenschaftlichen Konstruktionen zweiter Ordnung ausgewiesen hat. Selbst Sozialwissenschaftler, die sich kaum um die Sinnadäquanz ihrer Konzepte kümmern, haben somit die Möglichkeit, wieder „auf den Boden der Realität" zurückzukehren. Auch wenn sie im Theoriebereich von der „Emergenz sozialer Systeme" sprechen, kehren sie in ihrem eigenen Alltagsleben jeweils unweigerlich wieder in die Welt des Alltagsverstandes zurück, wo sie auch in ihrer Selbstwahrnehmung als Akteure handeln. Nicht „was" handelt, ist daher die Frage, sondern „wer" handelt: leibhaftige Akteure.

## Literatur

Durkheim, E. (1970). *Die Regeln der soziologischen Methode* (Hrsg. und eingeleitet von René König). Neuwied: Luchterhand.

Eberle, T. S. (1999). Sinnadäquanz und Kausaladäquanz bei Max Weber und Alfred Schütz. In R. Hitzler, J. Reichertz, & N. Schröer (Hrsg.), *Hermeneutische Wissenssoziologie* (S. 97–119). Konstanz: UVK.

Esser, H. (1991a). *Alltagshandeln und Verstehen. Zum Verhältnis von erklärender und verstehender Soziologie am Beispiel von Alfred Schütz und Rational Choice*. Tübingen: Mohr.

Esser, H. (1991b). Die Rationalität des Alltagshandelns. Eine Rekonstruktion der Handlungstheorie von Alfred Schütz. *Zeitschrift für Soziologie, 20*(6), 430–445.

Fink, E. (1959). *Les concepts opératoires dans la phénoménologie de Husserl* (S. 214–230). Paris: Les éditions de Minuit.

Gross, P. (1981). Ist die Sozialwissenschaft eine Textwissenschaft? In P. Winkler (Hrsg), *Methoden der Analyse von Face-to-Face Situationen* (S. 143–167). Stuttgart: J.B. Metzlersche Verlagsbuchhandlung.

Husserl, E. (1950). *Cartesianische Meditationen und Pariser Vorträge* (Hrsg. und eingeleitet von S. Strasser, Husserliana. Gesammelte Werke Bd. 1 (aufgrund des Nachlasses veröffentlicht vom Husserl Archiv [Louvain] unter Leitung von H. L. Breda)). Den Haag: Martinus Nijhoff.

Husserl, E. (1952). *Ideen zu einer reinen Phänomenologie und phänomenologischen Philosophie* (Hrsg. v. W. Biemel, Husserliana, Bd. 3 und 4). Den Haag: Martinus Nijhoff.

Husserl, E. (1954). *Die Krisis der Europäischen Wissenschaften und die transzendentale Phänomenologie. Eine Einleitung in die Phänomenologische Philosophie* (Hrsg. v. W. Biemel, Husserliana, Bd. 6). Den Haag: Martinus Nijhoff.

Schütz, A. (2004a). *Der Sinnhafte Aufbau der sozialen Welt* (ASW Bd. II. Hrsg. v. M. Endreß und J. Renn). Konstanz: UVK.

Schütz, A. (2004b). *Relevanz und Handeln 1* (ASW. Bd. VI.1. Hrsg. v. E. List, unter Mitarbeit von C. Schmeja-Herzog). Konstanz: UVK.

Schütz, A. (2009). *Philosophisch-phänomenologische Schriften 1* (ASW Bd. 3.1. Hrsg. v. G. Sebald, nach Vorarbeiten von R. Grathoff, T. Michael). Konstanz: UVK.

Schütz, A. (2010). *Zur Methodologie der Sozialwissenschaften* (ASW Bd. IV. Hrsg. v. T. S. Eberle, J. Dreher, G. Sebald, unter Mitarbeit von M. Walter). Konstanz: UVK.

Schütz, A., & Luckmann, T. (1975, 1984, 2003). *Strukturen der Lebenswelt* (Bd. 1 und 2). Konstanz: UVK (UTB).

Srubar, I (1988). *Kosmion. Die Genese der pragmatischen Lebenswelttheorie von Alfred Schütz und ihr anthropologischer Hintergrund.* Frankfurt a. M.: Suhrkamp.

Walter-Busch, E. (1989). *Das Auge der Firma.* Stuttgart: Ferdinand Enke.

Weber, M. (1972). *Wirtschaft und Gesellschaft. Grundriss der Verstehenden Soziologie* (5. überarbeitet Aufl. v. J. Winckelmann, Studienausgabe). Tübingen: Mohr (Paul Siebeck).

# Der systemtheoretische Sinn für Subjektivität

## Achim Brosziewski

Die mehrhundertjährige Rede vom Subjekt hat die Konturen ihres Begriffs verschwimmen lassen. So bleibt auch unklar, was genau an einer Theorie kritisiert wird, die für ihre eigenen Zwecke auf den Subjektbegriff erklärtermassen verzichtet. Man scheint ohne nähere Prüfung unterstellen zu können, solch eine Theorie würde Phänomene wie Handlungsfähigkeiten, Praxiskompetenzen, Vernunftanstrengungen, Meinungsbildungen, Protesthaltungen und Ähnliches mehr leugnen und dadurch sich selbst ad absurdum führen. Die Verzichte der soziologischen Systemtheorie beziehen sich, wie in Abschn. 1 ausgeführt wird, allein auf zwei Eigenheiten des Subjektbegriffs, die seinem Entstehungskontext entstammen, nicht aber auf alle möglichen Phänomene, die die exzessive Rede über Subjektivität adressiert. Verzichtet wird erstens auf die Figur einer Letztbegründung für erkenntnistheoretische Positionen. Aufgegeben wird zweitens die Beschränkung auf Bewusstsein als einzig möglicher Systemreferenz für Begriffe wie Sinn, Selbstreferenz, Grenzbestimmung und Identität. In den weiteren Abschnitten meines Beitrags sollen drei Beispiele zeigen, dass einige wichtige Motive der Subjekttheorie durchaus von der Systemtheorie fortgeschrieben und sogar ausgearbeitet werden. Diese Beispiele sind die Privilegierung des Bewusstseins in der soziologischen Gesellschaftsanalyse (Abschn. 2), die Individualität des Individuums (Abschn. 3) sowie die Subjektivität der Wahrnehmung (Abschn. 4). Was in der Systemtheorie nicht mitgeführt wird, ist allein die Anstrengung, all diese Motive und noch viel

A. Brosziewski (✉)
Thurgau, Schweiz
E-Mail: achim.brosziewski@phtg.ch

© Springer Fachmedien Wiesbaden 2014
A. Poferl, N. Schröer (Hrsg.), *Wer oder was handelt?*,
Wissen, Kommunikation und Gesellschaft, DOI 10.1007/978-3-658-02521-2_9

mehr in einer Einheit zu begründen, heisse diese Einheit Subjekt, Vernunft oder Sinnlichkeit (Abschn. 5). Statt um Einheit ist die Systemtheorie um Differenz besorgt, und das besagt für mein Thema: um die Differenz der Systeme, die das Leben der Menschen ausmachen.

# 1 Gründe des Verzichts auf den Subjektbegriff

Wenn Luhmann den Subjektbegriff kritisiert, so gibt er ihm zunächst einmal einen präzisen Sinn. Diesen Sinn entnimmt er der Tradition der Begriffsbildung (vgl. insbesondere Luhmann 1994, 1996) und nicht den Assoziationen, die dem Ausdruck Subjekt in den Jahrhunderten seit seiner Prägung mehr oder weniger unkontrolliert beigelegt wurden. Die Subjektkritik richtet sich keineswegs gegen alles, was in einem Syndrom von Perspektivität, Sinnstiftung, Bewusstheit, Persönlichkeit, Handlungsfähigkeit und Individualität angesprochen wird. Allein in dieser Begriffskonfusion sind zahllose und fast unauflösbare Missverständnisse angesiedelt.

In der Tradition stand das Subjekt für Probleme der Erkenntnis ein, sei es der rationalen Erkenntnis (Kant), sei es der sinnlichen Erkenntnis (Baumgarten und andere). Kant fragte nach den Bedingungen der Möglichkeit von Erkenntnis.[1] Er meinte, diese Bedingungen könnten nicht in den Erkenntnissen selbst liegen, da erstere ja als Voraussetzungen der letzteren zu gelten hätten. Daher musste er eine den Erkenntnissen externe Position einführen, die Transzendenz als a priori der Erkenntnis.[2] Das Subjekt ist nun aber nicht identisch mit der Transzendenz. Es hat bei Kant die Funktion der Vermittlung von interner und externer Position, und zwar in Form einer Prüfung, ob die Bedingungen des a priori in einer konkreten Erkenntnis gegeben sind oder nicht. Ohne solch eine Vermittlung könnte es keine Korrektur, keinen Irrtum und damit auch keine Gewissheit darüber geben, ob die Erkenntnis es denn mit der Realität zu tun hat oder nicht. Alles, was an dieser „Wechselwirkung" von Transzendenz und Erkenntnis nicht teilhat, bleibt unerkennbar: das „Ding an sich", über das wir nichts wissen können.

Das Problem ist bekanntlich, dass es dieses Subjekt nur in der Einzahl, als Allgemeines geben konnte, an dessen Spiel das sich selbst immer schon vorfindende

---

[1] „... wie nämlich subjektive Bedingungen des Denkens sollten objektive Gültigkeit haben, d. i. Bedingungen der Möglichkeit aller Erkenntnis der Gegenstände abgeben" (Kant 1995, S. 71).

[2] „Die transzendentale Sinnenlehre würde zum ersten Teile der Elementarwissenschaft gehören müssen, weil die Bedingungen, worunter allein die Gegenstände der menschlichen Erkenntnis gegeben werden, denjenigen vorgehen, unter welchen selbige gedacht werden" (Kant 1995, S. 38).

Bewusstsein mehr oder weniger unvollkommen teilhat; als Versuch der Verwirklichung seiner eigenen, seiner empirischen Subjektivität. Es muss sich selbst setzen und kann dafür auf nichts Externes zugreifen, sondern muss auf die unkorrigierbare Annahme bauen, dass es mit seiner Selbstsetzung eine a priori gegebene Allgemeinheit verwirklicht.

Die Ästhetik als Theorie der sinnlichen Erkenntnis (hier nach Gadamer 1977) geht – wenn ihr Problem für unsere Zwecke auf eine einfache Gegenüberstellung reduziert werden darf – den entgegengesetzten Weg. Sie nimmt die Evidenz eines aktuellen Erlebens als Ausgang und fragt, wie aus solch einer Aktualität heraus eine Generalisierung möglich sei – denn ohne jede Generalisierung könnte nicht von Erkenntnis gesprochen werden. Die Antwort findet sich in der Wahrnehmung von Gestalt (Ordnung, Harmonie, Schönheit) – eine prä-diskursive, vor-reflexiv und nicht-sprachlich verfasste, eine bereits in der Wahrnehmung selbst realisierte Gestalt. Das Subjekt erscheint hierbei nicht als Kontrolleur und Kritiker, sondern als diejenige Instanz, die aus dem Besonderen (dem aktuellen Erleben) etwas Allgemeines (eben die Gestalt) herauszieht – und zwar so viel Allgemeines wie irgend möglich. Diese Leistung bezeichnet in der Ästhetik die Subjektivität des Individuums. Dieses Potenzial betont sie, fordert sie und fördert sie.

Sicherlich werden diese Skizzen der Transzendentalphilosophie und der Ästhetik nicht annähernd gerecht. Aber sie sollten hinreichen, um erstens festzustellen, welches Anspruchsniveau fallengelassen wurde, seit sich die Rede vom Subjekt zur Anzeige von jedweder Sinnform im bewussten Erleben ausgeweitet und verbraucht hat; und um zweitens markieren zu können, worin sich die Systemtheorie von der Tradition trennt.

Luhmann lehnt mit dem Subjektbegriff die Forderung ab, die Unterscheidung („Wechselwirkung") von Allgemeinem und Besonderen als Grundlage der Theorien der Erkenntnis, des Beobachtens oder gar des Sinns akzeptieren zu müssen (vgl. Luhmann 1984, S. 20–22, 349–352). Erkenntnis, Beobachtung und Sinn bleiben gleichwohl rekonstruierbar, nur auf anderen und jeweils verschiedenen Grundlagen. Auch verschwinden bei Luhmann weder das Besondere noch das Allgemeine gänzlich. Das Besondere wird bei ihm zum System, das Allgemeine zur Umwelt. Nur gibt es erstens stets mehrere System-Umwelt-Verhältnisse, und deshalb kann sich kein System zur Allgemeinheit erheben. Zweitens ist die System-Umwelt-Differenz nicht a priori gegeben, sondern muss sich in jedem Moment aufs Neue etablieren. Drittens muss und kann die Vermittlung von Besonderem (System) und Allgemeinem (Umwelt) nur auf Seiten des Besonderen geschehen, als laufend anzusetzende Unterscheidung von Selbstreferenz und Fremdreferenz. Jedes System ist sein eigenes Subjekt (im Sinne von „Grundlegung"), aber darin weder besonders noch allgemein. Erkenntnis, Beobachtung und Sinn sind dann rekonstruierbar

als jeweils bestimmte Konditionierungen von Selbst- und Fremdreferenz, die aber
nur im Zusammenspiel verschiedener Systeme und Systemtypen stabile, repro-
duzierbare Formen annehmen können, die dann je nach Bedingungskonstellation
Erkenntnis, Beobachtung oder Sinn heissen.

Mit dem Subjektbegriff verabschiedet Luhmann mithin die Unterscheidung
von Allgemeinem und Besonderen, nicht aber jede Problematik, die seither unter
den Derivaten dieser Leitunterscheidung verfasst wurde. Sinn, Beobachtung und
Erkenntnis, darüber hinaus konsonantes Erleben, Perspektivität, Bewusstheit und
Individualität „gibt es" auch in der Systemtheorie, nur in anderen und etwas viel-
fältigeren Rahmungen als in der Tradition. Nicht für den Druck, aber für seine
Studenten in einer Vorlesung hat Luhmann sogar einmal öffentlich erwogen, ob
er nicht selbst am Subjektbegriff hätte festhalten können.[3] Subjektivität hätte dann
dort gestanden, wo jetzt von Beobachtung die Rede ist – also an wahrlich „grundlegenden" Stellen der aktuellen Theoriearchitektur. Dabei wäre zu bedenken, dass
Luhmanns Beobachtung nicht an die Zentralperspektivenproblematik (Sehen und
Nichtsehen) und erst recht nicht an die Reduktionen der wissenschaftlichen Methodologie (Messen und Interpretieren) anschliesst. Für Luhmann ist Beobachten
nicht mehr und nicht weniger als die operative Realisierung der Unterscheidung
von Selbst- und Fremdreferenz (vgl. Luhmann 1997, S. 92–99), die Distanzierung
eines Selbst von etwas Anderem, das nur in dieser Distanz für einen Gegen-Stand
oder auch für ein anderes Subjekt gehalten werden kann. Man erkennt schon an
dieser Miniskizze gewisse Ähnlichkeiten zur Subjektproblematik, am deutlichs-
ten vielleicht noch zu jener der Ästhetik mit ihren Fragen nach der Gestalt, ihrer
Subjektivität und ihrer möglichen Allgemeinheit. Zur Begründung, dass er an dieser Stelle gegen die Fortführung des Begriffs optierte, gab Luhmann an, dass zu
viele Bedeutungslasten mitgeschleppt würden, die in seiner Fassung nicht gemeint
wären. Ich denke, die sprachliche Beschränkung, Subjektivität anders als Beobachtung nicht in Verbform und damit nicht in seiner Operativität zum Ausdruck
bringen zu können, dürfte ein weiterer Hinderungsgrund gewesen sein.

Doch welche Motive kontinuieren, wenn es denn nicht die Selbstbegründung
des Subjekts in der Unterscheidung von Allgemeinem und Besonderem sein kann?
Ohne Anspruch auf Vollständigkeit möchte ich nur drei benennen, die nicht systematisch, aber vielleicht symptomatisch den systemtheoretischen Sinn für Subjektivität anzuzeigen vermögen: die Privilegierung des Bewusstseins, die Individualität
des Individuums und den Eigensinn ästhetischen Erlebens.

---

[3] Dank Aufzeichnungstechnik posthum doch publiziert in Luhmann 2002, S. 149–155.

## 2 Die Privilegierung des Bewusstseins

Bekanntlich unterscheidet die soziologische Systemtheorie streng zwischen Bewusstsein und Kommunikation.[4] Beide operieren im selben Medium Sinn, jedoch in einer jeweils ganz anderen Typik von Operativität. Deswegen können sich Bewusstsein und Kommunikation als Operationen niemals berühren, wohl aber als Umweltprozesse füreinander vorkommen und einander irritieren. Das Bewusstsein erzeugt Vorstellungen und in keinem Moment irgendetwas anderes als Vorstellungen. Es „schwingt sich" von Vorstellung zu Vorstellung mit Hilfe von Wahrnehmungen, die es den physiologischen Vorleistungen des Gehirns abgewinnt und die es mittels Imaginationen und Gedanken zu variieren vermag, soweit und sofern sich jeweils passende Vorstellungen einstellen lassen. In diese Operativität kann Kommunikation niemals eingreifen. Sie kann nicht in das Bewusstsein hineinwahrnehmen oder hineindenken, also ihm auch keine Vorstellungen erzeugen. Die Kommunikation erzeugt Mitteilungen und niemals etwas anderes als Mitteilungen. Sie „schwingt sich" von Mitteilung zu Mitteilung mit Hilfe von Zustandsindikatoren („Informationen") und eines Verstehens, das aber nichts anderes ist als der sich selbst mitteilende Bezug von einer Mitteilung auf vorangegangene oder erwartet kommende Mitteilungen. Nie hätte je eine Mitteilung Bewusstseinselemente enthalten können. Die Kommunikation kann weder wahrnehmen noch denken noch Vorstellungen aufnehmen oder produzieren. Das schliesst nicht aus, sondern ein, dass Mitteilungen über Vorstellungen, Wahrnehmungen und Gedanken einen Kommunikationsprozess strukturieren, soweit dieser die Bedingungen dafür zur Verfügung stellt. Vorstellungen, Wahrnehmungen und Gedanken können Themen der Kommunikation sein wie alles andere auch (das Wetter, der Fussball, die Transzendenz, Glück und Unglück usw.). Weiterhin setzt Kommunikation immer auch ihre eigene Wahrnehmbarkeit voraus – wie vieles andere auch (Physiologie der Gehirne, Sensomotorik der Körper, gemässigtes Klima, bewegungsermöglichende Schwerkraftverhältnisse, zelluläre Reproduktion des Lebens, energetische Reproduktion der Materie usw.). Thematische Behandelbarkeiten und strukturelle Vorausgesetztheiten sind jedoch nicht Realisierung des operativen Vollzugs. Erst recht ist Kommunikation keine Verallgemeinerung eines besonderen Bewusstseins. Bewusstsein ist mithin nicht Subjekt der Kommunikation.

Und doch bleibt es auch in der Systemtheorie bei einer Privilegierung des Bewusstseins gegenüber (!) Kommunikation. Bewusstsein hat das Privileg, die einzig mögliche Kontakt- und Vermittlungsstelle zur Umwelt von Kommunikation

---

[4] Vgl. Luhmann 1984, S. 141–143 sowie in den Einzelkapiteln zu Kommunikation, Interpenetration und Individualität.

und damit zur Umwelt von Gesellschaft überhaupt zu sein (vgl. Luhmann 1997, S. 103–109, S. 545). Einzig und ausschliesslich Bewusstsein kann Kommunikation irritieren und zur Aktivierung ihrer Eigenstrukturen (Kategorisierungen, Kausalschemata, Symbole, Rituale, Routinen, Entscheidungsgewohnheiten u. a.) reizen. Weder Sonnenstrahlen noch Felsabstürze noch irgendwelche anderen ökologischen Bedingungen von Sozialität wären dazu in der Lage, würden sie nicht durch zumindest ein Bewusstsein der Kommunikation vermittelt. Bewusstsein muss sich gereizt sehen, einen Eigenzustand der Irritation oder der Gewissheit zum Ausdruck zu bringen. Sonst liefe kommunikativ gar nichts. Kommunikation musste sich deshalb im Verlaufe der soziokulturellen Evolution bei aller Ausdifferenzierung ihres thematischen Weltreichtums gleichzeitig der Pflege ihrer Umweltkontaktstelle Bewusstsein widmen und sie mitdifferenzieren. Das hat soweit geführt, dass das Bewusstsein heutzutage meint, es müsse und könne sagen, was es denkt – allerdings zu dem Preis, dass alles Gesagte als subjektiv gilt und die Kommunikation sich selbst vorbehält, wieviel Allgemeingültigkeit sie dem Gesagten abgewinnt oder auch verweigert.[5] Ungeachtet solch empirischer Fragen würde ich im Alleinstellungsmerkmal des Bewusstseins als Umweltkontakt der Kommunikation ein Moment des systemtheoretischen Sinns für Subjektivität sehen – und diesen Sinn nebenbei gesagt für viel ausgeprägter halten als etwa jenen der strukturtheoretischen Ansätze innerhalb und ausserhalb der Soziologie.

## 3 Die Individualität der Individuen

Zuweilen wird gesagt, mit der Ablehnung des Subjektbegriffs hätte die Systemtheorie das Individuum gleich mit zum Verschwinden gebracht. Nichts könnte irreführender sein als diese Behauptung. Wer sich heutzutage innerhalb des soziologischen Denkens noch ernsthaft und nicht bloss wegen moralischer, rhetorischer oder methodologischer Vergewisserungsbedürfnisse für das Individuum interessiert, ist nirgendwo besser aufgehoben als in der Systemtheorie. Gewiss, innerhalb der Architektur der allgemeinen Theorie sozialer Systeme bildet Individualität ein „eher marginales Kapitel" (Luhmann 1984, S. 347). Gewiss ist weiterhin, dass das Individuum relativ zu den sozialen Systemen frei nach Plessner als „exzentrisch

---

[5] Eine für sprachliche Vereinfachungen brauchbare Arbeitsdefinition von subjektiv und objektiv könnte danach lauten: „Objektiv ist das, was sich in der Kommunikation bewährt. Subjektiv ist das, was sich in Bewußtseinsprozessen bewährt, die dann ihrerseits subjektiv das für objektiv halten, was sich in der Kommunikation bewährt, während die Kommunikation ihrerseits Nicht-Zustimmungsfähiges als subjektiv marginalisiert" (Luhmann 2000, S. 19).

positioniert" gilt und nicht als Teil von Kommunikation und Gesellschaft gesehen wird (Luhmann 1989, S. 158). Aber gerade die theoretische Aussenstellung des Individuums verleiht ihm thematisch und empirisch eine hervorragende Bedeutung. Sie öffnet die Möglichkeit, Gesellschaft und Individuum zu unterscheiden und ihre *unterschiedlichen* Komplexitäten relativ aneinander zu bestimmen.[6] Die Steigerung der gesellschaftlichen Komplexität kann so auf die Steigerung biographischer Komplexitätschancen bezogen werden – ohne wie beispielsweise in der Individualisierungstheorie beide Komplexitäten miteinander verschmelzen und als ein und dieselbe Form behandeln zu müssen. In diesem Sinne bezeichnet Luhmann seine eigene Theorie als „eine radikal individualistische Theorie".[7]

Möglich wird dieses Manöver durch einen Individuenbegriff, der den Einzelmenschen ernst nimmt und nach seinem Namen fragt – zumindest in der Form der potentiell konkreten Namensermittlung (vgl. Luhmann 1994, S. 52). Auch hier wird also darauf verzichtet, von einem konkreten Menschen auf einen allgemeinen Menschen hochzurechnen und dann nur noch von letzterem, also von niemandem zu reden.[8] Ein namentlich bezeichenbarer Mensch lebt in einem konkreten Körper, erlebt ein aktuell bestimmtes Bewusstsein und erfährt sich in je konkreten Kommunikationserfordernissen – im Ausgang *seiner* Körper- und Zellformungsgenese, *seiner* Bewusstseins- und Unbewusstseinsgeschichte und *seiner* Kommunikations- und Kultursozialisation. Indem sie die Bestimmung der *Einheit* von Körperlichkeit, Bewusstheit und Kommunikationsteilnahme dem einzelnen Menschen überlässt und in diesem Punkt auf jede Verallgemeinerung verzichtet, respektiert die Systemtheorie die Individualität des Individuums in einem Masse, wie ich es von keiner anderen Theorie her kenne. Ganz im Gegensatz zu vielen strukturtheoretischen und soziologistischen Positionen behauptet sie dem Individuum gegenüber nicht dessen angeblich durch und durch soziale Determination. Die Theorie hält ihm lediglich vor, dass es die Freiheiten zur Kommunikation, in denen es sich ak-

---

[6] Siehe hierzu Luhmann 1989– eine der bis heute ausführlichsten Behandlungen der Frage, was Individualität denn in soziologischer Sicht heissen könnte. Eine Wiederaufnahme und Fortführung findet sich bei Fuchs 2003.

[7] „Für unsere Zwecke muß es genügen, festzuhalten, daß die Theorie autopoietischer, sich-selbst-ausdifferenzierender Systeme eine radikal individualistische Theorie ist, weil sie ihre Individuen nicht nur durch konkret einzigartige Merkmalskombinationen, sondern außerdem noch durch jeweils eigene, selbstkonstruierte Umweltperspektiven, also durch jeweils anders konstruierte Welteinschnitte kennzeichnet" (Luhmann 1994, S. 53).

[8] Der Wechsel vom Eigennamen zum „Ich", um die Beschreibung vermeintlich „subjektiver" Erfahrungen zu ermöglichen, verlässt daher zwangsläufig die Ebene der Individualität und verschreibt sich bereits der Verallgemeinerung. In Texten ist dies nicht zu vermeiden – ein erstes Indiz dafür, dass Individualität sich systematisch selbst verfehlt, sobald sie sich in Kommunikation einzubringen versucht.

tuell oder in der Erinnerung wähnt, nicht nur sich selbst, sondern immer auch den Einschränkungen verdankt, die die Gesellschaft anderen Individuen und ihm selbst als Bedingung der Möglichkeit der Fortsetzbarkeit von Kommunikation unterlegt (eingehend hierzu Baecker 2005). Wenn und nur wenn es um Kommunikation geht, ist die Gesellschaft das Subjekt (das Zugrundeliegende) des Bewusstseins. Genau umgekehrt verhält es sich im Fall der Wahrnehmung, wie nachfolgend ausgeführt werden soll. Wenn und nur wenn es um Wahrnehmung geht, ist Bewusstsein das Zugrundeliegende der Gesellschaft.

## 4    Die Subjektivität der Wahrnehmung

Als drittes ehemals subjekttheoretisch betreutes Thema, das die Systemtheorie mit anderen Mitteln fortschreibt, möchte ich noch das Phänomen der sinnlichen Wahrnehmung anführen. Dabei knüpft die Systemtheorie mehr an die romantische denn an die ästhetische Behandlung der Thematik an, denn letztere hegte mehr philosophisch-verallgemeinernde Ambitionen als sich um die Beschreibung konkreten sinnlichen Erlebens zu bemühen. Die Romantik reflektierte und führte mit eigenen künstlerisch dazu ausgewählten Mitteln (vor allem in ihren Dramen, Erzählungen und Gedichten) vor, dass ein Ich, das sich ausdrücken möchte, nicht *sich* ausdrücken kann (vgl. Fuchs 1993, S. 80–104). Denn in jedem Ausdruck steckt bereits ein Anderes, etwas Allgemeines (in romantischen Texten vor allem: die Schrift). Im Ausdruck überschreitet sich das Ich und verfehlt damit dieses Ich. Die Kommunikation des eigentlichen Ich ist zum Scheitern verurteilt und kann nur noch zum Genuss dieses Scheiterns motivieren, in dem es im Vollzuge seines Scheiterns entsprechende Werke als Spuren hinterlegt (vgl. Fuchs 1993, S. 83).

Zum Verständnis der systemtheoretischen Aufnahme dieses Gedankens sind einige vertiefende Erläuterungen zum Beobachtungsbegriff unerlässlich. Wichtig ist, dass der Begriff des Beobachtens zunächst einmal unabhängig von allen Wahrnehmungskomponenten gebildet wird. In seiner allgemeinen Bedeutung schließt er Wahrnehmungsformen wie Sehen, Hören, Tasten, Riechen und Schmecken zwar mit ein, übergreift sie aber und ist nicht auf sie reduzierbar. Beobachten bezeichnet jeden Einsatz einer Unterscheidung zur Bezeichnung der einen und nicht der anderen Seite dieser Unterscheidung.[9] Beobachten ist damit immer ein Zwei-Komponenten-Akt, die simultane Handhabung von Bezeichnung und Unterschei-

---

[9] Diese Fassung des Beobachtungsbegriffs findet sich in nahezu jedem Text Luhmanns aus den 1990er-Jahren, siehe für das Wahrnehmungsthema besonders einschlägig in Luhmann 1995. Siehe zu einer eingehenden Aufbereitung und Weiterentwicklung auch Fuchs 2004.

dung. Keine Beobachtung ohne Unterscheidung und keine Beobachtung ohne Bezeichnung. Wir finden schon hier eine Erinnerung an das romantische Problem der Selbstverfehlung des Beobachters, wenn wir für einen Moment den Begriff „Ausdruck" mit dem der Bezeichnung übersetzen dürfen. Wann immer ein Ich sich (einen seinen Zustände oder Prozesse) bezeichnet, ist ein „Mehr" im Spiel, nämlich die Unterscheidung, die nicht mit bezeichnet werden kann, aber notwendigerweise im Selbstausdruck involviert ist und somit ein Moment des bezeichnenden Selbst ausmacht. Sollte dieses „Mehr", das Andere der Beobachtung und des beobachtenden Selbst, bezeichnet werden, müsste es dazu wiederum von etwas Anderem unterschieden werden. Das Selbst findet im Versuch, sich selbst vollumfänglich, also authentisch auszudrücken, nur eine unendliche Verschiebung vor. Das Selbst der Selbstbezeichnung erreicht sich niemals „ganz", verschiebt sich umso weiter, je intensiver es sich um ein Erreichen bemüht.[10] Ein Gespür für diese Unerreichbarkeit und Unendlichkeit ist sicherlich etwas, was das besondere Gespür der Romantik auszeichnet und von ihr in hernach kaum überbotener Form zu uns überliefert ist.

Wenn wir nun diese allgemeine Struktur der Selbstbeobachtung auf die sinnliche Wahrnehmung beziehen, so ist erst einmal schon klargestellt, dass Wahrnehmung allein noch nicht Beobachtung ist. Erst Fokussierung macht aus Wahrnehmung Beobachtung. Denn Fokussierung ist Trennung (Unterscheidung) zur Ausrichtung (Bezeichnung) auf eine Seite zu Ungunsten der anderen Seite des Getrennten – wie in der berühmten Trennung von Vordergrund und Hintergrund. Zur Beschreibung einer interesselosen, freischwebenden Aufmerksamkeit oder eines sich ganz der eigenen Aktualität hingebenden Erlebens würde die Metapher des Fokus wohl ausreichen. Es bräuchte keinerlei explizite Zeichen, sondern alle Zeichen könnten dem Spiel von Vorder- und Hintergründen als Verweise des einen auf das andere selbst entnommen werden. Oder im Sinne de Saussures gesprochen, müssten Bezeichnendes und Bezeichnetes nicht getrennt und je für sich erinnert werden.

Das wird aber sofort anders, wenn man etwas höhere Ansprüche an das Beobachten stellt und ihm eine Fortführung des Beobachtens in Richtung Informationsermittlung abverlangt (vgl. Luhmann 1984, S. 596–599). Dafür muss die Beobachtung ein Gedächtnis einrichten, das erinnern kann, was anfangs wovon unterschieden wurde und was in einer abschliessenden Bezeichnung als Auswertung stehen bleiben soll. Die Unterscheidung muss, um erinnerungsfähig zu werden, markiert werden. Dafür braucht es notwendigerweise explizite, wiederholbare Zeichen, die das Sehen oder die übrige Wahrnehmung gar nicht selbst erzeugen könnte.

---

[10] Zum „Selbst" der Selbstbeobachtung eingehend Fuchs 2010, zum fehlenden Selbst vgl. Fuchs 2011.

Sicherlich gibt es vor- und nichtsprachliche Zeichen, die für situativ konkrete und kurzzeitige Gedächtnisbildungen hinreichen, sonst wäre beispielsweise Tieren keine Beobachtungsfähigkeit zu attestieren. Aber der wichtigste Bezeichnungslieferant ist die Sprache (vgl. Luhmann 1997, S. 205–230), die zugleich sehr allgemeine wie sehr individuelle Erinnerungen aufrufen und in die Beobachtung einbringen kann – so wie das Wort „Madeleine" eine berühmte Literaturstelle und mit ihr sogar die gesamte synästhetische Erinnerungsleistung als solche erwecken kann, ohne irgendwie den Fluss des Gesprächs über Backrezepte zu unterbrechen, das sich des Wortes Madeleine für seine Zwecke gerade bedient. In einer gewiss übereinfachen Schematik kann man sagen, die Kommunikation liefert via Sprache die Bezeichnungen, während das Bewusstsein via seinem lautbildlich strukturiertem Assoziations- und Erinnerungsvermögen die Unterscheidungen beisteuert, die eine Bezeichnung „signifikant" werden lassen – was wiederum nicht aus-, sondern einschliesst, dass die Bedeutungen von Worten etwa in der Begriffsbildung durch Kommunikationsprozesse beschränkt und ausgebaut werden können.

Wegen dieses Wechselspiels von Bewusstsein und Kommunikation hat „der Beobachter" in der Systemtheorie keinen Namen, keine individuell zurechenbare Adresse (vgl. Luhmann 1992, S. 218). „Er" ist Produkt einer Verkettung von Bezeichnungen und Unterscheidungen, macht sich bemerkbar und verschwindet in Kommunikation, ist aktiv oder inaktiv, aber niemals an einem „Ort" oder in einem Körper, auf den sich zeigen liesse. Dafür bräuchte es ja auch wieder eines Beobachters, der den Ort oder Körper von anderen Orten oder Körpern unterscheiden müsste. Die Beobachtung wäre also immer an einer anderen „Stelle" als an jener, die bezeichnet würde. Sie ist „selbst-entschwindend" wie das romantische Ich.

Das schließt natürlich nicht aus, dass man einen Komplex von Beobachtungen seinerseits wiederum isoliert (unterscheidet) und ihn dann mit der Bezeichnung eines Namens fixiert – so etwa die Beobachtung der Gesellschaft unter dem Namen „Niklas Luhmann" oder eines seiner Kritiker. Auch mit diesem Manöver liefen wir nur auf eine weitere Unterscheidung auf, nämlich auf die Frage, ob eine Beobachtung als „objektiv" oder „subjektiv" gelten soll. Da sich bis heute kein objektives Kriterium etablieren konnte, wie zwischen objektiv und subjektiv unterschieden werden könne, wird diese Entscheidung wohl von jedem Beobachter so getroffen, wie es ihm subjektiv am besten passt.[11]

Beobachtung ist also viel stärker, als es die wissenschaftliche Methodologie oder auch die Sprachtheorie im Gefolge von Edward Sapir und Benjamin Whorf je

---

[11] Die in Fussnote 5 angeführte Bestimmung taugt für Abkürzungsbedürfnisse des sprachlichen Ausdrucks, nicht aber zur Lösung der Probleme von Erkenntnistheorien, die mit der Unterscheidung von Subjekt und Objekt ansetzen und sich dann in deren Paradox verfangen.

geahnt hätten, in Sprache involviert. Wo aber bleiben dabei die sinnliche Wahrnehmung und das ästhetische Erleben? Wahrnehmung gilt in der Systemtheorie, die nicht nur zwischen Bewusstsein und Kommunikation, sondern auch zwischen Gehirn und Bewusstsein unterscheidet, als genuine Eigenleistung des Bewusstseins.[12] Das Gehirn errechnet ja nur Differenzen im Medium seines eigenen bio-chemisch-physikalischen Erregungszustandes und weiss nichts von einer Aussenwelt, die diese Differenzen veranlasst haben könnte. Mit einem Buchtitel von Peter Fuchs (vgl. Fuchs 2005) gesprochen: „Das Gehirn ist genauso doof wie die Milz." Wahrnehmung ist die Interpretation der Enervierungszustände durch das Bewusstsein zur Etablierung einer Innen-Aussen-Differenz, indem es den Leib als Gefühls- und Spüreinheit und die Welt als Bewegungs- und Veränderungsraum konstruiert. Nur das Bewusstsein kann „drinnen" von einem „draußen" wissen, kann Bewegungen spüren und Veränderungen sehen.[13] Auch Sprache muss wahrgenommen werden, bevor ihr Sinn eventuell faszinieren und das Bewusstsein über seine aktuellen Wahrnehmungen hinausführen kann – was seit der Schrift mutatis mutandis auch für alle optischen Zeichen der Kommunikation gilt.

Das Phänomen der sinnlichen Wahrnehmung „erinnert" das Bewusstsein *in einer Welt, in der es seine Beobachtungen vornehmlich durch sprachliche Kategorien leiten lässt*, an seine Eigenleistung des Wahrnehmens, indem es ihm vorführt, dass auch die Wahrnehmung für sich selbst Ordnung und Information zu schaffen vermag und dafür momentweise einmal nicht auf die Intervention von sprachlichen, sozial kontrollierten Kategorien angewiesen ist. Nicht auf die Wahrnehmungsordnung „an sich", sondern auf die Differenz von Wahrnehmungsordnung und kategorial-sprachlicher Ordnung kommt es in der ästhetischen Erfahrung an. Denn ohne diese Differenz gäbe es das von den Romantikern evozierte und etablierte Eigenreich der „Sinnlichkeit" nicht. Genauer gesagt geht es dabei gar nicht um „Erinnerung". Der Unterschied von Wahrnehmungsordnung und kategorial-sprachlicher Ordnung macht das Bewusstsein allererst auf seine Eigenleistung des

---

[12] Siehe eingehend Luhmann 1995. Gerade am Beispiel Gehirn und Bewusstsein ist wichtig zu betonen, dass „Unterscheidung" nicht „getrennte Existenz" und „kausale Unabhängigkeit" meint. Die zwei Seiten einer Münze können ja auch nicht getrennt existieren und variieren, aber sind gleich gleichwohl zu unterscheiden und *je für sich bezeichnbar*: „Kopf oder Zahl?" Beobachtung (Unterscheidung-und-Bezeichnung) steuert Informationsprozesse, nicht aber Existenzen und Kausalitäten.

[13] Vorsorglich sei angemerkt, dass das vom Bewusstsein errechnete „Außen" *nicht* mit der Umwelt des Bewusstseinssystems gleichgesetzt werden kann. Das Bewusstsein erzeugt ja beides, Innen *und* Außen. Umwelt ist dann alles, was sich der je spezifischen Innen-Aussen-Installation nicht fügt, zum Beispiel die Schwerkraft oder auch ein Fremdbeobachter, der sich selbst ja nicht so identifiziert, wie ihn das Bewusstsein „da draußen" identifiziert.

Wahrnehmens aufmerksam. In der eigenen Wahrnehmung kann es bemerken, dass es Ordnung und Information auch auf eine Weise realisiert, die unabhängig ist von aktuellen, erinnerten oder antizipierten Kommunikationen, die den Gebrauch sprachlicher Kategorien ja recht rigide an Eindeutigkeiten und Konsensfähigkeiten binden.

Die Kunst lebt vom Ausbau des Unterschieds von sprachlichem Sinn (Kommunikation) und sinnlichem Sinn (Wahrnehmung), wobei sie selbst auf der Seite des sinnlichen Sinns operiert, aber dabei doch die „Normalität" und Gesellschaftlichkeit des durch Sprache gestifteten Sinns voraussetzt, um die Eigenheiten der Kunst als Anderes der Gesellschaft in der Gesellschaft erlebbar zu machen. In dieser Kontrastierung kann das individuelle Bewusstsein dann geniessen, wenn es ohne Sprache, ohne Konsenspflichten und ohne damit verbundene Gedankenarbeit in der eigenen Wahrnehmung auf eine (deshalb) überraschende Weise Ordnung gewinnt. Im Erleben von Harmonie erlebt das Bewusstsein seine Eigenleistung in ihrer positiven Form und ohne all die Dissonanzen, mit denen die Konventionen des Alltags und der Kommunikation die Wahrnehmungen des Bewusstseins normalerweise überziehen.[14] Einmal in ihrer Positivität entdeckt, kann das Bewusstsein dann die Differenz von Wahrnehmung und Kommunikation eigenständig und ohne Hilfe künstlerischer Mittel für sich selbst und andere zu kultivieren versuchen. Selbst die Theorie der Bildung könnte, so scheint es mir jedenfalls, einen Ankerpunkt in der Systemtheorie finden.

Neben der Stärke teilt das ästhetische Erleben jedoch auch die Schwäche der Kunst. Die sinnliche, in sich komplexe und an aktuelles Erleben gebundene Wahrnehmung lässt sich nicht generalisieren. Sie kann keine Verbindlichkeiten produzieren, die über das Erleben hinausreichen, nicht für andere Subjekte, nicht einmal für das erlebende Subjekt selbst. Bestätigung gibt es allenfalls durch Wiederholungen, die dann aber schon nicht mehr dasselbe Erleben sind. Wie das romantische Ich, das nicht sich ausdrücken kann, so muss auch das Erleben sinnlicher Ordnung ganz bei sich bleiben, will es sich nicht durch einen Ausdruck verfremdet, das

---

[14] Vor dem Hintergrund der Unterscheidung von Wahrnehmung und Kommunikation fällt die Einseitigkeit von Forschungsprogrammen auf, die Wirklichkeit als alleiniges Produkt des Konversationszwangs zur „order at all points" (Sacks 1984, S. 22) zu konstruieren versuchen. In solchen Vorstellungen hat das Subjekt tatsächlich keinen Platz oder höchstens eine marginale Position, um methodisch-methodologische Regulative anbringen zu können: Irgendwen muss man ja interviewen oder beobachten, irgendwer muss die Texte noch signieren und für Fehlkonstruktionen kommunikativ einstehen. Bleibt man hingegen bei der Unterscheidung von Wahrnehmung und Kommunikation, kann man erst fragen, wie beide Typen von Ordnungsproduktion eigentlich zusammenhängen und welche *Sonder*bedingungen erforderlich sind, um – wie in der Wissenschaft üblich – Subjektivität und Individualität auf Null herunterfahren zu können.

heisst im Eigenreich der Kommunikation wiedersehen. Damit eröffnet ästhetisches Erleben ganz besondere Chancen der Individualisierung des Individuums; einer Individualisierung, die um ihre unüberschreitbare, aber daher auch sozial unbeschränkbare Individualität weiss.

## 5  Fazit

Die wenigen Ähnlichkeiten zwischen Subjekttheorie und Systemtheorie können und sollen nicht über die gravierenden Unterschiede hinwegtäuschen. Die Skizzen sollten ja nur zeigen, dass nicht alles in der Nähe des Subjektbegriffs Erarbeitete verloren geht, wenn der Begriff selbst nicht fortgeführt wird. Es wäre viel gewonnen, wenn klargestellt und beachtet würde, welche Momente kontinuieren und welche zurückbleiben. In solch einem Wissen müsste die Entscheidung keineswegs zwangsläufig für System- und gegen Subjekttheorie fallen. Allein die Wahl selbst würde deutlicher, und beide Seiten wüssten besser, wogegen sie schreiben, wenn sie gegen die andere Seite anschreiben. Gewonnen wäre mehr Konsens über Konsens und Dissens. Zum Vorschein kämen dabei meines Erachtens ebenfalls bislang ungesehene Gemeinsamkeiten, die beide Seiten im Unterschied zu dritten Positionen der Soziologie – den strukturalistischen, den soziologistischen und den rein modelltheoretischen Ansätzen – zu verteidigen und auszubauen hätten, so etwa der hier noch gar nicht angesprochene Sinn für die unabdingbar historische Lagerung jeder Beobachtung, jeder Subjektivität und jedes erreichbaren Verstehens.

Was mit der Systemtheorie eindeutig verloren geht, ist die Orientierung an einer alles fundierenden und zusammenführenden Einheit, wie sie zwar nicht der Sachverhalt, aber der Begriff des Subjekts noch versprach (vgl. Luhmann 1984, S. 284). Nicht einmal „das System" könnte diese Stelle einnehmen, denn schon System ist als Differenz (von System und Umwelt) definiert. Auch wird in den Fortführungen der Theorie seit Luhmanns Tod kräftig daran gearbeitet, den Systembegriff im Sinne der Wittgensteinschen Leiter „überflüssig" zu machen und als nur eine unter vielen theoretischen Variablen zu behandeln (siehe nur Fuchs 2001 oder Baecker 2002). Wenn Luhmann (vgl. Luhmann 1994) einmal dezidiert vor der „Tücke des Subjekts" warnte, dann meinte er die Gefahr, Einheitsterme zu setzen und zu denken, wo angemessen nur noch in Differentialbegriffen geschrieben und gedacht werden könne. Dies weiter auszuführen hieße, die Differenzen zu betonen, wo es im Vorstehenden für einmal um Gemeinsamkeiten zweier Theorieströmungen ging.

# Literatur

Baecker, D. (2002). *Wozu Systeme?* Berlin: Kadmos.

Baecker, D. (2005). *Kommunikation.* Leipzig: Reclam.

Fuchs, P. (1993). *Moderne Kommunikation: Zur Theorie des operativen Displacements.* Frankfurt a. M.: Suhrkamp.

Fuchs, P. (2001). *Die Metapher des Systems. Studien zu der allgemein leitenden Frage, wie sich der Tänzer vom Tanz unterscheiden lasse.* Weilerswist: Velbrück.

Fuchs, P. (2003). *Der Eigen-Sinn des Bewußtseins: Die Person, die Psyche, die Signatur.* Bielefeld: transcript.

Fuchs, P. (2004). *Der Sinn der Beobachtung. Begriffliche Untersuchungen.* Weilerswist: Velbrück.

Fuchs, P. (2005). *Das Gehirn ist genauso doof wie die Milz. Peter Fuchs im Gespräch mit Markus Heidingsfelder.* Weilerswist: Velbrück.

Fuchs, P. (2010). *Das System SELBST: Eine Studie zur Frage: Wer liebt wen, wenn jemand sagt: „Ich liebe Dich!"?* Weilerswist: Velbrück.

Fuchs, P. (2011). Das Fehlen von Sinn und Selbst. Überlegungen zu einem Schlüsselproblem im Umgang mit schwerst behinderten Menschen. In A. Fröhlich, N. Heinen, T. Klauß, & W. Lamers (Hrsg.), *Schwere und mehrfache Behinderung – interdisziplinär* (S. 129–141). Oberhausen: Athena.

Gadamer, H.-G. (1977). *Die Aktualität des Schönen. Kunst als Spiel, Symbol und Fest.* Stuttgart: Reclam.

Kant, I. (1995). *Kritik der reinen Vernunft 1.* Hrsg. von W. Weischedel. Frankfurt a. M.: Suhrkamp.

Luhmann, N. (1984). *Soziale Systeme. Grundriß einer allgemeinen Theorie.* Frankfurt a. M.: Suhrkamp.

Luhmann, N. (1989). Individuum, Individualität, Individualismus. In N. Luhmann (Hrsg.), *Gesellschaftsstruktur und Semantik. Studien zur Wissenssoziologie der modernen Gesellschaft* (Bd. 3., S. 149–258). Frankfurt a. M.: Suhrkamp.

Luhmann, N. (1992). Ökologie des Nichtwissens. In: N. Luhmann (Hrsg.), *Beobachtungen der Moderne* (S. 149–220). Opladen: Westdeutscher Verlag.

Luhmann, N. (1994). Die Tücke des Subjekts und die Frage nach dem Menschen. In P. Fuchs & A. Göbel (Hrsg.), *Der Mensch – das Medium der Gesellschaft* (S. 40–56). Frankfurt a. M.: Suhrkamp.

Luhmann, N. (1995). *Die Kunst der Gesellschaft.* Frankfurt a. M.: Suhrkamp.

Luhmann, N. (1996). Instead of a preface to the english edition: On the concepts ‚Subject' and ‚Action'. In N. Luhmann (Hrsg.), *Social Systems* (S. xxxvii–xliv). Stanford: Stanford University Press.

Luhmann, N. (1997). *Die Gesellschaft der Gesellschaft* (Bd. 1). Frankfurt a. M.: Suhrkamp.

Luhmann, N. (2000). *Die Religion der Gesellschaft.* Hrsg. von A. Kieserling. Frankfurt a. M.: Suhrkamp.

Luhmann, N. (2002). *Einführung in die Systemtheorie.* Hrsg. von D. Baecker. Heidelberg: Carl Auer.

Sacks, H. (1984). Notes on methodology. In J. M. Atkinson & J.C. Heritage (Hrsg.), *Structures of social action. Studies in conversation analysis* (S. 21–27). Cambridge: Cambridge University Press.

# Kosmopolitische Empathie: Subjektivität und die fluiden Grenzen der Sozialwelt

Angelika Poferl

> *Weder die Wahrnehmung der Natur noch das Entsetzen*
> *über Kriege, Verbrechen und Terror, Krankheit und Tod*
> *können sich der unentwegten, immer schon kulturell*
> *geprägten menschlichen Deutungsarbeit entziehen.*
> *Insofern sind wir, was immer wir sonst auch noch sind,*
> *von vornherein Kulturmenschen.*
> (Soeffner 2000, S. 9)

## 1 Einführung

Es gibt kein Jenseits der Kultur – doch was immer können wir darin sein? Im vorliegenden Beitrag geht es weder um prinzipielle Erörterungen zur Frage des Subjekts und ihrer – handlungs- wie erkenntnistheoretischen – Bedeutung für ein Verständnis von Sozialität noch um empirische Detailstudien zur subjektiven Dimension des Wissens und Handelns sozialer Akteure. Am Beispiel des Phänomens der Empathie und der verschiedenen Möglichkeiten seiner sozialwissenschaftlichen Erforschung wird vielmehr der eher pragmatisch gestimmten und vor allem gegenstandsbezogenen Frage nachgegangen, *warum* und *wofür* man einen Begriff von Subjektivität ‚braucht‘, um zu einer umfassenderen Betrachtung von Empathie, also dem Mitfühlen oder Mitleiden mit (einzelnen oder kollektiven) Anderen, zu gelangen. Den gesellschaftstheoretischen Hintergrund bilden aktuelle Diskus-

A. Poferl (✉)
Fulda, Deutschland
E-Mail: angelika.poferl@sk.hs-fulda.de

© Springer Fachmedien Wiesbaden 2014
A. Poferl, N. Schröer (Hrsg.), *Wer oder was handelt?*,
Wissen, Kommunikation und Gesellschaft, DOI 10.1007/978-3-658-02521-2_10

sionen um Prozesse der Globalisierung, Kosmopolitisierung und die Entstehung einer Weltgesellschaft, die aus unterschiedlichen Blickwinkeln das Problem der Wahrnehmung des Leidens ‚globaler Anderer' aufwerfen, den Aspekt der Subjektivität jedoch weitgehend vernachlässigen oder allenfalls oberflächlich – als unhinterfragte Prämisse jedweder Interpretation, Einstellung, Handlungsbereitschaft etc. – voraussetzen.

Vorangestellt seien zunächst einige grundlegendere Überlegungen zum Phänomen der Empathie im Spannungsfeld von Subjektkonstruktion und Subjektkonstitution. Entwickelt wird die These, dass Empathie durch gegenständlich auferlegte Formen von *Relevanz* und *Resonanz* bestimmt ist, die stets kulturell situiert, im Konkreten aber auf spezifische Subjekt-Objekt-Relationen und entsprechende Akte der Zuwendung zum jeweils Anderen angewiesen sind. Daran anschließend wird die Empathie- und Mitleidsthematik von ihrer diskurs- und philosophiegeschichtlichen Seite her beleuchtet. Der nachfolgende Abschnitt wendet sich der Dimension von Gefühlskulturen sowie dem Zusammenhang von Empathie und damit verbundenen sozialweltlichen Grenzen zu. Im Mittelpunkt des Beitrags stehen einerseits die gesellschaftliche Genese des mitfühlenden, mitleidenden Subjektes als einer diskursiv erzeugten *Subjektposition* sowie andererseits die Möglichkeit der *empathischen Erfahrung*. Die Frage der Subjektivität verweist auf beide Komponenten, womit sowohl kulturanalytische als auch interaktionstheoretische, phänomenologische und anthropologische Aspekte in die Argumentation einfließen.

## 2   Empathie und Subjektivität

Die gängige Unterstellung, dass Gefühle ‚immer schon' ein Ausdruck von Subjektivität – und nicht etwa nur das Resultat sozialer und kultureller Normen – seien, reicht als Begründung für einen subjektorientierten Zugang keineswegs aus. Dies verkompliziert sich soziologisch noch durch den Umstand, dass Gefühle bzw. eine fühlende, affektive Form des Weltbezugs ähnlich wie Gedanken zunächst und niemand anderem als dem Individuum ‚allein' gehören. Sie sind von außen weder unmittelbar zugänglich noch umgekehrt zur Expression gezwungen, worin sich gleichermaßen das Monadische des Individuums und dessen soziale Grenze[1] wie auch die Sozialität des Individuellen zeigen – es gehört zu den (modernen oder allgemein menschlichen?) Grunderfahrungen, Gefühle ‚für sich' behalten oder deren Ausdruck in gewissem Umfang steuern und kontrollieren zu können; jenseits des gekonnten „Gefühlsmanagements" (Hochschild 1979) beginnt, was moderne

---

[1] Siehe dazu auch Soeffner, Knoblauch, Hitzler, Eberle in diesem Band.

Gesellschaften im Extremfall als nicht nur irrational, sondern pathologisch zu bezeichnen pflegen.[2] Schon im Fühlen selbst sind Regeln, Institutionalisierungen, kollektive Wissensvorräte und Deutungsschemata, also der ganze Bereich des Gesellschaftlichen und gesellschaftlich Festgelegten, enthalten. Und doch sind es nicht allein Fragen der Normierung und Disziplinierung, der Unterwerfung unter Gefühlsregime oder der schlichten Prägung durch kulturelle Vorgaben, die Gefühle zu einem soziologisch interessanten Gegenstand machen. Im Akt des Fühlens dokumentieren sich Formen des *Eigen*erlebens wie auch des *Fremd*verstehens sozialer Anderer, auf *deren* vermeintliche oder tatsächliche Ausdrucksweisen (Objektivationen, signitive Vermittlungen) das fühlende Subjekt reagiert. Die Typisierung und Zuschreibung von Bedeutung ist nicht auf mitmenschliche Wesen beschränkt, sie kann sich auch auf Tiere oder Artefakte (in der kindlichen Wahrnehmung z. B. Kuscheltiere) richten. Empathie stellt dabei ein *soziales* Gefühl besonderer Art dar. Es impliziert, sich in den Anderen so hineinversetzen zu können, dass nachempfunden, genauer: imaginiert werden kann, was jener empfindet, dass das Leiden (gegebenenfalls auch Glück) des Anderen zum eigenen Schmerz (oder zur eigenen Freude) gerät. Gleichwohl liegt *nicht* jene Konstellation zweier oder mehrerer interagierender Individuen vor, die in der Regel durch Begriffe wie ‚Intersubjektivität' oder ‚Kommunikation' beschrieben wird. Das Empfinden von Empathie ist ein sozialer und dennoch höchst einseitiger Vorgang; solange kein unmittelbar aufeinander bezogenes Handeln anschließt, muss sie sich weder um Verständigung mit noch um das Einverständnis des Anderen, auf den das Mitgefühl sich richtet, weder um Konsens noch um eine wie immer geartete gemeinsame Situationsdefinition bemühen. Empathie gründet allem voran in der *je ‚eigenen' Erfahrung des ‚Anderen'* – die sich stumm, unberedt und jenseits aktiver Wechselseitigkeit vollziehen kann: Sie ist konstitutiv auf die Fähigkeit, ‚eine Erfahrung machen'

---

[2] Die explizite Kompetenz und Anforderung, an Gefühlen zu ‚arbeiten', ist eng an die Entwicklung der modernen Psychologie und Psychoanalyse und an das Menschen- und Wissenschaftsbild der modernen westlichen Welt einschließlich der Hervorbringung eines reflexiven Selbst gebunden. Dem gehen Formen der Selbstregulation voraus, die sich bereits im Zuge des Zivilisationsprozesses (Elias 1969 [1939]) und der zunehmend nach innen verlagerten Affektkontrolle wie auch in den seit der Antike bekannten Technologien des Selbst und der „Selbstsorge" (Foucault und Becker 1993[2]) entwickelt, vervielfältigt und verfeinert haben. In einem weiteren Sinne sind Formen der (wie auch immer gearteten) Steuerung von Gefühlen jedoch vermutlich universal und in der anthropologischen Konstante einer „exzentrischen Positionalität" (Plessner 1975, 2003) des Menschen begründet. Auch in traditionalen Gesellschaften muss ‚das Individuum' – geschichtlich neutraler: der jeweils einzelne Akteur – sich zu signifikanten und generalisierten Anderen (Mead 1968) und zu sich selbst verhalten. Die Ausprägungen dessen sind gleichwohl soziohistorisch und soziokulturell variabel.

zu können, d. h. auf Subjektivität, angewiesen. Sie setzt zugleich und unabweisbar einen Gegenstand, d. h. ein Objekt der Erfahrung, voraus. Darauf aufbauende
Prozesse der Sinnkonstitution sind zweifelsohne durch kulturelle und symbolische
Aufladungen unterschiedlichster Art geprägt, welche die Frage, wer, wen, warum
und wie etwas ‚angeht' oder angehen soll, tangieren.[3] Im Kern liegt dem jedoch
stets die formale Konstellation von *ego* und *alter ego* zugrunde, die ihrerseits nicht
einfach gegeben ist, sondern als symbolisch relevant hergestellt werden muss,
und die bereits die lebensweltlich selbstverständliche Annahme der „Gegebenheit
und Gleichgeartetheit meines Mitmenschen" (d. h. die Generalthese des alter ego,
Eberle 1984, S. 57) berührt. Damit werden die genetische Vorgängigkeit des Anderen (vgl. Schütz 2004 [1932], siehe dazu Knoblauch in diesem Band), die un-
abweisbare Differenz der Positionen und Perspektiven *und* deren Überbrückung zu
einem Strukturmerkmal der empathischen Referenz.

Die weiteren Ausführungen gehen der Frage von Empathie, Subjektivität und
Sozialität unter konstruktions- und konstitutionstheoretischen Blickwinkeln nach.
Damit wird an vorhandene Postulate innerhalb der phänomenologisch und wissenssoziologisch orientierten Soziologie angeknüpft. Thomas Luckmann selbst
spricht z. B. von einer „Parallelaktion der phänomenologischen und der historisch-
empirischen Forschung" (Luckmann 2002, S. 56) und sich ergänzenden Analysen,
andere schließen daran an (vgl. z. B. Raab et al. 2008). In der Regel wird ein
phänomenologischer Bezugsrahmen zur (protosoziologischen) Begründung her-
angezogen für eine Soziologie, die an der Art und Weise des In-der-Welt-Seins
als Ausgangspunkt der Welterkenntnis ansetzt. Unbenommen der akzeptierten Arbeitsteilung zwischen Phänomenologie und Soziologie kann jedoch auch in der
*Verschränkung* konstruktions- und konstitutionstheoretischer Zugänge eine Forschungsperspektive liegen: Sie setzt erstens daran an, in sozialen bzw. sozial ge-
richteten Äußerungsformen (also im Sprechen, Zeigen, Handeln, Denken, Fühlen)
von Subjektivität ein Abbild der objektivierenden „*gesellschaftlichen* Konstruktion der Wirklichkeit" (Berger und Luckmann 1989 [1966]; Hervorh. A.P.) zu sehen.
Schon die Erfindung ‚des Subjektes', d. h. des Menschen als relativ autonomes,
entscheidungs- und handlungsmächtiges Individuum, ist genealogisch betrachtet
eine Konstruktion. Zweitens wirkt Subjektivität aber *konstitutiv* und *konstruktiv* in
die Ausbildung von Weltbezügen hinein, indem sie tatsächlich (und keinesfalls fik-
tiv) darüber mitentscheidet, *warum*, *wie* und *als was* uns ‚die Welt' im Prozess der
Wahrnehmung, des Erlebens und der Erfahrung entgegenzutreten vermag und wie
man sich zu ihr verhält. Hierbei eröffnen sich mehr oder weniger enge Spielräume
und Optionen. In eben diesen Konstellationen des „Zusammenhang[s] von Welt

---

[3] Unter den Gesichtspunkten von Sozialität, Solidarität und Globalität sowie der Entwicklung eines Problematisierungswissens vgl. Poferl (2010, 2013).

und Subjektivität" (Raab et al. 2008, S. 13) stellt schließlich drittens Subjektivität selbst sich stets und auf je neue Weise her. Sie konstituiert sich *relational* und *in Aktion* – womit deutlich ist, dass es zum einen nicht ausreicht, das Subjekt allein als ‚Herr im Haus' zu begreifen und zum anderen die jeweilige Aktualisierung von Weltbezügen und deren Anlässe, mit anderen Worten: die *gegenständliche* Möglichkeit von Erfahrung, die Gegebenheit und Präsenz des *Objekts* als Voraussetzung von Subjektivität in den Vordergrund rückt. Ohne ein solches Objekt ist auch kein Subjekt existent; es würde der Welt entbehren, auf die es seine Aufmerksamkeit richten (bzw. intentional sein) kann und käme der weltfremden Abstraktion eines weltlosen homunculus gleich. Daraus ergibt sich freilich auch ein etwas anderer Konstitutionsbegriff, der ‚das' Subjekt kultur- und interaktionstheoretisch auflöst und zugleich stärker materialisiert. Für eine mundanphänomenologisch, wissenssoziologisch und hermeneutisch orientierte Betrachtung[4] stellt die Befassung mit Empathie noch in anderer Hinsicht eine Herausforderung dar. Emotionen und Affekte, Prozesse des sinnlichen Wahrnehmens, Spürens und Empfindens bilden einen Gegenstand eigener Art, für den primär erkenntnisbezogene Konzepte – d. h. auch: die Annahme des Subjekts als Erkenntnissubjekt – nur unzureichend gerüstet sind. Sie reproduzieren jenen kognitivistischen *bias* (vgl. Schützeichel 2006, S. 13), den die Soziologie der Emotionen den Sozialwissenschaften generell zum Vorwurf macht. Doch weder Geschichtlichkeit noch Gefühle lassen sich dem Raster kognitiver Rationalität unterwerfen; sie schränkt, wie schon Hitzler kritisch vermerkt, die „lebendige Fülle des In-der-Welt-Seins [ein] (...) Ohne vehementen Einbezug der Emotionalität z. B. aber bleiben eben wesentliche, konstitutive Aspekte des In-der-Welt-Seins verborgen" (Hitzler 1988, S. 28–29). Um das Feld eingrenzen und an die eingangs angesprochene Frage der Wahrnehmung des Leidens Anderer anschließen zu können, konzentriert der Beitrag sich im Folgenden auf das Phänomen des Mitleidens als einer Sonderform des Mitfühlens, das dem Wortsinne nach ja bspw. auch ein Mitfreuen beinhalten kann. Die angeführten Literaturbezüge sind ebenfalls auf Mitgefühl im Sinne von Mitleid konzentriert.[5]

---

[4] Die Mundanphänomenologie schließt an die Arbeiten von Schütz (2004 [1932]) sowie Schütz und Luckmann (2003 [1979/1984]) an; vgl. dazu auch Srubar (2007). Zu Grundlagen und Positionen der Wissenssoziologie sowie insbesondere der hermeneutischen Wissenssoziologie und sozialwissenschaftlichen Hermeneutik vgl. Knoblauch (2014[3]), Hitzler, Reichertz & Schröer (1999), Soeffner (2000) sowie die Beiträge in diesem Band.

[5] Zum Forschungsstand ist festzuhalten, dass das Phänomen der Empathie – und spezifischer des Mitleids – in der Soziologie bisher nur äußerst randständig behandelt worden ist. Dies gilt unter anderem auch für die Emotionssoziologie, in der der Gegenstandsbereich der „emphatic emotions" (vgl. Shott 1979) auf den ersten Blick vielleicht am ehesten zu verorten wäre. Erst in jüngerer Zeit erfahren Empathie und Mitleid mehr Beachtung, sowohl aus geschichtlicher (z. B. Aschheim 2011; Frevert 2013) als auch moralsoziologischer Perspektive,

# 3   Zur diskursiven Genese des mitfühlenden und mitleidenden Subjektes[6]

Die Frage nach Mitleid kann heute auf eine „2500 Jahre lange [.] Geschichte des Nachdenkens über das Mitleid" (Orwin 2009, S. 1) zurückblicken. Sie umfasst nicht nur die Entwicklung eines kulturell und sozial wirkmächtigen Ideenguts, sondern ebenso die Genese eines spezifischen Menschenbildes, das hochgradig normativ strukturiert und dennoch stets umstritten war und ist. In der Geschichte des Mitleids wird auch über ‚den' Menschen in seiner Zeit nachgedacht, wobei über einen langen Zeitraum hinweg vor allem die Philosophie – hier vor allem die Moralphilosophie und Moralkritik – den Ort der systematischen Reflexion und Auseinandersetzung darstellt. Mitgefühl und Mitleid gelten spätestens seit Adam Smith (2004 [1759]) ausdrücklich als „moralische Gefühle", die von Sensibilität und Ansprechbarkeit gegenüber dem Leiden Anderer zeugen; die zeitgenössische Philosophin Martha Nussbaum (1996) weist der Empathie den Status eines „basic social emotion" zu. Insofern ist es keineswegs weit hergeholt, zumindest ausschnitthaft einen Blick auf die hierzu sehr unterschiedlichen Betrachtungen zu werfen. Aus wissenssoziologischer und diskursanalytischer Perspektive bieten philosophische Debatten instruktives Material. Zwar sind sie nicht mit den vielfältig aufgefächerten gesellschaftlichen (z. B. politischen, professionellen, künstlerischen) Diskursen und gewiss auch nicht mit Alltagstheorien in eins zu setzen.

---

wobei hierzu in der internationalen Diskussion den Arbeiten von Sznaider (1998, 2001), Boltanski (1999 [1993]) oder kulturhistorisch Laqueur (1989, 2009) gewiss wegweisende Bedeutung zukommt. Interdisziplinär eröffnet sich eine äußerst unübersichtliche Literaturlage, die in die Psychologie, die Literatur-, Theater-, Medien und Kunstwissenschaften und seit jeher in die Moral-, politische und Rechtsphilosophie hineinreicht (einen Eindruck von dieser Breite geben bspw. die Beiträge in Berliner Debatte Initial 2006). Rasch expandierende Forschungsfelder, in denen Fragen von Empathie und Mitleid behandelt werden, haben sich mit der Humanitarismus- und Menschenrechtsdiskussion (vgl. z. B. Hunt 2007; Wilson und Brown 2009; Tester 2010) sowie der anwachsenden Bedeutung globaler Massenmedien entwickelt (siehe dazu die in Abschn. 4 angegebene Literatur). Arbeiten zur Soziologie des Leidens (vgl. z. B. Wilkinson 2005) gehen auch auf Mitgefühl und Mitleid ein. Die Rolle von Empathie in einer globalen Welt wird zudem aus interkultureller Perspektive und in pädagogischer Absicht untersucht (vgl. z. B. Calloway-Thomas 2010). Die Neurowissenschaften nehmen sich der Entdeckung der Spiegelneuronen als biologischer Basis von Mitgefühl an (vgl. Rizzolatti und Sinigaglia 2008). Nicht zuletzt ist Empathie zu einem Thema aktueller Bestseller geworden, die darin die Signatur eines neuen Zeitalters, einer sich herausbildenden globalen „empathischen Zivilisation" (Rifkin 2009) und „besseren Gesellschaft" (De Waal 2011) auf den Grundlagen von Biologie, Psychologie und Evolutionsgeschichte sehen. Bezeichnenderweise sind es die Beiträge der Hirnforschung, die derzeit auch die Massenmedien erreichen (z. B. DER SPIEGEL Nr. 29, 15.7.2013).

[6] Die Ausführungen in den Abschn. 3 und 4 greifen in Teilen auf Poferl (2012) zurück.

Dennoch sind Philosophien dem in Gesellschaft verfügbaren Wissen nur scheinbar weit entrückt. Sie diffundieren (über Bildungsinhalte, populärwissenschaftliche Literatur, Kunst, neuerdings Talkshows oder praktische Formen der Lebenshilfe) in das Alltagsdenken und –handeln hinein und nehmen ihrerseits Gestalt an als spezialisierte, hochgradig abstrahierte und systematisierte Ausarbeitungen[7] historisch vorfindlicher kultureller Haltungen – auch dem Sollen geht ein Sein voraus. Diskurse liefern handlungsrelevante und in spezifischen Kontexten entwickelte „Interpretationsrepertoires" (Keller 2005). Sie erzeugen Wissen, und dieses diskursiv erzeugte Wissen ist sowohl den tradierten und institutionalisierten Wissensvorräten als auch den Deutungsmustern, die soziale Wahrnehmung organisieren, eingeschrieben. Diskurse üben Machtwirkungen aus und bilden die Gegenstände, „von denen sie sprechen" (Foucault 1988, S. 74). Sie eröffnen aber auch (und dies kommt in diskurstheoretischen Ansätzen oft zu kurz) Optionen, d. h. Definitions- und Handlungsspielräume, indem sie ein mehr oder weniger ausdifferenziertes, vielschichtiges und veränderbares Spektrum von Vorstellungen über die soziale Wirklichkeit markieren. Diskurse disponieren, aber determinieren nicht. Entwicklungsgeschichtlich spiegeln sich darin die für moderne Gesellschaften charakteristischen Aspekte der Individualisierung sowie der Säkularisierung und Pluralisierung von „Moralen" (*moralities*, Luckmann 1997, S. 14), die gerade *keine* unumstößlichen Handlungsanweisungen mehr bieten.[8] Verhandlungen von Empathie und Mitleid sind für die hier interessierende Thematik insofern von Bedeutung, als sie – teils ex-, teils implizite – „kommunikative Konstruktionen" (vgl. Keller, Knoblauch & Reichertz 2013) des mitfühlenden und mitleidenden Subjektes offerieren. In den Blick rücken Eigenschaften und Attribute, mit denen Menschen ausgestattet oder auszustatten sind. Sie verweisen auf Programmatiken, die mit der Entfaltung der Moderne einhergehen und sowohl das Projekt als auch das Subjekt der Moderne im Spannungsfeld von *Entwurf* und *Deutungsoffenheit* konturieren. Unter den Bedingungen der Auflösung traditionaler Ordnungen sind die Individuen dazu ‚verdammt', sich zu orientieren und eine Haltung einzunehmen.[9]

---

[7] Dass solche Ausarbeitungen in der Regel frei von Empirie im Sinne eines überprüften Realitätsbezugs sind, macht ihre disziplinär beanspruchte Qualität und (aus soziologischer Sicht) zugleich die Grenzen und Doppeldeutigkeit ihrer jeweiligen Wahrheitsbehauptungen aus.

[8] Zum Individualisierungsbegriff aus der Sicht der Theorie reflexiver Modernisierung vgl. Beck (1997), Beck und Beck-Gernsheim (2002), Beck (2008). Auf weitere Verweise zur umfangreichen soziologischen Individualisierungsliteratur sei hier verzichtet. Siehe dazu aber auch Soeffner in diesem Band, zur intersubjektiven Konstitution von Moral außerdem Luckmann (2000).

[9] Dies macht die Sozialfigur des Individuums, seine Historizität unter den Bedingungen der Auflösung traditionaler Ordnung aus.

Philosophische Auseinandersetzungen über die Bedeutung von Empathie und Mitleid kreisen um die Frage des Verhältnisses von ‚Gefühl' und ‚Tugend' (vgl. Orwin 2009) ebenso wie um die Frage der Reichweite von Moral (vgl. Ritter 2005[2]) bzw. des empathischen, mitleidsvollen Handelns. Dem spezifischen Rationalismus der Antike[10] entsprechend galten Mitgefühl und Mitleid als *Leidenschaften* (also als Gefühle), die angeboren, aber zugunsten der Entfaltung von *Tugenden* (sprich: einer rationalen Einstellung gegenüber den Leidenschaften) zu kontrollieren seien. Unbeherrschtes Mitleid wird mit (weiblicher) Weichheit und Selbstmitleid assoziiert – eine geschlechterkulturell codierte Wertung, die sich als Unterscheidung zwischen „Weibern", „moralischen Kastraten" und „kindischem Wimmern" einerseits, „männlicher Anstrengung" andererseits noch und wieder bei Immanuel Kant, dem großen Philosophen der Aufklärung, findet; nur in der Tatkraft offenbare sich ein Mitleid, das nicht des „Mannes Muth und Mannes Kraft" beraube und für den Leidenden auch einen Nutzen habe (1798, hier zit. nach Frevert 2013, S. 52). Mit der Entwicklung des Christentums tritt das Prinzip der *Nächstenliebe* in den Vordergrund. Sie begreift sich als eine theologisch begründete, übernatürliche Tugend, die humanitäre Akte zugunsten des Nächsten und der Linderung irdischen Leidens als (immer nur unvollkommene) Annäherung an das göttliche Modell der (gr.) agapê (lat. caritas) – d. h. der nichtsinnlichen Liebe – beinhaltet. Im Kern aber bleibt das christliche Gedankengut auf die Erlösung von Leiden im Jenseits gerichtet. Diese Jenseitsorientierung verbindet sich mit einer Sinnstiftung, wonach Leiden unvermeidlich, die Menschen im Leiden aber auch Christus nahe seien (vgl. Orwin 2009). Eine markante Verschiebung zeigt sich in der Figur des *modernen verweltlichten* Mitleids, die maßgeblich im 18. Jahrhundert und im Zuge des bereits erwähnten Aufklärungsdenkens entstanden ist. Zu seinen bedeutendsten Vertretern zählt Jean-Jacques Rousseau mit seiner „Abhandlung über den Ursprung und die Grundlagen der Ungleichheit unter den Menschen" (2010 [1755]), der im Mitfühlen und Mitleiden einen (wie schon bei Smith) natürlichen, durch die Zivilisation, die Macht der Eigenliebe und den sich ausbreitenden Wettbewerb jedoch bedrohten Impuls sah (vgl. Ritter 2005[2]; Orwin 2009). Zugleich erkennt Rousseau in der zu fördernden Tugend des Mitleids auch ein „süßes Gefühl", das „zwar an die Stelle des Leidenden" versetze, aber mit der „Freude, nicht so zu leiden wie er" (1762, hier zit. nach Frevert 2013, S. 49) verknüpft sei. Im 19. Jahrhundert formuliert Arthur Schopenhauer eine explizite Mitleidsethik aus, die allein das Mitleid als „Triebfeder" und Fundament moralischen Handelns (vgl. Welsen 2007, S. XIII) ausweist. Diese Vorstellung baut auf einer – wie Schopenhauer es nennt – „metaphysischen" Bestimmung des *Verhältnisses zweier Individuen* auf. Demnach sei der empirisch bestehende „Unterschied zwischen dem Subjekt und dem Anderen"

---

[10] Als führende Denker werden meist Platon und Aristoteles behandelt (vgl. auch Nussbaum 1996).

(Welsen 2007, S. XIV) im Mitleid gleichsam aufgehoben. Diese Tatsache bilde „die metaphysische Basis der Ethik, und bestände darin, dass das EINE Individuum im ANDERN unmittelbar sich selbst, sein eigenes wahres Wesen wieder erkenne" (Schopenhauer 2007 [1860], S. 169; Großschreibung im Orig.). Ganz anders hingegen Friedrich Nietzsche. Er sah im Mitleid eine „moderne Epidemie", der auch sein Antipode, der Mitleidsethiker Schopenhauer, an Heim gefallen sei. Mitleiden gehöre in die „Sphäre der niederen Menschen, die andere ebenso wie sich selbst bemitleideten und sich darin wälzten"; es richte sich gegen das Streben der Menschheit nach Größe und bereite den „Abstieg zum Untermenschlichen vor" (Orwin 2009, S. 9). Dazu Nietzsche im „*Anti-Christ*": Mitleid sei „als *Multiplikator* des Elends wie als *Konservator* alles Elenden ein Hauptwerkzeug zur Steigerung der Décadence – Mitleiden überredet zum *Nichts!*" (2008 [1888], S. 21, Hervorh. im Orig.).

Stärker auf gesellschaftliche und ökonomische Entwicklungen nehmen Autoren wie Charles de Secondat Montesquieu oder die schottischen Aufklärer Adam Smith und David Hume Bezug. Für sie stehen die Ausbreitung von *Markt- und Handelsbeziehungen* im Zentrum sowie die Durchsetzung eines ‚wohlverstandenen', ‚aufgeklärten' Eigennutzes. Der Handel schaffe Engstirnigkeit, Provinzialismus und Aberglauben ab; er mache die Menschen wohlhabender und sicherer, toleranter, umgänglicher und menschlicher (vgl. Orwin 2009; Sznaider 1998, 2000). Der durch Smith bekannt gewordene Begriff der „*sympathy*" bedeutet nicht Zuneigung; er lässt sich umschreiben als eine Haltung der Sozialität und Gemeinverträglichkeit (*fellow-feeling*), die auch auf der „technischen" (Sznaider 2000, S. 20) *Gleich-Gültigkeit von Fremden* im Kontext der historisch neuartigen kapitalistisch-liberalen Wirtschaftsgesellschaft beruht. Für Alexis de Tocqueville bauen Mitleid, Einfühlungsvermögen und Menschlichkeit auf der Entwicklung von *Demokratie* und *Individualismus* auf. In der Aristokratie stand „Mitgefühl […] für Menschen als solche nicht zur Verfügung", es bleibt auf Klassenbindungen beschränkt. Unter demokratischen Bedingungen dagegen werden Klassenbindungen geschwächt: „Wo alle mehr oder weniger gleich und gleichberechtigt sind, identifiziert sich ein jeder bereitwillig mit dem Anderen und also auch mit dessen Missgeschick" (Orwin 2009, S. 8).

Was lässt sich daraus ablesen? In den philosophischen Reflexionen über Mitgefühl und Mitleid wird sowohl um die moralische Ordnung sich wandelnder Gesellschaften als auch um die *Berechtigung* eines Denkens und Handelns in entsprechenden Kategorien gerungen. Mitgefühl und Mitleid zeichnen sich als Gegenpol zu Grausamkeit und Brutalität ab; Hoffnungen auf eine „Verbesserung der Moral" (Ritter 2005[2], S. 8) und nicht zuletzt auf eine „moralische Integration der Menschheit" (Ritter 2005[2], S. 11) knüpfen – auch gegenwärtig – daran an. Zugleich geben sie Auskunft über die Entstehung eines Subjekt- und Menschenbildes der emotionalen Sensibilisierung: Sich in das Leid anderer einfühlen zu können oder gar zu müssen, wird zum Ausdruck eines Fortschritts- und Zivilisierungsprozesses, der auf *verallgemeinerter Mitmenschlichkeit* basiert. Dieses Menschenbild kann aber nur dann praktisch werden und sozial Geltung erlangen, wenn es verinnerlicht und in kollektive wie individuelle ‚Gefühlshaushalte' integriert ist. An diesen Sachverhalt kommen weder philosophische Abstraktionen noch die in der (Diskurs-)Geschichte bis heute wuchtig vorgetragenen Dekonstruktionen heran. Insofern bildet auch die Frage der Normbildung nur eine Seite des hier behandelten Gegenstands ab.

Doch Mitgefühl und Mitleid sind selbst als moralische Kategorien nicht unbedingt von gleichem ‚Wert' – zumindest nicht in den Voreinstellungen und Prämissen des philosophischen und breiteren intellektuellen Diskurses, der darüber zu befinden sucht. Gleich einem roten Faden ist die seit einigen Jahren wieder aufflammende Diskussion von ausgeprägtem Misstrauen gegenüber der Kategorie des *Mitleids* gekennzeichnet. Mitleid ist ganz eindeutig zu einem ‚verdächtigen Gefühl' (vgl. Poferl 2012) geworden, das – in seinen Negativversionen – für Herablassung und Herabsetzung, Paternalismus, Selbstgefälligkeit, Oberflächlichkeit und tatenlosen ‚Tugendterror' steht:

> Mitleid – nein danke. Das verbittet man sich. Im Mitleid steckt, auf den ersten Blick, zweierlei: Herablassung, und Untätigkeit. Herablassung: in einem Adjektiv wie „mitleiderregend" kommt sie zum Vorschein. Es verhält sich wie erbärmlich zu Erbarmen. Mitleid äußert sich jedenfalls von oben nach unten. […] Ist Mitleid nicht herablassend, steht es im Verdacht, mit etwas Schicksalhaften einverstanden zu sein und vor Verhältnissen abzudanken, an denen es nicht ändern kann oder will: das könnte ja etwas mehr kosten. Da wird Mitleid zur Abschlagszahlung, wenn nicht zum Gratisgefühl. Ein natürlicher Reflex sträubt sich dagegen, sein Empfänger zu sein. Wer wird gern bemitleidet? […] Aber das Mitleid, das mich gelehrt wurde, griff auch den Spender an. Sein kaum verhüllter Zweck war, ihm ein schlechtes Gewissen anzuhängen. […] Ja, das erbauliche Mitleid meiner Kindheit war von einer Zuchtrute nicht weit entfernt: in ihm zeigt sich gewissermaßen die verbotene Seite des Genusses (Muschg 2006, S. 5).

Der Einschätzung, dass das Mitleid sich heute eines „hohen und unumstrittenen Ansehens" (Orwin 2009, S. 1) erfreue, muss insofern widersprochen werden. Von der, wie es häufig heißt, ‚Verehrung', einem ‚Siegeszug' oder gar ‚Wahn' des Mitleids kann angesichts zahlreicher Abgrenzungen und längst auch modisch gewordener Distinktionen keine Rede sein (im Gegenteil: wer will schon gern ein ‚Gutmensch' sein?). Dominant scheint gegenwärtig vielmehr die Klage über das Mitleid, die das Problem des Leidens auf das Problem der Angemessenheit des Mitleidens und seiner jeweils ‚richtigen' Form verschiebt. Aus ihr spricht Überdruss an der Zumutung von Engagement und einem Übermaß an Normativität; vielleicht auch nur die Verdrängung eines Gefühls, dass zwar in und mit der Moderne entwickelt, im Kontext durchgesetzter bürokratischer Rationalität (vgl. Weber 1980 [1921]), Vernunft- und Gerechtigkeitsprinzipien in der politisch-öffentlichen Sphäre aber doch eigentümlich deplatziert, wenn nicht ideologisch, erscheint. Noch die verbreitete Auffassung, dass zumindest dem ‚glaubwürdigen‘, ‚überzeugenden‘ Mitleid Taten folgen müssten, ist ein durch und modernes Produkt: Sie spiegelt den im 18. Jahrhundert angelegten Wunsch nach bürgerlicher „Verbesserung und Vollkommenheit" in Form von Hilfe und Menschenliebe (Frevert 2013, S. 49),[11] dem das „Selbstbild des bürgerlichen Menschen, genauer: des bürgerlichen Mannes als autonomes, sich selbst verantwortliches und von niemand abhängiges Individuum" (Frevert 2013, S. 53) entspricht. Wo dieses Selbstbild an seiner Realisierung gehindert ist, stellen sich Scham und Hilflosigkeit ein – gegebenenfalls auf Seiten des Leidenden *und* auf der Seite derjenigen, die dem Leiden gegenüberstehen.[12]

Hannah Arendt (vgl. Arendt 1994[4] [1963]) hat in Auseinandersetzung mit der Französischen Revolution und dem Werk Rousseaus eine Mitleidskritik entwickelt, die sich entschieden gegen eine „Politik des Mitleids" (*pity*) als Kategorie der Repräsentation, der stellvertretenden Fürsprache der „Glücklichen", im Unterschied zu Mitgefühl (*compassion*) als einer Dimension zwischenmenschlicher, interaktiv eingebetteter Begegnungen wendet.[13] Dies wirft die Frage der *sozialen Identifikation* bzw. *Fremdheit* und *Distanz* auf, die in die angedeuteten Unterscheidungen eingelassen ist. Eltern eines erkrankten Kindes würden im alltäglichen Sprachgebrauch mit hoher Wahrscheinlichkeit eher als mitfühlend beschrieben werden, während der Bettler am Straßenrand bestenfalls ‚Mitleid‘ – oder doch auch ‚Mitgefühl‘? – weckt. Aus phänomenologischer und interaktionstheoretischer Sicht ist die vorgenommene Kategorisierung dennoch inkonsistent, weil *sowohl* dem Mitfühlen *als auch* dem Mitleiden eine *strukturelle Differenz* und *Asymmetrie* zwischen dem Leidenden und dessen Beobachter zugrunde liegt, die durch Akte der Aufmerksamkeit und Zuwendung (seien diese noch so flüchtig) ‚überwunden‘ werden muss. In beiden Hinsichten stellt sich schließlich das eingangs angesprochene Problem, wie eine solche Überbrückung der Differenz zwischen *ego* (hier:

---

[11] Frevert nimmt hier auf Überlegungen von Moses Mendelssohn zum Mitleid als Ausdruck der „Unlust" angesichts von Unvollkommenheit sowie den sich entfaltenden humanitären Aktivismus des späten 18. Jahrhunderts Bezug.

[12] Zur Sozialpsychologie von Empathie und Scham vgl. z. B. Nunner-Winkler (1999), zum Verhältnis von Status und Scham aus ungleichheits- und kultursoziologischer Sicht Neckel (1991).

[13] Ihre Argumentation führt weiter in die politische Philosophie hinein, ein Zweig, dem hier nicht nachgegangen werden kann. Vgl. dazu aber z. B. Boltanski (1999 [1993]) und Sznaider (1998, 2001).

dem Beobachter) und *alter ego* (hier: dem Leidenden) gelingen kann und es zu einem Prozess der *Perspektivenverschränkung* kommt – bei aller Einseitigkeit, die der nicht notwendig ‚intersubjektiven' und nicht notwendig ‚kommunikativen' Betrachtung des Leids *Anderer* zu eigen ist.

# 4 Empathische Erfahrung und die Kosmopolitisierung des Sozialen

Die vorangehenden Skizzen machen deutlich, dass die Rede über Empathie und Mitleid, die Vorstellungsinhalte und Assoziationen, die damit verwoben sind, sich immer schon im Rahmen vorhandener *Subjektformierungen* und in Referenz auf diskursiv entworfene *Subjektpositionen* bewegen. Doch wie werden diese konkret? Mit anderen Worten: Wie werden sie zu einer Bedingung und Voraussetzung der empathischen *Erfahrung*, die dem so konstruierten und ausgestatteten Subjekt – genauer: dem je einzelnen, situierten Individuum – möglich ist? Hinweise hierzu lassen sich der sozial- und kulturwissenschaftlichen Literatur entnehmen, die seit einigen Jahren im Zuge eines ‚neuen', globalen Humanitarismus sowie der Menschenrechtsdiskussion entstanden ist. Empathie und Mitleid lassen sich zweifellos selbst als kulturelle Phänomene betrachten, einschließlich ihrer diskursiven Anlagerungen. Sie sind in hohem Maße abhängig von geschichtlich-gesellschaftlichen Kontexten, Kontingenzen, Modellierungen und Modifikationen. Über Denktätigkeiten und intellektuelles Sprechen hinaus umfasst die gesellschaftliche Konstruktion von Mitgefühl und Mitleid eine Reihe weiterer kultureller und sozialer Praktiken. Vorliegende Studien dokumentieren den Einfluss von *Gefühlskulturen* (ohne unbedingt systematisch mit diesem Konzept zu operieren). Im Anschluss an emotionshistorische und -soziologische Ansätze[14] sind darunter Komplexe von Regeln und Praktiken zu verstehen, die strukturieren und nahelegen, worauf mit welchen Gefühlen reagiert wird, welche Gefühle in welchen Situationen angemessen oder unangemessen sind, wann Gefühle gezeigt werden dürfen oder eher kontrolliert werden müssen – die also den Gebrauch, den Situationsbezug und die je situative Aktualisierung von Gefühlen präformieren. Ein kulturanalytisch aufgeschlossener Zugang sollte in einem weiteren Schritt auch daran ansetzen – bevor abschließend die Frage des Zusammenhangs von Empathie, Subjektivität und Sozialität auf eine ‚kosmopolitische' Perspektive zuzuspitzen ist.

Die philosophischen Diskurse des 18. und 19. Jahrhunderts werden auf vielfältige Weise durch literarische, künstlerische und politisch-öffentliche Formate

---

[14] Vgl. etwa Gordon (1989), Denzin (1990) sowie Kessel (2006) und die dort angeführte Literatur.

der gesellschaftlichen Selbstbeschreibung und Selbstverständigung ergänzt. In Theatern, Romanen, Salons findet eine „Erziehung zum Mitleiden" (Frevert 2013, S. 50) statt, begleitet von eindrucksvollen internationalen wechselseitigen Rezeptionsbewegungen im deutschen, romanischen und angelsächsischen Sprachraum (vgl. Hunt 2007). Den „großen Bühnen des Mitleids wie Gerichtssaal, Volksversammlung und Theater" (Zill 2006a, S. 4), galt bereits in der Antike Interesse. An deren Stelle sind heute Film, Fernsehen und globale Massenmedien getreten. Sie bilden einen eigenen Raum – einen „moral space" (Silverstone 2007) – der Medialisierung und Mediatisierung; im Zeitalter der Globalisierung des 20. und 21. Jahrhunderts dehnt dieser sich längst über weltweite Entfernungen aus. Hierzu ist inzwischen ein interdisziplinäres Forschungsgebiet entstanden, das sich bspw. mit der Berichterstattung über globale Krisen (Cottle 2009) oder mit unterschiedlichen Nachrichtenformaten (Chouliaraki 2006) sowie möglichen Reaktionsweisen darauf befasst.[15] Methodisch ist der oft vorschnellen Behauptung der ‚Erzeugung' von Mitgefühl und Mitleid durch die Medien jedoch mit Vorsicht zu begegnen. In der Regel werden mediale Angebote, *keine* Rezeptionen untersucht. Dem Rechnung tragend, geht Luc Boltanski (1999 [1993]) in seiner Arbeit über die Wahrnehmung von Leiden auf Distanz der Frage nach, welche *moralisch akzeptablen Antwortmöglichkeiten* dem Zuschauer zur Verfügung stehen. Diese Möglichkeiten sind verschieden, doch begrenzt. Im Rückgriff auf literarische Genres (Pamphlete, Romane, Kunstkritik) unterscheidet Boltanski drei rhetorische Formen: „the topic of denunciation", das durch Empörung und Anklage gekennzeichnet ist, „the topic of sentiment", in dem Weichherzigkeit, Wohltätigkeit und Dankbarkeit im Vordergrund stehen, und „the aesthetic topic", das dergleichen Formen des Involviert-Seins zurückweist zugunsten der sublimierenden Betrachtung. Boltanski (1999, S. 149 ff.) unterstreicht in seiner These von der „Krise des Mitleids" die „kritischen Fähigkeiten" der Zuschauer und damit verbundene Prozesse der bewussten Distanzierung. Dies zeigt, dass der Alltagsinterpret der Nachrichten- und Bilderflut nicht einfach ausgeliefert ist, sondern sie auf seine Weise selektiert. Dass die bloße Darstellung des Leidens keineswegs für sich spricht, sondern gängigen Deutungskonventionen folgt und zugleich täuschen kann, arbeitet Susan Sontag (2003) in ihrem Essay zur Kriegsfotografie heraus.

Für die Entwicklung einer Gefühlskultur des Mitfühlens und Mitleidens ist vor allem die auf das 18. Jahrhundert zurückverweisende Entfaltung *humanitärer Narrative* von weitreichender Bedeutung. Sie sind eng mit der ‚Entdeckung' der Würde des Menschen, seines Anspruchs auf physische und psychische Integrität, aber auch seiner Schutzbedürftigkeit und Verletzlichkeit verbunden. Ihre Wirkungswei-

---

[15] Vgl. außerdem z. B. Baringhorst (1999), Tester (2001), Spahr (2006), Zill (2006b), Robertson (2010).

se baut auf verschiedenen Elementen auf. Nach Thomas Laqueur (1989) gehören dazu die literarische Technik des *„reality effect"*, der auf empirische Genauigkeit bedacht ist und durch den Erfahrungen (Qualen, Beschädigungen, Nöte) Anderer als ‚wahr' vermittelt werden, die *Körperlichkeit* des Leidens und die Herstellung eines Körperbezuges – der Körper ist Ort des Schmerzes und bildet ein gemeinsames Band zwischen den Leidenden und denen, die helfen könnten – sowie Szenarien der *Kausalität* und *Handlungsmächtigkeit;* die Linderung von Leiden gilt angesichts der gestiegenen menschlichen Eingriffsmöglichkeiten als erreichbar, moralisch geboten und legitim. Neuere Beiträge (vgl. z. B. Laqueur 2009) ziehen einen Vergleich zur künstlerischen Darstellung und unterstreichen die *Partikularität* der Person und Situation, die zur Betrachtung zwingt.

Doch inwiefern ist dies für die Frage einer *kosmopolitischen* Empathie aufschlussreich – d. h. für die Entstehung *grenzüberschreitender* Formen des Mitfühlens und Mitleidens, die heute in verschiedenen Kontexten breit diskutiert wird? Was sind deren soziohistorische und soziokulturelle Grundlagen? Was macht das Kosmopolitische aus? Und inwiefern zeigt gerade hierin sich der Stellenwert von Subjektivität? Dies lässt sich, zumindest ansatzweise, durch eine stärkere Verknüpfung konstruktions- und konstitutionstheoretischer Überlegungen beantworten. Sie machen deutlich, dass Empathie mit einer Öffnung von *Relevanz-* und *Resonanzhorizonten* einhergeht, die das Leid des Anderen überhaupt erst zu einem Gegenstand ‚von Bedeutung' werden lassen und sowohl eine subjektive als auch soziale Seite haben. Es handelt sich hierbei um notwendige, wenn auch keineswegs hinreichende Bedingungen. Vier Aspekte sind zentral:

Für die Wahrnehmung von Leiden ebenso wie für Mitgefühl und Mitleid stellt erstens die Anerkennung des Anderen als nicht nur körperliches, sondern *leidensfähiges Wesen* eine elementare Voraussetzung dar. Die Zuschreibung von Leiden impliziert wiederum die Zuschreibung von *Schmerz*, was neben Menschen auch Tiere einschließen und unterschiedliche (praktizierte oder verrechtlichte*)* Formen des als geboten erachteten Schutzes und Beistands, der Unterstützung und der Verantwortung für die Vermeidung oder Linderung von Leid und Schmerz beinhalten kann. Natan Sznaider sieht in der Entwicklung des „compassionate temperament" eine erste Form der moralischen Selbstorganisation und Selbstkontrolle moderner Gesellschaften, die unabhängig von Staat und Kirche ist: „Compassion is about sensing other people's pain, about understanding pain, about trying to do something about it" (Sznaider 2001, S. 25).

In den Blick rückt damit zweitens der Aspekt der *Imagination*, die es erlaubt, sich in das (vermeintliche oder tatsächliche) Erleben anderer hineinzuversetzen und sich davon eine Vorstellung machen zu können; schon Smith und Schopenhauer haben dies erkannt. Imagination ermöglicht, die bereits betonte Differenz der Positionen und Perspektiven von *ego* und *alter ego* aufzuheben und imaginativ wie affektiv in subjektives Erleben zu überführen. Die Akte des Mitfühlens und Mitleidens verweisen gleichermaßen auf den Leidenden (als Objekt der Imagination) *und* das imaginierende, empfindende, erlebende Subjekt. Der der Sinneswahrnehmung zugängliche (z. B. gesehene) Körperausdruck des Anderen ‚verwandelt‘ sich dabei zum *Zeichen* und Bild.[16] Umgekehrt wird das Subjekt zum *Resonanzkörper* seiner Wahrnehmung, die an die Gegebenheit des Anderen und dessen spezifische Verfasstheit anschließt. Unterschiedliche soziale Grade und situative Differenzen der Ansprechbarkeit durch das Leiden des Anderen sind hierfür zunächst unerheblich. Die unmittelbare Anwesenheit des Anderen, sein unmittelbar vor Augen stehendes Leid, mag stärker und nachdrücklicher berühren; das Schicksal des persönlich Nahestehenden zerreißt das Herz auf andere Weise; die Liebe und die Menschenliebe sind zwei verschiedene Dinge. Und gewiss bietet Imagination keine Garantie für Empathie oder überhaupt dafür, ‚mit-menschliche‘ Achtung und Behandlung zu erfahren – auch der Sadist verfügt über ein erhebliches Maß an Vorstellungskraft darüber, was Menschen Schmerz zufügt und leiden lässt, Grausamkeit kennt ihre eigene Virtuosität.

Kosmopolitische Empathie impliziert drittens eine *Erweiterung ‚sozialer Kreise‘*[17], die das Denken, Handeln und Fühlen in traditionalen Gemeinschafts- und Zugehörigkeitskategorien unterläuft. Wie Laqueur am historischen Beispiel des Kampfes gegen die Sklaverei zeigt, lenken Appelle und andere Formen der Mobilisierung (z. durch Pamphlete, Parlamentsansprachen) die Aufmerksamkeit auf *unbekannte, anonyme Fremde*, auf Menschen, die geographisch und kulturell weit entfernt sind und auch nicht zu vertrauten Fremden, d. h. zu Fremden „in unserer Mitte" und der je eigenen Gemeinschaft gehören. Dies stellt insbesondere die Annahme der schieren Präsenz und kulturellen Nähe als Basis für Humanität in Frage:

The sense of humanity both as the quality of being humane, of treating others with kindness and civility, and as the human disposition towards benevolence are old. The connection of humanity to feeling and sentiment is novel in our period. And so is its expanded range. The ethical requirement of humane behavior or humanity on both their biblical and early modern European contexts was confined to the stranger in our midst – the poor, the leper, the sojourner – who is present before us and whom we are enjoined to treat as a guest, a part of our community, instead of as a stranger,

---

[16] Aus diesem Grund spielen auch Bildhaftigkeit und Bildinterpretation eine herausragende Rolle für das Verständnis von Imagination. Dies kann hier nicht weiter ausgeführt werden; vgl. zur Frage der ‚Wahrheit‘ von Bildern z. B. Poferl und Keller (2014) (im Erscheinen).

[17] Dies ließe sich natürlich auch aus der Perspektive der Soziologie Georg Simmels betrachten.

an „other". This is the fragile humanity of the face to face encounter that was easily
shattered by expulsion beyond the limits of a parish boundary or city wall. The remar-
kable creation of the eighteenth century is the vastly expanded ethical category of
the „human(e)" to include animals as a limit case, but more centrally humans unseen
and unheard, those who suffer across what would seem to be unimaginable distances,
geographical and cultural, those who are in the old sense already *excluded* (Laqueur
2009, S. 44/45; Hervorh. A.P.).

Damit ist einiges über soziale Welten, aber noch nichts über die *Grenzen der So-*
*zialwelt* selbst ausgesagt. Um noch einen Schritt weiter gehen zu können, sei vier-
tens auf Thomas Luckmanns Annahme der „„universalen Projektion'" hingewiesen. Für ihn stellen die Grenzen der Sozialwelt jenen Aspekt der Strukturen der
Lebenswelt dar, der *nicht* zu den „Universalien" menschlicher Orientierung bzw.
zu den unveränderlichen Strukturen der Erfahrung gehört. In der Befassung mit
den Grenzen der Sozialwelt, so Luckmann, „geht es um etwas mehr als einen rein
theoretischen Disput. Die Grenze zwischen Sozialem und Nicht-Sozialem scheidet
das für unser Moralgefühl unmittelbar Relevante von dem, was nur lose mit ihm
verbunden ist" (Luckmann 1980, S. 56). Luckmann betont, dass Soziales nicht
mit Menschlichem gleichzusetzen sei, dass die Konturen der Sozialwelt historisch
äußerst variabel und „verwickelten sozialen und kulturellen Bedingungen" (Luckmann 1980, S. 57) zuzurechnen seien. Er zieht hierfür Beobachtungen aus der Eth-
nologie heran, darunter das Beispiel der Yamspflanzen aus der Kultur der Dobu
im Westpazifik: Yamspflanzen würden in dieser Kultur als Personen angesehen
und wie die ‚eingeborenen' Mitmenschen mit einem Wort (*tomot*) erfasst, während starre, unbewegte Gegenstände aus der Sozialwelt ausgeschlossen seien; auch
Weiße gehörten nicht zu *tomot* dazu (vgl. Luckmann 1980, S. 80–82). Unabhängig
von den Eigenschaften der wahrgenommenen Gegenstände kommt es demnach auf
die Deutung der Qualitäten an, die auf jene übertragen werden. Entscheidend sei
der Aspekt der *Belebtheit* und der *Veränderbarkeit der Ausdrucksform,* an dem sich
festmacht, ob Gegenstände dem Sozialen zugeordnet werden oder nicht. Sowohl
kultur- als auch individualgeschichtlich, phylo- wie ontogenetisch, sei von der Vorstellung einer allgemeinen Vitalität der Umwelt auszugehen, die nach und nach
auf bestimmte Gegenstände eingeschränkt wird. Neben ethnologischen Beiträgen
greift der Autor auf das Konzept der Empathie von Friedrich Tenbruck, auf die philosophische Anthropologie Max Schelers und vor allem auf den Begriff der „per-
sonifizierenden Apperzeption" von Wilhelm Wundt zurück. Bezeichnet sind damit
Bewusstseinsleistungen, die zu einer potentiellen „Belebung der gesamten Welt"
(Luckmann 1980, S. 72) führen, was Luckmann dann als Sinnübertragung von
„Leib" auf (im Prinzip alle möglichen) Körper und Gegenstände der Lebenswelt

weiter entwickelt. Wo diese Vorgänge zu einem *sozialen Klassifikationssystem* umgewandelt und institutionell verfestigt werden, fallen Beziehungen zwischen Individuen und belebter Umwelt mit der Sozialwelt, also dem Bereich des sozial und moralisch Relevanten zusammen (vgl. Luckmann 1980, S. 76).

Zur Idealisierung oder gar zur Unterstellung eines Automatismus empathischer Zuwendung besteht bei alldem kein Anlass. Wie Stephen Aschheim unterstreicht, verfügt Mitgefühl über eine „politische Ökonomie"; es wird „gemäß eines weiten Spektrums kultureller, ideologischer, religiöser, rassischer, ethnischer, nationaler, geographischer oder sonstiger interessengeleiteter Faktoren politisch strukturiert, kanalisiert und dirigiert, ermutigt oder gehemmt" (Aschheim 2011, S. 76). Historische und gegenwärtige Erfahrungen der Unterdrückung und Verweigerung von Empathie sind nicht von der Hand zu weisen; Folter, Sklaverei, Kolonialismus, die Shoa als beispielloser Akt der Vernichtung, islamistischer Terror – zahllosen Menschen sind im Lauf der vergangenen Jahrhunderte und bis heute nicht nur menschliche Anteilnahme, sondern auch der Status und das Recht des Mensch-Seins selbst verwehrt worden. In solchen Grenzziehungen und Grenzverschiebungen, in den ‚dunklen Seiten' der Moderne, zeigt sich die Brüchigkeit von Zugehörigkeitskonstruktionen und ihre Exklusionsmacht *innerhalb* der Sphäre des Humanen existenziell. Das Empfinden von Unrecht ist in neuerer Zeit nicht zufällig an die Sprache der Menschenrechte und der Menschenrechtsverletzung gebunden. Doch auch sie hat einen empathischen Kern, der in einem nicht-imperialen, nicht ethnozentrischen Verständnis[18] aus der Perspektive der Kosmopolitisierung sichtbar wird. Das gesellschaftstheoretische Konzept der Kosmopolitisierung, wie es von Ulrich Beck und anderen[19] entwickelt und in die Globalisierungsdiskussion eingeführt worden ist, erlaubt vor dem skizzierten Hintergrund, das Phänomen der Empathie als eine Dynamik zu begreifen, die mit Prozessen des „inklusiven Unterscheidens" verknüpft ist. Der Begriff hebt auf die (teils freiwillige, teils erzwungene) Anerkennung der „Andersheit der Anderen" (Beck 2002, S. 18) im Zuge gesellschaftlicher

---

[18] Im Zuge der Diskussion um die interkulturelle Übersetzbarkeit der Menschenrechte findet sich seit einigen Jahren verstärkt der Vorwurf eines Ethnozentrismus der Menschenrechte. Die Debatte ist insofern verkürzt, als häufig nicht zwischen dem Gehalt der Menschenrechte und ihrer Instrumentalisierung unterschieden wird und zudem der Ethnozentrismusvorwurf selbst in den Bann eines homogenisierenden, essentialistischen Kulturverständnisses gerät.

[19] Vgl. hierzu grundlegend Beck (2000, 2002), Beck und Sznaider (2006, 2011). Der Begriff der Kosmopolitisierung als soziologische Kategorie ist bei Beck im Rahmen spezifischer Weiterführungen der Theorie reflexiver Modernisierung (Beck et al. 1996) und in expliziter Absetzung von der Philosophie des Kosmopolitismus entwickelt worden (zu den Anfängen der internationalen Diskussion vgl. Cheah und Robbins 1998). Zur Theorie reflexiver Modernisierung und Kosmopolitisierung aus (auch) subjektorientierter Sicht vgl. Poferl (2009, 2014) sowie die dort angegebene Literatur.

Entgrenzungen und entstehender globaler Interdependenzzusammenhänge ab. Er
ist vorwiegend makrosoziologisch geprägt und verweist auf die Herstellung eines
sozialen Erfahrungs- und Handlungsraums, der bislang Ausgeschlossenes einbe-
zieht, *ohne* vorhandene Differenzen zu ignorieren oder auszublenden. Man muss
dies weder überstilisieren noch exotisieren, es ginge dann z. B. um so elementare Dinge wie Empathie, Anerkennung, die Entwicklung einer Vorstellung vom
Schmerz und Leid sowie ein Minimum an Identifikation jenseits der Schranken
von Klasse, Rasse, Religion, Herkunft und Geschlecht. Das aber heißt, angewendet
auf die hier vorgetragene Argumentation: Kosmopolitische Empathie setzt sowohl
ein Wissen um Gleichheit als auch ein Bewusstsein für Unterschiede voraus, die
wiederum *nicht* so absolut sind, dass ‚der Andere' oder ‚die Anderen' *in gar keiner
Weise* mehr zugänglich wären. Damit erhält das Kosmopolitische egalitären und
weniger differentialistischen Akzent – die Frage der *Zuerkennung von Gleichheit*
(im Sinne der Übertragbarkeit grundlegender menschlicher Ansprüche und Eigenschaften) *trotz Differenz* (im Sinne sozialer und kultureller Alterität) sowie darauf
bezogene Prozesse der Bedeutungsproduktion treten in den Vordergrund. In der
Zuschreibung von Leidensfähigkeit und Schmerz, in der Imagination und in der
– sozialen wie subjektiven – Inklusion ‚des Anderen' kann sich, mikrosoziolo-
gisch betrachtet, die empathische Erfahrung, vollziehen. Nur dies erlaubt, einen
zugegebenermaßen kühnen Bogen von Subjektivität zu Gesellschaftstheorie, von
philosophischen Diskursen zu Yamspflanzen zu schlagen. Kosmopolitische Empathie heißt (unter dem Gesichtspunkt des Humanen[20]), am Mensch-Sein selbst
anzusetzen. Dies ist kein normatives Postulat, sondern ergibt sich als analytische
Konsequenz aus der Einsicht in die Relativität jeglicher Unterscheidungen von
‚Wir' und ‚Anderen', angesichts derer das Insistieren auf einen ‚gleichheitsblin-
den' Kultur- und Sozialrelativismus theoretisch versagt.

## 5   Fazit

Die angestellten Betrachtungen legen nahe, dass das Phänomen der Empathie nicht
ohne einen Bezug auf Subjektivität verstanden werden kann. Hierbei spielen historische, diskursive und kulturelle Prozesse der Subjektivierung bzw. der Entwicklung von Menschenbildern und *Subjektkonstruktionen*, aber auch die *Modalität
von Erfahrung* in je spezifischen, sozial sinnhaft gestalteten Subjekt-Objekt-Relationen eine entscheidende Rolle. Formen der Relevanz und Resonanz, die – so
die eingangs aufgestellte These – für Empathie zentral sind, ergeben sich aus dem
Zusammenspiel beider Ebenen. In ihnen bilden sich Prozesse der Sensibilisierung

---

[20] ‚Human' meint an dieser Stelle lediglich, nicht von Artefaktbeziehungen zu sprechen.

*für* und des Berührt-Werdens *durch* ein soziales Gegenüber ab. Es handelt sich hierbei um Schlüsselkategorien, auf die sich das (exemplarisch verhandelte) Verhältnis von Subjektivität und Sozialität zuspitzen lässt. Die vorgeschlagenen Begriffe des *Relevanz-* und *Resonanzhorizontes* erlauben darüber hinaus eine auch gesellschaftstheoretische Erweiterung. Zur Entfaltung des Arguments war und ist weder die Annahme eines substantiellen Subjekts noch die Abarbeitung an einem essentialistischen Subjektbegriff[21] erforderlich. Subjektivität – so wie sie im Phänomen der Empathie zum Ausdruck kommt –, stellt nicht mehr und nicht weniger als ein Moment der *Weltwahrnehmung* und eine *weltbezogene Erfahrungsweise* dar, die an einen erlebenden und deutenden Akteur wie auch an ‚die Welt‘ gebunden ist. Sie ist in hohem Maße sozial voraussetzungsvoll und folgenreich, muss für die soziologische (und jede andere) Beobachtung jedoch unweigerlich ein wenig verschlossen und mysteriös bleiben. In die Gefühlszustände an sich (wie in die ‚Köpfe‘ oder ‚Seelen‘) lässt sich eben nicht hineinsehen. Ein entschlackter, puristischer Subjektbegriff genügt, um sich der Komplexität menschlicher Weltverhältnisse zu nähern; er hat zweifellos auch den Vorteil, nicht immer schon vorauszusetzen, was empirisch erst zu erforschen ist. Subjektivität und Sozialität sind in der Moderne von keinem einheitlichen „Baldachin" (Soeffner 2000) der Ordnung und Sinnstiftung überwölbt, sondern in unterschiedliche kulturelle Bedeutungszusammenhänge und soziale Handlungsfelder eingebunden. Die Beziehung zu Anderen in ‚der‘ Welt stellt dabei das eigentliche Konstituens von Subjektivität dar, zu der unabweisbar auch Gefühle, Affekte, Imaginationen und all das, was einem kognitivistischen Zugang so wenig fassbar ist, gehören. Menschliches Fühlen und Empfinden ‚wirklich‘ zu beschreiben, muss und kann der Sprache der Poesie, Malerei, Musik und anderen Künsten überlassen bleiben. Das soziologische Vokabular ist wohl präziser, in dieser Hinsicht aber doch letztendlich kümmerlich. Nüchtern formuliert, ist Subjektivität nichts anderes als die Differenz zwischen (symbolischen, institutionellen, gegenständlichen) Vorgaben und dem, was tatsächlich geschieht. Doch genau darin tut sich ein ganzer Kosmos auf.

---

[21] Die Subjektkritik der letzten Jahre und Jahrzehnte, die sich im Zuge des linguistic turn und poststrukturalistischer Debatten entwickelt hat, ist in erster Linie von Bemühungen um Dekonstruktion geprägt. Die hierbei kontinuierlich verhandelte Frage von Autonomie oder Heteronomie, Allmacht oder Ohnmacht sowie die These vom Tod des Subjekts ist auch im deutschsprachigen Raum seit den 1970er, 1980er Jahren ein Thema (vgl. z. B. Nagl-Docekal und Vetter 1987; Meyer-Drawe 1990). Die Diskussion arbeitet sich jedoch meist an einem Subjektbegriff der klassischen Bewusstseinsphilosophie ab, der für die Soziologie und insbesondere deren interaktionistische, pragmatistische, interpretative und kulturanalytische Ansätze bedeutungslos ist (vgl. dazu auch Keller in diesem Band sowie Poferl 2009). Einen Überblick über Subjekttheorien, Subjektkonzepte und Subjektdiskurse in der Moderne geben etwa Keupp und Hohl (2006).

194                                                                                       A. Poferl

# Literatur

Arendt, H. (1994[4] [1963]). *Über die Revolution*. München: Piper.

Aschheim, S. A. (2011). Über die politische Ökonomie des Mitgefühls. *Mittelweg 36*, 5/2011, 75–93.

Baringhorst, S. (1999). Solidarität ohne Grenzen? Aufrufe zu Toleranz, Mitleid und Protest in massenmedialen Kampagnen. In J. Bergmann & T. Luckmann (Hrsg.), *Kommunikative Konstruktion von Moral. Bd. 2: Von der Moral zu den Moralen* (S. 236–259). Opladen: Westdeutscher.

Beck, U. (Hrsg.) (1997). *Kinder der Freiheit*. Frankfurt a. M.: Suhrkamp.

Beck, U. (2000). The cosmopolitan perspective: Sociology of the second age of modernity. *British Journal of Sociology, 51*(1), 79–105.

Beck, U. (2002). The cosmopolitan society and its enemies. *Theory, Culture & Society, 19*(1–2), 17–44.

Beck, U. (2008). *Der eigene Gott. Die Individualisierung der Religion und der ›Geist‹ der Weltgesellschaft*. Frankfurt a. M.: Verlag der Weltreligionen.

Beck, U., & Beck-Gernsheim, E. (2002). *Individualization. Institutionalized Individualism and its Social and Political Consequences*. London: Sage.

Beck, U., & Sznaider, N. (2006). Unpacking cosmopolitanism for the social sciences: A research agenda. *British Journal of Sociology, 51*(1), 1–22.

Beck, U., & Sznaider, N. (2011). Self-limitation of modernity? The theory of reflexive Taboos. *Theory and Society, 49*(4), 417–436.

Beck, U., Giddens, A., & Lash, S. (1996). *Reflexive Modernisierung. Eine Kontroverse*. Frankfurt a. M.: Suhrkamp.

Berger, P. L., & Luckmann, T. (1989 [1966]). *Die gesellschaftliche Konstruktion der Wirklichkeit. Eine Theorie der Wissenssoziologie*. Frankfurt a. M.: Fischer.

Berliner Debatte Initial. (2006). *Gestalten des Mitgefühls*. (Zusammengestellt von Rüdiger Zill. 17 (1/2)). Berlin: Berliner Debatte Initial.

Boltanski, L. (1999 [1993]). *Distant suffering. morality, media and politics*. Cambridge: Cambridge University Press.

Calloway-Thomas, C. (2010). *Empathy in the global world. An intercultural perspective*. London: Sage.

Cheah, P., & Robbins, B. (Hrsg.) (1998). *Cosmopolitics. Thinking and feeling beyond the nation*. Minneapolis: University of Minnesota Press.

Chouliaraki, L. (2006). *The spectatorship of suffering*. London: Sage.

Cottle, S. (2009). *Global Crisis reporting. Journalism in the global age*. Berkshire: Open University Press.

Denzin, N. K. (1990). On understanding emotion: The interpretative-cultural agenda. In T. D. Kemper (Hrsg.), *Research agendas in the sociology of emotions* (S. 85–116). Albany: State University of New York Press.

De Waal, F. (2011). *Das Prinzip Empathie. Was wir von der Natur für eine bessere Gesellschaft lernen können*. München: Hanser.

Eberle, T. S. (1984). *Sinnkonstitution in Alltag und Wissenschaft*. Bern: Paul Haupt.

Elias, N. (1969). *Über den Prozeß der Zivilisation*. Frankfurt a. M.: Suhrkamp.

Foucault, M. (1988 [1939]). *Archäologie des Wissens*. Frankfurt a. M.: Suhrkamp.

Foucault, M. (Mitverf.), Becker, H. (Hrsg.) (1993[2]). *Freiheit und Selbstsorge. Interview 1984 und Vorlesung 1982*. Frankfurt a. M.: Materialis.

Frevert, U. (2013). *Vergängliche Gefühle*. Göttingen: Wallstein.

Gordon, S. L. (1989). Institutional and impulsive orientations in selectively appropriating emotions to self. In D. D. Franks & E. D. McCarthy (Hrsg.), *The sociology of emotions: Original essays and research papers* (S. 115–135). Greenwich: JAI.

Hitzler, R. (1988). *Sinnwelten. Ein Beitrag zum Verstehen von Kultur*. Opladen: Westdeutscher.

Hitzler, R., Reichertz, J., & Schröer, N. (Hrsg.) (1999). *Hermeneutische Wissenssoziologie. Standpunkte zur Theorie der Interpretation*. Konstanz: UVK.

Hochschild, A. (1979). Emotion work, feeling rules and social structure. *American Journal of Sociology, 85*(3), 551–575.

Hunt, L. (2007). *Inventing human rights. A history*. New York: W.W. Norton & Company.

Keller, R. (2005). *Wissenssoziologische Diskursanalyse. Grundlegung eines Forschungsprogramms*. Wiesbaden: VS.

Keller, R., Knoblauch, H., & Reichertz, J. (Hrsg.) (2013). *Kommunikativer Konstruktivismus: Theoretische und empirische Ansätze zu einem neuen wissenssoziologischen Ansatz*. Wiesbaden: Springer.

Kessel, M. (2006). Gefühle und Geschichtswissenschaft. In R. Schützeichel & A. Schnabel (Hrsg.), *Emotionen und Sozialtheorie. Disziplinäre Ansätze* (S. 29–47). Frankfurt a. M.: Campus.

Keupp, H., & Hohl, J. (Hrsg.) (2006). *Subjektdiskurse im gesellschaftlichen Wandel. Zur Theorie des Subjekts in der Spätmoderne*. Bielefeld: Transcript.

Knoblauch, H. (2014³). *Wissenssoziologie*. Konstanz: UVK.

Laqueur, T. (1989). Bodies, details, and the humanitarian narrative. In L. Hunt (Hrsg.), *The new cultural history* (S. 176–204). Berkeley: University of California Press.

Laqueur, T. (2009). Mourning, pity and the work of narrative in the making of ›Humanity‹. In R. A. Wilson & R. D. Brown (Hrsg.), *Humanitarianism and suffering, the mobilization of empathy* (S. 31–57). Cambridge: Cambridge University Press.

Luckmann, T. (1980). *Lebenswelt und Gesellschaft*. Paderborn: Schöningh.

Luckmann, T. (1997). The moral order of modern societies, moral communication and indirect moralizing. In M. Wicke (Hrsg.), *Konfigurationen lebensweltlicher Strukturphänomene* (S. 11–24). Opladen: Westdeutscher.

Luckmann, T. (2000). Die intersubjektive Konstitution von Moral. In M. Endreß & N. Roughley (Hrsg.), *Anthropologie und Moral. Philosophische und soziologische Perspektiven* (S. 115–138). Würzburg: Königshausen & Neumann.

Luckmann, T. (2002). *Wissen und Gesellschaft. Ausgewählte Aufsätze 1981–2002*. Hrsg. von H. Knoblauch, J. Raab, & B. Schnettler. Konstanz: UVK.

Mead, G. H. (1968). *Geist, Identität und Gesellschaft aus der Sicht des Sozialbehaviorismus*. Frankfurt a. M.: Suhrkamp.

Meyer-Drawe, K. (1990). *Illusionen von Autonomie. Diesseits von Ohnmacht und Allmacht des Ich*. München: P. Kirchheim.

Muschg, A. (2006). Mitleid – muß das sein? *Berliner Debatte Initial: Gestalten des Mitgefühls, 17*(1/2), 5–13.

Nagl-Docekal, H., & Vetter, H. (Hrsg.) (1987). *Tod des Subjekts?* Wien: Oldenbourg.

Neckel, S. (1991). *Status und Scham. Zur symbolischen Reproduktion sozialer Ungleichheit*. Frankfurt a. M.: Campus.

Nietzsche, F. (2008 [1888]). *Der Anti-Christ. Fluch auf das Christentum*. Neuenkirchen: RaBaKa-Publishing.

Nunner-Winkler, G. (1999). Empathie, Scham und Schuld. Zur moralischen Bedeutung von Emotionen. In M. Grundmann (Hrsg.), *Konstruktivistische Sozialisationsforschung* (S. 149–179). Frankfurt a. M.: Suhrkamp.

Nussbaum, M. (1996). Compassion: The basic social emotion. *Social Philosophy & Policy, 13*(1), 27–58.

Orwin, C. (2009). Mitleid. Wie ein Gefühl zu einer Tugend wurde. *Merkur. Deutsche Zeitschrift für europäisches Denken, 63*(1), 1–9.

Plessner, H. (1975). *Die Stufen des Organischen und der Mensch.* Berlin: de Gruyter.

Plessner, H. (2003). *Conditio humana. Gesammelte Schriften VIII.* Frankfurt a. M.: Suhrkamp.

Poferl, A. (2009). Orientierung am Subjekt? Eine konzeptionelle Reflexion zur Theorie und Methodologie reflexiver Modernisierung. In F. Böhle & M. Weihrich (Hrsg.), *Handeln unter Unsicherheit* (S. 231–263). Wiesbaden: VS.

Poferl, A. (2010). Jenseits der Solidarität? Globale Probleme und die kosmopolitische Konstitution von Sozialität. In U. Beck & A. Poferl (Hrsg.), *Große Armut, großer Reichtum. Zur Transnationalisierung sozialer Ungleichheit* (S. 134–167). Berlin: Suhrkamp.

Poferl, A. (2012). Zur Wahrnehmung von Leiden. Emotionen und Sozialität am Beispiel von ‚Mitleid‘. In R. Schützeichel & A. Schnabel (Hrsg.), *Emotionen – Moderne – Sozialstruktur* (S. 279–298). Wiesbaden: Springer.

Poferl, A. (2013). Problematisierungswissen und die Konstitution von Globalität. In H.-G. Soeffner (Hrsg.), *Transnationale Vergesellschaftungen. Verhandlungen des 35. Kongresses der Deutschen Gesellschaft für Soziologie in Frankfurt am Main 2010, Teil 1* (S. 619–632), Frankfurt a. M.: Campus.

Poferl, A. (2014). Die Kosmopolitisierung von Sozialität und Subjektivität. Zur Wahrnehmung globaler Probleme im Rahmen einer Kultur der Menschenrechte. In F. Böhle & W. Schneider (Hrsg.), *Handeln und Subjekt in der reflexiven Moderne.* Weilerswist: Velbrück (im Erscheinen).

Poferl, A., & Keller, R. (2014). Die Wahrheit der Bilder. In T. Eberle (Hrsg.), *Photographie und Wissenssoziologie.* Transcript

Raab, J., Pfadenhauer, M., Stegmaier, P., Dreher, J., & Schnettler, B. (Hrsg.) (2008). *Phänomenologie und Soziologie. Theoretische Positionen, aktuelle Problemfelder und empirische Umsetzungen.* Wiesbaden: VS.

Rifkin, J. (2009). *Die empathische Zivilisation. Wege zu einem globalen Bewusstsein.* Frankfurt a. M.: Campus.

Ritter, H. (2005). *Nahes und fernes Unglück. Versuch über das Mitleid.* München: Beck.

Rizzolatti, G., & Sinigaglia, C. (2008). *Empathie und Spiegelneurone. Die biologische Basis des Mitgefühls.* Frankfurt a. M.: Suhrkamp.

Robertson, A. (2010). *Mediated Cosmopolitanism. The World of Television News.* Cambridge: Polity.

Rousseau, J.-J. (2010 [1755]). *Abhandlung über den Ursprung und die Grundlagen der Ungleichheit unter den Menschen* (Hrsg). von P. Rippel. Neuausgabe. Stuttgart: Reclam.

Schopenhauer, A. (2007 [1860]). *Über die Grundlage der Moral.* Hamburg: Meiner.

Schütz, A. (2004 [1932]). *Der sinnhafte Aufbau der sozialen Welt. Eine Einleitung in die verstehende Soziologie. Alfred Schütz Werkausgabe B and II* (Hrsg). von M. Endreß & J. Renn. Konstanz: UVK.

Schütz, A., & Luckmann, T. (2003 [1979/1984]). *Strukturen der Lebenswelt.* Konstanz: UVK.

Schützeichel, R. (2006). Emotionen und Sozialtheorie – eine Einleitung. In Ders. & A. Schnabel (Hrsg.), *Emotionen und Sozialtheorie* (S. 7–26). Frankfurt a. M.: Campus.

Shott, S. (1979). Emotion and Social Life: A Symbolic Interactionist Analysis. *American Journal of Sociology 84*(6), 1317–1334.

Silverstone, R. (2007). *Media and morality. On the rise of the mediapolis.* Cambridge: Polity.

Smith, A. (2004 [1759]). *Theorie der moralischen Gefühle.* Hamburg: Felix Meiner.

Soeffner, H.-G. (2000). *Gesellschaft ohne Baldachin. Über die Labilität von Ordnungskonstruktionen.* Weilerswist: Velbrück.

Sontag, S. (2003). *Das Leiden anderer betrachten.* München: Hanser.

Spahr, A. (2006). Theatrum mundi. Mitfühlen angesichts des globalen Elends im Fernsehalltag. *Berliner Debatte Initial, Gestalten des Mitgefühls, 17*(1/2), 50–60.

Srubar, I. (2007). *Phänomenologie und soziologische Theorie. Aufsätze zur pragmatischen Lebenswelttheorie.* Wiesbaden: VS.

Sznaider, N. (1998). The sociology of compassion: A study in the sociology of morals. *Cultural Values, 2*(1), 117–139.

Sznaider, N. (2000). *Über das Mitleid im Kapitalismus. Essay.* Wien: edition München Bibliothek der Provinz.

Sznaider, N. (2001). *The compassionate temperament. Care and cruelty in modern society.* Lanham: Rowman & Littlefield.

Tester, K. (2001). *Compassion, morality, and the media.* Buckingham: Open University Press.

Tester, K. (2010). *Humanitarianism and modern culture.* University Park, Pennsylvania: The Pennsylvania State University Press.

Weber, M. (1980 [1922]). *Wirtschaft und Gesellschaft. Grundriss der verstehenden Soziologie.* Bes. von J. Winckelmann (5. Rev. Aufl.). Tübingen: Mohr.

Welsen, P. (2007). Einleitung. In A. Schopenhauer (2007), (Hrsg.), *Über die Grundlage der Moral* (S. VII–XV). Hamburg: Meiner.

Wilkinson, I. (2005). *Suffering. A sociological introduction.* Cambridge: Polity.

Wilson, R. A., & Brown, R. D. (Hrsg.) (2009). *Humanitarianism and suffering. The mobilization of empathy.* Cambridge: Cambridge University Press.

Zill, R. (2006a). Editorial. *Berliner Debatte Initial: Gestalten des Mitgefühls, 17*(1/2), 3–4.

Zill, R. (2006b). Zivilisationsbruch mit Zuschauer. Gestalter des Mitgefühls. *Berliner Debatte Initial: Gestalten des Mitgefühls, 17*(1/2), 61–72.

# Subalterne Subjektivität? Zur kollektiven Handlungs- und Diskursfähigkeit von Dominierten

Johannes Kniffki und Dariuš Zifonun

## 1 Einführung

Der Beitrag widmet sich der soziologischen Analyse exemplarischer Interaktionszusammenhänge von und mit Subalternen und argumentiert, dass sich das ‚subjekttheoretische' Instrumentarium von sozialwissenschaftlicher Hermeneutik und hermeneutischer Wissenssoziologie für eine solche Analyse besser eignet als das subjektkritische der Postcolonial Studies. Für das Zwillingspaar aus hermeneutischer Wissenssoziologie und sozialwissenschaftlicher Hermeneutik ergibt sich aus einer solchen Diskussion die Chance, ihre Begriffsarchitektur zu schärfen und empirisch zu testen. Eine solche Schärfung könnte möglicherweise zu folgender einfachen, aber folgenreichen Unterscheidung führen: Subjektivität meint den Umstand, dass Menschen zu intentionalen Bewusstseinsleitungen in der Lage sind, zwischen sich und ihrer Umwelt unterscheiden und zielgerichtet in diese Umwelt eingreifen, also handeln. Das Subjekt ist Handlungsträger, der subjektive Beitrag ist konstitutiv für alle gesellschaftlichen Prozesse, deren ‚Verselbständigung' als Institutionalisierung interaktiver Aushandlungsprozesse zu verstehen ist. Dieser phänomenologisch begründbare Begriff des Subjekts wird zur Grundlage der Methodologie der

J. Kniffki (✉) · D. Zifonun
Alice Salomon Hochschule, Alice-Salomon-Platz 5, 12627 Berlin, Deutschland
E-Mail: kniffki@ash-berlin.eu

D. Zifonun
E-Mail: zifonun@ash-berlin.eu

© Springer Fachmedien Wiesbaden 2014
A. Poferl, N. Schröer (Hrsg.), *Wer oder was handelt?*,
Wissen, Kommunikation und Gesellschaft, DOI 10.1007/978-3-658-02521-2_11

199

sozialwissenschaftlichen Hermeneutik. Individualität dagegen ist eine ‚sekundäre Objektivation von Sinn'. Damit ist die ‚Sakralisierung der Person' gemeint, die sich als einzigartiges und selbstbestimmtes Wesen wahrnimmt und ihre Subjektivität somit zum Wert überhöht. Als Deutungsmuster wird Individualität Gegenstand der soziologischen Rekonstruktion und damit der hermeneutischen Wissenssoziologie, ist aber nicht Voraussetzung sozialen Handelns. Kollektivität schließlich wird als Resultat subjektiver symbolischer Repräsentationen gefasst, die in Interaktionsprozessen intersubjektive Wirklichkeit und Geltung erlangt. Kollektive verfügen über kollektive Handlungsfähigkeit, die jedoch voraussetzungsreich ist und nicht mit kollektiver Zieldurchsetzung oder Souveränität zu verwechseln ist.

Die Auseinandersetzung mit den Postcolonial Studies soll im Beitrag anhand der Forschung über ‚Subalterne' geführt werden. Ausgangspunkt der Überlegungen ist eine Fülle an ethnographischem Material aus dem Kontext der internationalen Entwicklungszusammenarbeit in Indien und Lateinamerika, in dem Interaktionen von und mit Subalternen zentral sind. Es werden vier exemplarische Szenen präsentiert und aus der Perspektive der hermeneutischen Wissenssoziologie interpretiert. Im Anschluss wird auf die Postcolonial Studies eingegangen als derjenigen Forschungsrichtung, die, im poststrukturalistischen Verbund mit Gender Studies und Intersektionalitätsforschung, reklamiert, einen privilegierten Zugang zu Subalternität zu haben. Es wird gezeigt, dass und wie sich aus den Grundannahmen der Postcolonial Studies Aporien ergeben, die sich mit der hermeneutischen Wissenssoziologie vermeiden lassen. Deren modernitätstheoretischen – aber nicht modernisierungstheoretischen – Annahmen werden dargestellt und es wird argumentiert, dass die postkoloniale Konstellation auf diese Weise besser verstanden werden kann.

Die ethnographischen Szenen werden im Sinne subalterner Handlungs- und Artikulationsmuster interpretiert, in denen sich, ganz im Sinne von Berger und Luckmann, der subjektiv gemeinte Sinn der Handelnden objektiviert. Was den Szenen fehlt sind nicht Subjekte, sondern Individuen. Handeln ist in den Szenen nicht individualistisch, sondern kollektivistisch motiviert. Es finden sich kollektivistische Copingstrategien und es wird Kollektivität als Deutungsmuster aktiviert.

## 2  Vier Fallskizzen

### 2.1  Chilpi

Chilpi ist eine Region im nordindischen Bundesstaat Chattisgarrh. In dieser Region fand von 2004 bis 2012 ein vom Bundesministerium für wirtschaftliche Zusammenarbeit und Entwicklung (BMZ) finanzierten regionales Entwicklungsprogramm statt. Caritas international, die Auslandsabteilung des Deutschen Caritasverbandes, implementierte und beriet dieses Programm. Es kam dabei eine Handlungsmethode zum Einsatz, die in Grundzügen auch in den Entwicklungsprojektes von Caritas international in Lateinamerika Anwendung fand. Die Grundlage dieser Methode besteht aus einem kontinuierlichen Bildungsprogramm, welches soziale Analyse, Netzwerkarbeit und Projektentwicklung zum Inhalt hat. Die ausschließlich von indigenen Gruppen bevölkerte Region ist durch starke Armut gekennzeichnet. Die Bevölkerung lebt in kleinen Dorfgemeinschaften von vorwiegend landwirtschaftlicher Subsistenzwirtschaft. Die folgenden Ereignisse fanden in einer dieser Dorfgemeinschaften statt. Von Projektbeginn an hatten sich die Dorfbewohner in sogenannte CBOs (Community Based Organisations) und nach Geschlecht und Alter getrennten Spargruppen, den sogenannten Selfhelp Groups (SHGs) organisiert. Diese Organisationsform ist indienweit typisch und wird auch seitens der indischen Regierung landesweit als Armutsbewältigungsmodell gefördert. Der Aufbau der CBOs und SHGs ist Grundbestandteil der Konzeption des Projekts und wurde von der lokalen, eigens aufgebauten Projektmanagementstruktur gefördert. Das Projektmanagement hat eine flache Organisationsstruktur, bestehend aus einem Programmmanager, einem Trainingskoordinator und diversen lokalen animators. Letztere sind die direkt mit der Bevölkerung in Kontakt stehenden einheimischen, d. h. aus der Projektregion stammenden Mitarbeiterinnen und Mitarbeiter des Projekts.

Durch Workshops, Maßnahmen der Gesundheitsaufklärung und andere Initiativen wurde in den Jahren 2004 bis 2009 seitens des Programms immer wieder die Verheiratung von Kindern problematisiert, ohne dass dies Widerhall bei der lokalen Bevölkerung gefunden hätte. Im Laufe dieser Jahre hat sich auf Betreiben der Projektverantwortlichen noch eine weitere Gruppierung gebildet. Die sogenannte Youth Group nahm an Bildungsmaßnahmen teil und fungierte gleichzeitig auch als eine eigene Spargruppe. Im Jahre 2010 starb Champa, ein 13-jähriges Mädchen, das Mitglied der Youth Group gewesen war, bei der Geburt eines Kindes. Daraufhin nahm sich diese Gruppe des Falls an, indem sie sich in Verbindung mit der lokalen Polizeistation, dem Gesundheitsposten, Lehrern und dem Landrat setzte. Gemeinsam wurde die Situation analysiert und dabei neben der Kinderheirat auch der Alkoholmissbrauch als soziales Problem isoliert, ohne dass dies von der Youth Group beabsichtigt gewesen wäre. Die lokalen Behörden verhängten daraufhin formale Sanktionen. Alkohol durfte tagsüber nicht mehr ausgeschenkt und getrunken werden. Das Verbot und seine Durchsetzung stießen innerhalb der lokalen Gemeinde Kommunikations- und Interaktionsprozesse an, in deren Verlauf das mit dem Alkohol diskursiv verbundene Thema der Kinderheirat auf die lokale Agenda kam. In der Folge schloss sich die gesamte Dorfbevölkerung der Problemdefinition der Youth Group an und erließ die Regelung, dass ab sofort keine weiblichen Kinder verheiratet werden dürfen. Der Entscheidung wurde auf der lokalen Verwaltungsebene, den Panchayats (etwa Dorfrat) schriftlich formalisiert und mit entsprechenden Sanktionen belegt. Diese politische Entscheidung wurde auch dadurch ermöglicht, dass die CBO- und SHG-Gruppen bei den vorangegangenen Gemeinderatswahlen ihre Vertreter in den Dorfrat entsendet und somit Einfluss auf Entscheidungen des Panchayat gewonnen hatten. Diese Regelung zeigte Wirkung: nach dem Tode des Mädchens fanden bis zum Ende der Datenerhebung im Juli 2012 keine Kinderheiraten mehr statt.

Wir haben es hier mit nicht intendierten Folgen zielgerichteten Handelns zu tun. Während es dem Projektträger nicht gelang, das Thema Kinderheirat zum sozialen Problem zu definieren und eine Verhaltensänderung zu initiieren, vollzog sich diese, nachdem sie von einem Teil der Gemeinde angestoßen worden war. Mit den Männerspargruppen, Frauenspargruppen und kurz vor Champas Tod auch mit der Youth Group hatte die Entwicklungsagentur neue soziale Gruppen in der Gemeinde geschaffen. Die indigene Tradition sieht diese Differenzierung nach sozialen Gruppen nicht vor. Einmal in der Welt, verselbständigten sich diese Gruppen jedoch und machten sich Problemdeutungen zu eigen, denen sie dann in der Gemeinde zu Geltung verhalfen.

Aus Sicht der Postcolonial Studies ließe sich problematisieren, dass und wie in Indien Kinderheirat als indische Tradition deklariert und dadurch ein machtvoller Diskurs der Unterentwicklung und der Rückständigkeit etabliert wird, der es dem Westen und seinen Institutionen (hier: den westlichen Entwicklungsträgern) erlaubt, als Träger höheren Wissens und als Kontroll- und Herrschaftsinstanz aufzutreten. So richtig das sein mag, so wenig kann dadurch das eigentlich Interessante dieses Falls erfasst werden: dass nämlich die Subalternen nicht sprach- und handlungsunfähig werden, sondern in der für die postkoloniale Situation typischen diffusen Wissensordnung Handlungsfähigkeit entwickeln. Angestoßen durch die westliche Hilfsorganisation verändert sich die Sozialstruktur der Gemeinde, die unter den veränderten Bedingungen interne Kommunikationsstrukturen und Entscheidungsmechanismen aktiviert. Traditionelle Interaktionsmuster werden dabei nicht schlagartig aufgehoben, der Wandel entfaltet erst in der Zeit seine Wirkung. Intakt bleiben die kollektiven Entscheidungsagenturen, insbesondere die Panchayats, die sich als Institutionen machtvoller Zielsetzung und Zieldurchsetzung erwiesen. Das Grundkonzept kollektiven Handelns blieb von den neuen Strukturen unberührt, es werden jedoch, basierend auf neuartigen Deutungsmustern, neue Handlungsziele realisiert. Erst durch lang anhaltende gemeinschaftsinterne Diskussionen mit neuen Akteuren (hier der Youth Group) wurden neue, nicht aus der Tradition bekannten Themen entscheidungsrelevant. Der Tod Champas wurde mit dem durchaus von dem überwiegenden Teil der Gemeinschaft geteilten weiteren Problem des Alkoholmissbrauchs verknüpft. So gelang es, neue Handlungspraktiken in alte tradierte Handlungsformen einzuweben.

## 2.2 Pulikat

Die Region Pulikat befindet sich nördlich der Hauptstadt des indischen Bundes-
staates Tamil Nadu, Chennai (früher Madras). Die Region liegt am indischen Oze-
an und besteht aus 48 Dorfgemeinschaften. Die Ansiedlungen sind durch die dort
befindlichen Süßwasserhaffs (backwaters) getrennt. Diese dienen der Bevölkerung
zum Fischfang. Nur eine der 48 Gemeinden liegt zum offenen Meer und nur sie
hat die Möglichkeit und die entsprechende Ausstattung Hochseefischerei zu betreiben. Die Dorfgemeinschaften sind sozial, kulturell und religiös durch das indische
Kastensystem als soziale Einheiten strukturiert. Alle gehören den unteren Kasten
an, jedoch sind auch diese unter einander durch Über- und Unterordnung markiert.
Die Hochseefischer gehören einer eigenen Kaste an und stehen über allen anderen
Kasten der Dorfgemeinschaften der Region. Unter den 48 Dorfgemeinschaften befinden sich auch zwei mit ausschließlich muslimischer Bewohnerschaft. Anders
als die hinduistischen Gemeinden werden diese beiden nicht als Kasten anerkannt.
Sie sind aus dem Ordnungssystem Herausgefallene und stehen hierarchisch an un-
terster Position.

2004 zerstört der Tsunami nicht nur die Infrastruktur der gesamten Region, sondern es gerät im Anschluss die sozialstrukturelle Ordnung der Region unwiderruf-
lich durcheinander. Entscheidenden Anteil daran haben 36 internationale Nichtregierungsorganisationen, die Boote und Fischernetze unbeschadet der tradierten
Ordnung an die Dorfgemeinden verteilen. Plötzlich verfügen auch die Binnenfi-
scher über hochseetaugliche Boote, die genauso wie die verteilten Netze für die
Binnenfischerei ungeeignet sind. Eine dieser Nichtregierungsorganisationen, die
lokale indische Organisation Madras Social Service Society (MSSS), bleibt auch,
nachdem die anderen Organisationen wieder abgezogen sind und startet gemeinsam mit den Bevölkerung ein regionales Entwicklungsprogramm. Dieses wird aus
deutschen Spendengeldern finanziert. Sogenannte Village Developing Committees
(VDC) werden in allen Siedlungen gegründet. Neben den sektoral getrennten Spargruppen (siehe Fall Chilpi) kommen diese VDCs regelmäßig, zunächst auf lokaler,
den administrativen Strukturen entsprechender Ebene (Panchayat) zusammen und
treffen sich nach 15 Monaten – zum ersten Mal in ihrer Geschichte – alle VDCs
der Region. Sie bilden auf Betreiben von MSSS ein totales Netzwerk. In den Zu-
sammenkünften werden die gesamte Region betreffende Maßnahmen besprochen
und gemeinsam, oder auch lokal getrennt umgesetzt. Eines der ersten Ergebnisse
dieser neuartigen Kooperation ist eine Brücke, die das Hochseefischerdorf mit dem
gegenüberliegenden Dorf über das dazwischen liegende Haff verbindet.

Dem Besucher wurde im Juli 2012 die Brückengeschichte durch Vertreter einiger VDCs beschrieben. Demzufolge gab es bereits seit den 1980er Jahren Be-
strebungen der Hochseefischer eine Brücke zu bauen. Finanzierungsanträge an den

Landrat wurden offiziell zwar nicht abgelehnt, die Antragsteller bekamen jedoch keine Antwort. Versuche, den Landrat durch Straßensperren und Wahlverweigerung unter Druck zu setzen, fruchteten nicht. Nach dem Tsunami wurde die Idee des Brückenbaus wieder aufgegriffen. Wiederum gab es zunächst keine Antwort der Regierung. Bemerkenswerterweise beteiligten sich nun alle 48 Dörfer an den monatelangen Straßenblockaden und der Wahlverweigerung, obwohl nur zwei Dörfer einen unmittelbaren Vorteil vom Brückenbau zu erwarten hatten. Dieses Mal zeigten die Proteste Wirkung. Die Brücke wurde gebaut. Die Frage nach den Gründen für die Beteiligung aller Dörfer wurde mit folgenden Hinweisen beantwortet: die Frauen aus beiden Gemeinden könnten sich nun auch noch nach 18 Uhr aushäusig bewegen, was früher nicht möglich gewesen sei, da die Fährverbindungen bei Einbruch der Dunkelheit eingestellt wurden. Die Trinkwasserversorgung sei dauerhaft gesichert, da Rikschas größere Wassermengen transportieren könnten. Die Vermarktung der gefangenen Fische untereinander habe sich erleichtert und zum Teil überhaupt erst ermöglicht. Der Schulbesuch wurde erleichtert und die Zahl der Schulverweigerer sei in der Region zurückgegangen. Dem Hinweis, dass es nur einige Nutznießer der Brücke gäbe, wurde entgegnet, dass hierdurch alle an einen Tisch zusammen kommen könnten. Zwar sei zu Beginn der Widerstand der anderen Dörfer sehr stark gewesen, jedoch konnte durch die regelmäßigen Treffen aller VDC eine einvernehmliche Bereitschaft erreicht werden. Der Widerstand wurde damit begründet, dass nun auch Fremde in die Region kommen würden, wodurch neue Konflikte entstehen könnten. Die Frage, wie denn mit internen Konflikten umgegangen wird, wurde dahin gehend beantwortet, dass in diesem Fall die Versammlung umgehend aufgelöst und erst Tage später fortgesetzt würde, oder je nach Sachverhalt, die Angelegenheit nicht weiter bearbeitet werden würde. Der Sachverhalt, dass nun alle Dörfer Hochseefischerei betreiben könnten und dadurch die Fischgründe dezimiert werden würden, wurde als unbedeutend abgetan. Zur Hochseefischerei gehöre ein entsprechendes Wissen. Die VDC seien jedoch dabei dem Umstand Rechnung zu tragen, und allen den Zugang zum Meer zu ermöglichen und das entsprechende Wissen zu teilen. Jedenfalls sei inzwischen der Zugang zum Meer für alle offen.

Neben vielen anderen haben Ashis Nandy (vgl. Nandy 1983) und Arjun Appadurai gezeigt, dass Indien in der orientalistischen Darstellung des Westens als geschlossenes soziales System erscheint, dem ein einziges Organisationsprinzip unterlegt ist: das der Hierarchie. In der „scientific invention of India" (Appadurai 1986, S. 745) nimmt das Kastensystem die zentrale Stelle ein. Aus dieser Perspektive repräsentiert Indien „the extremes of the human capacity to fetishize inequality" (Appadurai 1986, S. 745). Dieses ‚holistische' Gesellschaftsmodell lässt weder für Ambivalenz Raum, die sich durch die Kreuzung unterschiedlicher gesellschaftlicher Ordnungsprinzipien ergibt (Geschlecht, Religion, Urbanität etc.), noch für historischen Wandel.

Der beschriebene Fall zeigt jedoch, dass und wie der Tsunami nicht nur zu Tod und Zerstörung führt, sondern auch die (regionale) Ordnung durcheinander bringt, die im Anschluss auf eine Weise refiguriert wird, die im orientalistischen Modell nicht vorgesehen ist. Die etablierten Macht- und Interaktionsregeln können – wegen der internationalen Intervention – nicht in der vorherigen Weise wieder aufgebaut werden. Gleichzeitig fehlte es jedoch, aufgrund der langen Geschichte gegenseitiger Unterdrückung und sowohl religiöser als auch kastenförmiger Separierung der Dörfer, an einem gemeinsamen Deutungshorizont und einem geteilten Wissensbestand darüber, wie man die auferlegte Zusammenarbeit gestalten könnte. Die regionale VDC-Struktur schuf einen dauerhaften regionalen Interaktionsrahmen, innerhalb dessen es den Akteuren möglich war, genau diesen Mangel zu beheben. Entscheidend dafür waren nicht Nutzenkalküle, die lediglich einen utilitaristischen Tausch zwischen den beiden Dörfern erklären würden, die unmittelbar vom Brückenbau profitierten. Vielmehr gelang es den Beteiligten, die Region als gemeinsamen symbolischen Referenzrahmen wahrzunehmen, der den alleinigen Bezug auf die dörfliche Gemeinde übersteigt. Dabei machte es zum einen der Austausch über die geteilte Erfahrung, Opfer des Tsunami zu sein, möglich, sich als Schicksalsgemeinschaft wahrzunehmen. Ideelle Ressource für diese neue Neuformierung kollektiver Zugehörigkeit jenseits des Dorfes war zum anderen das tradierte indische Verständnis von kultureller Pluralität. Es war wiederum Ashis Nandy (vgl. Nandy 2002b) der argumentiert hat, dass – entgegen der kolonialen Deutung vom ‚homo hierarchicus' – Indien durch eine lange Tradition konfliktvermittelter sozialer Integration (vgl. Zifonun und Jakiša 2009, S. 435) gekennzeichnet sei. Statt in eindeutigen Über-/Unterordnungsverhältnissen stehen die unterschiedlichen Gruppen in vielfältigen Kooperations- und Konfliktverhältnissen. Dieses Konzept der Vielfalt impliziert keineswegs eine Harmonie der Gruppen, sondern setzt die Divergenz als gegeben voraus (vgl. Nandy 2002a). Im Falle von Pulikat wurde diese Praxis vom Dorf auf die Region übertragen. Der erfolgreiche Kampf gegen die zuvor übermächtig erscheinenden Regierungsinstanzen stabilisierte dieses Gemeinschaftsempfinden und ermöglichte danach weitere Veränderungen, wie den geteilten Zugang zum Meer. Ähnlich dem Gilpi-Fall wurden auch hier unter dem Druck aktueller Ereignisse und in deren Folge neu entstandener Institutionen tradierte kollektive Praktiken mit nicht tradierten Handlungsformen verknüpft. Das neue Kollektiv ersetzt jedoch nicht die alten. Die Äquivalenz- und Differenzverhältnisse (vgl. Moebius 2005, S. 137) wurden neu geordnet, ohne jedoch die Machtverhältnisse neu zu ordnen. Das neue Kooperationsnetzwerk existiert parallel zur kastenförmigen Hierarchie der Gruppen und Dörfer. Allein neue Handlungsoptionen konnten entwickelt werden. Das Dispositiv strukturelle Differenzierung vs. kollektiver Einheit im Sinne des Kastensystems wurde nicht tangiert.

## 2.3 Guatemala Stadt

Die städtische Müllhalde Guatemala-Stadt liegt in einem peripheren Stadtteil der Hauptstadt Guatemalas. 49 Familien leben seit Sommer 2010 auf dieser Müllhalde. Sie war zu Beginn der Besiedelung nur mit einer Mauer von der Zubringerstraße abgetrennt. Die Baracken der Siedler grenzen direkt an einen Friedhof. Auf der Müllhalde befindet sich der städtisch betriebene Recyclinghof, der von bewaffneter Polizei vor unberechtigtem Zutritt bewacht wird. Durch ein Tor in der Mauer gelangt man zum Recyclinghof und zu der Ansiedlung.

Die salvadorianische Organisation Equipo Nahual, die in dieser Siedlung arbeitet, ermöglichte einer Gruppe von Tagungsbesuchern im Juni 2012 einen Besuch. Einer der Autoren dieses Beitrags wurde gebeten, bei einem der Vorgespräche mit anwesend zu sein, um tags darauf den Besuchern entsprechende Verhaltensregeln und wichtige Hinweise zu Hygienefragen, Photografieverbot, Umgang mit Gewaltsituationen, Geruchsbelästigung etc. aus seiner Vorerfahrung vermitteln zu können.

Bei diesem Erstgespräch in der Wohnhütte der Gemeindeleiterin, die auch gleichzeitig die Erstbewohnerin und somit die Gründerin der Ansiedlung auf der Müllhalde ist, wurde in sehr eloquenter Weise die Ankunft auf der Müllhalde, die ersten Nächte unter freiem Himmel mit der damals 1-jährigen Tochter, der Gestank, das Ungeziefer und die Gründe für die Niederlassung in dieser unwirtlichen Gegend präsentiert. Bei diesem Vorgespräch wurde zudem sehr detailgenau berichtet: Alle Zugezogenen waren alleinerziehende Frauen. Sie alle kommen aus entfernten Dörfern und die überwiegende Mehrheit sind Indigenas. Kurz nach der Ankunft der ersten Frauen, die alle zum Zeitpunkt des Gespräches noch hier leben, wurde zunächst bestimmt, wer wo seine Unterkunft bauen darf. Als zweites wurden Wege gebaut und als drittes, nachdem von benachbarten Ansiedlungen ausgehend versucht worden war sie zu berauben, eine Anschlussmauer gebaut. Nachdem dies alles geschafft war, kamen die ersten Nichtregierungsorganisationen und boten ihre Hilfe an. Mit deren Unterstützung wurde Strom gelegt und ein Brunnen gebaut. Es habe weiterhin Versuche gegeben in die Siedlung einzubrechen, was durch ein ausgeklügeltes Wachsystem bisher immer verhindert werden konnte. Es gibt nun auch direkte Kontakte zur Stadtteilverwaltung und obwohl die Siedlung illegal ist, wird den Bewohnern Unterstützung zugesagt. Es gab in den vergangenen zwei Jahren nur einen Versuch einer männlichen Person aus dem über der Straße liegenden Stadtteil in die Siedlung umzuziehen, da er die Fortschritte der Selbstorganisation der Frauen bewundere. Nach nur wenigen Wochen wurde der Mann wieder zurückgeschickt, da er sich nicht an die strengen Regeln halten konnte. Die inzwischen ebenfalls dort lebenden männlichen Partner sind mit der internen Organisation nicht betraut. Sie gehen Beschäftigungen außerhalb der Ansiedlung nach. Die Jugendlichen und Heranwachsenden gehören zum großen Teil einer der sehr gewaltbereiten Jugendbanden an.

Auf den am folgenden Tag stattfindenden Besuch der Tagungsgruppe angesprochen, wurde nichts weiter gesagt, als dass die Besucher ihre Wertgegenstände zu Hause lassen sollten, aber niemand sich fürchten müsse. Keine weiteren Verhaltensregeln wurden seitens der Gesprächspartnerin genannt. Der Leiter der Organisation Equipo Nahual wies allerdings bei einem nachfolgenden Vieraugengespräch darauf hin, dass bitte nicht fotografiert werden sollte und dass es keine Toiletten gebe. Außerdem seien viele Jugendliche der Siedlung in sehr zu Gewaltexzessen neigenden Jugendbanden aktiv, und der Hinweis darauf, keine Wertgegenstände mit sich zu führen, sei unbedingt ernst zu nehmen.

An folgenden Tag fand der Besuch der Tagungsgruppe statt. Nach der Ankunft wurde der vollklimatisierte Bus auf der Müllsammelstelle geparkt, die Besuchergruppe von der Gemeindeleiterin in Empfang genommen und direkt in ein erst kürzlich erbautes Brettergebäude geführt. Das Gemeindehaus war als Theater konzipiert: Eine recht große Bühne und eine etwas tiefer gelegene größere Fläche, wo die Gruppe auf in Reihen aufgestellten Plastikstühlen Platz nehmen sollte. Die besagte Dame war umringt von Mitbewohnerinnen, die die Gruppe beständig fotografierte. Sofort wurde die Versammlung eröffnet und in Form und Inhalt wurde genau dieselbe Narration wiedergegeben, wie sie tags zuvor bereits berichtet wurde. Die Reihenfolge der Themen blieb identisch, die Anekdoten an derselben Stelle des Berichts. Nachfolgende Fragen konnten allesamt nicht beantwortet werden, da sie nicht verstanden wurden. Die analytischen Fragen lagen außerhalb des lokal praktizierten Diskurses. Gespickt mit Fachbegriffen waren die Fragen semantisch nicht verstanden worden.

Die Situation stellt sich paradox dar: zum einen ist das Leben aus der Perspektive der Akteurinnen äußerst schwierig, die Umstände werden aus der Binnenperspektive als hoch problematisch interpretiert, trotzdem richtet man sich dort ein. Bei der in Besitznahme des Raums wird das Deutungsmuster Kollektivität aktiviert. Die tradierte Annahme ist, dass das Überleben nur möglich ist im und durch das Kollektiv. Die Gründerinnen konstituierten eine neue Ethnizität, es entsteht ein indigenes Kollektiv, das nicht an vorherige Gemeinschaften anschließt, sondern neu zusammengekommene Menschen verbindet. Dies geschieht zum einen mittels rigider kollektiver Verhaltensrichtlinien und hoher sozialer Kontrolle. Wer sich nicht in das Kollektiv einfügt, muss es verlassen (siehe den Mann, der überzusiedeln versuchte). In dem Kollektiv verändern sich auch soziale Strukturen, insbesondere die Rolle der Frauen wird reformuliert. Dass Frauen vergemeinschaftende und führende Funktionen übernehmen, ist eine soziale Innovation, die sich auch daraus ergibt, dass die Männer im postkolonialen Regime zu (illegalen) Wanderarbeitern in den USA werden, bzw. auf Raubzüge ins Stadtzentrum gehen. Zum anderen ist für die Konstituierung der neuen ethnischen Gemeinde die Form der Repräsentation entscheidend, wie sie bei den Veranstaltungen exemplarisch zum Tragen kommt. Bei den Versammlungen tritt die Sprecherin vor zwei Publika auf. Zum einen der Eigengruppe. Für diese haben die Veranstaltungen klassisch rituelle Funktion. In ihnen tritt die Sprecherin als symbolische Repräsentanten des Kollektivs auf, durch das Ritual wird der Gruppenzusammenhalt bestärkt. Für die externen Besucher aber ist die Veranstaltung kein Ritual, sondern eine politische Demonstration, in der ein Individuum seine authentische Erfahrung berichtet und auf Grundlage dieser individuellen Erfahrung, die von anderen geteilt wird, politische Protestansprüche artikuliert, die dann die Unterstützung der Helfer erfahren können. Sie wird also von außen als individuelle Repräsentantin der geteilten Interessen wahrgenommen, von innen aber als Ritualexpertin.

Die Realität dieser postkolonialen Subjekte ist nicht unbefleckt traditional. Wir haben es nicht mit einer ungebrochenen präkolonialen Traditionslinie zu tun. Dies wird insbesondere deutlich, bedenkt man, dass die Frauen zuvor in Mietwohnungen in Guatemala Stadt wohnten. Das Leben in abgeschlossenen, privaten Wohneinheiten auf Grundlage individueller (Miet-) Vertragsverhältnisse konstituiert einen radikalen Bruch mit dem kommunalen dörflichen Leben. Die Frauen mussten ihre Wohnungen jedoch wegen zu hoher Mieten verlassen und waren dann in der Lage, kollektivistische Deutungsmuster zu reaktivieren und die dazugehörigen Rituale zu transformieren, die diese Reaktivierung überhaupt erst ermöglichen und erfahrbar machen. Aus Perspektive der Postkolonial Studies ist dieser Fall nicht wahrnehmbar, da diese von der Annahme ausgehen, dass die Dominanz westlich kolonialer Diskurse so groß ist, dass subalterne Artikulationen nicht möglich sind. Es zeigt sich aber in diesem Fall, dass in einer postkolonialen Situation, in der Indigene entrechtet sind und in extremer Armut leben, diese dazu in der Lage sind, zu sprechen und zu handeln, indem sie das tradierte Deutungsmuster Kollektivität aktivieren und unter postkolonialen Bedingungen für sich nutzen.

## 2.4 Yuquaiquin

Yuquaiquin ist ein kleines Dorf in El Salvador. 90 Familien leben hier von einer Subsistenzwirtschaft, die zum Überleben nicht reicht. Ein Drittel, so wird geschätzt, der Salvadorianer lebt im Ausland, zumeist in den USA, viele von ihnen halten einen sehr regen Austausch mit ihrer Herkunftsregion und Gemeinde. So

leben die Dorfbewohnerinnen und -bewohner hauptsächlich von den Geldüber-
weisungen ihrer Familienangehörigen.

In diesem Dorf wurde kurz bevor der hier darzustellende Fall bekannt wurde,
ähnlich dem Fall Chilpi, seitens der Projektorganisation Caritas El Salvadors eine
ausführliche soziale Analyse über die soziale, wirtschaftliche und politische Situation gemeinsam mit den Bewohnerinnen und Bewohnern durchgeführt. Aus den
Ergebnissen wurde ein Maßnahmenkatalog entwickelt: oberste Priorität war eine
Trink- und Abwasserversorgung, denn die schlechten hygienischen Bedingungen
verursachen eine auffallend hohe Kinder- und Müttersterblichkeit. An zweiter Stelle wurde geplant, eine Dorfapotheke sowie ein Bildungsprogramm für Dorfhelfe-
rinnen zu installieren. Eine weitere Priorität gab es nicht, da angenommen wurde,
dass die Dorfbewohner mit diesen beiden Aufgaben längere Zeit beschäftigt sein
werden und sich darüber hinaus durch die Maßnahmen die Lage derart verändern
würde, dass eine neue Analyse durchgeführt werden müsse. Dies wurde bei einem
Besuch eines Autors dieses Beitrags im Juli 2005 dargestellt. Während der Versammlung, zu der eigens anlässlich des Besuches gerufen wurde und die in der
Dorfschule stattfand, waren alle 90 Familien anwesend.

Bei einem erneuten Besuch Mitte 2007 wurde der Besucher in eine Kapelle geführt, wo wieder alle Familien anwesend waren und der Sprecher der Gruppe dem
Besucher mitteilte, dass die Gemeinde anstelle der Wasserversorgung und Dorfapotheke die Kapelle gebaut hätte. Auf die Frage, wie das zustande gekommen sei,
war doch bei den Analyseergebnissen eineinhalb Jahre zuvor nie von einer Kapelle
die Rede gewesen, lautete die Antwort, dass die Bewohner sich ihrer Kräfte nicht
klar waren und der Bau der Kapelle dazu diente, ihrer Fähigkeit zur Einhaltung
ihrer Selbstverpflichtung zum Bau von Wasserversorgung und Apotheke zu überprüfen.

Obwohl die Bewohner keine Indigenen sind, haben sie doch die Tradition der
Gemeinschaftsarbeit einerseits und die Verpflichtung zu gegenseitiger privaten
Unterstützung andererseits in ihre kommunitäre Selbstorganisation integriert. Wie
in Gilpi werden anfallende Gemeinschaftsarbeiten, wie die Vorbereitung der Dorf-
feste, Straßen- und Wegereinigung im Dorfrat beschlossen und die entsprechenden
Arbeiten gemeinschaftlich und unentgeltlich erledigt. Ähnlich verhält es sich bei
den privaten Unterstützungen. Nachbarschaftliche Erntehilfe kann reziprok etwa
bei der Reparatur des Wohnhauses ‚entgolten' werden. In diesem Sinne muss die
Aussagen verstanden werden, dass die Verpflichtung gemeinschaftlich eine Wasserversorgung zu installieren, die aus den Analyseergebnissen entsprang, zunächst
überprüft werden sollte: der Inhalt und die Form der erforderlichen Maßnahmen,
etwa der Lobbyarbeit bei einschlägigen Regierungsstellen, war den Beteiligten zunächst unbekannt und führte zu Verunsicherung. Geübt waren sie jedoch im Um-

gang mit lokalen Ressourcen und aus der Tradition entwickelten Gemeinschafts-arbeiten. Baukonstruktionen gehören zur traditionell ausgeübten Praxis. Außerdem hatte der Pfarrer sie bereits seit Jahren gebeten, eine kleine Kirche zu bauen. Sie wüssten nun, so die Aussage der Beteiligte, dass und wie sie es schaffen könn-ten, auch die ursprünglich geplanten Maßnahmen durchzuführen. In der Tat wurde zwei Jahre später berichtet, dass mit finanzieller Hilfe von in den USA lebenden Dorfmitgliedern eine Wasserleitung gebaut werden konnte.

In Yuquaiquin kommen zwei Elemente zum Tragen, die wir bei den drei vorhe-rigen Fällen nicht kennen gelernt hatten. Erstens kommt die kollektive Handlungs-fähigkeit hier als eingebettete Innovation zum Tragen. Während in Chilpi neue Teilgruppen entstanden und indigenes Wissen transformiert wurde, in Pulikat ein neues Handlungskollektiv durch die Integration zuvor distinkter Gruppen entstand und sich in Guatemala Stadt eine neues ethnisches Geschlechterkollektiv konsti-tuierte, haben wir es hier mit einem lokalen Kollektiv zu tun, das auf den Verlust vieler seiner Angehöriger damit reagiert, dass die verbliebenen umso dichter zu-sammenrücken und engen Anschluss an tradiertes Wissen halten. Bei den Veran-staltungen tritt die Gemeinde als totales Kollektiv auf: alle Gemeindeangehörigen sind anwesend.

Zweitens spielen in Yuquaiquin neben den internationalen NGOs, die in allen Fällen wichtige Akteure sind, auch die transnationalen Migrationsnetzwerke eine wichtige Rolle. Während sich die lokale Gemeinde also zum einen situativ voll-ständig schließt, indem sie alle Gemeindemitglieder temporär vereinigt, werden zum anderen die familiären Unterstützungsnetzwerke aktiviert, über die die Ge-meinde verfügt. Dies ist nur deshalb möglich, weil die Gemeinde gleichzeitig als lokale Interaktionsgemeinschaft und als Sprachgemeinschaft (im von Hubert Knoblauch 1991 im Anschluss an John Gumperz explizierten Sinne) existiert. Das Netzwerk der Dorfgemeinschaft Yuquaiquin spannt sich über administrativ-terri-toriale und nationalstaatliche Grenzen (vgl. Pries 2007). Die Selbstvergewisserung über die kollektiven sozialen Kompetenzen wird notwendig, weil die Gemein-schaftlichkeit an tradierte soziale, kulturelle, politische und religiöse Kontexte ge-bunden ist. Die Redundanzerfahrung, d. h. ein an tradierte, immer wiederkehrende Situationen geknüpftes gemeinschaftliches Handeln, wird hinsichtlich ihrer Trag-fähigkeit mit dem Kapellenbau zunächst geprüft. Dann aber wird diese Erfahrung in das transnationale Netzwerk eingespeist. Die in den USA lebende Diaspora von Yuquaiquin wird nicht wie die Projektorganisation der Caritas als Finanzgeber be-trachtet, sondern als im gemeinsamen Netzwerk eingebundenes Element.

In allen hier dargestellten Studien erweist sich ein weiteres Element als eine durchgängige Praxis: es werden Entscheidungen nach teilweise langwierigen ge-meinschaftlichen Überlegungen getroffen. Diese Entscheidungsstrategien entwickeln sich jeweils aus bereits bestehenden Erfahrungs- bzw. Wissensrepertoires. Gerade im Falle Yuquaiquin wird das Ringen um diese Entscheidung deutlich. Die Frage, die sich den Bewohnern stellte, lautete, ob die teilweise über Jahrhunderte eingeübten Handlungen und die Entscheidungen hierüber tragfähig für neue Situationen sind. Und genau bei der Beantwortung, d. h. Entscheidung über diese fiktive Frage, vergewissern sich die Bewohner ihrer Kollektivität (vgl. Moebius 2005, S. 127). Nicht die Summe der einzelnen Dorfmitglieder entscheidet, sondern die Dorfmitglieder entscheiden als Kollektiv (als Gemeinschaft) und zwar deshalb, weil die Grundlage auf der die Entscheidung getroffen wird, nicht individualistischer Natur ist, sondern tradierte kollektivistische Wissensrepertoires sind. Die Wissens- und Entscheidungsrepertoire sind keine kolonialen Phänomene, sondern prä-kolonial (vgl. Yanakakis 2008).

# 3 Postcolonial Studies und das Doppel aus sozialwissenschaftlicher Hermeneutik und hermeneutischer Wissenssoziologie

## 3.1 Postcolonial Studies und Subalterne

Den Gründungstext der Subaltern Studies innerhalb der Postcolonial Studies, der auch den Referenzpunkt der sozialwissenschaftlichen Diskussion um Subalternität bildet, ist ein Aufsatz von Gayatri Chakravorty Spivak aus dem Jahr 1988, der im Titel die Frage aufwirft, ob die Subalterne sprechen kann.

„Als Subalterne bezeichnet sie in Anlehnung an den Sprachgebrauch der indischen Subaltern Studies Group all diejenigen Personen, denen jegliche Mobilität verwehrt bleibt und denen zudem, und hier kommt die Macht westlicher Diskurse ins Spiel, komplexe Selbstverhältnisse und -repräsentationen abgesprochen werden, die diese Diskurse westlichen Subjekten in der Regel zuschreiben. Spivak ist der Auffassung, Subalterne könnten unter gegebenen Bedingungen zumeist *nicht* sprechen. Dies läge jedoch nicht an mangelnden Fähigkeiten der Subalternen, sich zu äußern, sondern vielmehr daran, dass komplexe Sprechakte Subalterner im Rahmen westlicher Diskurse nicht vorgesehen sind und daher ins Leere laufen" (Kerner 2012, S. 135).

Castro-Varela und Dhawan (vgl. dieslb. 2005, S. 131 ff.) haben in ihrer Übersicht postkolonialer Theorie darauf hingewiesen, dass Spivaks Verwendung des Begriffs ‚Subalterne' widersprüchlich sei, dass sie jedoch eine klare Unterscheidung zwischen Subalternen und postkolonialen migrantischen Intellektuellen vornehme. U. E. ist nicht eine mangelnde Abgrenzung zu anderen Begriffen problematisch, sondern vielmehr die gleichzeitige Verwendung von ‚Subalterne' als Bezeichnung für eine empirisch bestimmbare Personenkategorie und als analytischer Begriff. Die Subalternen sind bei Spivak zum einen, wie Castro-Varela und Dhawan (vgl. 2005, S. 131 f.) richtig feststellen, die „nicht alphabetisierten, unorganisierten, weiblichen Arbeitskräfte im Süden". Über die Angehörigen dieser Personenkategorie ließen sich nun bestimmte empirisch überprüfbare Aussagen machen. Zum anderen aber setzt Spivak stattdessen bestimmte analytische Annahmen über diese Kategorie voraus – beispielsweise, dass diese „abgeschnitten von jeglichen Möglichkeiten zur Mobilität – vertikal und horizontal" (Castro-Varela und Dhawan 2005, S. 130) sei und eben nicht sprechen könne, weshalb „wenn die Subalterne spricht, diese keine Subalterne mehr ist" (Castro-Varela und Dhawan 2005, S. 80). Die Sprachlosigkeit der Subalternen ist damit kein empirischer Befund, sondern ein Theorieeffekt.

Von entscheidender Bedeutung für Spivaks Argumentation ist die Art und Weise, wie sie die Begriffe Subjekt und Repräsentation verwendet und aufeinander bezieht. Angriffsfläche für den von ihr verwendeten Subjektbegriff ist sowohl die Vorstellung des „souveränen Subjekts" (Spivak 2008, S. 19) wie das „ungeteilte Subjekt" (Spivak 2008, S. 26). Dies klingt nun zunächst nach der vertrauten poststrukturalistischen Subjektkritik, wie sie etwa Paula Villa in ihrem Versuch einer soziologischen Aneignung poststrukturalistischer Theorie wiedergegeben hat:

„Zunächst sind Subjekte im Sinne post-struktualistischer Perspektiven keine empirischen Personen. Und in sozialwissenschaftlicher Perspektive sind Subjekte auch nicht die Schützschen, Garfinkelschen, Goffmanschen Personen, d.h. handelnde Menschen in komplexen Lebenswelten. Subjekte sind, hier argumentiere ich mit Foucault und Butler, ‚Diskursgelegenheiten' (Butler 2001: 15f.). Sie sind ‚sprachliche Kategorien' (ebd.), diskursive Orte, die Individuen zu besetzen gezwungen sind. Menschen sind also keine Subjekte im strengen Sinne, sondern Menschen, die beständig versuchen, Subjekte zu sein – und daran immer scheitern müssen, wie die Butlerschen Überlegungen nahe legen" (Villa 2009, S. 246).

Während hier jedoch der Subjektbegriff auf Einzelsubjekte abzielt, die, aufgrund diskursiver Klassifikationen, nicht zu sich zu kommen in der Lage sind, richtet sich Spivaks Diskussion überhaupt nicht auf Einzelsubjekte. „Die Subalterne" ist nicht die einzelne subproletarische Frau der Dritten Welt, sondern vielmehr ein generisches Kollektivsubjekt, das allerdings nicht handlungsfähig wird. Deshalb lautet ihre Frage auch, „wie das Subjekt der Dritten Welt innerhalb des westlichen Diskurses repräsentiert wird" (Spivak 2008, S. 19) – und richtet sich nicht auf die Subjekte im Plural, sondern nimmt den generischen Singular. Und in diesem Sinne versteht sie auch Europa als Subjekt (vgl. Spivak 2008, S. 21). Spivak importiert die Konzeption des Subjekts als Kollektivsubjekt aus der Marxschen Theorie. Bei Marx findet Spivak „Modelle eines geteilten und dislozierten Subjekts" (Spivak 2008, S. 31), wie sie in ihrer Diskussion des Achtzehnten Brumaire herausstellt. Die Marxschen Parzellenbauern sind zwar Klasse an sich, aber, aufgrund ihrer historischen Position, nicht dazu in der Lage, Klasse für sich zu werden. Ihnen fehlt es am notwendigen Klassenbewusstsein, das sie zum Kollektivsubjekt werden ließe. In diesem Sinne unterliegen sie, so Spivak, dem „strukturellen Prinzip eines disparaten und dislozierten Klassensubjekts" (Spivak 2008, S. 31). Spivak macht bei Marx mithin „nicht nur eine Kritik des Subjekts als eines *individuellen* Handlungsträgers, sondern sogar eine Kritik der Subjektivität einer *kollektiven* Handlungsfähigkeit" (Spivak 2008, S. 32; Herv. i. O.) aus, während sie Foucault vorwirft, „häufig ‚Individuum' und ‚Subjekt' durcheinander zu bringen" (Spivak 2008, S. 26). Spivak schließt sich hier also Marx an, modifiziert dessen Argumentation jedoch in zweierlei Weise entscheidend.

Zum einen sieht Marx den Grund dafür, dass die französischen Parzellenbauern kein revolutionäres Subjekt werden können, in ihrer ökonomischen Position begründet: „Die Parzellenbauern bilden eine ungeheure Masse, deren Glieder in gleicher Situation leben, aber ohne in mannigfache Beziehung zueinander zu treten. Ihre Produktionsweise isoliert sie voneinander, statt sie in wechselseitigen Verkehr zu bringen. Die Isolierung wird gefördert durch die schlechten französischen Kommunikationsmittel und die Armut der Bauern" (Marx 1961 [1852], S. 198). Durch ihre Produktionsweise voneinander isoliert, sind die Bauernfamilien nicht in der Lage, eine Klasse zu bilden. Und dies wiederum macht es ihnen unmöglich, „ihr Klasseninteresse im eigenen Namen, sei es durch ein Parlament, sei es durch einen Konvent geltend zu machen. Sie können sich nicht vertreten, sie müssen vertreten werden" (Marx 1961 [1852], S. 198). Statt Vertretung vollzieht sich Stellvertretung durch Napoleon Bonaparte.

Spivak (vgl. Spivak 2008: 33 ff.) rekonstruiert, wie bei Marx die Entstehung eines Klassenbewusstsein als Resultat des Eintritts einer Klasse in die kapitalistische Mehrwertproduktion konzipiert ist. Die kapitalistische Produktion ermöglicht die Mobilität, die das Klassenbewusstsein generiert und die politische Aktion ermöglicht. Den Maßstab kollektiver Handlungsfähigkeit bildet bei Spivak damit die ‚klassisch moderne' radikale, revolutionäre, politisch-ökonomische Emanzipation. Diese stellt Spivak in den Kontext des globalen Kapitalismus der Gegenwart. Die wirtschaftliche Ausbeutung bedingt, dass sich die Subalterne nicht selbstbefreien kann. Spivak ergänzt diesen polit-ökonomischen Gedanken nun mit dem der ideologischen Entmündigung der Subalternen, indem sie konstatiert, „dass die westliche intellektuelle Produktion in verschiedenen Hinsichten mit internationalen wirtschaftlichen Interessen des Westens komplizenhaft verbunden ist" (Spivak 2008, S. 19 f.). Im westlichen Diskurs, für den in der unmittelbaren Auseinandersetzung

Foucault und Deleuze stehen und den Spivak historisch anhand des kolonialen britischen Diskurses um die Witwenverbrennung exemplifiziert, wird die Subalterne auf eine Weise repräsentiert, die ihr die Stimme nimmt. Genauso wenig, wie es im ökonomischen Feld Chancen eines Widerstandes gibt, lässt sich im ideologischen Feld der dominante Diskurs in Form „interventionistischer Praxis aufheben" (Spivak 2008, S. 103): „Es gibt keinen Raum, von dem aus das vergeschlechtlichte subalterne Subjekt sprechen kann" (Spivak 2008, S. 103).

Neben dieser diskurskritischen Ergänzung des Marxschen Arguments vollzieht Spivak eine zweite Verschiebung, indem sie das Kollektivsubjekt in den Kollektivsingular setzt. Es figuriert prominent u. a. als „die Subalterne" (im Titel des Essays), „das ausgebeutete Subjekt" (Spivak 2008, S. 59) oder „die subalterne Frau" (Spivak 2008, S. 75). Bei Gramsci, von dem die Subaltern Studies Group und Spivak das subaltern-Konzept übernehmen, ist noch von „subalternen Klassen" (zit. nach Spivak 2008, S. 47) die Rede. Diese konzeptionelle Strategie mag zunächst konsequent sein, da damit die absolute Macht zum Ausdruck gebracht werden kann, die der westliche Diskurs auszuüben in der Lage ist, der die Kollektive eben zu vereindeutigen in der Lage ist. Andererseits reproduziert diese identitäre Ausdrucksweise die Vorstellung des totalen, dabei aber auch total handlungsunfähigen Kollektivsubjektes. In diese argumentative Sackgasse gerät Spivak durch die Übernahme der Marxschen Vorstellung, eine Klasse über die gemeinsame ökonomische Position ihrer Mitglieder definieren zu können. Die Klasse ist damit ein analytisches Konstrukt der Wissenschaftlerin und keine soziale Gruppe. Spivak bedient sich bei ihrer Konstruktion der Subalternen einer kategorialen Klassifikation, die essentialistisch ist.

Paradoxerweise belegt Spivak ihr Argument, dass Subalterne – die sie ja als Kollektivsubjekt im Kollektivsingular konzipiert – nicht sprechen können, dann mit meinem Fallbeispiel individuellen Handelns. Spivak zeigt, dass der Selbstmord der jungen Bhuvaneswari Bhaduri im Jahr 1926 in Kalkutta in die Deutungshoheit hegemonialer Diskurse gerät und folgert: „Die Subalterne als Frau kann nicht gehört oder gelesen werden" (Spivak 2008, S. 105). Das Fallbeispiel ist gerade nicht geeignet, kollektive Handlungsunfähigkeit zu illustrieren, da ein kollektives Handlungssubjekt nicht vorhanden ist, sondern nur ein individueller Handlungsakt, der gesellschaftlich als typisch für eine Personenkategorie gedeutet wird. Spivak ist durch ihr Verständnis kollektiver Handlungsfähigkeit, ihre Definition der Subalternen und die Wahl ihres Untersuchungsfeldes in eine Aporie geraten, die noch deutlicher zu Tage tritt, wenn man die konzeptionellen Gegenangebote der sozialwissenschaftlichen Hermeneutik und der hermeneutischen Wissenssoziologie dagegen stellt.

## 3.2 Das Doppel aus sozialwissenschaftlicher Hermeneutik und hermeneutischer Wissenssoziologie

Die sozialwissenschaftliche Hermeneutik – als methodologischer Teil des Doppels – konzeptualisiert, im Anschluss an die phänomenologische Grundlegung der Soziologie durch Alfred Schütz, das Einzelsubjekt als Bewusstseins- sowie Handlungsträger (vgl. Schütz und Luckmann 2003). Aus dieser Perspektive liegt Wirklichkeit nur im subjektiven Bewusstsein vor und ist damit subjektiven Ursprungs (vgl. Schröer 1994, S. 14). Die Subjektivität von Subalternen steht aus dieser Perspektive nicht in Frage. Zweifelhaft allerdings ist, aus Perspektive der hermeneutischen Wissenssoziologie – als analytischem und gesellschaftstheoretischem Gegenstück der sozialwissenschaftlichen Hermeneutik –, ob in den untersuchten Fällen das Deutungsmuster Individualität die Grundlage kollektiven Handelns bildet. Wir unterscheiden damit zwei Aspekte – Subjekt und Individuum – der modernen Form des Selbst.

Spivak setzt Subjekt mit freiem Willen gleich (vgl. Spivak 2008, S. 88). Gerade das ist jedoch bei Schütz nicht mit Subjekt gemeint. Schütz rekonstruiert vielmehr, wie gebunden das Subjekt ist – an den Körper, Zeit, Raum, die Sozialwelt (vgl. Schütz und Luckmann 2003). Auch mit Blick auf die Frage der Handlungsfreiheit gehen wir aus der Perspektive einer humanistischen Soziologie (vgl. Berger 1963) von einer Beschränktheit des Subjektes aus. Wir setzen einerseits eine subjektive Handlungsträgerschaft an, während Handlungsfähigkeit – ob von Einzelnen oder sozialen Gruppen – immer begrenzt und bedingt ist und sich als gesellschaftliches Produkt darstellt, als Resultat von Wissen, Deutungen, Ressourcen, Machtdifferentialen etc.

Das Individuum verstehen wir als spezifische Sozialform des Subjekts: Erst die Moderne produziert ein Deutungs- und Handlungsmuster, das den Einzelnen als legitime Sozialfigur des Alltagshandelns vorsieht. Sie tut dies, indem sie Alltag und Außeralltägliches auseinander nimmt (,Säkularisierung') und den Alltag zu der Sphäre erklärt, die frei ist von Transzendentem. Kerngeschäft der Soziologie ist die Gesellschaftstheorie der Moderne, in deren Zentrum das Konzept des Individuums steht. Die Soziologie tut dies aber keineswegs von außerhalb. Sie ist selbst Teil dieses Modernitätsphänomens, das sie beobachtet. Das schlägt sich in ihrer Methodologie nieder. Der methodologische Individualismus greift aus methodischen Gründen auf subjektive Sinnakte zurück. Er behauptet jedoch nicht, dass das Subjekt sich selbst Motiv seines Handelns ist, sondern rekonstruiert subjektive Motive. Diese können auch Kollektivität sein, ohne dass diese in ihrem ,Nutzen' für das Individuum gedeutet werden. Es ist also zwischen dem Subjekt (als modernem methodologischem Konstrukt) und dem Individuum (als historischer Sozialfigur) zu unterscheiden. Die subjekttheoretische Methodologie ermöglicht aber auch ein Verständnis von Kollektivität. Dieses ergibt sich aus ihrer Konzeption von Repräsentation und Transzendenz. In der sozialwissenschaftlichen Hermeneutik erklärt das Modell der kleinen, mittleren und großen Transzendenzen, dass und wie das Subjekt über sich hinaus greift und Abwesendem Wirklichkeit verleiht (vgl. Schütz 1971; Luckmann 1985). Repräsentation wird dabei als Vergegenwärtigung des Abwesenden, als Präsenzverschaffen des Transzendenten verstanden (vgl. Soeffner 1990). Kollektive sind dabei immer transzendent, nicht unmittelbar erfahrbar. Es kann aber in Akten symbolischer Repräsentation Gegenwart erlangen. Dann entstehen ‚imagined communities' (vgl. Anderson 1991), die kollektiv handlungsfähig sind (vgl. Soeffner 1990). Subjektive Handlungsträgerschaft ist damit ein tragfähiges Konstrukt soziologischer Methodologie, mit dessen Hilfe Kollektivität verstanden und erklärt werden kann.

Die hermeneutische Wissenssoziologie hat vielfach gezeigt, dass Kollektivität auch unter den Bedingungen von Moderne Wirklichkeit ist, auch wenn dies der individualistischen Selbstbeschreibung der Moderne entgegen läuft. Dies gilt für religiöse Gemeinschaften (vgl. Knoblauch 2009) genauso wie für posttraditionale Szenen (vgl. Hitzler 2008) und Milieus (vgl. Zifonun 2013) oder etwa für Erinnerungskollektive (vgl. Zifonun 2004). Allerdings haben wir es in all diesen Fällen mit individualistischen Formen der Kollektivität zu tun, mit „solchen neuen Gemeinschaftsformen, die nicht das Individuum in der Gemeinschaft aufgehen ließen, sondern es im Gegenteil zu Autonomie, Selbstverwirklichung und Selbstperfektionierung führen sollten" (Soeffner 2006, S. 211). Eine in diesem Sinne anschlussfähige Diskussion führt etwa die Sozialpsychologie. Kenneth Gergen hat 1990 ausgeführt: „Das Selbst ist nunmehr nichts als ein Knotenpunkt in der Verkettung von Beziehungen. Jeder Mensch lebt in einem Netzwerk von Beziehungen und wird in jeder von ihnen jeweils unterschiedlich definiert" (Gergen 1990, S. 197)

Individualität ist das dominante alltagsweltliche Deutungsmuster der dominanten Moderne. In ihrer Selbstdeutung stilisiert sie Kollektivität als vormodern, als ihr extern und widersprechend. Diese moderne Selbststilisierung ist jedoch korrekturbedürftig. Tatsächlich ist Individualität als Deutungsmuster konstitutiv auf eben diese Unterscheidung von Kollektivität angewiesen. Kollektivität ist der Moderne nicht äußerlich, sondern ihr im Modus ihrer performativen Selbstkonstitution inhärent. Diese Inhärenz zeigt sich besonders deutlich im orientalistischen Diskurs, der den Orient als irrational, rückständig, korrekturbedürftig, kindlich etc. stilisiert und ihm die Fähigkeit zur Individualität abspricht bzw. in aus seinem vormodernen Zustand in einen modern individualistischen reformieren will. Im Gegensatz dazu argumentieren wir, dass die Formen der Kollektivität, die wir in unseren Fallskizzen herausarbeiten, nur als moderne Phänomene verstanden werden können, die erst durch die moderne Unterscheidung zwischen Individuum und Kollektiv möglich werden. Vormoderne Selbste sind damit verloren, insbesondere auch durch den Kolonialismus (vgl. Nandy 1983). Es macht also wenig Sinn, koloniale Subjekte unter Verweis auf ihren Kollektivismus aus der Moderne auszuschließen. Genauso wenig aber macht es Sinn, den Individualismus zum alleinigen Signum der Moderne zu erklären. Es etablieren sich dominierte, alternative Selbste (vgl. Nandy 2002b), die nicht individualistisch sind. Gleichwohl können, wie die Studien zu Gilpi, Yuquaqin und Guatemala zeigen, vormoderne Wissensrepertoires, wie sie etwa in indigenen sozialen Handlungen, indigenen Kosmovisionen und Transzendenzkonzeptionen niedergelegt sind, mit modernen Handlungsaufforderungen verknüpft und zu neuen Praxen formiert werden.

Diese Verwendung der Begriffe Kollektiv und Gemeinschaft führt dann weg von deren Gleichsetzung mit Personenkategorien und Kollektivsubjekten und hin zu ihrer Konzeptualisierung als soziale Gruppen. Aus Sicht einer subjektbasierten Soziologie handelt es sich bei dem, was für Spivak die (im Falle von Subalternen scheiternde) Transformation einer Klasse an sich in eine Klasse für sich ist, um den Spezialfall einer sozialen Gruppenbildung. In diesem Spezialfall transformiert sich die Zugehörigkeit zu einer sozialstrukturell relevanten Kategorie (d. h. die Übereinstimmung in der Ausprägung eines Merkmals) in die Zusammengehörigkeit in einer sozialen Gruppe. Der allgemeinere Fall sieht die kategoriale Identität nicht vor, sondern allein die Herstellung und Verfolgung eines als gemeinsam definierten Handlungszieles, wobei dieses Handlungsziel in der Folge aus dem Blick geraten, sich neue Ziele ausprägen und die Gruppe zum Selbstzweck werden kann. Die von uns präsentierten Fälle weisen solche heterogenen, gemischten, differenzierten und geschichteten sozialen Gruppen mit samt ihrer Teilgruppen auf. Wir verstehen soziale Gruppen als sich selbst konstituierende soziale Phänomene, als Resultat gesellschaftlicher Institutionalisierungsprozesse und nicht als Konstrukte, wie sie von Marx und Spivak analytisch vorausgesetzt werden. Und des Weiteren muss an dieser Stelle bemerkt werden, dass sich diese sich selbst konstituierenden sozialen Phänomene immer wieder neu zu „entdecken", zu entwickeln und zu konstituieren haben. Damit ist das Scheitern einer ‚Identität' intrinsisch in der sozialen Entwicklung dieser so verstandenen sozialen Gruppe angelegt.

# 4  Schlussbemerkungen

Die poststrukturalistische Theorie nimmt, spätestens sobald sie in den Sozialwissenschaften auftritt, die Form einer Machttheorie an. In ihren einfachen Varianten unterstellt sie eine absolute Macht des Westens, des Mannes oder des Weißen über sein jeweiliges anderes, die sich in der Geschichte fortlaufend reproduziert, in ih-

ren komplexeren Formen berücksichtigt sie, etwa unter Verwendung des Hegemo-
nie-Konzeptes, die Widersprüche und Brüche im Herrschaftssystem, nur um zu argumentieren, dass und wie sich dieses in und durch die Widersprüche und Brüche
stabilisiert. Jörg Bergmann (vgl. Bergmann 1987, S. 87) und Christoph Kucklick
(vgl. Kucklick 2008, S. 21 ff.) haben diese machttheoretische Engführung kritisiert und aus Perspektive der Ethnomethodologie bzw. der Systemtheorie analytische Umstellungen vorgeschlagen. Wir schlagen unsererseits eine Umstellung von
Macht auf Wissen vor: gerade wenn man sich für Machtfragen interessiert, drängt
sich die wissenssoziologische Rekonstruktion der Deutungs- und Handlungsmuster auf, derer sich Subjekte in ihrem Alltag bedienen. So lässt sich bemessen, wo
sich wem Gestaltungsoptionen eröffnen bzw. verschließen und welche Ressourcen
sich dabei als relevant erweisen.

Joachim Renn (2012) hat überzeugend einige der Aporien einer subjektbasierten Soziologie herausgearbeitet. So argumentiert er erstens, diese Perspektive setze
etwas voraus, was gleichzeitig das Produkt sozialer Systeme ist – den individuellen Akteur. Wir würden dagegen behaupten, dass Subjekt und Individuum unterschiedliche Dinge sind! Zweitens bemängelt Renn, dass im Konstruktivismus eine
Vorstellung von objektiver Wirklichkeit nicht vorgesehen ist, wenn das Soziale nur
als Subjektives konzipiert wird (vgl. auch Bongaerts 2008). Der Konstitutions-
Subjektivismus der sozialwissenschaftlichen Hermeneutik steht der Rekonstruktion wechselseitig sich versicherter objektiver Wirklichkeit des Sozialen in der
hermeneutischen Wissenssoziologie nicht im Weg.

Die Methodologie der sozialwissenschaftlichen Hermeneutik hat sich in der
Konkurrenz anderer Methodologien zu bewähren. Sie muss nicht Letztgültigkeit
beanspruchen (und in der hier dargestellten Argumentationslinie will und kann sie
es auch nicht), sondern kann ihre pragmatische Geltung unter Beweis stellen, wenn
es ihr gelingt, bessere Deutungsangebote von Gesellschaft zu liefern. Dies gelingt
ihr insbesondere dann, wenn sie in der Lage ist, gesellschaftliche Phänomene sowie soziale Situationen zu verstehen und erklärend zu deuten, in denen Individualität – als gesellschaftliches Deutungsmuster – nicht gesellschaftlich relevant ist.
Wenn man zwischen Subjektivität und Individualität unterscheidet wird es möglich, die ‚alternative selves' (vgl. Nandy 2002b), d. h. die nicht-individualistischen
Selbstkonzepte zu erkennen, die in den Handlungs- und Deutungspraktiken Subalterner eingelagert sind und die erkennbar werden, wenn man Subalterne nicht als
Kategorien und Kollektivsubjekte konzeptualisiert.

Die Fälle dienen uns als Ausgangspunkt für die aus Perspektive der hermeneutischen Wissenssoziologie entwickelte These kollektiver Handlungsfähigkeit von
Subalternen unter postkolonialen Bedingungen, ohne dass wir präexistente Hand-
lungskollektive oder kollektive Subjekte unterstellen und ohne die Dominanz von

Individualität als alltagsweltlichem Deutungsmuster. Erklärbar werden die Fälle unter Rekurs auf die Methodologie der sozialwissenschaftlichen Hermeneutik, die an subjektiver Handlungsträgerschaft ansetzt und kollektive Handlungsfähigkeit als Resultat symbolischer Repräsentationsleistungen deutet. Mithilfe des Deutungsmusters Kollektivität können in rituellen Interaktionsprozessen neue Kollektive etabliert werden, die kollektiv handlungsfähig werden, also selbst gesetzte Ziele verfolgen können. Diese Interpretation wird nicht dadurch entkräftet, dass wir es weder auf Subjektebene noch auf der kollektiver Akteure mit souveränen Handelnden zu tun haben. Souverän im Sinne von: in der Lage, Ziele zu setzen, durchzusetzen und umzusetzen (vgl. Grande 1990, S. 12) ist das Subjekt bei Schütz nicht, und auch in der neueren Literatur zu kollektivem Handeln wird nicht mit der Souveränitätsthese gearbeitet.

Spivak ist einem methodologischen ‚Alienismus' (vgl. Knoblauch und Schnettler 2004) verpflichtet, der nicht die „Anerkennung des/der Anderen durch Assimilierung" (Spivak 2008, S. 71) betreibt, sondern diese/n mit Derrida als „‚ganz anderen'" (Spivak 2008, S. 72) konzipiert. Ziel ist dann, „‚die innere Stimme, die Stimme des anderen in uns, delirieren [zu] lassen'" (Spivak 2008, S. 72). Wir machen uns in diesem Beitrag des Assimilationismus schuldig, indem wir den Anderen zum Subjekt erklären – also eine moderne, westliche Konzeption des Selbst auf nichtwestliche Selbste übertragen. Dies erscheint uns insofern als die bessere Option, als dass wir so die Essentialisierung von Selbsten (‚das Westliche' und ‚das Subalterne') vermeiden können. Stattdessen schlagen wir eine komparative Methodologie unterschiedlicher historischer Typen vor, die unter den geteilten Bedingungen von Modernität je unterschiedliche Antworten auf die Frage der Vergesellschaftung liefern und deren ‚Kulturbedeutung' (Weber) wir rekonstruieren, die wir also gerade als historisch relative, dynamische Figurationen interpretieren, die allein aus ihre sozio-historischen Verortung zu verstehen sind. Damit hoffen wir auch dem Umstand gerecht werden zu können, dass in einer globalisierten Weltgesellschaft Selbstkonzepte, Wissensbestände, Gruppenzugehörigkeiten und Herrschaftsverhältnisse nicht umstandslos lokalisiert werden können. So ist etwa Indien nicht nur der territorialer Raum von Subalternen, sondern bietet auch einen Vergemeinschaftungsraum für eine globalisierte Techno und New Age Szene, die heute auf den Spuren von Hippies und Aussteigern an einer „cosmopolitan culture of expressive individualism" (D'Andrea 2007, S. 4) teilhat[1] oder sind lokale Gemeinden in Lateinamerika eingebunden in transnationale Netzwerke, die Kollektivansprüche in den Norden transportieren.

---

[1] Den Hinweis verdanken wir Julia Böcker.

Wir machen uns in Spivaks Sinne auf eine zweite Weise schuldig, indem wir die Subalternen repräsentieren – in einem wissenschaftlichen Aufsatz für eine deutschsprachige Leserschaft, statt ihr zuzuhören und von ihr zu lernen. Wir sehen uns dazu berechtigt, weil wir ein Außerhalb des Textes und ein Außerhalb der ‚Hegemonie' des westlichen Diskurses erkennen und zur Darstellung bringen können: unsere Fallskizzen beleuchten eine subalterne Praxis des (politischen) Alltags, in der sich Subalterne selbst repräsentieren. Sie bedürfen unserer Darstellung nicht und sind ihr nicht unterworfen.

## Literatur

Anderson, B. (1991). *Imagined Communities: Reflections on the origin and spread of nationalism.* 2. Aufl. New York: Verso.

Appadurai, A. (1986). Is homo hierarchicus? *American Ethnologist, 13*(4), 745–761.

Berger, P. L. (1963). *Invitation to sociology: A humanistic perspective.* New York: Doubleday.

Bergmann, J. (1987). *Klatsch. Zur Sozialform der diskreten Indiskretion.* Berlin: Gruyter.

Bongaerts, G. (2008). Verhalten, Handeln, Handlung und soziale Praxis. In J. Raab, M. Pfadenhauer, P. Stegmaier, J. Dreher, & B. Schnettler (Hrsg.), *Phänomenologie und Soziologie. Theoretische Positionen, aktuelle Problemfelder und empirische Umsetzungen* (S. 223–232). Wiesbaden: VS.

Butler, J. (2001). *Psyche der Macht. Das Subjekt der Unterwerfung.* Frankfurt a. M.: Suhrkamp.

Castro Varela, M., & Dhawan, N. (2005). *Postkoloniale Theorie: Eine kritische Einführung.* Bielefeld: transcript.

D'Andrea, A. (2007). *Global nomads: Techno and new age as transnational countercultures in Ibiza and Goa.* London: Routledge.

Gergen, K. J. (1990). Die Konstruktion des Selbst im Zeitalter der Postmoderne. *Psychologische Rundschau, 41,* 191–199.

Grande, E. (1990). *Vom Monopol zum Wettbewerb? Die neokonservative Reform der Telekommunikation in Großbritannien und der Bundesrepublik Deutschland.* Wiesbaden: DUV.

Hitzler, R. (2008). Brutstätten posttraditionaler Vergemeinschaftung. Über Jugendszenen. In R. Hitzler, A. Honer, & M. Pfadenhauer (Hrsg.), *Posttraditionale Gemeinschaften. Theoretische und ethnografische Erkundungen.* (S. 55–72). Wiesbaden: VS.

Kerner, I. (2012). Gayatri Chakravorty spivak, can the subaltern speak? In C. Leggewie, D. Zifonun, A.-K. Lang, M. Siepmann, & J. Hoppen (Hrsg.), *Schlüsselwerke der Kulturwissenschaften* (S. 134–137). Bielefeld: transcript.

Knoblauch, H. (1991). Kommunikation im Kontext. John J. Gumperz und die Interaktionale Soziolinguistik. *Zeitschrift für Soziologie, 20*(6), 446–462.

Knoblauch, H. (2009): *Populäre Religion: Auf dem Weg in eine spirituelle Gesellschaft.* Frankfurt a. M.: Campus.

Knoblauch, H., & Schnettler, B. (2004). ‚Postsozialität', Alterität und Alienität. In M. Schetsche (Hrsg.), *Der maximal Fremde. Begegnungen mit dem Nichtmenschlichen und die Grenzen des Verstehens* (S. 23–41). Würzburg: Ergon.

Kucklick, C. (2008). *Das unmoralische Geschlecht. Zur Geburt der Negativen Andrologie.* Frankfurt a. M.: Suhrkamp.

Luckmann, T. (1985). Riten als Bewältigung lebensweltlicher Grenzen. *Schweizerische Zeitschrift für Soziologie, 11*(3), 535–550.

Marx, K. (1961). *Der achtzehnte Brumaire des Louis Bonaparte.* In K. Marx & F. Engels, *Werke* (Bd. 8, S. 112–207). Berlin: Dietz [1852].

Moebius, S. (2005). Diskurs-Ereignis-Subjekt. Diskurs- und Handlungstheorie im Ausgang einer poststrukturalistischen Sozialwissenschaft. In R. Keller, A. Hirseland, W. Schneider, & W. Viehöver (Hrsg), *Die diskursive Konstruktion von Wirklichkeit* (S. 127–148). Konstanz: UVK.

Nandy, A. (1983). *The intimate enemy. Loss and recovery of self under colonialism.* Oxford: Oxford University Press.

Nandy, A. (2002a). The politics of secularism and the recovery of religious tolerance. In A. Nandy (Hrsg.), *Time warps: silent and evasive pasts in Indian politics and religion* (S. 61–88). New Brunswick: Rutgers University Press.

Nandy, A. (2002b). Time travel to a possible self: Searching for the alternative cosmopolitanism of Cochin. In A. Nandy (Hrsg.), *Time warps: Silent and evasive pasts in Indian politics and religion* (S. 157–209). New Brunswick: Rutgers University Press.

Pries, L. (2007). *Die Transnationalisierung der sozialen Welt: Sozialräume jenseits von Nationalgesellschaften.* Frankfurt a. M.: Suhrkamp.

Renn, J. (2012). Eine rekonstruktive Dekonstruktion des Konstruktivismus. In J. Renn, C. Ernst, & P. Isenböck (Hrsg.), *Konstruktion und Geltung. Beiträge zu einer postkonstruktivistischen Sozial- und Medientheorie* (S. 19–42). Wiesbaden: Springer VS.

Schröer, N. (1994). Einleitung: Umriß einer hermeneutischen Wissenssoziologie. In N. Schröer (Hrsg.), *Interpretative Sozialforschung. Auf dem Weg zu einer hermeneutischen Wissenssoziologie* (S. 9–25). Opladen: Westdeutscher Verlag.

Schütz, A. (1971). Symbol, Wirklichkeit und Gesellschaft. In A. Schütz (Hrsg.), *Gesammelte Aufsätze, Bd. 1, Das Problem der sozialen Wirklichkeit* (S. 331–411). Den Haag: Nijhoff.

Schütz, A., & Luckmann, T. (2003). *Strukturen der Lebenswelt.* Konstanz: UVK.

Soeffner, H.-G. (1990). Appräsentation und Repräsentation. Über die Wahrnehmung zur gesellschaftlichen Darstellung des Wahrzunehmenden. In H. Ragotzky & H. Wenzel (Hrsg.), *Höfische Repräsentation. Das Zeremoniell und die Zeichen* (S. 43–63).Tübingen: Niemeyer.

Soeffner, H.-G. (2006). Symbolischer Synkretismus. Von den Niederungen der Unwissenden zu den heiligen Bergen. Anmerkungen zu Traditionskulissen der Lebensreformbewegung und der Esoterik. In W. Gebhardt & R. Hitzler (Hrsg.), *Nomaden, Flaneure, Vagabunden: Wissensformen und Denkstile der Gegenwart* (S. 205–215). Wiesbaden: VS.

Spivak, G. C. (2008). Can the subaltern speak? In Dies. *Can the subaltern speak? Postkolonialität und subalterne Artikulation* (S. 17–118). Wien: Turia + Kant.

Villa, P. (2009). In Bewegung bleiben: Feministische Vorstellungen intellektueller Mobilität zwischen soziologischer Moderne und kritischer Postmoderne. In H. Lutz (Hrsg.), *Gender Mobil? Geschlecht und Migration in transnationalen Räumen* (S. 234–250). Münster: Westfälisches Dampfboot.

Yanakakis, Y. (2008). *The art of being in-between: Native intermediaries, Indian identity, and local rule in Colonial Oaxaca.* Durham: Duke University Press.

Zifonun, D. (2004). *Gedenken und Identität. Der deutsche Erinnerungsdiskurs.* Frankfurt a. M.: Campus.

Zifonun, D. (2013). *Versionen: Das Sonderwissen sozialer Milieus und seine Differenzierung. Zeitschrift für Theoretische Soziologie, Sonderband Form des Milieus – Zum Verhältnis von gesellschaftlicher Differenzierung und Formen der Vergemeinschaftung.* (S. 70–85) Weinheim: Beltz Juventa.

Zifonun, D. & Jakiša, M. (2009). Religiöse Vielfalt und religiöser Konflikt. Der Fall Bosnien und Herzegowina. In H. G. Kippenberg, J. Rüpke, & K. von Stuckrad (Hrsg.), *Europäische Religionsgeschichte: Ein mehrfacher Pluralismus* (S. 411–438). Göttingen: Vandenhoeck & Ruprecht, UTB.

# Zur Soziologie des Zeitzeugen: Erinnerung zwischen Subjektivität, Sozialität und kommunikativer Konstruktion

Bernt Schnettler und Alejandro Baer

## 1 Einleitung: Zeitzeugenschaft als soziologisches Problem

Für die sozial- und kulturwissenschaftliche Erinnerungsforschung erweist sich Subjektivität als überaus vertracktes Problem. Einerseits wird der *gesellschaftlichen Vorprägung* subjektiven Erinnerns weitgehende Priorität eingeräumt. Andererseits sind die zentralen Figuren gesellschaftlicher Gedenkkulturen häufig *als Subjekte* ausgeformt. Insgesamt gesehen bleibt die Stellung des Subjekts in diesem Felde mehr als prekär. Ein phänomenologisch begründeter, wissenssoziologisch ausgerichteter Theorieansatz, so bilden wir uns ein, ist wegen seiner systematischen Einbeziehung von Subjekt *und* Gesellschaft zweckdienlich, um die mangelnde Berücksichtigung der subjektiven Dimension in der Erinnerungsforschung beheben zu helfen. In diesem Sinne haben Jakiša und Zifonun bereits vor Längerem eine wissenssoziologische Gedächtnistheorie angemahnt, die Bewusstsein und Gesellschaft systematisch aufeinander bezieht.[1] Eine ausgearbeitete wissenssozio-

---

[1] „Zu fordern wäre also eine Integration des Erinnerungskonzeptes in eine umfassende Soziologie des Wissens – verstanden als allgemeine Soziologie (so Hitzler 1999) – die der im

---

B. Schnettler (✉)
Bayreuth, Deutschland
E-Mail: schnettler@uni-bayreuth.de

A. Baer
Minneapolis, USA
E-Mail: abaer@umn.edu

© Springer Fachmedien Wiesbaden 2014
A. Poferl, N. Schröer (Hrsg.), *Wer oder was handelt?*,
Wissen, Kommunikation und Gesellschaft, DOI 10.1007/978-3-658-02521-2_12

223

logische Theorie der Erinnerung können wir nicht vorlegen,[2] widmen aber als Vorarbeiten in diese Richtung einer für die Subjektivität der Erinnerung bedeutsamen Teilfrage besondere Aufmerksamkeit.

Anhand des Phänomens des Zeitzeugens soll die systematische Verbindung von Subjektivität und kommunikativer Konstruktion des sozialen Gedächtnisses betrachtet werden. Das Phänomen der Zeitzeugenschaft dient für beides als paradigmatisches Beispiel. Wie Annette Wieviorka (2006) treffend formuliert hat, leben wir in der Ära des Zeitzeugens. Tatsächlich hat es noch nie zuvor ein vergleichbares Ausmaß proliferierender Zeitzeugenschaft, ein derart anschwellendes Genre von Erlebnisberichten und Autobiographien Betroffener gegeben. Massenhaft werden heute die Lebensgeschichten von Zeitzeugen minutiös aufgezeichnet, die Erinnerungen von Zeugen des Jahrhunderts publizistisch verlegt und Überlebende zu Gedenkveranstaltungen, Symposien und Diskussionsrunden geladen. Zahllose Projekte widmen sich mit Mitteln der *oral history* oder audiovisuellen Aufzeichnungen der Aufgabe, diese Zeugnisse festzuhalten und späteren Generationen verfügbar zu machen. Ihr Grundstoff – die *Zeitzeugenaussagen* – werden in Dokumentationszentren konserviert, in unterschiedlichen medialen Formaten verbreitet und im Rahmen von Aufklärungskampagnen und pädagogischen Initiativen an gegenwärtige Publika vermittelt (vgl. Baer 2005). Der Zeuge als Stimme der Vergangenheit ist zur emblematischen Übermittlungsfigur geworden. Das *testimony* ist die Erinnerungsgattung *par excellence*. Wie steht die soziologische Erinnerungsforschung zu dieser seit Ende der 1990er-Jahre immer stärker florierenden Zeitzeugenkultur? Wie können die Berichte von Zeitzeugen in einen soziologisch relevanten Kontext eingeordnet werden?

Um diese Fragen zu beantworten, erörtern wir in diesem Aufsatz anhand einiger prägnanter Fälle die Verwicklungen von individuellem Erinnern und gesellschaftlichen Gedächtnisrahmen. Ferner fragen wir, inwiefern kollektives Erinnern als Problem der Wissensverteilung begriffen werden kann, genauer: als Sedimentierung von Erfahrungen und deren kommunikativer Verbreitung? Und welcher

---

menschlichen Bewusstsein angelegten Trennung in Vergangenheit, Gegenwart und Zukunft Rechnung trägt" (Jakiša und Zifonun 2004, S. 68).

[2] Vgl. dazu aber Berek 2009. Versuche, wissenssoziologische Ansätze für die Erinnerungsforschung fruchtbar zu machen, dokumentieren sich darüber hinaus vor allem in den Arbeiten von Knoblauch, Zifonun, Soeffner, Dimath und Wehling sowie Lehmann, Oechsler & Sabald und Wehling. Zum kommunikativen Gedächtnis vgl. Knoblauch 1999, zum Erinnerungsdiskurs vgl. Zifonun 2004, zur Erinnerungspolitik vgl. Soeffner 2006, zum Vergessen vgl. Dimbath und Wehling 2011 sowie zum sozialen Gedächtnis Lehmann et al. 2013. Unsere eigenen Forschungen, die den Hintergrund der hier formulierten Überlegungen bilden, konzentrieren sich bislang vor allem auf Erinnerungsrituale; vgl. Schnettler und Baer 2013. Dieser Aufsatz greift in Teilen auf unsere vorangehenden Arbeiten zurück. Für wertvolle Anregungen danken wir Norbert Schröer, Marlen Rabl und Thorsten Szydlik.

Art die Wechselwirkungen sind, die sich zwischen gesellschaftlich vorgeprägten kommunikativen Formen und subjektiven Erinnerungen ergeben? Was kann aus mundanphänomenologisch begründeter, wissenssoziologischer Perspektive dazu beigetragen werden, um diesen Zusammenhang zu erhellen? Bei der Diskussion dieser Fragen steht zu prüfen, inwiefern die phänomenologisch begründete Sozialtheorie einen Beitrag dazu leisten kann, den Zusammenhang von Subjektivität und Sozialität des Erinnerns besser zu verstehen, ohne einerseits dem weitverbreiteten Soziologismus in den Memory-Studies zu erliegen und andererseits den im Erinnerungsdiskurs virulenten Topos akzentuierter Subjektivität schlicht zu wiederholen oder theoretisch einfach zu überhöhen. Betrachten wir dazu einen prominenten Fall von Erinnerungsbetrug.

## 2 Der Fall Enric Marco: Betrug und Wahrheit eines falschen Zeitzeugen

Im Jahr 2005 erregte die Aufdeckung einer gefälschten Holocausterinnerung in Spanien und darüber hinaus große Aufmerksamkeit. Der 1921 in Barcelona geborene Enric Marco Batlle hatte sich seit Jahrzehnten rastlos dafür eingesetzt, die Gräuel der nationalsozialistischen Konzentrationslager in Spanien bekannt zu machen. Landauf landab hielt er beeindruckende Vorträge. Umso größer waren die Wellen der Empörung, die seine Entlarvung als falscher Zeuge schlugen. Als damaliger Präsident der spanischen KZ-Überlebendenorganisation *Amical de Mauthausen y otros campos*[3] musste Marco von seinem Amt zurücktreten, nachdem ihm nachgewiesen worden war, dass er die Geschichte seiner Konzentrationslagerhaft frei erfunden hatte. Der Fall sorgte nicht nur für einen großen öffentlichen Skandal. Vor allem beschädigte er das Prestige und die Stellung der Überlebendenorganisation sowie die Glaubwürdigkeit der Zeitzeugen, die eine zentrale Rolle in der Erinnerungsarbeit spielen.

Rekonstruieren lässt sich Folgendes (vgl. Novell 2010): Enric Marco ist zwar während des Zweiten Weltkriegs tatsächlich in Deutschland gewesen, war jedoch keineswegs in ein KZ deportiert worden. Vielmehr meldete er sich 1942 freiwillig zur Arbeit in deutschen Rüstungsfabriken und wurde später von der Gestapo festgenommen. Während seiner Inhaftierung wurde er misshandelt, saß aber nie in

---

[3] Nach Ende des Spanischen Bürgerkrieges (1936–1939) überquerten hunderttausende Spanier auf der Flucht vor dem Franco-Faschismus die Grenze zu Frankreich. Mit dem Vormarsch der Wehrmacht im Mai 1940 fielen viele dieser Spanier den Nazis in die Hände. Etwa 10.000 Spanier wurden in deutsche Konzentrationslager verschleppt, hauptsächlich nach Mauthausen, Dachau, Buchenwald und Sachsenhausen. Mehr als die Hälfte von ihnen überlebte die KZ-Haft nicht (vgl. Toran 2002).

einem Konzentrationslager, sondern in einer Haftanstalt. Nach seiner Rückkehr nach Spanien engagiert sich Enric Marco gewerkschaftlich, wird aktives Mitglied der anarchosyndikalischen Gewerkschaft CNT und steigt schließlich sogar bis zu deren gewählten Generalsekretär auf. Obwohl sich seine Behauptungen einer vorgeblichen Lagerhaft in einem Nazi-KZ, konkret in Flossenbürg, bis in das Jahr 1978 zurückverfolgen lassen (in diesem Jahr veröffentlicht Marco unter dem Titel *Memorias del Infierno* seine „Erinnerungen an die Hölle"), schließt sich Marco tatsächlich erst viele Jahre später, etwa um das Jahr 2000, den spanischen Vereinigungen der in diese Lager Deportierten an. Als er das tut, sind nur noch wenige der Exdeportierten am Leben und Marco avanciert in wenigen Monaten zum Generalsekretär, später zum Präsidenten der spanischen Opfervereinigung *Asociación Amical de Mauthausen y otros campos*.

Ab der Jahrtausendwende hält er vielerorts in Spanien ergreifende Vorträge, in denen er das ihm zugefügte Leid schildert. 2001 verleiht ihm die katalanische Regierung in Anerkennung seines „lebenslangen antifaschistischen und gewerkschaftlichen Kampfes" den höchsten zivilen katalanischen Ordern, den *Premio Creu de Sant Jordi*. In seiner leidenschaftlichen Ansprache im Jahr 2005 anlässlich der Gedenkzeremonie zum Internationalen Holocaustgedenktag vor dem spanischen Kongress schildert er seine Qualen wie folgt: „Cuando llegábamos a los campos de concentración en esos trenes infectos, para ganado, nos desnudaban, nos mordían sus perros, nos deslumbraban sus focos. Nosotros éramos personas normales, como ustedes. Nos gritaban en alemán: *links, rechts* – izquierda, derecha –. No entendíamos, y no entender una orden podía costar la vida".[4]

Im selben Jahr befindet er sich schon mit einer hochrangigen Delegation auf dem Weg nach Mauthausen, um anlässlich der Gedenkfeiern zum 60-jährigen Jahrestag des Kriegsendes eine Ansprache zu halten, als der Betrug aufgedeckt wird. Der Historiker Benito Bermejo hatte die Lagerakten von Flossenbürg und Mauthausen durchforstet. Den Namen Enric Marco suchte er darin vergeblich. Wie sich herausstellte, waren dessen Darstellungen erfunden. Aber aus guter Absicht, betont Marco noch heute: Er habe seine Schilderungen nur ausgeschmückt, damit sie ihre Wirkung besser erzielten – und die Notwendigkeit einer derartigen Aufklärungsarbeit bezweifelt ja niemand. Ganz im Gegenteil: Hier sollte der Zweck die Mittel heiligen. „Betrug" wäre allerdings eine hierfür nicht ganz zutreffende Bezeichnung. Einiges hat er offenbar erlebt. In der Erzählung wird aber aus der Gesta-

---

[4] „Als wir in den Konzentrationslagern ankamen, in diesen widerlichen Zügen, in Viehwaggons, zogen sie uns nackt aus, ihre Hunde bissen uns, sie blendeten uns mit Scheinwerfern. Wir waren normale Menschen, wie sie. Sie schrien uns auf Deutsch an: ‚links', ‚rechts'. Wir verstanden das nicht, und einen Befehl nicht zu verstehen, konnte dich dein Leben kosten" (unsere Übersetzung).

pozelle in Kiel das Konzentrationslager Mauthausen, Misshandlungen durch die Polizei werden umgedichtet zu von KZ-Aufsehern verübten Grausamkeiten usw.

Eigentlich vollzog Marco das, was Schriftsteller praktizieren, wenn sie Selbsterlebtes mit Fremderlebtem unter Einsatz von Fantasie in eine literarische Form bringen, die anderen das verständlicher machen soll, was erlitten wurde. Deshalb ist es nur konsequent, wenn Enric Marco von dem Nobelpreisträger Mario Vargas Llosa in einem Atemzug mit den großen Phantasten der Weltliteratur genannt wird – Cervantes, Melville, Dostojewski – und dieser ihn emphatisch in den Reihen der Literaten begrüßt: „Señor Enric Marco, contrabandista de irrealidades, bienvenido a la mentirosa patria de los novelistas" (Vargas Llosa 2005).[5] Doch im Unterschied zu den von Varga Llosa zitierten Autoren war Marco gerade nicht der beste Schriftsteller. Das war es, was ihn verriet. Genau diese enge Orientierung an den etablierten Erzählformen hatte schon vor Bermejos Entlarvung Zweifel an Marcos Geschichte genährt: Seine Erzählungen waren einfach zu glatt und deshalb für viele unglaubwürdig.[6]

Der Fall Marco verweist auf ein größeres theoretisches Problem in einer von Zeitzeugen durchdrungenen Erinnerungskultur. Wer ist ein Zeitzeuge? Wie wird der Wahrheitsgehalt einer Aussage bestimmt? Wo liegt die epistemische Grenze zwischen Wahrheit und Betrug in einem Zeitzeugenbericht?

Die Mehrheit der niedergeschriebenen Zeitzeugenberichte über den Holocaust ergeht sich im fruchtlosen Bemühen darum, einen Bezug zwischen der Narration und der empirischen Wirklichkeit herzustellen, die sie zu dokumentieren vorgibt. Die verwendeten Worte sollen nicht nur Erfahrungen *bedeuten,* sondern sich in tatsächliche Spuren ihrer Erlebnisse verwandeln. Wie der Literaturkritiker James Young treffend formuliert: „Their impossible task then is to show somehow that their words are material fragments of experience, that the current existence of their narrative is causal proof that its objects also existed in historical time" (Young 1988, S. 23).

Weil aber der Text selbst nichts enthalte, was es erlaube, zwischen einem autobiographisch authentischen und einem fiktionalen Erlebnisbericht zu unterscheiden, gehe der Leser einen *autobiographischen Pakt* mit dem Autor ein. Dieser autobiographische Pakt oder Vertrag, wie Lejeune (1994) ihn definiert, sei nichts anderes als das Recht des Autors, die empirische Verknüpfung geltend zu machen, die zwi-

---

[5] In etwa: „Herr Enric Marco, Schmuggler von Irrealitäten, willkommen in der Romanciers Lügenheim".

[6] Der Präsident der *Federación de Comunidades Judías des España*, Jacobo Israel Garzón, hatte dies schon bei der erwähnten Gedenkfeier bemerkt. An anderer Stelle heißt es: Wenn man Enric Marcos Berichten zuhörte, musste man den Eindruck gewinnen, er sei eigentlich bei allen wesentlichen Ereignissen des 20. Jahrhunderts persönlich dabei gewesen.

schen ihm und den Ereignissen seiner Erzählung existiert hätte, was den „Lesemodus des Textes bestimmt und die Wirkungen erzeugt, die, dem Text zugerechnet, ihn uns als autobiographisch definiert erscheinen lassen" (Lejeune 1994, S. 85, unsere Übersetzung). Dieses Arrangement bewerkstellige die erforderlichen Überlappungen zwischen Autor, Erzähler und Person und neutralisiere die Wahrnehmung des Berichts als Geschriebenes, indem es den Text transparent werden lasse.

Der Fall Marco ist in diesem Sinne keineswegs singulär. Die Affäre Wilkomirski einige Jahre zuvor veranschaulicht eindrücklich, wie fragil die Kategorien Fiktion und Faktizität sind und dass generische Definitionen wegen Ermangelung einer stabilen Referenzbasis nahezu unmöglich sind – die wesensmäßig unvermeidliche Charakteristik jedweder Autobiographie. Bei der erwähnten Affäre handelt es sich um einen durch falsche Zeitzeugenschaft provozierten Skandal um Wilkomirskis 1995 publiziertes literarisches Zeugnis *Bruchstücke. Aus einer Kindheit 1939*, das zunächst weltweiten Erfolg und Anerkennung genossen hatte. Über die schroffe Enthüllung eines betrügerischen Täuschungsmanövers hinaus, die genügend Anlass für Empörung bot, wurde damit bewiesen, dass in der Holocaustliteratur wie in keinem anderen Gebiet die Kriterien von Qualität und Authentizität auf höchst unzuverlässiger Basis ruhen und deshalb außertextlicher Absicherung bedürfen. Letztlich ist es immer erst der soziale (institutionelle, kulturelle) Kontext, der einer bestimmten Quelle Legitimität, Autorität und Glaubwürdigkeit verleihen kann.

Binjamin Wilkomirski, ein nichtjüdischer Schweizer, dessen tatsächlicher Name Bruno Grossjean ist, ist niemals in einem Konzentrationslager der Nazis festgehalten worden. Im Jahr 1999 wurde der Betrug von einem Journalisten aufgedeckt. Bis zu diesem Zeitpunkt waren seine Leidenserinnerungen als wahres Meisterwerk eines literarischen autobiographischen Zeugnisses über den Holocaust gepriesen worden, auf einer Höhe mit dem Tagebuch der Anne Frank oder den Erinnerungen von Elie Wiesel. *Bruchstücke* wurde in mehr als zwölf Sprachen übersetzt und gewann in Frankreich den Prix Memoire de la Shoah, in Großbritannien den Jewish Quarterly Award und in den USA den National Jewish Book Award (vgl. Lappin 1999). Auf den merkwürdigen Platz, den dieser Betrug mit Bezug auf das Genre der Biographien und Zeitzeugenberichte einnimmt, wird durch das folgende, eindrücklich darauf bezogene Zitat Lejeunes verwiesen: „Die Fälschung ist – wenngleich sie bei denjenigen, die sich haben betrügen lassen, vorübergehend ein schlechtes Gewissen erzeugt – trotz alledem eine Art Hommage, die der Wahrheit gezollt wird. Der Autor des Betrugs imitiert den autobiographischen Prozess in seiner Totalität und, obwohl er bezüglich des Vertrags (des autobiographischen Pakts) schwindelt, so respektiert er doch zugleich die dem Genre eigenen Einheitswirkungen" (Lejeune 1994, S. 319, unsere Übersetzung).

Ein ähnliches Problem, das eine weitere Dimension der Zeitzeugenschaft zutage fördert, findet sich in dem Disput über die Erinnerungen des Überlebenden

Salomón Isacovici. In diesem Fall handelt es sich um ein Problem der Urheber-
schaft, die in Ko-Autorschaft verfasste autobiographische Berichte erzeugen können. Die Autobiographie von Salomón Isacovici wurde in Mexiko unter dem Titel
*A7393 Hombre de cenizas* publiziert und als „ebenso grausames wie glaubwürdi-
ges Zeugnis über die nationalsozialistischen Konzentrationslager" gepriesen. Die
englische Übersetzung dieser Erinnerungen eines Überlebenden wurde allerdings
von dem ehemaligen Priester und spanischen Schriftsteller Juan Manuel Rodríguez
juristisch angefochten, der reklamierte, der tatsächliche Verfasser des Werkes zu
sein. Untersuchungen brachten ans Licht, dass Isacovici mit Rodríguez überein-
gekommen war, ihm bei der Ausarbeitung der Struktur seines Manuskriptes und
der stilistischen Korrektur zu helfen. Rodríguez beanspruchte die Autorschaft allerdings, weil er auf der Grundlage eines Manuskripts von Isacovici und gemeinsamen Gesprächen mit ihm in sechs Monaten das komplette Buch, einschließlich
seines Titels, verfasst habe.[7] Wenn er der Autor sei, behauptete Rodríguez, so han-
dele es sich um ein fiktionales Werk, in dem Isacovici den Protagonisten darstelle.

Das Buch wurde allerdings niemals als Roman vermarktet. Als solcher wäre
es vollkommen absehbar und einfallslos gewesen; als Zeitzeugenerzählung besaß
es hingegen einen Eigenwert, weil es den Bezug zwischen den historischen Erlebnissen und dem Autor bekräftigt, die dieser in seinem Buch schildert. Es sind
die „Spuren", von denen Young schreibt, die jedoch nur durch einen „autobiographischen Pakt" konstituiert werden können. Ob die Erinnerungen dieses Subjekts
in sich selbst (auf der Bewusstseinsebene) existieren, sei unerheblich. Worauf es
ankomme, sei der Isacovici des Textes, der das Ergebnis einer Reihe von Gattungs-
konventionen, Übersetzungsleistungen und Vermittlungsprozessen darstelle. Wie
Lejeune (vgl. Lejeune 1994, S. 30) mit Bezug auf solch gemeinschaftlich verfasste Autobiographien schreibt, hat das Subjekt dank der Kunst des mitarbeitenden
Schriftstellers (Journalisten, Alltagshistorikers, etc.) „die Konsistenz und Wahrheit
eines Romancharakters erlangt". Anderseits „verhält sich das Modell letztlich so,
als ob es selbst es geschrieben hätte" und der Redakteur schließlich „betrachtet das
Modell als seine Kreatur" (Lejeune 1994, S. 327).

Die geschilderten Fälle werfen beunruhigende Fragen auf. Uns interessiert hier
nicht so sehr, was diese Personen dazu veranlasst haben mag, sich zu Opfern zu
stilisieren. Was wir diskutieren wollen, ist das Problem, wie das notwendig subjektive Erinnern mit dem sozialen Gedächtnis zusammenhängt. Dabei ist zum einen festzuhalten, dass Subjektivität eine ganz *zentrale Legitimationsressource* für
kollektive Erinnerungsarbeit darstellt. Die Glaubwürdigkeit und persuasive Kraft
der Zeitzeugenberichte fußt wesentlich auf der geglaubten Unmittelbarkeit ihres

---

[7] „I wrote the entire work, its title included, in six month, basing myself in his manuscript
and mutual conversations" (Stavans 2000, S. 92).

Erlebens. Ihre Berichte bewegen nur deshalb, weil sie das, was sie vortragen, selbst durchgemacht zu haben vorgeben.

Mit dem amerikanischen Literaturwissenschaftler und Mitbegründer des *Yale Video Archive for Holocaust Testimonies*, Geoffrey Hartman, könnte man das als „strong memories" bezeichnen. Hartman charakterisiert sie folgendermaßen: „Strong memories are mainly painful, right. As I put in one of the essays in *The Longest Shadow*. There is a new cogito. I bleed therefore I am" (Hartman 2002, S. 152).[8] Als „stark" werden solche Erinnerungen wohl primär wegen der Markanz der Erinnerungsinhalte bezeichnet. Dass einschneidende Ereignisse besser erinnert werden als biographisch weniger bedeutsame, leuchtet ein. Allerdings erhellt der Versuch einer Abgrenzung von „starken" gegenüber vermeintlich schwächeren Erinnerungen nicht die Rolle, die Subjektivität für das Erinnern spielt und verdeckt eher die Umstände, die dazu führen, dass bestimmte subjektive Erinnerungen geschichtsmächtig, während andere vernachlässigt oder sogar verdrängt werden. Was also ist soziologisch zum Zusammenhang von subjektivem Erinnern und sozialem Gedächtnis zu sagen?

## 3   Die soziologische Gedächtnisforschung: Wo bleibt das Subjekt?

An den im vorangehenden Abschnitt geschilderten Fällen lässt sich die bedeutsame Frage diskutieren, welche Rolle Subjektivität für die soziologische Erinnerungsforschung spielt. Mit Maurice Halbwachs' Konzeption eines „kollektiven Gedächtnisses" werden bekanntlich vor allem die *nicht*subjektiven, gesellschaftlichen Seiten des Erinnerungsprozesses hervorgehoben. Halbwachs zentrale These lautet: Es gibt kein Gedächtnis, das nicht sozial ist. Sein Postulat eines „kollektiven Gedächtnisses" beruht auf der Soziogenese des individuellen Gedächtnisses und betont damit die prägende Kraft des Kollektivs für das individuelle Erinnern. Das Gedächtnis ist kein Archiv, in dem Erlebnisse und Ereignisse gespeichert werden, die es nur abzurufen gilt; auch kein neuronales oder psychisches Phänomen, sondern ein *wesentlich* soziales.[9] Alle Erinnerungen, auch die individueller Natur, entstehen durch Kommunikation und Interaktion im gesellschaftlichen Rahmen

---

[8] Interview mit Geoffrey Hartman, Alejandro Baer und Neal Sokol, New Haven, September 2002. Vgl. auch Hartman 1996.

[9] Träger des kollektiven Gedächtnisses sind die Individuen und nicht etwa die Gruppe, doch die Gruppe – die jeweiligen sozialen Bezugsrahmen – bestimmt das Gedächtnis der Individuen. Die Erinnerungen des Einzelnen bilden sich in der Interaktion mit anderen. Gedächtnis wächst in der Sozialisation.

sozialer Gruppen (Familie, Religions- und Arbeitsgemeinschaft, usw.). Mit anderen Worten: Das individuelle Gedächtnis baut sich dank der Teilnahme des Individuums an kommunikativen Prozessen auf. Trotz der Emphase für den kollektiven Aspekt des Gedächtnisses behandelt Halbwachs immer ein Gedächtnis, das seinen Sitz im Bewusstsein der Individuen hat. Dabei fungiert Durkheims kollektives Bewusstsein bei Halbwachs als Modell. Das kollektive Gedächtnis wäre in diesem Sinne eine Art „überindividuelles" Bewusstsein.

Niklas Luhmann grenzt sich von der Halbwachs'schen Verschmelzung von individuellem und sozialem Gedächtnis klar ab, betont jedoch ebenfalls die kommunikative Begründung des Gedächtnisses, indem er Gesellschaft als aus Kommunikationen bestehend begreift. Das Gedächtnis wäre dann die „Eigenleistung kommunikativer Operationen, die nicht auf die ‚Gedächtnisleistungen der Bewusstseinssysteme' aufbaut" (Luhmann 1997, S. 584). An die Luhmann'sche These mit einer dezidierten Unterscheidung zwischen dem individuellen und dem sozialen Bereich anschließend legt Elena Esposito in *Soziales Vergessen* (Esposito 2002) ihr Forschungsinteresse auf außerindividuelle Gedächtnisformen. Gedächtnis ist für Esposito das Gedächtnis der Gesellschaft und dieses ist abhängig von den je verfügbaren Kommunikationstechnologien (von Mündlichkeit über Schrift und Buchdruck bis hin zu Massenmedien und den jüngeren elektronischen Technologien). Diese beeinflussen die Formen des Gedächtnisses, dessen Reichweite und Aufnahmemöglichkeit, obwohl, genauer genommen, kein linearer, sondern ein zirkulärer Zusammenhang gegenseitiger Beeinflussung zwischen Gedächtnis und Kommunikationsmedien besteht.

Aus ganz anderer Perspektive, aber ebenfalls auf der Halbwachs'schen Gedächtnistheorie aufbauend, entwickelt Jan Assmann (1997) eine maßgebende Unterscheidung zwischen Gedächtnisformen, welche die Debatten zum Thema entscheidend befruchtet hat. Assmann differenziert zwischen dem alltagsnahen, kurzzeitigen und auf persönlicher Interaktion begründeten *kommunikativen Gedächtnis* einerseits (welches er dem kollektiven Gedächtnis von Halbwachs gleichstellt) und dem auf dauerhafte Fixierung zielenden *kulturellen Gedächtnis* andererseits. Das Letztere wäre in diesem Sinne ein Langzeitgedächtnis, das sich in Medien, Ritual, Politik und Institutionen auslagert und festigt.

Diese idealtypische Differenzierung zwischen den Gedächtnisformen ist für die theoretische Klärung dienlich. Als analytisch besonders fruchtbar haben sich Forschungsansätze erwiesen, die empirisch wie konzeptionell an der Nahtstelle zwischen kommunikativem und kulturellem Gedächtnis ansetzen, oder anders formuliert: die Analyse von Ausprägungsprozessen kultureller Erinnerungsformen in kommunikativen Akten. Die Fokussierung auf diese Schnittstelle zwischen Subjektivem (Bewusstseinsebene) und Sozialem („Kultur" im Assmann'schen Sinne) bedeutet auch eine erforderliche Verschiebung der Gedächtnisforschung von den Kulturwissenschaften zur Soziologie, und zwar als eine Wissenssoziologie des Erinnerns (vgl. Zifonun 2011).

Im Sinne dieser Ausrichtung entfaltet Hubert Knoblauch (vgl. Knoblauch 1999, S. 734) einen Ansatz, der über die Gedächtnistheorien von Halbwachs und Luhmann hinausgeht und das „kommunikative Gedächtnis" für die Soziologie fruchtbar macht: Er stellt die These auf, „daß das kollektive Gedächtnis im bewussten Erinnern begründet ist, sich aber dadurch auszeichnet, daß das Erinnerte kommunikativ objektiviert wird". In diesem Sinne ist das kommunikative Gedächtnis nicht ein immaterielles Kurzzeitgedächtnis (wie Assmann annimmt) und auch nicht schlichtes Produkt anonymer sozialer Operationen, sondern entsteht vielmehr aus der „Kopplung von bewusstem Erinnern und sozial objektiviertem Gedächtnis". Erinnern, betont Knoblauch, objektiviert sich im kommunikativen Handeln. Damit bleibt es aber – als kommunikatives *Handeln* – immer rückgebunden an subjektive Leistungen. Wir kommen am Schluss darauf zurück.

Betrachten wir zunächst die These vom Wechselspiel zwischen bewusstem Erinnern und sozial objektiviertem Gedächtnis anhand eines weiteren Beispiels aus der empirischen Erinnerungsforschung. So heben die Autoren in ihrer gefeierten Studie *Opa war kein Nazi* über die „Weitergabe von Vergangenheit im Gespräch zwischen den Generationen" (Welzer et al. 2002) den Umstand hervor, dass auf der Ebene privater Erinnerungen in Deutschland ein ganz anderes Bild von der Nazizeit gepflegt wird als im gesellschaftlich anerkannten Erinnerungsdiskurs (bzw. im kulturellen Gedächtnis) der Bundesrepublik. Während die offizielle Gedenkkultur den Holocaust und die nationalsozialistischen Verbrechen ins Zentrum rücke, kreise die private Familienerinnerung um das Leiden der Angehörigen unter dem Krieg, um das Durchschlagen in schlechten Zeiten, usw. Und die eigenen Angehörigen, die Eltern und Großeltern, kommen in der Sicht ihrer Enkel und Kinder ausgesprochen gut davon. Gegen die Nazis seien sie gewesen. Stets hätten sie Zivilcourage gezeigt und Verfolgten geholfen. Topoi des abstrakten – vor allem schulisch und medial vermittelten – Wissens über den Holocaust verkehren sich bei konkreten Personen im persönlichen Umfeld schließlich bis ins Gegenteil. Beteiligte Familienmitglieder werden mitunter sogar als Opfer oder gar als Helden des Widerstands gegen Hitler geschildert. Neben einem wissensbasierten „Lexikon" der NS-Vergangenheit, erklären Welzer et al., gibt es ein emotional weitaus bedeutenderes Referenzsystem für die Interpretation deutscher Vergangenheit: das Familienalbum. Dieses ist mit Heldentum, Leiden, Verzicht und Opferschaft bebildert. Die Autoren der Studie fragen sich, wie diese sich diametral widersprechenden Inhalte miteinander in Einklang gebracht werden und gelangen zu der Einsicht, dass den Eltern eine Sonderrolle zugewiesen wird, die sie von dem ausnimmt, was im Lexikon steht. So erzeugt paradoxerweise die Aufklärung über die

NS-Verbrechen das Bedürfnis, die Eltern und Großeltern derart zu platzieren, dass von diesem Grauen kein Schatten auf sie fällt.[10]

Daraus lässt sich folgende Schlussfolgerung ziehen: Das sozial objektivierte Gedächtnis – in diesem Fall: der Erinnerungsdiskurs innerhalb der so genannten „Tätergesellschaft" – wirkt auf „bewusstes" Erinnern zurück. Damit werden die Paradoxien einer ritualisierten und gleichzeitig weitgehend folgenlosen Erinnerungskultur offenkundig. Zugleich aber wird klar, dass die offiziellen Gedenkdiskurse zwar die (öffentlichen) Äußerungen stark präformieren, dass daneben aber alternative Erinnerungen möglich sind. In diesem Sinne kann Subjektivität – die individuelle Bewusstseinsebene – als Wissensquelle von Vergangenem nicht einfach fundamental in Frage gestellt werden. Vielmehr ist von einem recht verwickelten Ineinandergreifen von Bewusstseinsebene, (privater und öffentlicher) Kommunikation und gesellschaftlicher Diskursebene auszugehen. Zu ähnlichen Schlussfolgerungen gelangen Gerd Sebald und Thomas Hoehne mit ihren „Fallrekonstruktionen zur Tradierung der Erinnerung an den Nationalsozialismus" (Sebald und Hoehne 2007). Die Weitergabe von Erinnerungen in Familien vollzieht sich in einem komplexen Zusammenspiel von Relevanzstrukturen, medialen Konfigurationen und Generationserfahrungen. In Gesellschaften mit einem hohen Anteil an massenmedialer Kommunikation ergeben sich deshalb weitaus differenziertere Formen von sozialen Gedächtnissen als es Assmanns bipolare Unterscheidung von kommunikativem und kulturellem Gedächtnis nahe legt.

Auch Historiker haben einen Prozess der Entsubstantialisierung der Quellen vollzogen und eine Verschiebung in Richtung sozial- und kulturwissenschaftlicher Erinnerungsforschung vorgenommen. Das Wesentliche sei nicht, wie die Ereignisse *waren*, sondern wie sie in verschiedenen zeitlichen und kulturellen Milieus erinnert und über welche Träger diese tradiert – das heißt dargestellt, kommuniziert – werden (vgl. Gelbin 1999). Für die kommunikativen Überformungen individuellen Erinnerns liefert Wieviorka (2006) in ihrer erwähnten Studie *On Testimony* anschauliche Beispiele. Sie verdeutlicht die verschiedenartigen Genres von Zeitzeugenberichten des Holocausts. Die der französischen Juden nehmen das Format des juristischen Protokolls an. Die jiddisch schreibenden Ostjuden dagegen schildern (und interpretieren) den Holocaust in traditionellen jüdischen Archetypen, etwa die *Akeda* (die Opferung Isaacs), *Kidush Hashem* (die Heiligung des Namens Gottes oder Martyrium) oder *Churban* (Synonym für die nationale Katastrophe und

---

[10] Davon, dass die Perspektive des „Familienalbums" mittlerweile in den Massenmedien angekommen ist, zeugen neben zahlreichen Buchpublikationen vor allem Fernsehproduktionen wie der unlängst im ZDF ausgestrahlte umstrittene Dreiteiler *Unsere Väter, unsere Mütter* (2013), mit dem diese Sichtweise eine neue gesellschaftsweite Prominenz erlangt. Inwieweit dies Rückwirkungen auf das Verhältnis von offizieller und privater Gedenkkultur hat, wird weiter kritisch zu beobachten sein.

Begriff, der auf die Zerstörung des Jerusalemer Tempels verweist). Ein weiteres
Beispiel ist im US-Holocaust Memorial Museum dokumentiert: „Helft schreiben
die Geschichte vom letzten *Churban!*" lautet die Überschrift auf einem Plakat in
Jiddisch aus einem Münchner *Displaced Persons* (DP) Lager, das die Überlebenden 1946 aufforderte, ihre Erlebnisse in den Nazilagern niederzuschreiben. Um
das Rezente zu erinnern und zu beschreiben, berief man sich auf ein Vorwissen
kommunikativer Darstellungsformen, Modelle und Strukturen, mit denen die erinnerten Erfahrungen rekonstruiert werden konnten – in diesem Fall in den Aus-
drucksgestalten einer wahren „Literature of Destruction" (Roskies 1989), die bis
zum Buch der Klagelieder zurückreichen. Dies stellt nicht nur die später im Holo-
caust-Erinnerungsdiskurs formalisierte These der „Undarstellbarkeit der Shoah"
offenkundig in Frage, sondern illustriert deutlich, dass innerhalb von Kollektiven –
oder wie Zerubavel (vgl. Zerubavel 1996) formuliert „Mnemonic communities" –
immer ein Repertoire von Erinnerungsgenres besteht. In diesem Sinne stellt Knoblauch in dem bereits zitierten Text fest, „daß Erinnern gesellschaftlich auf mehr
oder weniger festgelegten Bahnen kommunikativer Formen verläuft. Sobald sie
kommuniziert wird, entkommt auch die einzigartigste Erinnerung nicht den verfestigten kommunikativen Formen, in denen Erinnern gesellschaftlich objektiviert
wird" (Knoblauch 1999, S. 735).

## 4  Die Zeitzeugenkultur: Subjektivität als Programm

Bedeutet das starke Überprononcieren der *gesellschaftlichen* Prägungen des Gedächtnisses, dass das Subjekt nur eine bloße Folie der Erinnerungskultur ist? Das
Subjekt scheint sogar zum schlichten Erfüllungsgehilfen gesellschaftlicher Typi-
ken reduziert zu sein.[11] Diese vermeintliche Schwäche des Subjekts im kollektiven Gedächtnis verkehrt sich aber geradezu in sein Gegenteil, betrachtet man eine
andere Seite der Erinnerungskultur. Wie wir zeigen werden, ist Subjektivität dort
von konstitutiver Bedeutung und folglich für die soziale Erinnerungsforschung inklusive Erinnerungspolitik nicht einfach vernachlässigbar.

In seiner Rede anlässlich der Gedenkstunde im Deutschen Bundestag an die
Opfer des Nationalsozialismus von 2008 stellte Bundestagspräsident Norbert Lammert die besorgte Frage: „Welches Geschichtsbild festigt sich, wenn nur kulturell
überlieferte Erinnerungen Gegenstand unseres Gedenkens sind?" „Die Weitergabe
authentischer Erfahrungen (der Überlebenden)", behauptete Lammert weiter, „ist
unverzichtbar für eine Erinnerungskultur, die lebendig bleiben muss". Gegen die-

---

[11] Wir sind Norbert Schröer für den Hinweis dankbar.

ses Urteil wird die Soziologie freilich einwenden, dass Zeitzeugenberichte ebenso „kulturell überlieferte Erinnerungen" oder zumindest kulturell geprägte persönliche Aussagen darstellen.

Die Feststellung, dass individuelles und kollektives Gedächtnis oft schwer voneinander zu unterscheiden sind, weil unsere Erzählungen sich im Rahmen kollektiver Erzählungen bewegen, löst die von uns vorgestellte Problematisierung jedoch nicht. Denn Subjektivität stellt eine *strukturelle* Voraussetzung der gesamten Erinnerungskultur dar. Leid und erlittenes Unrecht werden erst dadurch wirksam, dass sie *einem bestimmten* Menschen widerfahren sind und als persönliches Schicksal erinnert werden. Das gilt auch für die Überlebenden und manifestiert sich auf besondere Weise in der Figur des Zeitzeugen.

Hervorgehoben werden sollte, dass die Erinnerungsforschung es meistens nicht mit Menschen im Allgemeinen zu tun hat. Vielmehr spielen besondere *soziale Typen* eine tragende Rolle: Opfer, Zuschauer, Täter. So unterschiedlich ihre jeweilige Stellung zu den Ereignissen ist: Allen gemeinsam ist der Umstand, dass sie aus ihrer eigenen Erfahrung einen persönlichen Bezug zu den zu erinnernden Ereignissen herzustellen behaupten und diesen kommunikativ weiterreichen. Das Opfer wird zum Kronzeugen und personalisiert in Gestalt des Zeitzeugens die schrecklichen Erfahrungen, die Grundlage des kollektiven Gedenkens werden. Beim Opferkonzept sind bemerkenswerte Verschiebungen zu beobachten. Aufgrund der vermeintlichen und weiter oben bereits erläuterten Markanz und wegen des einschneidenden Charakters der Erinnerungsinhalte wird der Opferstatus weiter ausgedehnt und selbst von Gruppen in Anspruch genommen, die nicht unmittelbar von den Ereignissen betroffen sind.[12] In der sozialen Erinnerungsforschung gibt es ebenfalls zahlreiche Publikationen zu Tätern, Täterfamilien und deren Tradierung (Letzteres vor allem im deutschen Kontext, weitaus seltener in anderen). Auch auf sie trifft der individualisierende Ansatz zu. Der soziale Typus ist der des Zeitzeugens, sei es als Täter, Opfer oder Zuschauer. Seine aktive Zeugenschaft wir als soziales „Erinnern" in bestimmten öffentlichen Kontexten kommunikativ wirksam, seien es Gedenkzeremonien, Schulveranstaltungen oder Videodokumentationen. Damit übernimmt er eine soziale, politische und vor allem „moralische" Aufgabe, die ihm überdies gesellschaftliche Anerkennung verschafft. Im Unterschied zu den anderen Typen genießen Opfer dabei immer einen deutlichen Glaubwürdigkeitsvorschuss, fast eine Aura.

---

[12] Siehe z. B. die Studie von Michael Heinlein (2010) zur „Generation der Kriegskinder". Heinlein behauptet, dass diese Generation sich „selbsterfindet", indem ihre Mitglieder sich „als eine Gemeinschaft von Erinnerungsakteuren begreifen, die ihre kollektive Identität post hoc aus einem Kern geteilter historischer Erfahrungen ableiten, eine eigene Botschaft entwickeln und im öffentlichen Erinnerungsdiskurs Fuß fassen und anerkannt werden wollen." (Heinlein 2010: 44–45).

Im Kontext der Holocaust Erinnerungskultur ist der Begriff des „moral witness" (Margalit 2002) besonders aufschlussreich. Die moralische Aufgabe des Zeitzeugens erklärt dessen Funktion als Schöpfer und Träger des kollektiven Gedächtnisses. Der moralische Zeuge ist ein Augenzeuge des Leidens, der das „durch ein Regime des absoluten Bösen zugefügte Leid" (Margalit 2002, S. 76) außerdem an eigenem Leib erfahren hat. In diesem Sinne ist er zugleich *terstis* (literal „dritter", also anwesender Zeuge) wie *superstes*, das heißt jemand, der eine bestimmte Erfahrung erlebt, das sie verursachende Ereignis bis zum Schluss durchlitten und *über*lebt hat und deshalb in der Lage ist, im Nachhinein Zeugnis davon abzulegen. Beim moralischen Zeugen geht es nicht um den epistemologischen Status *dessen, worüber* Zeugnis abgelegt wird. Der Zeuge und sein Zeugnis stehen in Verbindung mit einem viel größeren symbolischen Bezugsrahmen als der reinen Referenzialität. Es handelt sich nicht um ein auf die historische Wirklichkeit, sondern auf das *Erinnern als kommunikativen Vorgang* bezogenes Problem: die Darstellung, Zirkulation und gegenwärtige Bedeutungszuweisung des Vergangenen. Mit dem Bericht wird Zeugnis über die Ereignisse abgelegt (in diesem Fall die NS-Verbrechen), aber seine Erinnerung schwingt im Rhythmus von Ereignissen, die in der Gegenwart stattfinden. Der bezeugende Zeuge ist in diesem Sinne ein Übermittler der mit dem historischen Ereignis verknüpften Bedeutungen, Lehren und Vermächtnisse. Im Gegensatz zur juristischen oder zur *oral history*-Zeugenaussage ist deshalb der *performative* Wert des Zeugnisses am bedeutsamsten – das, was provoziert. Deshalb braucht der offenkundige Widerspruch, den die Bezeichnung ‚falscher Zeuge' mit sich führt, nicht wirksam zu werden. Denn auch dieses Zeugnis überträgt seine Botschaft und erzielt damit kraftvolle Effekte.

Genauer genommen tritt Subjektivität in der Erinnerungskultur also in doppelter Weise auf: Die eine könnte man *akzentuierte Subjektivierung* nennen. Die Subjektivierung der Opfer ist entscheidend für den Erfolg der pädagogisch-politischen und moralischen Botschaft im Kampf gegen menschenverachtende Verbrechen. Subjektivierung wird – z. B. im Falle der NS-Verbrechen – gegen das massenhafte und fabrikmäßige Morden gestellt – beispielsweise wenn mit der Verbreitung der privaten Erinnerung die von den Nazis geraubte Personalität wiedergegeben werden soll. In diesem Sinne haben nicht nur die Zeugen und deren Aussagen einen moralischen Wert. Dieser Wert begründet auch die zahlreichen Zeitzeugendokumentationsprojekte, wie es der Historiker und erste Direktor der von Steven Spielberg ins Leben gerufenen *Survivors of the Shoah Visual History Foundation*, Michael Berenbaum, schildert: „Furthermore it was a moral attempt because it responded to de-humanization by re-humanization. It gave people precisely what the Nazis had robbed them, which was a story, a face and a shape of memory in narrative".[13] Man darf wohl sagen: Subjektivierung ist hier Programm. Subjektivierung wird als Re-Humanisierung gegen das entmenschlichende Grauen der nationalsozialistischen Vernichtung gesetzt.

Andererseits ist in der Erinnerungsforschung derzeit ein deutlicher Trend zur substituierenden Subjektivierung festzustellen. Sie tendiert zu einer starken Psychologisierung, die etwa in der Trauma- und Opferforschung eine große Rolle spielt. Mitunter ist von „postmemory" die Rede (vgl. Hirsch 2008) – ein höchst umstrittenes Konzept, das die Anteilnahme am Leid auf die Nachfolgegenerationen ausdehnt, die nicht direkt betroffen sind. Dabei wird angenommen, dass sich bei diesen aber etwa über familiäre Erzählungen und Fotos eine Art stellvertretende Betroffenheit ausbildet, in der das von nahen Angehörigen Erlittene zum eigenen Leid mutiert.

Heinlein charakterisiert die Erzählperspektive des Traumas und deren soziologischer Problematik treffend wie folgt: „Die Perspektive der Kriegskinder [...] hat weniger mit einem an Fakten orientierten, gleichsam erwachsenen Erinnern zu tun, sondern mit einem Erinnern, das nicht erklären will, sondern unverstehbar bleiben darf, das nicht objektiv ist, sondern individuell verkörperte, schwer in Worte zu fassende Emotionen und Sinneseindrücke in den Vordergrund rückt. [...] Die Unmöglichkeit, Trauma in der Erinnerung als etwas Objektives und Rationales zu repräsentieren, wird dabei [...] durch die – zum Teil lose – Aneinanderreihung einzelner Erinnerungsfragmente und -splitter sowie durch die Betonung der Körperlichkeit, Emotionalität und Irrationalität subjektiver Erfahrungen aufgelöst" (Heinlein 2010, S. 119 f.).

Die offenkundigen Widersprüchlichkeiten von Subjektivierungstendenzen hier und sozialer Überdetermination von kollektiven Gedächtniskonzepten dort führen uns zum letzten Aspekt.

## 5 Schluss: Zwischen Subjektivität, Sozialität und kommunikativer Konstruktion

Es ist allgemeiner Konsens, dass Erinnerung sozial konstruiert wird, zugleich aber auf den subjektiven Erlebnissen von Betroffenen beruht – auf konkreten Personen und individuellen Erfahrungszusammenhängen. Insofern ergibt sich eine Paradoxie: Subjektivität ist zwar notwendig. Sie ist aber nur erträglich, solange sie das reflektiert, was allgemein sozial anerkannt ist. So ist der gesamte Subtext der Erinnerungskultur von einer überaus starken Ambiguität durchzogen: Man benötigt

---

[13] Michael Berenbaum, persönliches Interview, Los Angeles, Januar 2001.

Subjektivität zwar, traut ihr aber nicht über den Weg. Oder mit Halbwachs gesprochen: Die Gedächtnisrahmen sind nicht allein Referenz und Stütze, sondern
das enge Korsett, in dem sich das erinnernde Subjekt einfügen lassen muss. Denn
mit dem ‚kollektiven Gedächtnis‘ werden vor allem die nichtsubjektiven, die gesellschaftlichen Seiten des Erinnerungsprozesses hervorgehoben.

Das wirft allerdings umso drängender die Frage auf, welche Rolle die subjektive Erinnerung spielt. Eine rein subjektive, sozial vollkommen unbeeinflusste
Erinnerung ist uns ja kaum zugänglich – wer hätte schon Zugriff auf das, was
wir möglicherweise gedacht haben, bevor wir geboren wurden? Wenn man der
Entwicklungspsychologie traut, dann ist die kognitive Entwicklung im Mutterleib
nicht ganz zuverlässig zu rekonstruieren. Selbst wenn wir Erinnerungen daran hätten: Auch die wären wohl nicht gänzlich sozial ‚unverseucht‘. Auf die vielfältigen
Formen von Gedächtnisverlust wollen wir hier nicht eingehen. Es ist aber kaum
von der Hand zu weisen, dass unsere subjektiven Erinnerungsleistungen auf einigermaßen funktionierenden Bewusstseinsleistungen gründen.

Soziologen wehren sich dagegen, Erinnerung aus ihrem sozialen Zusammenhang zu reißen. Das umfasst sowohl die unmittelbaren Kontexte, in denen jemand
einem anderen etwas von seinen vergangenen Erlebnissen mitteilt. Beides steht
außerdem in einem viel weiteren Kontext, der historisch verortet ist. Wenn Enric
Marco darüber berichtet, wie ihm die zähnefletschenden Schäferhunde Angst ein-
gejagt haben, so gewinnt dieser Bericht seine Wirkung nicht, weil wir Zuhörer ihm
eine Hundephobie zurechnen. Sie wirken, weil wir die Hunde als Gestapo-Bestien
an der Selektionsrampe in Mauthausen interpretieren und in einen historischen Zusammenhang setzen, den wir aktuell verfügbar haben.

Hier werden die anspruchsvollen Voraussetzungen einer wissenssoziologischen
Gedächtnistheorie deutlich: Eine Theorie des Gedächtnisses wird ohne Kommuni-
kationstheorie nicht auskommen und diese kann zwingend nicht auf den Vorgang
des Erzählens und auf Erzählungen beschränkt bleiben. Kommunikation impliziert
aber zwangsläufig immer schon Sozialität. Umgekehrt ist es ebenso verblüffend,
wie wenig Anstrengungen darauf verwendet wurden, Erinnern als Vorgang subjektiver Leistungen zu analysieren. Jedenfalls leuchtet unmittelbar ein, dass Erinnern
als innerer Vorgang notwendig und unheilbar subjektiv sein muss – subjektiv in
dem Sinne, dass subjektive Gedächtnisleistungen daran beteiligt sind. Statt dieses
Gebiet aber der Psychologie zu überlassen oder auf die – leider nur schwer an die
Soziologie anschließbaren – Erkenntnisse der Bewusstseinsforschung zurückzu-

greifen, argumentieren wir für die Integration eines dezidiert subjektiven soziologischen Blick auf die Erinnerung.[14]

Unsere These ist, dass sich mithilfe der mundanphänomenologischen Theorie
von Alfred Schütz wichtige Erkenntnisse für das ungelöste Problem der Subjektivität in der Erinnerungsforschung gewinnen lassen. Akte des Erinnerns sind von
Schütz mit großer phänomenologischer Genauigkeit beschrieben worden. Er versteht sie *als Handlungen*: Im Hier und Jetzt greife ich in meinem Bewusstsein auf
vergangene Abschnitte meines Erlebniszusammenhangs zurück. Erinnern vollzieht
sich in retentiven Akten des Bewusstseins. Indem ich mich diesen vergangenen Er-
lebniszusammenhängen zuwende, konstituiert sich im Bewusstsein das Entworde-
ne als Abgegrenztes. Schütz nennt das im Unterschied zum Erleben „Erfahrung".
Mit „Erfahrung" wird in der Mundanphänomenologie von Schütz eine bereits
abgelaufene Form des Erlebens bezeichnet, die durch reflexive Zuwendung als
Einheit aus dem unaufhörlichen Strom des Bewusstseins ausgegrenzt wurde (vgl.
Schütz 1991/1932; vgl. auch Luckmann 1992, S. 28–33). In der natürlichen Einstellung des Alltags leben wir nämlich vor allem *in* einem unaufhörlichen Erleb-
nisstrom. Erst durch die reflexive Zuwendung, im „Innehalten", konstituiert unser
Bewusstsein etwas Vergangenes aus diesem Strom als abgeschlossene Einheit, als
Erfahrung, die mit einem spezifischen Sinn verbunden ist.

Damit eignet jedem Erinnern als subjektivem Akt also etwas Konstitutives: Es
wird durch Bewusstseinsakte erst erzeugt. Hier ähnelt es strukturell dem Entwerfen, das Schütz als fantasierende Tätigkeit des Bewusstseins gleichsam spiegel-
bildlich dazu konzipiert. Anders gesagt: Erinnern ist rückwärtsgewandtes Fantasieren. Wenn das der Fall ist, so wirft sich eine weitere Frage auf: Im Handeln können
wir zumindest Entwurf und Handeln miteinander vergleichen und so prüfen, inwieweit Entwurf und Handeln voneinander abweichen. Wie aber prüfen wir unsere Erinnerung? Gibt es einen analogen Weg, der in der Rückschau einigermaßen
Sicherheit darüber gewinnt, ob das, dessen ich mich jetzt erinnere, auch tatsächlich
Teil meines vorangehenden Erlebnisstromes war? Wie kann ich sicher sein, dass
ich ihn nicht einfach jetzt phantasierend hinzugefügt habe?

Ein in diesem Zusammenhang ebenso hochinteressantes wie beunruhigendes
Phänomen ist die Form der Erfahrung, die als Déjà-vu bezeichnet wird. Wenn
Schmied-Knittel und Schetsche (vgl. Schmied-Knittel und Schetsche 2003, Schetsche & Schmied-Knittel 2005) recht haben, kennt fast jeder zweite von uns eine
derartige außeralltägliche Erfahrung: Wir befinden uns in einer Situation, die wir
schon einmal erlebt zu haben glauben, und können deshalb deren weiteren Ablauf voraussehen: Gleich geht die Tür auf und eine wunderhübsche Frau kommt

---

[14] Für eine verdienstvolle Übersicht zu psychologischen Gedächtnistheorien vgl. Kölbl und
Straub 2010.

rein, ich biege um die Ecke und dahinter wird sich mir eine Szene bieten, die ich jetzt schon voraussehe, obwohl ich noch nie dort war usw. Interessanterweise wird Déjà-vu regelmäßig als Erinnerungs*täuschung* verstanden und mit mehr oder minder schweren psychopathologischen Ursachen (Alkoholvergiftung, Schlafentzug, Temporallappenschädigungen, Psychosen etc.) assoziiert. Einigermaßen beunruhigend ist jedoch der Zusatz, das Phänomen könne „auch spontan auftreten". Das bedeutet, dass es eigentlich keiner besonderen wie auch immer krankhaften Umstände bedarf. Wenn unsere Erinnerung uns aber täuschen kann – wie können wir dessen gewiss sein, woran wir uns zu erinnern vermeinen?

Es wäre einfach, an dieser Stelle auf die verschiedenen Mittel subjektiver Selbstvergewisserung einzugehen. Doch Erinnerungsstützen jedweder Art lösen das hier adressierte Problem insofern nicht, als dass sie in jedem Fall bereits eine wie auch immer geartete Form gesellschaftlicher Vorprägung mit sich führen: Vom Knoten im Taschentuch bis zum elaborierten literarischen Erinnerungsbericht ist der Gesellschaftlichkeit des Erinnerns nicht zu entfliehen. „Sobald sie kommuniziert wird, entkommt auch die einzigartigste Erinnerung nicht den verfestigten kommunikativen Formen, in denen Erinnern gesellschaftlich objektiviert wird" (Knoblauch 1999, S. 735). Daraus den Schluss zu ziehen, kollektive Erinnerung sei ohne Rückgriff auf die subjektive Dimension möglich, wäre indes systematisch zu kurz gegriffen. Nicht nur die starke moralische Aufladung der Erinnerungskultur ist auf das Subjekt angewiesen (s. o.). Wenngleich schwer erreichbar – oder gar: *weil* sie gesellschaftlich in letzter Konsequenz *unerreichbar bleiben muss* –, wird die Dimension subjektiven Erlebens zum eigentlichen Prüfstein, an dem sich jede als wahrhaftig reklamierte Erinnerung messen lassen muss. Theorien kollektiven Gedächtnisses, die ohne Subjektivität auszukommen meinen, übersehen diesen Zusammenhang. Knoblauch hebt diesen Konnex hervor, wenn er – zunächst in systemtheoretisch anmutender Diktion – formuliert: „das kollektive Gedächtnis beruht auf der Kopplung von Kommunikation und Bewußtsein", um sofort in deutlicher Abgrenzung zu subjektvergessenen Theorieansätzen hinzuzufügen: „es besteht aus von diesem Bewußtsein entworfenen kommunikativen *Handlungen*. Gerade die Kopplung von bewußtem Erinnern und sozial objektiviertem Gedächtnis ist ja Kennzeichen der Kommunikation, die das kommunikative Gedächtnis konstituiert" (Knoblauch 1999, S. 734, unsere Hervorhebung).

Damit wird deutlich, dass jedes Erinnern als sozial und historisch spezifisch situierter Vorgang konstitutiv *sowohl* unrettbar subjektiv als auch unvermeidlich gesellschaftlich mitgeprägt ist. Beides, die Subjektivität wie die Sozialität des Erinnerns, sind empirisch untrennbar miteinander verzahnt. Eine analytische Isolierung zwischen Erinnern als subjektivem Vorgang im Bewusstsein und der Mitteilung dieser Erinnerungen als kommunikatives Handeln im Rahmen gesellschaftlich vorgeprägter kommunikativer Muster und Gattungen ist allerdings hilfreich, um die hier zusammenwirkenden Instanzen besser zu verstehen. Als Desiderat verbleibt die Aufgabe, die wissenssoziologische Gedächtnistheorie im Rahmen der als „Kommunikativen Konstruktivismus" (vgl. Keller et al. 2013) bezeichneten Fortentwicklung sozialkonstruktivistischer Theorie weiter auszuformulieren.

## Literatur

Assmann, J. (1997). *Das kulturelle Gedächtnis: Schrift, Erinnerung und politische Identität in frühen Hochkulturen.* München: C.H. Beck.

Baer, A. (2005). *El testimonio audiovisual. Imagen y memoria del Holocausto.* Madrid: Centro de Investigaciones Sociológicas (CIS).

Berek, M. (2009). *Kollektives Gedächtnis und die gesellschaftliche Konstruktion der Wirklichkeit. Eine Theorie der Erinnerungskulturen.* Wiesbaden: Harrassowitz.

Dimbath, O., & Wehling, P. (Hrsg.) (2011). *Soziologie des Vergessens. Theoretische Zugänge und empirische Forschungsfelder.* Konstanz: UVK.

Esposito, E. (2002). *Soziales Vergessen. Formen und Medien des Gedächtnisses der Gesellschaft.* Frankfurt a. M.: Suhrkamp.

Gelbin, C. (1999). Die NS-‚Vergangenheitsbewältigung' in der DDR und ihre Widerspiegelung im narrativen Prozess. *International Journal on the Audio-Visual Testimony of Nazi Crimes and Genocides, 4,* 43–56.

Hartman, G. (1996). *The longest shadow. In the aftermath of the Holocaust.* Bloomington: Indiana University Press.

Heinlein, M. (2010). *Die Erfindung der Erinnerung. Deutsche Kriegskindheiten im Gedächtnis der Gegenwart.* Bielefeld: transcript.

Hirsch, M. (2008). The generation of postmemory. *Poetics Today, 29*(1), 103–128.

Hitzler, R. (1999). Welten erkunden. *Soziale Welt, 50,* 473–482.

Jakiša, M., & Zifonun, D. (2004). Gedächtnis und Erinnerung. *Soziologische Revue, 27,* 58–68.

Keller, R., Reichertz, J., & Knoblauch, H. (Hrsg.). (2013). *Kommunikativer Konstruktivismus. Theoretische und empirische Arbeiten zu einem neuen wissenssoziologischen Ansatz.* Wiesbaden: Springer VS.

Knoblauch, H. (1999). Das kommunikative Gedächtnis. In C. Honegger, S. Hradil, & F. Traxler (Hrsg.), *Grenzenlose Gesellschaft* (S. 733–748). Opladen: Leske und Budrich.

Kölbl, C., & Straub, J. (2010). Zur Psychologie des Erinnerns. In C. Gudehus, A. Eichenberg, & H. Welzer (Hrsg.), *Gedächtnis und Erinnerung* (S. 22–44). Stuttgart: J. B. Metzler.

Lammert, N. (2008). Rede des Bundestagspräsidenten anlässlich der Gedenkstunde im Deutschen Bundestag an die Opfer des Nationalsozialismus. http://www.bundestag.de/bundestag/praesidium/reden/2008/001.html. Zugegriffen: 19. Feb. 2014.

Lappin, E. (1999). The man with two heads. *Granta, 66,* 9–65.

Lehmann, R., Öchsner, F., & Sebald, G. (2013). Zur Gedächtnisvergessenheit der Soziologie. Eine Einleitung. In R. Lehmann, F Öchsner, & G. Sebald (Hrsg.), *Formen und Funktionen sozialen Erinnerns. Soziales Gedächtnis, Erinnern und Vergessen – Memory Studies* (S. 7–24). Wiesbaden: VS-Springer.

Lejeune, P. (1994). *Der autobiographische Pakt*. Frankfurt a. M.: Suhrkamp

Luckmann, T. (1992). *Theorie des sozialen Handelns*. Berlin, New York: De Gruyter.

Luhmann, N. (1997*). Die Gesellschaft der Gesellschaft* (Bd. 2). Frankfurt a.M: Suhrkamp.

Margalit, A. (2002). *Etica del recuerdo*. Barcelona: Herder.

Novell, P. (2010). El recuerdo del holocausto y „El caso Marco": Deber de memoria, abuso preventivo o memoria para el triunfo. Vanderbilt e-Journal of Luso-Hispanic Studies. http://ejournals.library.vanderbilt.edu/index.php/lusohispanic/article/view/3258/1474.

Roskies, D. G. (Hrsg.) (1989). *The Literature of Destruction: Jewish Responses to Catastrophe*. Philadelphia: Jewish Publication Society.

Schetsche, M., & Schmied-Knittel, I. (2005). Zwischen Pragmatismus und Transzendenz. Außergewöhnliche Erfahrungen in der Gegenwart. *Zeitschrift für Religionswissenschaft, 13*(2), 175–191.

Schmied-Knittel, I., & Schetsche, M. (2003). Psi-Report Deutschland. Eine repräsentative Bevölkerungsumfrage zu außergewöhnlichen Erfahrungen. In E. Bauer & M. Schetsche (Hrsg.), *Alltägliche Wunder* (S. 13–38). Würzburg: Ergon.

Schnettler, B., & Baer, A. (2013). Remembrance and communication: socio-hermeneutics of memory rituals. *Arbor, 189*(761): a041. (doi:http://dx.doi.org/10.3989/arbor.2013.761n3009).

Schütz, A. (1991/1932). *Der sinnhafte Aufbau der sozialen Welt*. Frankfurt a. M.: Suhrkamp.

Sebald, G., & Hoehne, T. (2007). *Tagungsbeitrag zur Konferenz „Szenische Erinnerung der Shoah"*. Frankfurt a. M.

Soeffner, H.-G. (2006). Selbsterlösung – Einige Grundzüge deutscher Erinnerungspolitiken. In H.-G. Soeffner (Hrsg.), *Zeitbilder. Versuche über Glück, Lebensstil, Gewalt und Schuld* (S. 103–128). Frankfurt a. M.: Campus.

Stavans, I. (2000). Novelizing the Holocaust? In I. Stavans (Hrsg.), *The essential Ilan Stavans* (S. 89–94). New York: Routledge.

Toran, R. (2002). *Vida i mort dels Republicans als camps nazis*. Barcelona: ECSA.

Vargas Llosa, M. (2005). Espantoso y genial. Dossier sobre el Caso Enric Marco. Diario El País, 15 de mayo de 2005. http://elpais.com/diario/2005/05/15/opinion/1116108006_850215.html. Zugegriffen: 29. Dez. 2013.

Welzer, H., Moller, S., & Tschuggnall, K. (2002). *„Opa war kein Nazi". Nationalsozialismus und Holocaust im Familiengedächtnis*. Frankfurt a. M.: Fischer.

Wieviorka, A. (2006). *The era of the witness*. Cornell University Press, Ithaca.

Young, J. E. (1988). *Writing and rewriting the holocaust: Narrative and the consequences of interpretation*. Bloomington: Indiana University Press.

Zerubavel, E. (1996). Social memories: Steps to a sociology of the past. *Qualitative Sociology, 19*(3), 283–299.

Zifonun, D. (2004). *Gedenken und Identität. Der deutsche Erinnerungsdiskurs*. Frankfurt a. M.: Campus.

Zifonun, D. (2011). ‚Vergessendes Erinnern': Eine Wissenssoziologie des Erinnerns und Vergessens. In O. Dimbath & P. Wehling (Hrsg.), *Soziologie des Vergessens. Theoretische Zugänge und empirische Forschungsfelder* (S. 189–209). Konstanz: UVK.

# Was das Subjekt über seine Kompetenz wissen kann

Michaela Pfadenhauer

Mit der von Chomsky betonten Komplementarität von Kompetenz und Performanz ist eine konstitutive Differenz markiert: Sprechen, d. h. grammatische Regeln generativ anwenden zu können (Performanz), setzt demnach nicht voraus, dass man diese Regeln explizit kennt (Kompetenz). Sprechen will gelernt sein, was aber nicht heißt, mit den grammatischen Regeln der Sprache vertraut (gemacht worden) zu sein. Den richtigen Ausdruck lernen wir vielmehr über Berichtigungen, ohne dass diese grammatikalisch begründet werden müssen. Mit einem von Sprachkompetenz über kommunikative Kompetenz auf Handlungskompetenz erweiterten wissenssoziologischen Verständnis von Kompetenz (Kap. 1) und deren Entwicklung bzw. Erwerb (Kap. 2) widmet sich dieser Beitrag der Frage, was das Subjekt (ich) über (meine) Kompetenz wissen kann. Als Gegenstand der Betrachtung dient (mir) hierfür die Kompetenz zum Organisieren, die ich seit längerem über verschiedene empirische Zugänge zu erschließen versuche (Kap. 3).

## 1   Was ist Kompetenz?

Kompetent ist, wer seiner Sprache mächtig ist. Chomsky setzt bei seiner Konzeptualisierung von Kompetenz an einem grammatischen Regelsystem an, anhand dessen Menschen sprachliche Handlungen generieren. Unter Kompetenz ist die

M. Pfadenhauer (✉)
Universität Wien, Wien, Österreich
E-Mail: michaela.pfadenhauer@univie.ac.at

© Springer Fachmedien Wiesbaden 2014
A. Poferl, N. Schröer (Hrsg.), *Wer oder was handelt?*,
Wissen, Kommunikation und Gesellschaft, DOI 10.1007/978-3-658-02521-2_13

Verfügbarkeit eines Sets invarianter Regeln zu verstehen, das sich in konkreten Verwendungssituationen, d. h. im Sprachgebrauch aktualisiert. Chomsky (vgl. Chomsky 1969, S. 14) unterscheidet dementsprechend zwischen „Sprachkompetenz (competence; die Kenntnis des Sprecher-Hörers von seiner Sprache) und Sprachverwendung (performance; der aktuelle Gebrauch der Sprache in konkreten Situationen)." Selbst beim idealtypischen Sprecher-Hörer, der in einer homogenen Sprachgemeinschaft lebt und seine Sprache ausgezeichnet kennt und keine aus begrenztem Erinnerungsvermögen, gedanklicher Zerstreutheit, situativer Ablenkung usw. resultierende Fehler beim Sprechen macht, besteht eine Diskrepanz zwischen Sprachkompetenz und Sprachverwendung (vgl. Chomsky 1969, S. 13, vgl. Reichertz 1986).

Denn Grammatik ist für Chomsky „ein Regelsystem, das auf explizite und wohldefinierte Weise Sätzen Struktur-Beschreibungen zuordnet" (Chomsky 1969, S. 19). Dieses Regelwerk ist generativ, d. h. satz-erzeugend, wobei mit einer begrenzten Anzahl von Regeln theoretisch unbegrenzt viele Sätze produziert werden können. Hans-Georg Soeffner (2003, S. 663) zufolge meint Kompetenz hier „das Befolgen von Regeln oder Gesetzmäßigkeiten der Kombinatorik auf der Basis einer kalkulierbaren Zahl von Elementen", während unter ‚Performanz' „die konkrete Realisierung von Ausdrucksmitteln und Formen in einer bestimmten Situation durch individuelle Akzente" zu verstehen ist – und zwar die „Realisierung systemisch angelegter (Tiefen-)Strukturen" (vgl. Kap. 2). Zwischen Kompetenz und Performanz besteht also ein konstitutiver und nicht nur empirischer Unterschied, d. h. Sprachfähigkeit und Sprachgebrauch sind vom Wesen der Sache her verschieden.

Als wesentliches Kriterium zur Bestimmung von Sprachkompetenz benennt Chomsky ‚Grammatikalität', d. h. den Regeln der Grammatik entsprechend, für Sprachverwendung ‚Akzeptabilität'. Als ‚akzeptabel' gelten ihm Äußerungen, die „völlig natürlich und unmittelbar verständlich sind", die also in keiner Weise „bizarr oder fremdartig klingen" (Chomsky 1969, S. 22 f.). Kompetenz ist hier insofern graduell angelegt als je mehr grammatische Regeln korrekt vollzogen werden, desto akzeptabler die Ausdrucksweise ist. Allerdings korrespondieren sachliche und soziale Akzeptabilität nur bedingt bzw. begrenzt: ein Übermaß an grammatischer Korrektheit wirkt geziert und künstlich und stößt deshalb als Überheblichkeit sozial auf Ablehnung.

Daran zeigt sich, dass Sprachvermögen nicht nur durch grammatische, sondern durch Regeln sozialen Ursprungs gesteuert wird. Oevermann (vgl. Oevermann 1973) führt hierfür „Strategien der verbalen Planung" an: während die Strategie der minimalen Verbalisierung nur das verbalisiert, was in der konkreten Situation unklar geblieben ist, bietet die Strategie der autonomen Verbalisierung die Chance, eingeschliffene Interpretationen zu problematisieren. Oevermann reichert das

Kompetenzkonzept auch insofern um einen sozialen Aspekt an, als sich grammatische Kompetenz nicht in der (auf unbewusstem Wissen um grammatische Regeln beruhenden) Fähigkeit eines Sprechers erschöpft, regelgeleitet grammatische Sätze zu produzieren. Teil von Kompetenz ist überdies die Fähigkeit, über die Grammatikabilität von Sätzen intuitiv ein Angemessenheitsurteil fällen zu können. Der Aspekt der Angemessenheit bezieht sich also nicht mehr nur auf das Produzieren akzeptabler Sätze, das für Chomsky zur Sprachverwendung und damit zur Performanz gehört, sondern auf die Bewertung eigener und fremder Sätze als Bestandteil von Kompetenz. Als weiteren Bestandteil von Sprachkompetenz benennt Reichertz den „Grad an Motivation, Inkonsistenzen als solche wahrzunehmen und sie nicht zu verdrängen" (Reichertz 1986, S. 142). Daran wird deutlich, dass Kompetenz neben der Dimension der Befähigung die der Bereitschaft aufweist (vgl. Pfadenhauer 2010).

Nach Chomsky vollzieht sich wieder ein Blickwechsel von der Sprache zum Sprechen, d. h. eine stärkere Akzentuierung der Performanz, die ihrerseits als regelgeleitet verstanden wird (vgl. Hymes 1975). In den Blick geraten an Stelle der die Kompetenz bestimmenden grammatischen Regeln die die Performanz bestimmenden Regeln des Sprechens in sozialen Situationen. Es geht um eine Abstimmung performativer Akte mit dem Kontext bzw. der Situation und deren Erfordernissen. Dementsprechend spricht Hymes (vgl. Hymes 1971) von „kommunikativer Kompetenz", worunter Reichertz die Fähigkeit versteht, „den rechten Ausdruck im rechten Augenblick zu finden" (Reichertz 2010, S. 261).

Mit der Erweiterung von Kompetenz erweitert sich auch die Wissensbasis: mit dem soziolinguistisch Begriff der „kulturellen Kompetenz" gerät das gesamte Wissen in den Blick, das ein Sprecher in eine Situation einbringt (vgl. Knoblauch 2010). Kulturell kompetent erweist sich also derjenige, der über Kultur, d. h. über das Wissen verfügt, das man braucht, um sich in einem speziellen Kontext anstandslos bewegen zu können (vgl. Goodenough, nach Psathas 1972, S. 208). ‚Kompetenz' meint Knoblauch (vgl. Knoblauch 2010, S. 249) zufolge in dem Sinne „praktisches" Wissen, als damit das Wissen einer (kommunikativ handelnden) Person im Vollzug des zeitlich-performativen Akts gemeint ist. Wissen ist nicht nur untrennbar mit Handeln, sondern auch mit dem Handelnden verbunden, d. h. in seinem Bewusstsein sedimentiert und in seinen Körper eingelassen, kann also nicht, wie in Konzepten des Wissensmanagements unterstellt, von ihm abgelöst und beliebig transferiert werden (vgl. Knoblauch 2004). Überdies darf es weder prosaisch auf nützliches (brauchbares, anwendbares) Wissen verkürzt noch pathetisch auf wahres (gesichertes, gültiges) Wissen beschränkt werden. Der subjektive Wissensvorrat umfasst vielmehr sowohl Erfahrungswissen (vgl. Böhle et al. 2004), also Wissen, das aus eigener Erfahrung gewonnen wurde, als auch Wissenselemente, die nicht vom eigenen Bewusstsein konstituiert, sondern von anderen übernommen wurden, d. h. „Wissen aus zweiter Hand" (Hitzler 1988, S. 62; vgl. Schütz und Luckmann 2003, S. 313 ff.). Das Wissen, das wir von anderen übernehmen, enthält – wie z. B. das, was wir nur vom Hörensagen kennen – viele Bestandteile, die nicht auf ihren Wahrheitsgehalt überprüft sind. Ohnehin ist das Wissen nur bruchstückhaft, weil unser Erinnerungsvermögen begrenzt ist und weil uns vieles, unseren jeweiligen Relevanzen entsprechend, nur begrenzt interessiert. Desweiteren umfasst dieses Wissen das, was Berger und Luckmann „Legitimationen" nennen, also jenes Wissen, das Institutionen erklärt und rechtfertigt. Dieses Wissen ist nicht aus Erfahrung gewonnen, sondern aus der Reflexion über typische tradierte Gesamthandlungsabläufe geronnen und damit abstrakt bzw. theoretisch, weil es kausale oder funktionale Zusammenhänge herstellt, Gründe liefert, Notwendigkeiten begründet etc. Je nachdem, wie widerspruchsfrei und systematisch es ist, ist es in seiner Zusammensetzung und Bezugnahme nachvollziehbar und eingängig, aber eben „erfahrungsresistent" (Knoblauch 2004, S. 285).

Mit der Etikettierung als praktisches Wissen soll Kompetenz also nicht in eine Kontraststellung zu theoretischem Wissen gebracht und auch nicht lediglich auf einer Seite der dualistischen Wissenskonzepte – implizit vs. explizit, deklarativ vs. prozessual usw. (vgl. Schützeichel 2010) – verortet werden. Der Kompetenzbegriff akzentuiert vielmehr die integrative statt korrelationistische Position der neueren Wissenssoziologie, wonach Wissen und Handeln nicht als voneinander getrennte Einheiten zu begreifen sind (vgl. Knoblauch 2005). Vielmehr ist Wissen, das wir infolge unseres generativen Bewusstseins sinnhaft verwenden können, in den Handlungsvollzug eingelassen, indem wir im Rekurs auf dieses Wissensreservoir eine Handlung vorentwerfen und diese im Vollzug des Handelns zur Selbstgegebenheit gelangen lassen (vgl. Schütz 2004, S. 157). Selbst der handlungsleitende Entwurf, d. h. der Sinn, den ich subjektiv mit meinem Handeln verbinde, muss nicht selbst konstituiert sein. Empirisch häufiger ist auch dieser Sinn als Wissen von anderen übernommen.

## 2    Wie erlange ich Kompetenz?

Für Chomsky ist Kompetenz eine angeborene Fähigkeit, deren Entwicklung als Ausreifung eines biologischen Programms vorgegeben ist. Piaget geht demgegenüber davon aus, dass sich die kognitive Struktur des Individuums dadurch herausbildet, dass Erfahrungen an vorgegebene Umweltstrukturen assimiliert und diese durch Akkommodation erweitert und umgebildet werden. Kompetenz ist also nicht einfach gegeben, sondern sie entwickelt sich; ihre Entwicklung setzt allerdings eine Fähigkeit, nämlich die zur Anpassung voraus. An diesem Vorgang ist der Mensch insofern beteiligt, als er sich in seiner Umwelt zurechtfinden und mit ihr

umgehen muss (vgl. Reichertz 1986, S. 143). Es handelt sich diesem entwick-
lungspsychologischen Ansatz zufolge aber um einen Interiorisierungsprozess, d. h.
um einen selbstregulierenden Vorgang, in dem die Strukturen den aktiven Part der
Kompetenzentwicklung übernehmen.

Oevermann überführt diese entwicklungspsychologische Konzeption derart in
die Soziologie, dass er – im Rekurs auf den Symbolischen Interaktionismus Mead-
scher Prägung – dem Individuum einen (aktiven) Anteil an diesem Entwicklungs-
prozess zuschreibt. Wenngleich Kompetenz angeboren ist, verfügt erst der in eine
Sprache sozialisierte Erwachsene über Kompetenz im umfassenden Sinne. Sie entwickelt sich im Zuge sozialisatorischer Interaktion, also nicht monologisch, sondern dialogisch – vor allem in Prozessen der Nachahmung, der Perspektivenübernahme und des ‚role taking‘ (vgl. Oevermann 1973). Die kognitive Entwicklung
ist in ihrer Struktur also abhängig von der Form der menschlichen Interaktion; die
Entwicklung kognitiver Kompetenz wird maßgeblich beeinflusst vom Individuum
im Verlaufe seiner Lebensgeschichte und von den in der Auseinandersetzung mit
anderen je vermittelten Erfahrungen (vgl. Heursen 1989, S. 880).

Damit wird plausibel, warum es individuell zu unterschiedlicher Performanz
kommen kann. Denn Kompetenz sichert nur die Möglichkeit, dass Äußerungen
hervorgebracht werden können. Im Weiteren sind es soziale Aspekte, die Performanz bestimmen. Bei diesen Konzepten der Kompetenzentwicklung bleibt aber
ungeklärt, wie Strukturen, die außerhalb des Subjekts existieren, in das Individuum ‚hineingelangen‘. Die strukturtheoretische Antwort besagt, dass die Strukturen
selbsttätig im Subjekt wirksam werden, was eine Eigengesetzlichkeit der Struk-
turentwicklung impliziert, die sich am Subjekt vollzieht. Die interaktionistische
Antwort besagt, dass das Subjekt die Regeln vom sozialen Handeln gleichsam ‚ab-
liest‘, d. h. aktiv und selbsttätig ‚aufnimmt‘. Hier bleibt ungeklärt, wie ein gering
strukturiertes ‚Innen‘ ein komplex strukturiertes ‚Außen‘ zu erfassen vermag (vgl.
dazu Oevermann 1976; kritisch zu Oevermanns Unentschiedenheit in dieser Frage
vgl. Reichertz 1986, S. 167 ff.).

Bei der Bestimmung von Kompetenz ist deshalb an den Strukturen des Bewusstseins, also an Strukturen innerhalb des Subjekts anzusetzen. So wie Husserl diese Strukturen als subjektiv, aber nicht als individuell begreift, betrachtet
Chomsky das grammatische Regelsystem als universal und invariant, womit es
„gewissermaßen in die Reihe von quasi anthropologischen Voraussetzungen gestellt" wird (Lehmann 2002, S. 119). Diese Strukturen wie etwa die grundsätzliche
Situationsgebundenheit der Erfahrung und deren prinzipielle Subjektivität bilden
als Grundelemente des subjektiven Wissensvorrats das allgemeine vorsprachliche
Fundament bzw. die „mathesis universalis" (Luckmann 2007, S. 44 ff.) von Kompetenz. Nicht nur der von Chomsky betonte Kompetenzaspekt der Subjektivität,

sondern auch der der Generativität, wonach die grammatischen Regeln es einem „Sprecher im Prinzip ermöglichen, einen beliebigen Satz zu verstehen und einen Satz, der seinen Gedanken ausdrückt, hervorzubringen" (Chomsky 1981, S. 203), ist in dieser Tiefenstruktur des Bewusstseins verankert (vgl. Knoblauch 2010). Husserl zufolge ist das Generieren von Sinn als (zum Teil eigentätige) Bewusstseinsleistung zu verstehen. Eigentätig, d. h. ohne besonderes Zutun laufen insbesondere jene Bewusstseinsvorgänge ab, in denen aktuelle Erfahrungen mit erinnerten Erfahrungen abgeglichen und damit in Bekanntes überführt werden. Erfahrung wird dadurch angesammelt, Wissen also dadurch aufgebaut, dass ein Erlebnis in Beziehung zu bereits gemachten Erfahrungen, also Vorstellungen und Wahrnehmungen gesetzt wird. Dieses In-Beziehung-Setzen geschieht zwar ohne unser Zutun, aber nicht beliebig, da diese Typisierungsvorgänge, in denen Wissen generiert wird, durch je individuelle Relevanzen geregelt werden. Dergestalt werden individuell jeweils spezifische Bezugsschemata aus Bündeln ähnlicher Erfahrungen aufgebaut, welche jeweils neuen Erlebnissen ihren spezifischen Sinn verleihen (vgl. Schütz 1974, S. 104; Schütz und Luckmann 1979, S. 315).

„Schemata dieser Art (…) können sich im Laufe der Zeit zu Typisierungen verdichten, das heißt die angesammelten Erfahrungen werden zu einem Wissen des Typischen" (Schulz-Schaeffer 2010, S. 333). Dieses Wissen des Typischen kann auf die Wahrnehmung und Deutung der konkreten Situation oder auf das eigene Handeln in dieser Situation gerichtet sein. Bezugsschema für Performanz, d. h. das eigene Handeln in der Situation ist ein „Wissen über die typische Zweckmäßigkeit oder Angemessenheit bestimmten Handelns in der Situation" (Schulz-Schaeffer 2010, S. 333). Den Kern dieses Wissens des Typischen und damit von Kompetenz bildet „Rezeptwissen", d. h. ,automatisierte' Wissenselemente, die sich so eingeschliffen haben, dass sie uns gleichsam wie von selbst über die Lippen oder von der Hand gehen, wie dies (als Teil eines Sonderwissensbestands) z. B. bei Übersetzungsphrasen von Dolmetschern (vgl. Schütz und Luckmann 2003, S. 158 f.) oder (als Teil des Allgemeinwissens) beim Autofahren (vgl. Knoblauch 2010) der Fall ist.

Kompetenz erschöpft sich also nicht in bewussten Absichten, Zeilen, Überzeugungen und explizitem Wissen („know that"), sondern impliziert „tacit skills" (Schützeichel 2010, S. 174) und weitere Elemente, die uns nicht als Wissen präsent sind, selbst wenn wir sie einmal gelernt haben (und wieder verlernen können). Auch diese Wissenselemente sind nur zum Teil selbst konstituiert, zum anderen Teil werden sie von anderen übernommen, d. h. als Typisierungen kommunikativ vermittelt. Beides, eigentätig vorgenommene und sozial abgeleitete Typisierungen werden infolge der generativen Leistungen des Bewusstseins in den Hintergrund des Bewusstseins abgelagert.

Da sich Kompetenz in einer Kombination aus eigentätigen Bewusstseinsvor-
gängen und der Vermittlung von Wissen durch andere herausbildet, kann Kompetenzentwicklung nicht unabhängig vom Bewusstsein, das immer auf etwas gerichtet ist, und nicht unabhängig von Vermittlungspersonen gedacht werden. Dergestalt
ist die Entwicklung von Kompetenz nicht nur, aber vor allem auch als interaktiver
und kommunikativer Prozess zu begreifen, in dem der Koordinierung von Handlungen, Körpern und Dingen innerhalb einer triadischen Struktur eine zentrale Bedeutung zukommt (vgl. Knoblauch 2013, S. 30). Kommunikativ und interaktiv
vermittelt wird in diesen Prozessen auch immer das Wie des Handelns, d. h. Regeln
der Kommunikation und der Interaktionsordnung. Das ‚How-to-do'-Wissen ist
also keineswegs ausschließlich pragmatisch, sondern normativ, d. h. es impliziert
den Aspekt der Angemessenheit, der die gesamte kulturelle und sozialstrukturelle
Ordnung in ihrer historischen Variabilität einschließt.

Der Kompetenzbegriff akzentuiert also nicht nur, dass Wissen in dem Sinne
‚praktisch' ist, dass es in unmittelbarem Bezug zum Handlungsvollzug, also in einem komplementären Verhältnis zu Performanz steht, sondern dass dieses Wissen
– nicht im Sinne von Wahrheit, sondern von Richtigkeit – eine normative Dimension hat (vgl. Nell 2013). Dies zeigt sich auch darin, dass nicht nur in der Schu-
le, sondern auch in außerinstitutionellen Settings der Kompetenzentwicklung wie
z. B. in Casting-Shows die kommunikative Gattung der Belehrung (vgl. Luckmann
1986) omnipräsent ist. Der mit Angemessenheit bezeichnete normative Gehalt von
Kompetenz ist jedoch nicht ontologisch eng geführt, sondern als Problem der Vermittlung des richtigen Eindrucks zu verstehen (vgl. Goffman 1969; Hitzler 1991;
Pfadenhauer 2003).

## 3 Wie weiß ich etwas über meine Kompetenz (des Organisierens)?

Nicht nur Kommunizieren, sondern jede Form des Handelns erfordert Übung und
Erfahrung, wie das Erlernen von Stehen und Gehen zeigt. Soziales Handeln erfordert aber nicht nur körperliche Praxis, sondern eine Zuwendung zur jeweiligen
Situation, die dem Akteur als zugleich ‚gegeben' und definierbar erscheint. D. h.:
Der Akteur erfährt die Situation zumeist als durch Institutionen wie z. B. Sitten,
fixierte oder Interaktions-Ordnungen usw., d. h. durch Komplexe von Verhaltens-
mustern, Werten, Einstellungen geprägt, also als bereits mit einem Anspruch auf
Verbindlichkeit vor-definiert. In seine Situationsdefinition gehen neben diesen
‚gegebenen' Bedingungen seine subjektiven Erfahrungen und Relevanzen ein und
weisen so auch den sozial objektivierten Definitionen ihren je spezifischen Stellenwert für ihn, den Handelnden zu (vgl. Hitzler 1999).

Jede Situation, in der gehandelt wird, weist soziale und sachliche Elemente und Aspekte des Selbst auf: andere Akteure müssen nicht unbedingt ko-präsent und können dennoch mittelbar anwesend sein; „Sachen" sind dinglich und sprachlich inhärent; und das Selbst findet sich in einer je konkreten geistig-mentalen und körperlich-leiblichen Verfassung und in einer je besonderen Umgebung bzw. Räumlichkeit wieder, die durch Geräusche, Gerüche, Geschmacksvarianten u. a. gekennzeichnet ist. Auf all diese nicht als ,brute facts', sondern als immer schon bedeutsame Deutungsanlässe gegebenen Situations-Elemente und Korrelate von Sinneswahrnehmungen lassen sich Vorstellungen und Wahrnehmungen lenken, wenn sie warum auch immer bedeutsam werden. Und auf sie ist zumindest ausschnittsweise die Aufmerksamkeit zu richten, wenn die Situation den eigenen Erwartungen, Relevanzen, Zielsetzungen entsprechend gemeistert werden will. In der Regel erfolgt diese Zuwendung jedoch nicht systematisch – etwa entlang der die obige Ausdifferenzierung der Situationselemente anleitenden Differenzierung von Sach-, Sozial- und Selbstkompetenz nach Heinrich Roth (vgl. Roth 1971). Möglich ist aber auch eine nicht praxis- bzw. anwendungsbezogene, sondern distanziert-reflektierende Zuwendung zum eigenen Handeln und dem darin eingebetteten praktischen (Un-)Vermögen.

An anderer Stelle habe ich eine solche systematische Zuwendung in Bezug auf organisierendes Handeln entfaltet (vgl. Pfadenhauer 2008a). Am Beispiel des Organisierens einer wissenschaftlichen Tagung habe ich versucht, mir (einige der) subjektiven Erfahrungen zu vergegenwärtigen, die ich als „im Zusammenhang mit dem Organisieren von Tagungen stehend" sedimentiert habe (vgl. Pfadenhauer 2008b). Die aus Gründen der Darstellung textförmige Vergegenwärtigung fächert die ablaufenden Denk- und Handlungsprozesse zunächst chronologisch auf. Diese Daten meines subjektiven Erlebens als Tagungsorganisatorin habe ich phänomenologisch reflektiert und mit vielfältigen empirischen Daten von (diverse) Events organisierenden Akteuren abgeglichen (vgl. z. B. Pfadenhauer 2000, 2008a). Der eidetisch ,sensibilisierten' Zuwendung zu meinen eigenen Erlebens-Daten liegt gegenüber einem ablauf- und problemanalytischen ein strukturanalytischem Interesse zugrunde.

Dadurch zeigt sich (mir) zunächst, dass wissenschaftliche Tagungen (inklusive Workshops, Konferenzen, Kongresse usw.) zumindest organisatorisch wenig mit der Subsinnwelt der Theorie (vgl. Schütz 2003) zu tun hat, die gleichwohl die ganze Unternehmung ,letztlich' legitimiert. Sehr viel mehr geht es (mir) demgegenüber darum, die jeweiligen zeitlichen und örtlichen Rahmenbedingungen zur Kenntnis zu nehmen, die personellen Voraussetzungen zu berücksichtigen und finanzielle ebenso wie soziale Machbarkeiten auszuloten. Evident und zugleich aus diversen einschlägigen Fallstudien gegenwärtig ist mir überdies, dass ich mich und dass sich

Akteure, die etwas (Komplexes) organisieren, nur bedingt an irgendwelchen ‚essentiellen' Zielsetzungen der Initiatoren dessen orientiere, was zu bewerkstelligen ist. Vielmehr setze ich typischerweise meine und setzen sie im Prozess des Organisierens typischerweise ihre Relevanzen und Relevanzhierarchien bzw. handle ich und handeln sie diese interaktiv (und durchaus situationsflexibel) aus. Ähnliches kann ich auch mit Blick auf das Phänomen des Zusammen-Wirkens konstatieren: Zusammen-Wirken dessen, was in das Organisieren involvierte Akteure tun, bedeutet nicht notwendigerweise Zusammenarbeit im Verstande der in der Literatur zur Projektorganisation viel gepriesenen Kooperation (vgl. z. B. Bartsch-Beuerlein 2007 sowie grundlegend Schnettler 2003). Das Zusammen-Wirken von – freiwillig ebenso wie unfreiwillig – in komplexes Organisieren einbezogenen Akteuren geschieht ebenso in Formen des Delegierens, des Integrierens, des Okkupierens, aber auch des Blockierens, des Ausschließens, des Verweigerns usw. – unter Einsatz einer großen Bandbreite so genannter mikropolitischer Taktiken und Strategien (vgl. Burns 1961/1962 sowie Pfadenhauer 2008a).

Meinem auf einschlägigen Erfahrungen rekurrierenden Alltagsverständnis nach ist Organisieren ein Vorgang, der irgendwie mit Planen, Vorbereiten, Durchführen und möglicherweise auch noch mit Nachbereiten zu tun hat. (Hinlänglich) begriffliche Sicherheit gewinne ich im abstrahierenden Vergleich dessen, was ich schlechthin zu wissen meine, mit dem, was ich wissenschaftlich erkennen kann, mit dem, was mir in der eidetischen Zuwendung zu meinem eigenen Erleben evident ist. So kann ich Organisieren analytisch dahingehend präzisieren, dass es als eine Art Meta-Handeln, als „Handeln bewirkendes Handeln" (Spann 1925), erkennbar wird, während sich für den Alltagsverstand organisierendes Handeln ja typischerweise mit aus- und durchführendem Handeln ‚vermengt'.

Eine Präzisierung erfährt das Alltagsverständnis von Organisieren auch dadurch, dass Organisieren analytisch nicht einfach als linearer Prozess zu begreifen ist, in dem die Phasen Vorbereitung – Durchführung – Nachbereitung zeitlich hintereinander geschaltet sind und in dem die vorhergehende mit dem Eintritt in die nächste Phase mehr oder weniger abgeschlossen ist. Organisieren ist analytisch gesehen eher so etwas wie ein sinnstiftendes ‚Gehäuse' um vielfältige, über die Gesamtdauer des Organisationsprozesses mehr oder weniger gut ineinandergreifende Teilprozesse von Vorbereiten – Bereitstellen – Beeinflussen – Bewerten. In diesem Vorgang beginnt man zwar, wenn man einmal begonnen hat, nie wieder ganz von Vorne; man gerät aber immer wieder aber an einen Punkt, an dem aufgrund unvorhergesehener oder unvorhersehbarer Ereignisse zur Spezifizierung, zur Aktualisierung oder zur Neujustierung vorbereitende und bereitstellende Maßnahmen erforderlich sind, während Einflussnahmen und Evaluationen ohnehin als den gesamten Prozess begleitende Maßnahmen verstanden werden müssen.

Wenn ich die Analyse von Beobachtungen organisierenden Handelns sowie die
Interpretation von Gesprächen mit als „Organisatoren" identifizierten Akteuren in
unterschiedlichen Handlungskontexten mit meinen eigenen Erfahrungen als Tagungsorganisatorin abgleiche, kann ich mein analytisch präzisiertes Alltagsverständnis schließlich auf einen nunmehr empirisch begründeten Begriff bringen.
Als „Organisieren" bestimme ich dergestalt ein solches Handeln, das ein anderes
Handeln und das Handeln anderer vorbereitet (das impliziert grosso modo: das
dessen materielle und immaterielle Voraussetzungen bereitstellt), das die vorbe-
reiteten Handlungen in eine bestimmte Richtung beeinflusst und dieses Handeln
hinsichtlich seines Beitrags zur Zielerreichung bewertet.

Über eine strukturanalytische Bestimmung hinaus kann ich die Daten meines
subjektiven Erlebens als Tagungsorganisatorin mit den empirischen Daten von organisierenden Akteuren nun im Hinblick auf deren Erfahrungen und Handlungen,
deren Motive und Dispositionen, deren Wissen und Relevanzen, deren Probleme
und Problemlösungen abgleichen und komme damit zu einer abstrahierenden Beschreibung kompetenten Organisierens:[1]

Ich organisiere kompetent, wenn ich organisatorische Prozesse in ‚überschau-
bare' Aufgaben und (Teil-)Projekte zerlege, diese in möglichst eindeutige Hand-
lungsschritte gliedere, deren räumliche Anordnung und zeitliche Abfolge im Hand-
lungsablauf festlegt und die Umsetzung bzw. Ausführung all dessen den jeweils
relativ am besten ‚geeigneten' Akteuren (ggf. auch mir selber) zur Realisierung
zuweise. Dazu setzen kompetente Organisatoren Verfahren und Techniken der
Aufgabengliederung ein, bei denen es sich in meinem Fall um schlichte Aufga-
benlisten handelt, die aber bis zur aufwändigen, weil voraussetzungsvollen Form
der EDV-gestützten Netzplantechnik reichen können. Diese helfen, den Überblick
über die Details und das Gesamtgeschehen zu bewahren und die Einhaltung von
Arbeits- und Zeitplänen zu kontrollieren und ggf. zu korrigieren.

Ich organisiere ein solches sozial arbeitsteiliges Projekt kompetent, wenn ich
möglichst klar und präzise festlege, was von wem wann, wo und auf welche Weise
zu bewerkstelligen ist, und wenn ich mit dieser ‚Geschäftsordnung' eine verbind-
liche und verlässliche und zugleich gegenüber unbeabsichtigten Entwicklungen,
Folgen und Nebenwirkungen flexible Grundlage für von anderen auszuführende
Handlungen her- und bereitstelle. Kompetente Organisatoren rekurrieren dabei
weniger auf Detailwissen über spezielle Vollzüge denn auf eine Art Struktur- bzw.
eben „Matrix"-Wissen, das sie (jederzeit) zu einem zügigen Vordringen zum Kern
und zur (Ersatz-)Lösung von im Prozess auftauchenden Problemen befähigt – unter Absehung von hierfür nicht bzw. nur am Rande relevanten Details.

---

[1] Diese aus der Verbindung von Phänomenologie und Soziologie bzw. von phänomenologischer Methode und interpretativer Sozialforschung gewonnene Beschreibung findet sich in
Pfadenhauer 2008a.

Ich organisiere soziale Arbeitsteilung kompetent, wenn ich dafür zu sorgen vermag, dass die an der Projektrealisierung beteiligten Akteure jeweils das tun, was den Ziel-, Form- und Zeitvorgaben entsprechend von ihnen zu tun ist. Zur Steuerung und Lenkung der funktional gegliederten, zeitlich und räumlich (an-)geordneten und sozial ver- bzw. zugeteilten Aktivitäten in die durch (interaktiv ausgehandelte) Zielsetzungen vorgegebene Richtung rekurrieren kompetente Organisatoren heutzutage nicht nur nicht mehr auf offene Gewalt, sondern auch nicht nur auf Überredungskünste. Neben altbewährten Motivationsmitteln wie ‚Butterbrot' (Gratifikationen) und ‚Peitsche' (Sanktionen) werden zur Lenkung der Aktivitäten anderer in die gewünschte Richtung gezielt kommunikationstechnisch avancierte und immer öfter auch visualisierende Plausibilisierungs- und Überzeugungsstrategien eingesetzt (vgl. dazu Schnettler und Knoblauch 2007). Als ein wesentliches Element organisatorischer Kompetenz erweist sich hier eine Sensibilität für die so genannte „Schnittstellenproblematik", d. h. für Anschlüsse und Übergänge zwischen den projektbezogenen Arbeitspaketen verschiedener ausführender Akteure, die für Missverständnisse anfällig sind und Anlass für Missstimmung bieten und an denen deshalb (zielführungsrelevante) Informationen zu versickern drohen.

Ich organisiere schließlich (sozial) kompetent, wenn ich die von wem, wie, wo und wann auch immer ausgeführten Handlungen hinsichtlich ihres sachadäquaten Beitrags für die Zielvorgaben auch sachangemessen reflektiere und bewerte. Anders ausgedrückt: Organisatoren erweisen sich letztlich dann und dadurch als kompetent, wenn und dass sie einzuschätzen vermögen, welche Resultate grundsätzlich ebenso wie typischerweise mit den jeweils eingesetzten Mitteln und Werkzeugen von welcher Art von Akteuren über welche Bedingungen in welcher Zeit erzielt werden können, und wenn sie die konkret tatsächlich erbrachten Leistungen daran messen und beurteilen können.

Kompetentes Organisieren ist also ein soziales Handeln, das ein anderes Handeln oder das Handeln anderer nicht ‚irgendwie', sondern unter Einsatz (einer bestimmten Art) von Wissen, von (bestimmten) Techniken und Verfahren, von (bestimmten) Strategien und einer (bestimmten Art von) Reflexionsvermögen vorbereitet, dessen Handlungsvoraussetzungen bereitstellt, es in Richtung einer Zielvorgabe beeinflusst und hinsichtlich seines Beitrags zur Zielerreichung beurteilt.

# 4 Fazit: Was kann ich also über meine Kompetenz wissen?

Jede (nicht nur gedankliche) Problemlösung basiert auf einem Konglomerat von Wissenselementen, Relevanzen, Motiven, Techniken, Strategien, Reflexionen, das in mannigfaltige Einzelaspekte zerlegbar ist. Davon kann ich mir ein Gutteil bewusst machen, wenn ich mich dem zuzuwenden beginne, a) was ich typischer-

weise tue (und tun muss) und b) wie, unter Einsatz welcher Techniken (und das
meint auch Körpertechniken), sozialen Strategien, Verfahren etc. ich das gelin-
gend bewerkstellige, was ich tue. Bei einer solchen Analyse des eigenen Problem-
lösungshandelns vernachlässige ich aber auch eine ganze Reihe von problemlö-
sungsrelevanten Aspekten, wie z. B. meine eigene Wirkung, mein implizites bzw.
inkorporiertes Wissen und zum Teil auch die nicht von mir intendierten Effekte
etc. Auch wenn ‚Kompetenz' mein gesamtes Problemlösungsvermögen meint, das
sich aus existentiellen Voraussetzungen, aus Grundelementen des Wissens, aus
Rezept- und Routinewissen, d. h. aus (mehr oder weniger) habitualisierten Fertig-
keiten und Fähigkeiten, sowie aus expliziten Wissensbestandteilen aufschichtet,
gebe ich, wenn ich (mir) über (meine) Kompetenz Auskunft gebe, nur diejenigen
Wissens-Bestandteile an, von deren Erfordernis für eine wiederholbare Problembewältigung ich weiß.

Aber auch das für mein kompetentes Handeln nicht unerhebliche „handlungs-
praktische Wissen und Können" (Schulz-Schäffer 2010, S. 320), das mir nicht auf
Anhieb präsent ist, ist nicht nur verkörpert, sondern auch mental repräsentiert. Allerdings lässt es sich im Unterschied zu explizitem Wissen und durch explizite
Regeln angeleiteten Können nicht im Vorhinein vergegenwärtigen, d. h. man kann
sich dessen nicht unabhängig von der Situation seiner Verwendung vergewissern.
„Hier zeigt sich immer erst in der jeweiligen Situation selbst, ob man sie kompetent zu deuten weiß und gekonnt in ihr zu handeln vermag" (Schulz-Schaeffer
2010, S. 325). Offenbar wird dies nicht nur anderen, sondern auch mir, wenn ich
bei meinen einschlägig typisierten subjektiven (eventuell auch idiosynkratischen)
Erfahrungen ansetze, und – im Sinne eidetischer Variationen unter Nutzung unterschiedlicher Datensorten – auf deren transsubjektiv ‚wesentliche' Elemente bzw.
auf deren verallgemeinerbare Strukturen hinarbeite.

Phänomenologisch arbeite ich dabei mit der mentalen Vergegenwärtigung
(bzw. der „Repräsentation") des von mir als erlebt Erinnerten und des als sachlich
gewusst Vermeinten. Diese mentalen Vergegenwärtigungen ‚reinige' ich (so gut
wie möglich) von ihren je konkreten Anhaftungen, und zwar vor allem dadurch,
dass ich sie entkontextualisiere und alltägliche Meinungen, weltanschauliche Mo-
ralisierungen und theoretische Erklärungen über sie bzw. zu ihnen ausklammere.
Die eidetische Reduktion zielt also (auch programmatisch) nicht auf ein ‚geheim-
nisvolles' Wesen der Korrelate des Erlebens (vgl. Hitzler 2005), sondern auf das,
als was sich die Bewusstseinsgegebenheiten – wesensmäßig – zeigen, wenn man
sie ihre zufälligen, d. h. ihrer ‚unwesentlichen' Umhüllungen entkleidet. Es geht
also um die Analyse nicht der kulturell approbierten Deutungen, sondern des Erlebens und des Erlebten selber, wenn ich mich mittels der phänomenologischen Methode kontrolliert mit Daten meines eigenen Erlebens befasse (vgl. Hitzler 2007;

Bochenski 1954). Im Bemühen, den Gegenstand weder diskursiv noch theoretisch zu ‚begründen', sondern direkt zu erfassen, lassen sich die Strukturen der Lebenswelt als dem Insgesamt menschlichen Welt-Erlebens beschreiben.

Eine phänomenologisch fundierte Analyse von Kompetenz integriert also die Selbstbeobachtung in die Beobachtung von Handeln im Rahmen ethnographischer Feldforschung, indem eben auch Daten subjektiven Erlebens systematisch einbezogen werden. Entsprechend der Luckmannschen (vgl. Luckmann 1993) Rede von der „Protosoziologie" verstehe ich die phänomenologische Wesensschau dezidiert nicht bereits als Soziologie, sondern als eine Art Vor-Arbeit zur erkenntnistheoretischen Fundierung der Sozialwissenschaften. „Doing Phenomenology" (Pfadenhauer 2008b) erscheint mir zur Lösung vielfältiger analytischer Probleme sinnverstehender Soziologie aber nicht nur zur Klärung von Fragen der Konstitution von Sinn, sondern auch in methodischer Hinsicht unabdingbar (vgl. grundlegend Hitzler und Eberle 2000 sowie Eberle 1984, 1993). Anhand ethnographisch angelegter Fall-Analysen lässt sich ein Fundus verallgemeinerungsfähiger und somit heuristisch wieder auf andere Kontexte applizierbarer Erkenntnisse generieren, wenn ich sie ins Verhältnis zu meinen subjektiven Erfahrungsdeskription setze. Dergestalt gewinne ich eine abstrakte „Matrix" (vgl. Luckmann 1983; ausgeführt in Schütz und Luckmann 2003) zum typologischen Vergleich je individueller Konkretionen.

Diese aufwändige Vorgehensweise ist erforderlich, weil Kompetenz wie Handeln nicht beobachtbar ist. Beobachten lässt sich nur Performanz, von der sich aber nur bedingt auf eine zugrunde liegende Kompetenz schließen lässt (vgl. bereits Chomsky 1969). Dies bedeutet aber eben nicht, dass Kompetenz gar nicht zugänglich ist. Einige Elemente dieses Wissens des Typischen sind mir ohnehin präsent, andere kann ich mir, kann sich das Subjekt mit einem strukturanalytischen Interesse systematisch erschließen.

## Literatur

Bartsch-Beuerlein, S. (2007). *Virtuelle Projektorganisationen.* Berlin: Mensch-&-Buch.

Bochenski, J. M. (1954). *Die zeitgenössischen Denkmethoden.* Bern: Francke.

Böhle, F., Bolte, A., Dunkel, W., Pfeiffer, S., Porschen, S., & Sevsay-Tegethoff, N. (2004). Der gesellschaftliche Umgang mit Erfahrungswissen – Von der Ausgrenzung zur neuen Grenzziehungen. In U. Beck & C. Lau (Hrsg.), *Entgrenzung und Entscheidung – Was ist neu an der Theorie reflexiver Modernisierung?* (S. 95–122). Frankfurt a. M.: Suhrkamp.

Burns, T. (1961/1962). Micropolitics: Mechanism of institutional change. *Administrative Science Quarterly, 6,* 257 ff.

Chomsky, N. (1969). *Aspekte der Syntax-Theorie.* Frankfurt a. M.: Suhrkamp.

Chomsky, N. (1981). *Sprache und Verantwortung. Gespräche mit Mitsou Ronat.* Frankfurt a. M.: Ullstein.

Eberle, T. S. (1984). *Sinnkonstitution in Alltag und Wissenschaft*. Bern: Haupt.

Eberle, T. S. (1993). Schütz Lebensweltanalyse: Soziologie oder Protosoziologie?. In T. S. Eberle (Hrsg.), *Lebensweltanalyse und Handlungstheorie*. Konstanz: UVK.

Goffman, E. (1969). *Wir alle spielen Theater. Die Selbstdarstellung im Alltag*. München: R. Piper & Co.

Heursen, G. (1989). Kompetenz – Performanz. In D. Lenzen (Hrsg.), *Pädagogische Grundbegriffe 2*. Reinbek: Rowohlt.

Hitzler, R. (1988). *Sinnwelten. Ein Beitrag zum Verstehen von Kultur.* Opladen: Westdeutscher.

Hitzler, R. (1991). Der Goffmensch. *Soziale Welt, 43*(4), 449–461.

Hitzler, R. (1999). Konsequenzen der Situationsdefinition. Auf dem Weg zu einer selbstreflexiven Wissenssoziologie. In: R. Hitzler, J. Reichertz & N. Schröer, (Hrsg.), *Hermeneutische Wissenssoziologie* (S. 289–308). Konstanz: (UVK).

Hitzler, R. (2005). Die Beschreibung der Struktur der Korrelate des Erlebens. In U. Schimank & R. Greshoff (Hrsg.), *Was erklärt die Soziologie?* (S. 230–240). Berlin: LIT-Verlag.

Hitzler, R. (2007). Phänomenologie. In R. Buber & H. Holzmüller (Hrsg.), *Qualitative Marktforschung* (S. 81–92). Wiesbaden: Gabler.

Hitzler, R., & Eberle, T. S. (2000). Phänomenologische Lebensweltanalyse. In U. Flick, E. v. Kardoff, & I. Steinke (Hrsg.), *Qualitative Forschung – Ein Handbuch* (S. 109–118). Reinbek: Rowohlt.

Hymes, D. (1971). *On communicative competence*. Philadelphia: University of Pennsylvania Press.

Hymes, D. (1975). Breakthrough into performance. In D. Ben-Amos & K. Goldstein (Hrsg.), *Folklore: Communication and performance* (S. 11–74). Den Haag: Mouton.

Knoblauch, H. (2004). Kritik des Wissens. Wissensmanagement, Wissenssoziologie und die Kommunikation. In B. Wyssussek (Hrsg.), *Wissensmanagement komplex: Perspektiven und soziale Praxis* (S. 275–289). Berlin: Erich Schmidt Verlag.

Knoblauch, H. (2005). *Wissenssoziologie*. Konstanz: UVK.

Knoblauch, H. (2010). Von der Kompetenz zur Performanz. Wissenssoziologische Aspekte von Kompetenz. In T. Kurtz & M. Pfadenhauer (Hrsg.), *Soziologie der Kompetenz* (S. 237–255). Wiesbaden: VS Verlag für Sozialwissenschaften.

Knoblauch, H. (2013). Grundbegriffe und Aufgaben des kommunikativen Konstruktivismus. In R. Keller, H. Knoblauch, & J. Reichertz (Hrsg.), *Kommunikativer Konstruktivismus. Theoretische und empirische Arbeiten zu einem neuen wissenssoziologischen Ansatz* (S. 25–48). Wiesbaden: VS Verlag für Sozialwissenschaften.

Lehmann, B. (2002). Kompetenzvermittlung' durch Fernstudium. In U. Clement & R. Arnold (Hrsg.), *Kompetenzentwicklung in der beruflichen Bildung* (S. 117–129). Opladen: Leske + Budrich.

Luckmann, T. (1983). Eine phänomenologische Begründung der Sozialwissenschaften? In D. Henrich (Hrsg.), *Kant oder Hegel?* (S. 506–518). Stuttgart: Klett-Cotta.

Luckmann, T. (1986). Grundformen der gesellschaftlichen Vermittlung des Wissens: Kommunikative Gattungen. *Kölner Zeitschrift für Soziologie und Sozialpsychologie,* (Sonderheft 27), 191–211.

Luckmann, T. (1993). Schützsche Protosoziologie? In A. Bäumer & M. Benedikt (Hrsg.), *Gelehrtenrepublik – Lebenswelt* (S. 321–326). Wien: Passagen.

Luckmann, T. (2007). Philosophie, Sozialwissenschaft und Alltagsleben [1973]. In T. Luckmann (Hrsg.), *Lebenswelt, Identität und Gesellschaft* (S. 25–61). Konstanz: UVK.

Nell, L. (2013). *Das Normative im Wissen und Wissen um Normatives – zur impliziten Normativität der sinnadäquaten Wissenrekonstruktion.* Vortrag bei der Tagung ‚Konzepte der Wissenssoziologie' des *Arbeitskreises theoretische Wissensoziologie,* verantstaltet von J. Renn und R. Schützeichel. Münster.

Oevermann, U. (1973). *Die Architektonik von Kompetenztheorien und ihre Bedeutung für eine Theorie der Bildungsprozesse.* Berlin: unveröff. Manuskript.

Oevermann, U. (1976). Programmatische Überlegungen zu einer Theorie der Bildungsprozesse und zur Strategie der Sozialisationsforschung. In K. Hurrelmann (Hrsg.), *Sozialisation und Lebenslauf* (S. 34–52). Reinbek: Rowohlt.

Pfadenhauer, M. (2000). Spielerisches Unternehmertum. In W. Gebhardt, R. Hitzler, & M. Pfadenhauer (Hrsg.), *Events* (S. 95–114). Opladen: Leske + Budrich.

Pfadenhauer, M. (2003). *Professionalität. Eine wissenssoziologische Rekonstruktion institutionalisierter Kompetenzdarstellungskompetenz.* Opladen: Leske + Budrich.

Pfadenhauer, M. (2008a). *Organisieren. Eine Fallstudie zum Erhandeln von Events.* Wiesbaden: VS Verlag für Sozialwissenschaften.

Pfadenhauer, M. (2008b). Doing Phenomenology: Aufgrund welcher Merkmale bezeichnen wir ein Handeln als „kompetentes Organisieren"? In J. Raab, M. Pfadenhauer, P. Stegmaier, J. Dreher, & B. Schnettler (Hrsg.), *Phänomenologie und Soziologie. Positionen, Problemfelder, Analysen* (S. 339–348). Wiesbaden: VS Verlag für Sozialwissenschaften.

Pfadenhauer, M. (2010). Kompetenz als Qualität sozialen Handelns. In T. Kurz & M. Pfadenhauer (Hrsg.), *Soziologie der Kompetenz* (S. 149–172). Wiesbaden: VS Verlag für Sozialwissenschaften.

Psathas, G. (1972). Ethnoscience and Ethnomethodology. In J. Spradley (Hrsg.), *Culture and Cognition* (S. 206–222). Prospect Heighs, Ill: Palgrave Macmillan.

Reichertz, J. (1986). *Probleme qualitativer Sozialforschung.* New York: Campus.

Reichertz, J. (2010). Der Goffmensch beim Tanken. Eine kommunikationswissenschaftliche Betrachtung. In A. Honer, M. Meuser, & M. Pfadenhauer (Hrsg.), *Fragile Sozialität* (S. 49 58). Wiesbaden: VS Verlag für Sozialwissenschaften.

Roth, H. (1971). *Pädagogische Anthropologie. Band 2: Entwicklung und Erziehung.* Hannover: Schroedel.

Schnettler, B. (2003). Sociability: The ethnotheory of co-operation. In A. Müller & A. Kieser (Hrsg.), *Communication in organizations* (S. 201–218). Frankfurt a. M.: Lang.

Schulz-Schaeffer, I. (2010). Praxis, handlungstheoretisch betrachtet. *Zeitschrift für Soziologie, 39*(4), 319–336.

Schütz, A. (1974). *Der sinnhafte Aufbau der sozialen Welt. Eine Einleitung in die verstehende Soziologie.* Frankfurt a. M.: Suhrkamp.

Schütz, A. (2003). Über die mannigfaltigen Wirklichkeiten. In A. Schütz, M. Endreß, & I. Srubar (Hrsg.), *Theorie der Lebenswelt 1* (S. 177–248). Konstanz: UVK.

Schütz, A. (2004). *Der sinnhafte Aufbau der sozialen Welt.* ASW Band 2. Konstanz: UVK.

Schütz, A., & Luckmann, T. (1979). *Strukturen der Lebenswelt.* Frankfurt a. M.: Suhrkamp.

Schütz, A., & Luckmann, T. (2003). *Strukturen der Lebenswelt.* Konstanz: UVK.

Schützeichel, R. (2010). Über Kompetenzen, Expertise und epistemisches Regime. In T. Kurtz & M. Pfadenhauer (Hrsg.), *Soziologie der Kompetenz* (S. 173–190). Wiesbaden: VS Verlag für Sozialwissenschaften.

Soeffner, H.-G. (2003). Authentizitätsfallen und mediale Verspielung. In J. Fischer & H. Joas (Hrsg.), *Kunst, Macht und Institution. Festschrift für K.-S. Rehberg* (S. 659–670). Frankfurt a. M.: Campus.

Spann, O. (1925). Organisation. In L. Elster, A. Weber, & F. Wieser (Hrsg.), *Handwörterbuch der Staatswissenschaften* (Bd. 6, S. 766–776). Jena: G. Fischer.

# Individuum – Individualismus – Individualisierung. Rationalität – Rationalismus – Rationalisierung. Verstehen – Verstehende Soziale Arbeit – Verstehende Soziale Arbeit verstehen

Ronald Kurt

Ich möchte hier drei Topoi soziologischen Denkens – die Theorie der Individualisierung, die Rationalisierungsthese und die Methode des Verstehens – auf ihre Relevanz für Soziale Arbeit prüfen. Die im Titel genannten Begriffe bilden den Referenzrahmen meiner Argumentation.

In der Geschichte der Sozialen Arbeit spiegeln sich gesellschaftliche Individualisierungs- und Rationalisierungsschübe. Wenn in diesem Sinne die Wertschätzung des Individuums und die Sorge um seine Selbstbestimmung einerseits und das Bemühen um wissenschaftliche Rationalität andererseits Grundorientierungen Sozialer Arbeit sind, dann könnte ein ‚hermeneutic turn' hin zu einer Verstehenden Sozialen Arbeit für die Professionalisierung der Sozialen Arbeit wegweisend sein.

## 1 Individuum – Individualismus – Individualisierung

> Was bleibt euch denn in allem Unglück?
> Medea: Ich, ich, sag ich, und das reicht.
> (Pierre Corneille)

Als der französische Soziologe Émile Durkheim in seiner 1898 erschienenen Schrift „Der Individualismus und die Intellektuellen" der Moderne einen „Kult des

---

R. Kurt (✉)
Bochum, Deutschland
E-Mail: kurt@efh-bochum.de

© Springer Fachmedien Wiesbaden 2014
A. Poferl, N. Schröer (Hrsg.), *Wer oder was handelt?*,
Wissen, Kommunikation und Gesellschaft, DOI 10.1007/978-3-658-02521-2_14

Individuums" zuschrieb, hatte das Abendland schon eine Vielzahl von Individuali-
sierungsschüben hinter sich.

Heute „(stellt) der Individualismus den Hauptwert der modernen Gesellschaften
dar" (Dumont 1991, S. 27, vgl. auch *Die Sakralität der Person,* Joas 2011) – aber
das war nicht schon immer so. In der Antike fiel das Individuelle in seiner Abstän-
digkeit zum Kollektiven zunächst nur negativ auf. Die Privatperson wurde, seiner-
zeit noch nicht wertend, Idiotes genannt. Mit dem Christentum gewinnt dann die
Idee von der individuellen Seele an Relevanz: „Das Christentum schuf das Prinzip
der Individualität durch seine Lehre von der unsterblichen Seele" (Horkheimer in
Kippele 1998, S. 155) und mit der für den Christen alles entscheidenden Frage, ob
die Seele in den Himmel oder in die Hölle gelangt, wird das schuldfähige Individuum mit dem Prinzip Verantwortung auf sich selbst verwiesen. Das Christentum
weist so gesehen starke Alleinstellungszüge auf. Dennoch gilt Individualität bis ins
Mittelalter hinein als Makel. „Unähnlichkeit, Unterschiedenheit oder Einzigartigkeit sind Mängel, sie sind das Schlechte par excellence und keineswegs Schemata
für die Darstellung vormoderner Individuen" (Bohn 2006, S. 65).

Die Irrelevanz des Individuellen spiegelt sich auch in der christlichen Pflicht,
Armen Almosen zu geben. Im Mittelalter war das Almosen für die Armen – eine
Art Vorform heutiger Sozialarbeit – keine Hilfe zur Selbsthilfe. Die mildtätige
materielle Gabe, die zumeist nicht face-to-face, sondern indirekt über die Kirche
erfolgte, orientierte sich am Merkmal Armut und an der Hoffnung, aus dem Almosen-Geben im Hinblick auf die Sündenvergebung spirituellen Nutzen zu ziehen.
Insofern hatte das Almosen-Geben als praktizierte Nächstenliebe – jeder ist sich
selbst der Nächste – dann doch eine Selbsthilfefunktion. Das Armsein galt als gottgewollt. „Niemand kam zu dieser Zeit auf die Idee, von den Armen zu verlangen,
ihr Schicksal selbst in die Hand zu nehmen und ihren von Gott vorbestimmten
Armutsstand zu verlassen" (Kuhlmann 2008, S. 14). Das Individuum konnte im
christlichen Mittelalter kein Adressat für Hilfeleistungen sein, weil dem Menschen
als singulärem Lebewesen keine Bedeutung beigemessen wurde. Eine Autobiographie zu schreiben wäre zu dieser Zeit Blasphemie gewesen – es sei denn, sie erfüll-
te, wie bei Augustinus, eine Bekenntnisfunktion. Mittelalterliche Hagiographien
sind deshalb weniger dem Genre Biographie als vielmehr der Textgattung religiöse
Erbauungsliteratur zuzuordnen.

Gleichwohl, es waren insbesondere innerkirchliche Diskurse, die für die Emanzipation des Individuellen vor dem Allgemeinen Denkschneisen schufen. Im Streit
um die Universalien (Allgemeinbegriffe) – sind die Universalien *vor* den Dingen
(platonischer Ideenrealismus), *in* den Dingen (aristotelischer Formenrealismus)
oder *nach* den Dingen (Nominalismus)? – hat schließlich Wilhelm von Ockham
(1290–1339) die Position vertreten, dass nur das Einzelne, Individuelle wirklich
ist, während den Allgemeinbegriffen, die der menschliche Verstand aus den Ein-

zeldingen ableitet, keine Realität zukomme. Indem Ockham die Bedeutung der Begriffe auf eine Bezeichnungsfunktion reduzierte, erstritt er dem Individuellen einen nicht unbeträchtlichen Relevanzgewinn.

Auf den Theozentrismus des Mittelalters folgte der Anthropozentrismus der Renaissance-Kultur. Im Wertewandel der Renaissance und des Humanismus gewinnt das Weltliche, die Sphäre des Menschen und damit auch das Individuelle an Bedeutung, z. B. in Form der ersten Blüten biogaphischen Schreibens – hier wäre beispielsweise die Künstlersammelbiographie Giorgio Vasaris auf dem Jahre 1550 zu nennen (vgl. Alheit und Dausien 1990). Es ist insbesondere die Sphäre der Kunst, in der und aus der heraus sich das Abendland auf den langen Weg in den Individualismus begab. Einen weiteren Schub erhielt der Individualismus durch die Reformation. Luthers Widerstand gegen die Institution Kirche bewirkte eine Privatisierung des Glaubens – der Protestant stand nun allein vor Gott und Bibel – und Calvins Prädestinationslehre begünstigte die Herausbildung einer ichbezogenen Arbeitsethik, die Webers Protestantismusthese zufolge zur Geburt des Kapitalismus aus dem asketischen Geist des unternehmerischen Selbst führte.

Als Beispiele für den Prozess, in dem der Mensch von einem *Individuum an sich* (wie ein Stein oder eine Pflanze, so ist auch ein Mensch ein einzigartiges, von allen anderen Dingen verschiedenes Einzelding) zu einem *Individuum für sich* wurde, mögen hier Petrarca und Dürer dienen.

### Petrarca und Dürer

1336. Francesco Petrarca (1304–1374) beschreibt in seiner „Besteigung des Mont Ventoux" durch die Hervorhebung seiner Lust an einer ästhetischen Naturerfahrung die Grundzüge eines säkularen Selbst- und Weltbewusstseins, das sich neugierig dem Einzelnen, keinem System Subsumierbaren, zuwendet (vgl. Stierle 2012, S. 6). Damit löst sich Petrarca vom mittelalterlichen Habitus der Selbst- und Weltverneinung, – zumindest kurzzeitig: die Sorge, dass die Lust des Schauens sein Seelenheil gefährde, veranlasst Petrarca zu einer reuevollen Rückkehr in die mittelalterliche Lebenswelt. Es ist ein Akt des Lesens, der Petrarca zur Besinnung bringt. Die von ihm in den Confessiones von Augustinus aufgeschlagene Stelle spiegelt ihm seine Hybris wider, und er fügt sich, erzürnt über sich selbst, der kirchenväterlichen Autorität. Immerhin; der Anfang ist gemacht: Das Vor- und Für-Gott-Sein beginnt sich in ein Vor- und Für-sich-selbst-Sein zu transformieren.

1498. Albrecht Dürer (1471–1528) malt in der Nachfolge der italienischen Portraitkunst ein Selbstbildnis, in dem er sich als selbstbewusstes Individuum darstellt. Selbstbewusst heißt hier: sich als einzigartiges Individuum abbilden, unidealisiert, genau so, wie man sich selbst sieht: „Das mal ich nach meiner Gestalt", und: sich selbstbewusst als elegant gekleideten Aristokraten inszenieren. Dürer erhebt damit symbolisch den Künstler vom Handwerker- in den Adelsstand. Darüber hinaus:

Er signiert sein Werk. Mit dieser insbesondere auf Giotto (1266–1337) zurückgehenden Einzigartigkeits-Markierung trägt sich der sich selbst malende Dürer
mit einem schriftlichen „Fingerabdruck" in sein Bildwerk ein. (Als ich 2012 dem
*Selbstbildnis mit Landschaft* im Museo del Prado begegnete, hatte ich nicht das
Gefühl, einem über 500 Jahre alten Bild gegenüberzustehen. Ich meinte vielmehr
im von Dürer gemalten Dürer einen von uns zu sehen: ein modernes Individuum.)

## Moderne Selbst-Bestimmungen

Es dauerte einige Jahrhunderte bis sich das Individuum von Religion und Gesellschaft emanzipierte. Selbst Montaigne (1533–1592), der wegen seiner Unabhängigkeit, Originalität und Reflexivität geradezu als Prototyp des modernen Individuums gelten kann, ist nicht ganz wohl dabei, wenn er 1580 seinen Lesern im
Vorwort zu den Essays mitteilt, dass seine Texte im Grunde nur Selbstbespiege-
lungen seien.

> Lieber Leser! In dem Buche, das ich vorlege, will ich aufrichtig sein. Ich sage dir
> gleich, dass die Absichten, die ich darin verfolge, nur privater und persönlicher Natur
> sind. Ich habe gar nicht daran gedacht, ob du es brauchen kannst und ob es mir Ruhm
> einbringt […]. So also, lieber Leser, bin ich selber der Gegenstand meines Buches:
> es lohnt sich nicht, dass du deine Zeit auf einen so gleichgültigen und unbedeutenden
> Stoff verwendest; also: leb wohl! (Montaigne 1993, S. 34).

Montaignes Selbstbeobachtungen sind ein wichtiges historisches Indiz für das Entstehen eines Denkens, das um die Themen Ich, Selbst, Subjekt und Individualität
gravitiert. Und man beginnt zu ahnen: Der abendländische Mensch kommt von
sich selbst nicht mehr los. In der Aufklärung spitzt Immauel Kant diese Egozentrik
rationalistisch zu: „Sapere aude! Habe Mut, dich deines *eigenen* Verstandes zu
bedienen" (Kant 1975, S. 55) – ohne Leitung eines anderen! Für Kant ist jeder
Mensch als vernunftfähiges, moralisches Lebewesen sein eigener Zweck. „Handle
so, dass du die Menschheit sowohl in deiner Person, als auch in der Person eines
jeden anderen, jederzeit zugleich als Zweck, niemals bloß als Mittel brauchest"
(Kant 1974, 61/BA67).

Dann setzt der Geniekult der Idee des autonomen Individuums die Krone auf.
Das Individuum nimmt den Platz Gottes ein und wird schöpferisch tätig, nicht nur
in den Künsten, wo Komponisten wie Mozart und Beethoven mit ihren autonomen
Kunstwerken musikalische Welten erschaffen, sondern auch in der Philosophie.
Hier ist es insbesondere Johann Gottlieb Fichte, der das Ich als eine sich selbst
schaffende Kraft zelebriert. Goethe und Schiller und die die Tiefen und Abgründe

des Ich erkundenden Romantiker taten ein Übriges, um der abendländischen Ego-Reflexion neue Phantasien zuzuführen.[1]

Auch wenn im Anschluss an die Autonomiephantasien des deutschen Idealismus Schopenhauer, Marx und Freud dem Ich durch den Willen, die gesellschaftlichen Verhältnisse und das Es innere und äußere Grenzen aufzeigten, so gehört die Idee vom Menschen als einem selbstbestimmt lebenden Individuum, das „frei dem eigenen Willen gemäß zu handeln" in der Lage ist (Brockhaus 1993, S. 87), doch auch heute noch zu den Leitmotiven abendländischen Denkens. Peter Sloterdijk zufolge handelt es sich hier um eine Neurose. „Es ist die Basisneurose der okzidentalen Kultur, von einem Subjekt träumen zu müssen, das alles beobachtet, benennt, besitzt, ohne sich von etwas zu enthalten, ernennen, besitzen zu lassen" (Sloterdijk in Kron und Horácek 2009, S. 16).

**Selbstbestimmung und Soziale Arbeit**

Schaut man mit dieser Diagnose in Richtung Soziale Arbeit, dann ist unschwer zu erkennen, dass auch dort der Glaube an die Selbstbestimmung des Individuums weit verbreitet ist. Zur Sprache kommt er im Diskursfeld Soziale Arbeit in Ausdrücken wie diesen: „subjektive Selbstführung", „subjektive Handlungsfähigkeit in kritischen Lebenssituationen", „selbstbestimmtes Leben", „Aktivierung subjektiver Lebensgestaltungsverantwortung" (vgl. z. B. Kessl 2005, S. 9 ff.). In der Formel „Hilfe zur Selbsthilfe" verdichtet sich der abendländische Glaube an das Individuum in einer Wortkonstellation, in der das zentrale Selbst buchstäblich von links wie von rechts Hilfe erhält, die im günstigsten Fall nach ihrem Verschwinden ein Selbst zurücklässt, das selbst bestimmt, wie es sich selbst bestimmt.

Autonome Lebenspraxis zu ermöglichen ist ein Leitwert Sozialer Arbeit. Damit wird das Individuum in seiner Verantwortung für sich selbst sehr ernst genommen. Das lässt sich jedoch auch als Zumutung verstehen: Den Klienten Sozialer Arbeit wird Selbstbestimmung auferlegt. Mit dem Paradox der fremdbestimmten Selbstbestimmung steht die Soziale Arbeit nicht alleine da, denn Selbstbestimmung zu

---

[1] Goethe und Schiller beschrieben den Menschen als ein Selbstbildungsprojekt, in dem das Ich in seinen Veränderungsprozessen mit sich identisch bleibt – „So musst du sein/dir kannst du nicht entfliehen/.../Und keine Zeit und keine Macht zerstückelt/Geprägte Form, die lebend sich entwickelt" (Goethe 2007, S. 359). E.T.A. Hoffmann wiederum, die postmoderne Kritik am Identitäts-Begriff vorwegnehmend, entgrenzt die Ich-Identität durch Nicht-Identität. In den *Elexieren des Teufels* zerfließt das Ich im Zugriff auf sich selbst. „Mein eignes Ich zum grausamen Spiel eines launenhaften Zufalls geworden, und in fremdartige Gestalten zerfließend, schwamm ohne Halt wie in einem Meer all' der Ereignisse, die wie tobende Wellen auf mich hineinbrausten. – Ich konnte mich selbst nicht finden. (...) Ich bin das, was ich scheine, und scheine nicht das, was ich bin, mir selbst ein unerklärlich Rätsel, bin ich entzweit mit meinem Ich" (Hoffmann 2003, S. 59).

fordern stellt heute in Deutschland eine Selbstverständlichkeit dar. In öffentlichen wie auch zunehmend in privaten Sphären gibt es kaum noch Raum für Nichtselbstständigkeit. Frei nach Marx: Das gesellschaftliche Sein bestimmt das Bewusstsein dazu, sich selbst zu bestimmen. Soziologisch betrachtet paart sich hier die Kulturidee des Individualismus mit sozialstrukturellen Individualisierungsprozessen. Die Voraussetzungen, Formen und Folgen dieses Phänomens haben bereits Ende des 19., Anfang des 20. Jahrhunderts die Gründerväter der modernen Soziologie untersucht.

**Durkheim, Simmel und Tönnies**

Émile Durkheim attestierte dem modernen Individuum immer autonomer zu werden: „Der Mensch wird beweglicher, wechselt leichter sein Milieu, verlässt die Seinen, um anderswo ein autonomeres Leben zu führen, und entfaltet immer mehr eigene Ideen und Gefühle" (Durkheim in Kippele 1998, S. 99). Auf der anderen Seite bemerkte er die immer stärker werdende Abhängigkeit des Individuums von der Gesellschaft. Gleichwohl zeichnete sich Durkheim zufolge der Prozess der Moderne durch eine Apotheose des Individuums aus: „In der Tat ist es eines der Hauptaxiome unserer Moral …, dass die menschliche Person heilig ist. Sie hat das Recht auf den Respekt, den der Gläubige aller Religionen seinem Gott vorbehält" (Durkheim in Kron und Horácek 2009, S. 121).

Georg Simmel sah, dass sich in den Großstädten eine Pluralisierung der Lebensstile vollzog. Die sozialen Kreise, in denen sich das Individuum bewegte, begannen sich zu vermehren und zu überschneiden. Die Individualisierung des Individuums trat damit in eine neue Phase. Ein modernes Individuum zu sein bedeutete: ein einzigartiger Schnittpunkt sozialer Kreise zu sein, sich durch ein unverwechselbares, individuelles Anderssein von anderen Individuen zu unterscheiden und sich durch die Auseinandersetzung mit Kulturprodukten als Individuum zu verwirklichen. Simmel erkannte in diesem Individualisierungsprogramm das „tiefste Problem des modernen Lebens: […] (den) Anspruch des Individuums, die Selbständigkeit und Eigenart seines Daseins gegen die Übermächte der Gesellschaft, des geschichtlich Ererbten, der äußerlichen Kultur und Technik des Lebens zu bewahren" (Simmel 1995, S. 116).

Ferdinand Tönnies stattete die Soziologie durch die Differenzierung zwischen Gemeinschaft und Gesellschaft (1887) mit einem binären Schema aus, durch das sich die Individualisierung des Individuums analytisch fassen ließ. Das Schema ließ erkennen: Der moderne Mensch handelt mehr und mehr gesellschaftsorientiert, also vertragsorientiert, eigennützig, zweckrational. Traditionale Gemeinschaftsformen wie Verwandtschaft, Nachbarschaft und Freundschaft werden dadurch zurückgedrängt.

## Individualisierung als Norm und Lebensform

Im Anschluss an die Gesellschaftsdiagnosen der ersten Soziologengeneration ist es insbesondere Ulrich Beck gewesen, der den Diskurs um das Individuum und seine Individualisierung weitergeführt hat. Beck setzt am Deutschland der Nachkriegszeit an und beschreibt, wie sich die Gesellschaft seitdem modernisiert und, damit einhergehend, individualisiert hat. Für Beck bedeutet Individualisierung vor allem dies: Erosion traditionaler Sozialstrukturen und Gemeinschaftsformen und Entselbstverständlichung fraglos geltender Rollen-, Normen- und Wertorientierungen einerseits und Freisetzung des Individuums für neue Vergemeinschaftungsformen und Reflexion auf die Folgen und Risiken der Modernisierung andererseits.

Segen oder Fluch? Ob die Individualisierung das Individuum zu mehr Freiheit oder zu mehr Fremdbestimmung führt, ist strittig. Unstrittig ist: In den modernen westlichen Gesellschaften ist das individualisierte Individuum das für sich selbst verantwortliche Zentrum seiner Lebensführung und Identitätskonstruktion. Als soziale Norm betrachtet bedeutet Individualisierung, das eigene Leben stets als Ergebnis eigener Entscheidungen zu begreifen. So gesehen „(wäre) *Individualisierung* also eine *Zurechnungsform* – das Meiste, was in einem Leben geschieht, wird dem Individuum selbst zugerechnet" (Nassehi 2011, S. 128).

Das moderne Individuum muss dabei einem doppelten Druck standhalten: der inneren Sehnsucht nach einem selbstverwirklichungsreichen Leben – Individualismus – und den von außen insbesondere durch den Arbeitsmarkt, das Bildungswesen, das Rechtssystem und die Massenmedien auferlegten Selbstbestimmungszwängen – Individualisierung. Der historisch gewachsene Wunsch westlicher Individuen, ein selbstbestimmtes Leben zu führen, beißt sich dabei insbesondere in Deutschland mit der Tatsache, dass die Abhängigkeit des Individuums von den Institutionen der Gesellschaft immer größer wird. Das soziologische Sprachspiel der asymmetrischen Gegenüberstellung von Individuum und Gesellschaft ergibt unter den Vorzeichen fortgeschrittener Individualisierung Sinn, d. h. Kommunikation bedeutet zunehmend: Der Einzelne hat es direkt mit Institutionen zu tun. Beck spricht hier von institutionenabhängigen Individuallagen (vgl. Beck 1986, S. 119). Anderseits darf nicht übersehen werden, dass die Möglichkeiten moderner Selbstbestimmung nicht in einer Gegenbewegung zur Ausdifferenzierung staatlicher Institutionen entstanden sind. Sie gründen vielmehr in ihnen, z. B. im Ausbau des Bildungssystems und des Sozialstaats in den 1970er Jahren (vgl. Wohlrab-Sahr 1997, S. 24).

Die Freiheit gebende und Freiheit nehmende Bindung des Individuums an die gesellschaftlichen Institutionen stellt eine (schon von Durkheim und Simmel erkannte) soziale Tatsache dar, die sich im Zuge der Globalisierung seit den 1990er Jahren noch verschärft hat. Weltwirtschaftskrisen, befristete Arbeitsverträge,

Arbeitslosigkeit, Scheidungen, Öffnungszeiten von Kindertagesstätten, Krank-
heiten, pflegebedürftige Eltern etc. schweben wie Damoklesschwerter über den
Selbstorganisationsplänen moderner Individuen – mit weitreichenden milieuspezifischen Unterschieden: „nicht alle sozialen Gruppen (sind) gleichermaßen individualisiert" (Wohlrab-Sahr 1997, S. 33). Gleichwohl geht Beck in seiner Gegen-
wartsdiagnose davon aus, dass Individualisierung in modernen Gesellschaften eine
soziale Norm ist, die alle angeht.

Dieser Individualisierungsdruck wird sozial durch Standardisierungsprozesse
aufgefangen, z. B. in Form der Standardisierung individualisierter Lebensläufe
durch beispielsweise in Talkshows und Therapien (und nicht zuletzt in Sozialer
Arbeit) verabreichte Rezepte zur Bewältigung individualisierungsspezifischer Le-
bensprobleme. Die moderne Gesellschaft lässt ihre zwangsegozentrierten Individuen nicht allein (bzw. nicht in Ruhe); zur Not steht sie mit reindividualisierenden
Resozialisierungsmaßnahmen bereit.

## Biographiearbeit

Aber selbst wenn sich das moderne Ich im Idealfall erfolgreich selbst managen
kann, so ist es doch trotz höchster Flexibilität, Mobilität, Entscheidungsfreudig-
keit und Reflexivität in einer sehr prekären Lage. Es muss ständig risikoreiche
Entscheidungen treffen und die Spannungen im eigenen Selbst- und Weltverständ-
nis immer wieder von Neuem ausbalancieren. Dabei kann sich das moderne Individuum seine Zukunft weder aus der Herkunft ableiten, noch kann es sich, wie
noch die Nachkriegsgeneration, an vorgefertigten Normalbiographien orientieren.
Die Normalbiographie diffundiert in Wahl-, Bruch- und Bastelbiographien. „Die
Biographie der Menschen wird aus traditionalen Vorgaben und Sicherheiten, aus
fremden Kontrollen und überregionalen Sittengesetzen herausgelöst, offen, ent-
scheidungsabhängig und als Aufgabe in das Handeln jedes einzelnen gelegt" (Beck
und Beck-Gernsheim 1990, S.12).

Die Autobiographie, die Aufgabe, das eigene Leben als etwas im Ganzen Sinnhaftes zu beschreiben, wird damit zum ergebnisoffenen Konstruktionsprojekt. Wer
bin ich für mich? Wer bin ich für andere? Wie gebe ich meiner Vergangenheit,
meiner Gegenwart und meiner Zukunft Sinn? Diese im Laufe des Lebens immer wieder von neuem zu beantwortenden Fragen sind nicht nur für das Identität
konstruierende Individuum interessant. Die Biographiearbeit moderner Individen
(bzw. von Individuen, die in modernen Gesellschaften leben) interessiert auch aus
soziologischer und sozialarbeiterischer Sicht.

Soziologisch gesehen sind Biographien Schnittstellen im Verhältnis von Individuum und Gesellschaft. Über die einzelfallspezifische Rekonstruktion biographischer Konstruktionen (z. B. durch die Interpretation narrativer Interviews)

können Soziologen sichtbar machen, wie Individuen ihren Lebenslauf und ihre Lebenslage einschätzen und mit welchen Deutungs- und Handlungsmustern sie auf gesellschaftliche Fakten und Zwänge reagieren. Mit anderen Worten: Mittels der Biographie lässt sich durch das Individuum auf die Gesellschaft sehen. Diese Forschungsperspektive gestattet Rückschlüsse auf die sozialen Prozesse, in denen die Individuen der Gesellschaft die Gesellschaft der Individuen formen und verändern. Marx, Durkheim und Weber konnten diese Perspektive noch nicht einnehmen. Sie „(haben) ihre Hauptaufgabe darin gesehen, die Gesellschaftlichkeit des Lebens und die gesellschaftliche Produziertheit des Individuums nachzuweisen" (Fuchs 1984, S. 95). Es wäre geradezu widersinnig gewesen, das Individuum „als (Mit-)Organisator seiner Lebensprozesse" (Kohli in Fuchs 1984, S. 95) und als Konstrukteur gesellschaftlicher Wirklichkeit aufzufassen. Die biographische Forschung beginnt in der Soziologie bezeichnenderweise im Chicago der 1910er, 1920er Jahre, als sich William I. Thomas und Florian Znaniecki in den USA mit Enttraditionalisierungs- und Individualisierungsprozessen beschäftigten. In Deutschland, wo sich die Biographieforschung erst Ende der 1970er Jahre zu etablieren begann (vgl. Fischer und Kohli 1987), hat die Biographie-Soziologie beständig an Bedeutung gewonnen. Ohne Übertreibung könnte man ihre jetzige Situation mit den Worten ‚sie boomt' beschreiben.

Sozialarbeiterisch gesehen ist die Biographie ein Ansatzpunkt, um Klienten dazu anzuregen sich (selbstständig oder mit professioneller Hilfe) mit der eigenen Lebensgeschichte auseinanderzusetzen (vgl. Hölzle 2011, S. 31). Idealerweise können Klienten als Interpreten ihrer Lebensgeschichte in dieser Ressourcen zur Erkenntnis und Bewältigung von Problemen aufspüren. Ressourcenorientierte Biografiearbeit versucht, „Menschen in ihrer Identitätsentwicklung, Lebensplanung und -bewältigung zu unterstützen" (Hölzle 2011, S. 51).

Für die Soziologie ist Biographie ein Mittel, um Gesellschaft zu verstehen. Für die Soziale Arbeit ist Biographie ein Mittel, um Individuen bei der Bewältigung ihrer Probleme zu unterstützen. Aber so oder so: Der Fluchtpunkt der Betrachtung ist derselbe: das sich selbst biographisierende Individuum, das mit sich selbst beschäftigte, an sich selbst arbeitende Ich.[2] Das soziale Phänomen des um sich selbst kreisenden Ichs ist ein nicht intendiertes Produkt der westlichen Kultur- und

---

[2] Zu den vorwissenschaftlichen Erscheinungsformen dieser Selbstthematisierungskultur zählt Alois Hahn den Funktionswandel der Beichte: „HAHN zeigt, wie sich die Beichte bereits ab dem 12. Jahrhundert immer weiter weg entwickelt von einem Sakrament, das von einzelnen Taten entlastet, und immer mehr zu einer Institution wird, die zur systematischen Selbstbeobachtung und Selbstkontrolle anhält und so zunehmend das gesamte Leben in den Blick nimmt, wodurch – wie er es ausdrückt – gewissermaßen als Urform der Biographie die Sündenbiographie entsteht" (Wohlrab-Sahr 1997, S. 29).

Sozialgeschichte. Von der christlichen Antike über die Renaissance, die (das Individuum aus dem kirchlichen Kontext herauslösende) Reformation und die Aufklärung bis zum „Kult des Individuums" im 19./20. Jahrhundert (Durkheim) und die Deklaration der (insbesondere das Individuum schützen wollenden) Menschenrechte durch die Vereinten Nationen (1948) hat sich das Individuum als heiliger Kern der westlichen Welt herausgeschält.

**Das exkludierte Individuum**

Weltgeschichtlich betrachtet war die westliche Idee des freien Individuums die Wirkkraft, die traditionalen Sozialformen wie Stand, Zunft, Gilde, Klasse, Familie und Ehe ihre selbstverständliche Geltung entzog und dadurch den einzelnen durch die Reduktion von Zugehörigkeitszuschreibungschancen in zunehmendem Maße dazu drängte, sich als Individuum außerhalb des Sozialen zu stellen.

Mit der Systemtheorie Niklas Luhmanns lässt sich diese Drift von sozialkultureller zu individueller Identität als Exklusionsprozess beschreiben. Systemtheoretisch ausgedrückt: In den funktional ausdifferenzierten Sozialsystemen moderner Gesellschaften hat der Mensch als Individuum keinen Platz mehr, weil systemintern die Kommunikation von Codes (wie Wahrheit, Macht, Recht und Geld) bestimmt wird, die das Kommunizieren von Individualität ausschließen. Das Individuum ist „in der funktional differenzierten Gesellschaft nirgendwo als Ganzheit sozial präsent" (Bohn 2006, S. 55). In Bezug auf sein einzigartig-ganzheitliches Individuum-Sein wird der Mensch in der Moderne exkludiert. Als Individuum – als das seinem ursprünglichen Wortsinn nach Unteilbare – ist der moderne Mensch sich selbst aufgegeben; als sozialer Akteur hingegen ist er ein Dividuum: ein fragmentiertes Selbst, das den Imperativen funktional ausdifferenzierter Systeme unterworfen ist.

Wie man es soziologisch auch sieht: In modernen Gesellschaften ist die Lage des Individuums prekär. Es ist mitten im Sozialen außen vor und seine Freiheit ist so fragil wie seine Lebensführung krisenanfällig.

**Die Soziale Arbeit und das Individuum**

Welche Rolle spielt nun die Soziale Arbeit hier? Ist sie ein Funktionssystem der modernen Gesellschaft, das in Form professionell organisierter (und in der Regel staatlich subventionierter) Hilfeleistungen (entlang des Codes Helfen/Nicht-Helfen bzw. Fall/Nicht-Fall, vgl. hierzu Klassen 2004, S. 169) dafür sorgt, dass exkludierte Individuen in soziale Systeme inkludiert werden (womit sie im günstigsten Fall aus dem System Soziale Arbeit wieder exkludiert wären)? Oder ist Soziale Arbeit ein System, dass Menschen aus dem Sozialen exkludiert, indem es sie dabei unterstützt sich als sich selbst zu bestimmen habende Individuen zu erfahren und anzunehmen?

Das doppelte Mandat der Sozialen Arbeit – im Sinne des Staates und im Sinne des Klienten zu handeln – lässt hier keine eindeutige Antwort zu.[3] Soziale Arbeit steht im Spannungsverhältnis zwischen sozialstaatlicher Kontrolle und Klienten- zentrierter Für-, Mit- und Nachsorge. Diese Ambivalenz zwischen Kontrolle und Hilfe ist nicht nur konstitutiv für das Rollenspiel Sozialarbeit, in ihr weist sich So- ziale Arbeit auch als ein Kind der Moderne aus: Die Idee des Individualismus und der sozialstrukturelle Prozess der Individualisierung wurden ihr Ende des 19., An- fang des 20. Jahrhunderts gleichsam mit in die Wiege gelegt. Stark geprägt durch das Selbstbestimmungsideal des Individualismus ist Sozialarbeit immer schon eine Art Agentur für Individualisierung gewesen. Sie fördert Selbstbestimmung ja nicht nur ideell, sie fordert sie von ihren Klienten ja auch ein – und setzt dabei nicht sel- ten starke Kontroll- und Sanktionsmittel ein. So gesehen war und ist Sozialarbeit eine treibende Kraft im Individualisierungsprozess.

Aktuell ließe sich hier auf den Diskurs um den Begriff Inklusion verweisen (vgl. Balz et al. 2012). Auch wenn die Bedeutungsgrenzen des Begriffs noch nicht scharf gezogen sind, so scheint mir das Konzept Inklusion im Kontext Soziale Ar- beit doch ein sehr Individualismusaffines zu sein. Es fordert die Gesellschaft dazu auf, sich fördernd in Richtung des Individuums zu bewegen, um möglichst vielen möglichst viel Autonomie und Partizipation zu ermöglichen (und Exklusion so gut es eben geht zu entmöglichen). Im Gegensatz zum Assimilations- und Integrations- begriff liegt hier die Bringschuld nicht mehr beim Individuum, sondern bei der Ge- sellschaft. Die Gesellschaft als Mittel für den Selbstzweck Individuum: Radikaler kann Individualismus kaum sein. Fragte man bisher danach, was der Einzelne für die Gesellschaft tun könnte, so wird jetzt gefragt, was die Gesellschaft für den Ein- zelnen tun kann. Dem skeptischen Gesellschaftsbeobachter bietet sich damit ein skurriles Bild: Es scheint, als ob hier der Schwanz mit dem Dackel wedeln wolle.

Wie sich die Soziale Arbeit als Profession heute zu den Phänomenen Indivi- dualismus und Individualisierung verhalten soll, kann ich als ein sich am Wert der Werturteilsfreiheit orientierender Sozialwissenschaftler nicht sagen. Ich kann nur sagen, dass Individualismus und Individualisierung sozialarbeitsimmanente Aspekte sind und dass sich Sozialarbeiter/innen nicht nicht zu diesen Aspekten verhalten können, wenn sie – im Sinne einer reflexiven Moderne (Beck) – die Voraussetzungen und Folgen von dem, was sie tun und lassen, rational erfassen wollen. Das bringt mich zum nächsten Punkt:

---

[3] Es sei denn, man sieht, wie Ronald Lutz, Soziale Arbeit einseitig als Aufklärungsarbeit im Projekt Moderne an. Das Mandat Sozialer Arbeit „im Projekt der Moderne ist: Menschen zu unterstützen ihr Leben in der Moderne selbstverantwortlich zu führen" (Lutz 2011, S. 56).

# 2 Rationalität – Rationalismus – Rationalisierung

Hätte ich die Geschichte des Abendlandes auf zwei Begriffe zu bringen, so hießen diese: Individualisierung und Rationalisierung. Im Anschluss an Max Weber bezeichne ich mit dem Begriff Rationalisierung den Prozess, in dem theoretische Systematisierung, technisch-praktische Weltbeherrschung, methodisch kontrollierte Lebensführung und wissenschaftliche Entzauberung zu Leitideen des modernen abendländischen Denkens und Handelns wurden. Weltgeschichtlich betrachtet handelt es sich hier um eine einzigartige Entwicklung. Wie sich in diesem historischen Kontext das Rationalisieren als Kulturtechnik entfaltete und wie dabei Rationalisierungs- und Individualisierungsprozesse phasenweise ineinandergriffen, zeigen die nächsten Abschnitte.

Dass die Begriffe Ratio und Rationalität zu den untilgbar mehrdeutigen gehören, deutet sich schon bei Cicero an. Für ihn heißt Ratio „Rechnung, Rechenschaft, Rücksicht, Verhältnis, Beziehung, Plan, System, Theorie, Lehre, Methode, Regel, Grundsatz, Weise, Zustand, Einsicht, Vernunft, Vernunftschluss, Beweggrund" (Kible 1992, S. 38). Dieses weit gesteckte Bedeutungsfeld umgibt den Rationalitätsbegriff im Prinzip auch heute noch. Im Blick zurück lässt sich gleichwohl feststellen: Das abendländische Rationalitätsverständnis hat sich in eine bestimmte Richtung bewegt. Im Anschluss an die eher kontemplativen Denktraditionen der Antike und des Mittelalters brach sich in der Neuzeit ein Denken Bahn, das die Welt durch künstlerische, naturwissenschaftliche und philosophische Experimente nachhaltig veränderte. Entlang der Sphären Kunst, Naturwissenschaft und Philosophie gehe ich hier kurz auf Leonardo, Galilei und Descartes ein.

**Leonardo, Galilei, Descartes**

Leonardo da Vinci (1452–1519) rationalisierte das Sehen: Er malte detailgenau, entwickelte mit der Sfumatotechnik eine realistische Darstellung von Licht- und Schattenverhältnissen und folgte in seinen Bildkonstruktionen dem mathematischen Ideal der Zentralperspektive. Im Abendmahl kreuzt sich die rationalistische Bildkomposition zudem mit einer individualistischen Personendarstellung: „zum ersten Mal ist eine Situation gezeigt, die, eine große Anzahl von Personen gleichzeitig ergreifend, jede von ihnen zum stärksten, vollendeten Ausdruck ihres besonderen Wesens bringt" (Simmel 1995, S. 305).

Galileo Galilei (1564–1642) gilt als Vater der modernen Naturwissenschaft. Er setzte das Experiment als Hypothesen testendes Verfahren ein, er verband das induktive Denken mit dem deduktiven und die Physik mit der Mathematik, er konstruierte exakte Beobachtungs- und Messinstrumente und, vor allem: er setzte voraus, dass die Sprache der Natur und damit die Ordnung der Schöpfung mathematisch dechiffrierbar ist. In dem vor uns aufgeschlagenen Buch der Natur können wir nur dann lesen, wenn wir „die Sprache und die Zeichen lernen, in denen es geschrieben ist. Diese Sprache ist Mathematik, und die Zeichen sind Dreiecke, Kreise und andere geometrische Figuren" (Galilei in Störig 1993, S. 213). In diesem neuen Weltbild hat die Bibel als Ort der Wahrheit ausgedient. Wahr ist von nun an, was sich auf der Basis von Theorien mit wissenschaftlichen Methoden empirisch beweisen lässt. Wissen, nicht Glauben, glaubte Galilei, sei der Weg zu Gott. In dieser religiösen Euphorie nimmt die Erfolgsgeschichte der Naturwissenschaften ihren Lauf.

René Descartes (1598–1650) hat der Philosophie mit seinem Rationalismus einen neuen Ankerpunkt gegeben: das Ich. In radikalem Zweifel wird sich das Ich als denkendes Ding seiner selbst gewiss. „Und so komme ich... zu dem Beschluß, daß dieser Satz: ‚Ich bin, ich existiere' ... notwendig wahr ist" (Descartes 1965, S. 18). Die rationale Objektivierung des Subjektiven heißt heute, Individualisierung und Rationalisierung synthetisierend: Selbstreflexion. Für moderne Menschen hat sie den Rang einer Kernkompetenz, die sich aktuell, wie weiter oben beschrieben, in der sozialwissenschaftlichen, sozialarbeiterischen und alltagsweltlichen Hinwendung zum Biographisieren zeigt.

**Die Soziologie der Rationalisierung – Die Rationalisierung der Soziologie**
Diese Einzelfallskizzen markieren Rationalisierungsrichtungen, die für die Moderne prägend waren: Entzauberung der Tradition, Erforschung der Natur, Entdeckung von Gesetzen, Erfindung von Messinstrumenten und Maschinen, Erkundung des Selbst. Im Ganzen: Die Gestaltung und Beherrschung von Welt und Selbst durch Wissenschaft und Technik (inklusive der Bekämpfung alles Nicht- bzw. Irrationalen); und dies überwölbend: der Glaube an die menschliche Vernunft als Erkenntnisinstrument und Fortschrittsgarant. Modern denken bedeutet, die Wirklichkeit als von Menschen gemacht zu begreifen. Dieser Denkweise ist eine doppelte Ambivalenz immanent. Die Ambivalenz zwischen dem ambivalenten Gestalten-Können – einerseits: „Das habe ich geschafft!", andererseits: „Hätte ich es nicht besser machen können?" – und dem ambivalenten Verantworten-Müssen – einerseits: „Ich kann Verantwortung übernehmen!", andererseits: „Bin ich schuld?". „Weil die Wirklichkeit uns überall als gemacht entgegentritt, ist sie in die Zukunft hinein von Menschen machbar, in die Vergangenheit zurück von Menschen verantwortbar" (Tenbruck 1989, S. 128).

In der Rationalisierung der westlichen Kultur durch Wissenschaft und Technik sieht Max Weber einen Glauben wirken; „den Glauben daran, daß man, wenn man *nur wollte*, es jederzeit erfahren *könnte*, daß es also prinzipiell keine geheimnisvollen unberechenbaren Mächte gebe, die da hineinspielen, daß man vielmehr alle Dinge – im Prinzip – durch *Berechnung beherrschen* könnte" (Weber 1995, S. 19). Dieser Attitüde ist eigen, dass sie sowohl der Welt als auch dem Menschen das Prä-

dikat rational zuweist. Getragen von diesem Welt- und Menschenbild hat sich der
Glaube an die Gestaltbarkeit und Beherrschbarkeit der physischen, psychischen,
sozialen und kulturellen Wirklichkeit in nahezu allen Lebenssphären nicht nur ver-
selbstständigt, sondern auch verselbstständlicht.[4] Weber konzentrierte sich auf Rationalisierungsprozesse in Wirtschaft, Politik, Verwaltung, Recht und Musik, ließ
jedoch den Kernbereich der Rationalisierung, die Wissenschaften, ununtersucht.
Ein Blick auf seine eigene Disziplin, die Soziologie, wäre durchaus interessant
gewesen, aber dafür hätte sich Weber selbst dabei beobachten müssen, wie er der
Soziologie in Deutschland den Status einer wissenschaftlichen Disziplin erstritt.
In dieser Selbstbeobachtung hätte er sehen können, dass die Soziologie Ende des
19., Anfang des 20. aus dem Geist der Rationalisierung geboren wurde. So gesehen brachte die Rationalisierung die die Rationalisierungsthese hervorbringende
Soziologie hervor.

Soziologisches Denken war nötig geworden als die heils- und philosophiegeschichtlichen Gesellschaftsmodelle an Erklärungskraft verloren. Mit den Krisen
der modernen Gesellschaft – Industrialisierung, Massenarmut, Enttraditionalisie-
rung, politische Unruhen (im Anschluss an die Französische Revolution) – wuchs
das Bedürfnis, das Phänomen Gesellschaft mit den Methoden einer empirisch
forschenden Wissenschaft rational zu erfassen. Die Gründerväter der Soziologie,
Weber, Durkheim und Simmel, nahmen sich dieses Anspruchs auf unterschiedliche Weise an: Durkheim stellte sich in die Tradition der Naturwissenschaften
und plädierte dafür, soziale Tatsachen wie Dinge zu behandeln, Simmel fundierte
seine formale Soziologie auf dem Prinzip der Wechselwirkung und Weber setzte
mit seiner verstehenden Soziologie als empirischer Wirklichkeitswissenschaft am
sozialen Sinn individuellen Handelns an. Im Sinne des hier von mir gesetzten Re-
ferenzrahmens „Individualisierung – Rationalisierung" verfolge ich hier nur den
letztgenannten Typus soziologischen Denkens weiter.

### Soziologische Handlungstheorie

Weber hat für seinen Zugang zum Sozialen den Begriff „methodologischer Individualismus" gewählt. In dieser Methode gehen Individuum und Rationalität eine
enge Verbindung ein. Weber verwies zwar oft auf die Irrationalität menschlichen
Verhaltens, doch wenn es um das Verstehen und Erklären sozialen Handelns ging,
dann diente Weber die rationale Orientierung des Individuums als Bezugspunkt

---

[4] Die Trägerschicht dieser Art von Rationalismus war das gebildete Bürgertum. Reflexion
war ihr kulturelles Kapital. Darauf, dass die in bildungsbürgerlichem Denken fundierte Soziologie dazu neigt(e), ihre herkunftsbedingte Reflexivität in Form der Unterstellung von
Gründen, Entwürfen und Zweck/Mittel-Kalkulationen in den Kopf des Alltagsmenschen
hineinzuprojizieren, hat Armin Nassehi hingewiesen (vgl. Nassehi 2011, S. 135). Davon
gleich mehr.

für die idealtypische Rekonstruktion des Handlungssinns. Weber unterschied zwischen zwei Typen rationalen Handelns, dem wertrationalen – „wertrational handelt, wer ohne Rücksicht auf die vorauszusehenden Folgen handelt im Dienst seiner Ueberzeugung" (Weber 1980, S. 12) – und dem zweckrationalen. Hiermit ist die Kosten und Nutzen abwägende Zweck/Mittel-Wahl gemeint. Dass Weber der zweckrationalen Handlungsorientierung gegenüber der wertrationalen, affektuellen und traditionalen den ersten Platz zuwies, kam nicht von ungefähr. Der Typus des zweckrational handelnden Individuums spiegelte nicht nur den Zeitgeist des Kapitalismus, sondern auch das Menschenbild der (von Weber in Freiburg, Heidelberg und München gelehrten) Nationalökonomie wider. Aus Sicht der politischen Ökonomie definierte bereits John Stuart Mill (1806–1873) den Menschen als ein Lebewesen, „who invariably does that by which he may obtain the greatest amount of necessaries, conveniences, and luxuries, with the smallest quantity of labour and physical self-denial with which they can be obtained in the existing state of knowledge" (Mill in Ritter und Gründer 1992, S. 56 f.).

Es gehört zur Erfolgsgeschichte des (zweck-)rationalistischen Menschenbildes, dass es im Theorie-Diskurs der Soziologie nach wie vor Relevanz besitzt. Max Weber war der erste Soziologe, der die wohl westlichste aller westlichen Ideen, das Konzept des frei entscheidenden, rationalen Individuums, in den Mittelpunkt der soziologischen Handlungstheorie stellte. Andere folgten. Talcott Parsons zum Beispiel eröffnete sein erstes Buch „The Structure of Social Action" (1937) mit folgendem Weber-Zitat: „Jede denkende Besinnung auf die letzten Elemente sinnvollen menschlichen Handelns ist zunächst gebunden an die Kategorien ‚Zweck' und ‚Mittel'" (Weber 1968, S. 149). Alfred Schütz versuchte, zeitgleich in „Der sinnhafte Aufbau der sozialen Welt" den handlungstheoretischen Ansatz Webers im Rekurs auf die Phänomenologie Edmund Husserls weiterzuentwickeln. Das führte ihn zu einem 4-Phasen-Modell menschlichen Handelns: 1) Zielsetzung, 2) Entwurf (Handlung), 3) Entschluss, 4) Vollzug (Handeln). Schütz denkt hier differenzierter als Weber; aber nicht anders: Beide Theorien werden von der Annahme eines gottähnlichen Akteurs getragen, der in eigener Regie denken, entscheiden und wirken kann (vgl. Kurt 2008). In der Theorie der rationalen Wahl, deren prominentester Vertreter in Deutschland gegenwärtig Hartmut Esser ist, wird die Qualität der Zweck-Mittel-Rationalität quantitativ zugespitzt und auf die Formal $E = f$ (U, O,p) gebracht, wobei E für Entscheidung, f für Funktion, U für Nutzenwerte (utility), O für Opportunitätsstruktur (opportunities) und p für Eintrittserwartung (probality) steht (vgl. Corsten 2011, S. 133).

So unbestreitbar die Nützlichkeit dieser rationalistischen Handlungstheorien ist, so unbestreitbar ist aber auch, dass sie die nichtrationalen Aspekte des Handelns bestenfalls als Abweichung vom Rationalen erfassen können. Hans Joas hat in seinem Buch „Die Kreativität des Handelns" gezeigt, dass der rationalistische Reduktionismus der europäischen Handlungsstheorien mit amerikanischem Pragmatismus überwunden werden kann, wenn die Soziologie nicht das souveräne Subjekt, sondern das Situative in den Mittelpunkt der Theoriebildung rückte. Die Situation ist dann nicht mehr als Objekt rational operierender Subjekte zu denken. In einer Situation zu sein bedeutet vielmehr, habitualisierte Reaktionsmuster reflexionsfrei applizieren zu können. Die Situation ist uns „im Modus möglicher Handlungen (gegeben)" (Joas 1996, S. 233), sie aktiviert Erwartungen und augenblicklich abrufbare Reaktionsschemata und lässt gleichwohl Spielraum für Improvisation und Kreativität (vgl. Kurt und Göttlich 2012). „So verstanden, ist der Begriff der ‚Situation' geeignet, an die Stelle des Zweck/Mittel-Schemas als erster Grundkategorie einer Handlungstheorie zu treten" (Joas 1996, S. 235). Die Antwort auf die Frage, wer oder was handelt, verschiebt sich damit tendenziell vom Subjekt in Richtung der Situation – ohne ein Subjekt, das eine Situation als wirklich bestimmt und sein Handeln an dieser ‚imagined reality' orientiert – „If men define situations as real, they are real in their consequences" (Thomas und Thomas 1932, S. 572) – geht es gleichwohl nicht.

Hier geht es nun nicht um die Frage, ob Theorien, die von der Annahme eines rationalen Individuums ausgehen, die Praxis menschlichen Handelns angemessen erfassen und erklären können und wie sie gegebenenfalls zu erweitern oder zu verändern wären. Die ideengeschichtliche Reflexion auf die Relevanz der Begriffe Rationalisierung und Individualisierung für das Abendland im Allgemeinen und für die Soziologie im Besonderen bildet vielmehr den Hintergrund für eine Frage, die in Richtung Sozialer Arbeit zielt. Lässt sich in Analogie zur Geschichte der Soziologie auch die Etablierung der Sozialen Arbeit als wissenschaftsbasierter Profession als Produkt abendländischer Rationalisierungs- und Individualisierungsprozesse verstehen?[5]

**Alice Salomon**

Soziologie und Soziale Arbeit sind Professionen, die Ende des 19., Anfang des 20. Jahrhunderts als Parallelreaktionen auf die Krisen der modernen westlichen Gesellschaften entstanden sind. In Deutschland wurde dieser Professionalisierungprozess seitens der Soziologie von Männern wie Max Weber, Georg Simmel und Ferdinand Tönnies getragen – sie gründeten 1909 die Deutsche Gesellschaft für Soziologie. Seitens der Sozialen Arbeit ist hier insbesondere Alice Salomon zu nennen – sie gründete 1908 die Soziale Frauenschule in Berlin, die heutige Alice Salomon Fachhochschule für Sozialarbeit und Sozialpädagogik. Während Weber

---

[5] Der Anschlussfrage, ob bzw. in wie weit die Auffassung vom Menschen als animal rationale auch das Menschenbild der Theorien und Methoden Sozialer Arbeit geprägt hat, wende ich mich im Folgenden nicht systematisch, sondern nur in einigen Randbemerkungen zu.

die Soziologie als Sphäre werturteilsfreier Wissenschaftlichkeit betrachtete, verankerte Salomon die Soziale Arbeit im Zwischen von wissenschaftlichem Verstehen- und praktischem Verändern-Wollen. Diese Positionierung gilt es nun aus rationalisierungs- und individualisierungstheoretischer Sicht in den Blick zu nehmen.[6]

Alice Salomon, 1872 in Berlin geboren, studierte 1902 bis 1906 Nationalökonomie, Geschichte und Philosophie an der Friedrich-Wilhelms-Universität (unter anderen bei Georg Simmel, Gustav Schmoller und Max Webers Bruder Alfred, der sie zur Promotion über „Die Ursachen der ungleichen Entlohnung von Männer- und Frauenarbeit" motivierte). 1908 übernahm sie die Leitung der von ihr gegründeten Sozialen Frauenschule in Berlin-Schöneberg (bis 1927), 1914 konvertierte sie vom Judentum zum Protestantismus. 1937 emigrierte Alice Salomon in die USA, wo sie 1948 in New York starb.

Diese Kurzbiographie lässt bereits erahnen, was Salomon wichtig war: nicht die wissenschaftliche Theorie (und schon gar nicht der Zweckrationalismus der Nationalökonomie), sondern: die Institutionalisierung Sozialer Arbeit als Frauenberuf. Über ihre Fokussierung auf Soziale Arbeit setzte sie sich für die Rechte der Frau und mehr soziale Gerechtigkeit ein. In ihrem Streben, „die Welt zu einem glücklicheren Wohnort für die Menschheit" (Feustel 2011, S. 104) zu machen, scheinen Muster modernen, rationalen Denkens auf. Modern ist, dass Salomon soziale Missstände nicht als „gottgewollt akzeptiert" (Salomon in Feustel 2011, S. 217), dass sie davon ausgeht, „daß Menschen die Geschichte machen" (Salomon in Feustel 2011, S. 104), dass sie das auf mittelalterlicher Mildtätigkeit basierende Wohltäter-Hilfeempfänger-Modell in ein kooperatives Fürsorger-Klient-Verhältnis verwandelt (vgl. Müller 2009, S. 38 f.; Salomon 2004, S. 271), dass sie fordert, dass Soziale Arbeit selbsthilfeorientiert helfen soll und dass sie dafür kämpft, dass sich Frauen (im Rahmen der ihnen traditionell zugeschriebenen typisch weiblichen Fähigkeiten wie Empathie und Fürsorge) durch Berufsarbeit emanzipieren können – „Gesegnet, wer seine Arbeit gefunden hat!" (Salomon in Berger 1998, S. 42); aus diesem Carlyle-Satz leitete Alice Salomon für sich eine zivilreligiöse Leitmaxime ab.

Der für meine Argumentation zentrale Aspekt ist indes dieser: Alice Salomon verankerte die Soziale Arbeit in einer Berufsausbildung, in der wissenschaftliches Wissen vermittelt werden soll. Auf der Konferenz des Preußischen Ministeriums für Volkswohlfahrt über „Grundsätzliche Fragen zur Ausgestaltung der staatlich

---

[6] Die einseitige Fokussierung auf die insbesondere auf Salomon und Richmond zurückgehende Methode der sozialen Einzel(fall)hilfe ergibt sich aus der Fragestellung und dem Bezugsrahmen dieser Studie. Die beiden anderen klassischen Methoden der Sozialen Arbeit, die soziale Gruppenarbeit und die Gemeinwesenarbeit, bleiben hier deshalb unberücksichtigt.

anerkannten Wohlfahrtsschulen" sagte sie 1924: „Will die Wohlfahrtsschule aber ihre Aufgaben erfüllen, so müssen ihre Lehrer sich die Wissenschaft für den Unterricht selbst schaffen. Das Material ist da; aber es ist nicht gehoben. (…) An den Lehrern der Wohlfahrtsschule liegt es, solches Unterrichtsmaterial zu beschaffen und wissenschaftlich darzustellen und zu verarbeiten" (Salomon in Feustel 2011, S. 145). Die Forderung Salomons, Soziale Arbeit zu verwissenschaftlichen, kam nicht von ungefähr. Auf ihrer zweiten Amerikareise im Jahr 1923 – die erste unternahm sie 1909 – lernte sie ein Lehrbuch kennen, das sie sehr beeindruckte: Mary Richmonds 1917 publizierte *Social Diagnosis.*

**Mary Richmond**

In *Social Diagnosis* beschrieb Richmond (1861–1928) anhand ihres Konzepts der individualisiernden Fürsorge bzw. sozialen Einzelfallhilfe (social case work) die Grundzüge wissenschaftsbasierter Sozialarbeit. Als pragmatisch denkende Verbands-Repräsentantin der Charity Organisation Society (COS) war Wissenschaft für sie der Hebel, um sich im Kampf um private Spenden mit Effektivität und Rationalität gegen Konkurrenten durchzusetzen. Bis dahin war es üblich, durch ehrenamtliche Hausbesucherinnen (friendly visitors) Informationen über Hilfesuchende einzuholen und Kandidaten für Hilfeleistungen in Arbeitshäusern auf ihre Arbeitsbereitschaft zu testen. Mit wissenschaftlich geschulten Mitarbeiterinnen wollte Mary Richmond nun zeigen, dass ihr Ermittlungsverfahren in der Anwendung auf Hilfesuchende „‚würdige' und ‚unwürdige' Fälle besser voneinander schied als der Test des Arbeitshauses und das gute Herz ehrenamtlicher Gemeindehelfer. Die Existenzberechtigung der Charity Organization Bewegung hing also von der wissenschaftlich angeleiteten Ermittlungstätigkeit der *friendly visitors* ab" (Müller 2009, S. 31). Die Soziale Arbeit als rationales Handeln rechtfertigend, legte Richmond in *Social Diagnosis* auf 511 Seiten dar, wie welche wissenschaftlichen Methoden in der sozialen Einzelfallhilfe praktisch angewandt werden sollen.

*Social Diagnosis.* Direkt in ihren drei Eingangszitaten drückt Mary Richmond die Relevanz des Sozialen, des Verstehens und des Kooperierens für ihr Konzept von Sozialer Arbeit aus. „One of the most striking facts with regard to the conscious life of any human being is that it is intervowen with the lives of others" (James Jackson Putnam). „No matter how mean or hideous a man's life is, the first thing is to understand him" (Charles Horton Cooley). „… how many must co-operate in order to explain the very simplest things?" (Hans Gross; Zitate in Richmond 1917, S. 4).

Ausgehend von diesen Grundsätzen fragt Richmond nach Standards Sozialer Arbeit. Guter Wille allein kann für Richmond nicht das Maß für gute Soziale

Arbeit sein (vgl. Richmond 1917, S. 5); ihr zufolge muss sich Soziale Arbeit als Profession an wissenschaftlichem Spezialwissen orientieren. Um soziale Diagnosen zu erstellen – mit dem Griff zum Begriff Diagnose stellt Richmond den social worker strategisch geschickt auf eine Stufe mit Ärzten und Psychologen – sollen Sozialarbeiter mithilfe wissenschaftlicher Methoden ermitteln. Ermitteln heißt: Durch genaues Beobachten, umsichtiges Fragen-Stellen und gezielte Dokumenten-Suche Informationen über eine Person oder eine Familie zusammentragen, um die Persönlichkeit und die soziale Situation von Klienten möglichst exakt bestimmen zu können (vgl. Richmond 1917, S. 62). Richmond beschreibt das Ermitteln als Anwendung eines facettenreiches Sets wissenschaftlicher Methoden, das heute, in verfeinerter Form, zum Grundbestand qualitativer Sozialforschung gehört (vgl. Folgekapitel). Als Pionierin im Bereich der qualitativen Forschungsmethodik Datenerhebungsprobleme, Hypothesenbildungsprozesse, Vorurteilsstrukturen, Interviewtechniken, Vergleichsmöglichkeiten und Interpretationsverfahren detailliert diskutierend, weist sie die Ermittlungs- und Deutungstätigkeiten des Sozialarbeiters als im Kern wissenschaftlich aus.[7] Diese Kompetenzen befähigen Sozialarbeiter dazu, etwas zu sehen, was andere im Hinblick auf einen Hilfefall nicht sehen können. Kurz: Ermitteln und diagnostisch deuten sind die Alleinstellungsmerkmale, die den Sozialarbeiter in seiner Kooperation mit Ärzten, Juristen, Psychologen, Seelsorgern und Lehrern auf Augenhöhe bringen. Mary Richmond setzte in Sachen Sozialer Arbeit auf Verwissenschaftlichung; genauer: auf empirische Sozialforschung. Damit hat sie Anfang des 20. Jahrhunderts dem Helfen als Beruf eine Professionalisierungsrichtung angezeigt, die wegweisend für Rationalisierungsprozesse in der Sozialen Arbeit wurde.

**Alice Salomons Kunstlehre des Helfens**

Alice Salomon hielt Richmonds Weg für den richtigen. Für den ersten Teil ihres Textes *Soziale Diagnose* übernahm sie von der Amerikanerin dann auch weit mehr als nur den Titel – worauf im Vorwort auch unmissverständlich hingewiesen wird (vgl. Salomon 2004, S. 255). Wie Richmond geht Salomon zunächst vom Ermitteln als wissenschaftsbasierter Schlüsselkompetenz des Fürsorgers aus. In diesem Kontext betont sie, dass es eine Kernaufgabe Sozialer Arbeit sei, „Menschen und ihr Handeln zu verstehen" (Salomon 2004, S. 259). Feststellung objektiver Lebenslagen einerseits, hermeneutische Rekonstruktion subjektiver Lebenswelten andererseits – so ließe sich diese biperspektivische Grundausrichtung sozialarbeiterischer Orientierung heute benennen.

---

[7] Richmond geht mit ihrem bis ins Privateste ausgreifenden Ermittlungsanspruch sehr weit; aus heutiger Sicht würden viele sagen: zu weit. „Über weite Strecken liest sich die ‚Soziale Diagnose' wie ein Lehrbuch für angehende Kriminalkommissare" (Müller 2009: 32).

Die Möglichkeiten und Grenzen des Ermittelns und Deutens auslotend, zeigt Salomon, dass Sozialarbeiter nicht nur genau beobachten, systematisch recherchieren und klar denken, sondern auch kritisch gegenüber ihren Voreingenommenheiten (Salomon 2004, S. 269), Hypothesen und Hilfeplänen sein müssen. Die richtige Anwendung der richtigen Methode im richtigen Moment ist für Salomon allerdings noch lange kein Garant für gute Sozialarbeit. „Die richtige Methode sichert keinen Erfolg, wenn es an der Fähigkeit zu schöpferischer Einsicht, an der Fähigkeit zur Einfühlung fehlt" (Salomon 2004, S. 295). Indem Salomon dem Sozialarbeiter hiermit auch noch die Prädikate kreativ und empathisch ins Anforderungsprofil schreibt, veredelt Salomon die Soziale Arbeit zu einer Kunstlehre mit wissenschaftlichem Anspruch. So gesehen besteht zwischen Sozialer Arbeit – als Kunstlehre des Helfens – und Hermeneutik – als Kunstlehre des Verstehens – eine Familienähnlichkeit. Sicher, Salomon war keine Hermeneutin und die These, dass „Soziale Diagnose für Salomon ein hermeneutisches Verfahren (war)" (Kuhlmann 2000, S. 301), erscheint mir überzogen. Andererseits ist offensichtlich, dass Alice Salomons Methodenlehre eine Reihe von Gedanken enthält, die problemlos der Tradition hermeneutischen Denkens zuzuordnen sind; als da wären: Lebenssituationen und Lebensäußerungen aus Sicht des zu Verstehenden verstehen, das Geworden-Sein indivueller Lebenswelten rekonstruieren und in Richtung Zukunft weiterdenken, Individuen nicht isoliert, sondern in ihren Beziehungen zu anderen betrachten, kritisch gegenüber eigenen Vormeinungen sein, Methoden nicht mechanisch anwenden, keine voreiligen Schlüsse ziehen, Interpretationen als fehlbar und vorläufig ansehen (und im Kollegenkreis, in kollegialen Fachgesprächen, diskutieren) (vgl. Kuhlmann 2000, S. 295–300).

Hermeneuten wollen verstehen, warum Menschen das, was sie tun, so tun, wie sie es tun. Salomon fordert dem Sozialarbeiter eine ähnliche Haltung ab. Er soll „danach streben, die Gesetze zu begreifen, durch die ein Mensch mit seiner Art, mit seiner Geschichte, mit seinem Charakter, zu einem bestimmten Tun und Verhalten gedrängt wird" (Kuhlmann 2000, S. 300). So sehr Soziale Arbeit und Hermeneutik im Punkt Erkenntnis*haltung* konvergieren, so sehr divergieren sie im Punkt Erkenntnis*interesse*: Der Hermeneut versteht des Verstehens wegen, der Sozialarbeiter, um zu helfen – hiervon handelt der zweite Teil des Lehrbuchs *Soziale Diagnose*.

*Zweiter Teil. Zur Theorie des Helfens.* Hier lernt der Leser eine völlige andere Alice Salomon kennen. Nun spricht nicht mehr die Wissenschaftlerin und Richmond-Rezipientin Salomon, sondern eine Philosophin, die über die Kunst zu leben und die Kunst zu helfen räsoniert. Der Ton verändert sich entsprechend von nüchtern in pathetisch. Leben ist die hohe Kunst, sich anpassen zu können, so Salomon. Helfen ist die Kunst, Menschen in Not so zu unterstützen, dass sie sich im günstigsten Fall selbst aus ihrer schwierigen Lage befreien können. Diese Hilfe zur Selbsthilfe beruht Salomon zufolge auf einer Reihe von Bedingungen. Erstens: Hilfebedürftige müssen sich helfen lassen wollen und mit dem Sozialarbeiter ein Vertrauensverhältnis eingehen können. Zweitens: Fürsorger sollen sich der inneren und/oder äußeren Problemlagen eines Hilfsbedürftigen verstehend und mitfühlend nähern können, ihm Achtung entgegenbringen und ihn ermutigen, „für sich selbst zu denken" (Kuhlmann 2000, S. 307). Drittens: Fürsorger müssen nicht nur Hilfspläne entwerfen und ausführen können, sie müssen den Klienten auch führen können – wobei gilt, dass ein Sozialarbeiter „niemals wie eine Autorität handeln soll, ehe er nicht als solche anerkannt ist" (Kuhlmann 2000, S. 313). Salomons Kunst zu helfen soll letztlich der Kunst zu leben dienen – indem sie für mehr Anpassung sorgt. „Alle Fürsorge besteht darin, daß man entweder einem Menschen hilft, sich in der gegebenen Umwelt einzuordnen, zu behaupten, zurecht zu finden – oder daß man seine Umwelt so umgestaltet, verändert, beeinflußt, daß er sich darin bewähren, seine Kräfte entfalten kann" (Kuhlmann 2000, S. 308).

Ausgangs- und Endpunkt dieser Hilfe-Theorie ist für Salomon das einzigartige Individuum, das ganzheitlich in den sozialarbeiterischen Blick zu nehmen ist. Dass „verschiedenartige Menschen auch verschiedenartig versorgt und behandelt werden müßten" (Kuhlmann 2000, S. 298), bezeichnet sie in diesem Zusammenhang als „Grundsatz der Individualisierung" (Kuhlmann 2000, S. 298). Salomon verbindet mit ihrem Individualisierungsbegriff keinen soziologischen Sinn. Sie möchte vielmehr betonen, dass es ihr beim Menschen ums Ganze geht – und nicht nur, wie in der Nationalökonomie, um den Menschen als homo oeconomicus bzw. animal rationale. Aber ob Alice Salomon, Gustav Schmöller oder Alfred und Max Weber; trotz ihrer unterschiedlichen disziplinären Perspektiven wurde ihr Denken doch von demselben Glauben getragen: von dem unerschütterlichen Glauben an die Selbstbestimmung des Individuums und vom Glauben an die Erklärungs- und Veränderungskraft der Wissenschaft.

Alice Salomon beschließt ihr Lehrbuch, indem sie den Beruf des Sozialarbeiters auf das Fundament einer inneren Berufung stellt. „Wahre Hilfe kann der Mensch dem Menschen nur bringen, wenn fremde Not, wenn fremdes Leid für ihn zum eigenen wird, wenn es ihm im Herzen brennt. Die bessere Technik, die durchdachte Methode ist nur Werkzeug – als solches nützlich und unentbehrlich. Aber recht handhaben kann es nur der Mensch, dessen Tun aus einem wachen Gewissen quillt; aus dem lebendigen Glauben an eine Brüderlichkeit, der Taten wirken muß" (Kuhlmann 2000, S. 314). Damit schließt sich der Kreis. Bildet im ersten Teil des Textes die Wissenschaft den Mittelpunkt, so endet der zweite mit dem pathetischen Fingerzeig auf das Herz als conditio sine qua non guter Sozialarbeit. So wächst nun zusammen, was Salomon zufolge in guter Sozialer Arbeit zusammengehört: ein brennendes Herz, das sich nüchterner Wissenschaft als Mittel zum Zweck des Helfens bedient.

Anspruchsvoller kann das Anforderungsprofil für einen Beruf kaum sein. In der Methodik wissenschaftlich, in der Kooperation mit Angehörigen anderer Berufe interdisziplinär, in der sozialen Diagnose akribisch, selbstkritisch und kreativ, im Umgang mit Klienten empathisch und autoritär (zur Selbstführung führend). Und das alles wäre nicht genug, wenn Sozialarbeiter nicht noch etwas mitbrächten, was letztlich weder lehr- noch lernbar ist: die innere Bestimmung zum Helfen. Professionalisierungstheoretisch betrachtet ist das eindeutig zuviel des Guten.

Salomons Sozialarbeiterbild ist zeitbedingt und im Ganzen für die akademisierte Sozialarbeit von heute nicht attraktiv. Speziell für die Methodenlehre Salomons, wie auch für diejenige Richmonds, gilt das meiner Meinung nach jedoch nicht. Hier könnte die Soziale Arbeit auf ihrer Suche nach einem disziplinspezifischen Methoden-Verständnis fündig werden.

## 3  Verstehen – Verstehende Soziale Arbeit – Verstehende Soziale Arbeit verstehen

Für Alice Salomon und Mary Richmond ist das Verstehen eine conditio sine qua non einzelfallorientierter Sozialarbeit. In der Trias Ermitteln – Verstehen – Helfen bildet das Verstehen die Mitte. Mit anderen Worten: Verstehen ist nicht alles in der Sozialen Arbeit, aber: es ist das alles Verbindende. Stünde das Verstehen nicht im Zentrum der social case work, dann fehlte dem Ermitteln die Funktion (ein Um-zu-Motiv) und dem Helfen die Legitimation (ein Weil-Motiv).

Salomon und Richmond schreiben dem Verstehen eine hohe Relevanz für die Soziale Arbeit zu; sie schreiben jedoch nicht, was ihrer Meinung nach Verstehen bedeutet und wie es in der Sozialen Arbeit methodisch kontrolliert eingesetzt werden kann. Dieses methodologisch-methodische Vakuum ließe sich mit den Grundbegriffen und Verfahren der sozialwissenschaftlichen Hermeneutik füllen.

**Hermeneutik und Soziale Arbeit**
Verstehen bedeutet menschlichen Lebensäußerungen Sinn zu geben. Mit anderen, Wilhelm Diltheys, Worten: „Wir nennen den Vorgang, in welchem wir aus Zeichen, die von außen sinnlich gegeben sind, ein Inneres erkennen: Verstehen" (Dilthey 1957, S. 318). Kennzeichnend für das Verstehen ist, dass es an die Perspektive des Verstehenden gebunden ist, dass es auf Vorverständnissen beruht, dass es selektiv ist und dass es sich interessenorientiert vollzieht (vgl. Kurt 2009a, S. 10). In der Alltagspraxis – auch im Berufsalltag des Sozialarbeiters – geschieht das Verstehen weitgehend reflexartig: als blitzschnelles Einordnen gegebener Zeichen in bereit stehende Wissensbestände. In der wissenschaftlichen Praxis darf das Verstehen aber kein Reflex sein. Es muss eine Reflexion sein: Ein bewusster, sich selbst

beobachtender und steuernder, den Sinn gegebener Zeichen aus der Perspektive des Zeichen Setzenden rekonstruierender Interpretationsprozess. Als Kunstlehre des wissenschaftlichen Verstehens bietet die Hermeneutik hierfür eine Reihe von Methoden auf: Techniken der Perspektivenübernahme (z. B. Sinnzuschreibungsverfahren vgl. Kurt 2009b, S. 86), Techniken der Reflexion auf das eigene Vorverständnis (z. B. hermeneutischer Zirkel) und Techniken der Interpretation (z. B. Sequenzanalyse vgl. Kurt 2004, S. 240 ff.).

Mit *der* Hermeneutik ist hier eine spezielle, die sozialwissenschaftliche, gemeint (vgl. Soeffner 1989; Schröer 1994). Ursprünglich eine lose Sammlung von Verfahren, mit denen sich (z. B. in der antiken Bibelexegese) unverständliche Texte in verständliche verwandeln ließen, wurde das hermeneutische Denken von Friedrich Daniel Ernst Schleiermacher Anfang des 19. Jahrhunderts in die Form einer „Kunstlehre des Verstehens" gebracht (vgl. Schleiermacher 1995). Wilhelm Dilthey (1833–1911) erweiterte den Anwendungsbereich der Hermeneutik (von gr. hermeneuo: aussagen, auslegen, übersetzen), indem er nicht nur sprachliche, sondern alle menschlichen Ausdrucksformen zu möglichen Gegenständen des wissenschaftlichen Verstehens erklärte – unter der Voraussetzung, dass sie in der Form von Texten, Bildern, Kleidern, Gärten etc. (gemeint sind Artefakte jedweder Art) als objektive Daten methodisch kontrolliert und für andere nachvollziehbar interpretiert werden können. Die Hauptaufgabe der Hermeneutik sahen Schleiermacher und Dilthey in der Sinnrekonstruktion, also in der hypothetischen Nachbildung des Sinnzusammenhangs, der verstehbar macht, warum sich ein Mensch so ausgedrückt hat, wie er sich ausgedrückt hat. Die in den 1980er Jahren des 20. Jahrhunderts von Hans-Georg Soeffner entwickelte sozialwissenschaftliche Hermeneutik knüpft an dieses Verstehensverständnis an. Sie fragt nach den (allgemeinen) Problemen, die Menschen in ihrem Handeln (auf besondere Art und Weise) zu lösen versuchen, sie fragt nach den Deutungsroutinen, Handlungsmustern, Ritualen und Symbolen, mit denen Menschen im sozialen Aufeinanderbezogensein ihrem Alltagsleben Sinn und Struktur verleihen, sie fragt nach den biographischen, soziohistorischen und kulturellen Hintergründen individueller Lebenswelten und sie fragt nach Freiheit: nach Möglichkeiten des anders denken und anders handeln Könnens.

Im Vergleich zu der auf die Entdeckung latenter Strukturen ausgerichtete objektive Hermeneutik Ulrich Oevermanns (vgl. Oevermann et al. 1979), geht es in der sozialwissenschaftlichen Hermeneutik primär um die Rekonstruktion subjektiver Sinnkonstruktionen. Diese Haltung ist auch kennzeichnend für die einzelfallorientierte Sozialarbeit. Getragen von ihrem verstehensgeleiteten Interesse am Individuum könnten sozialwissenschaftliche Hermeneutik und einzelfallorientierte Sozialarbeit sich hier aufeinander zubewegen. Sie konvergieren nicht nur im Wie, sondern auch im Was des Verstehens: Ihr gemeinsames Objekt ist die Subjektivität des Individuums.

Im Rahmen meiner Argumentation kann diese Konvergenz nicht verwundern: Die einzelfallorientierte Soziale Arbeit und die sozialwissenschaftliche Hermeneutik sind (unabhängig voneinander entstandene) Spätfolgen der weiter oben beschriebenen Rationalisierungs- und Individualisierungsprozesse. Das Passungsverhältnis zwischen beiden Traditionen zeigt sich nicht zuletzt auch darin, dass sich Alice Salomons Äußerungen über das Verstehen problemlos in die Methodologie und Methodik der sozialwissenschaftlichen Hermeneutik einfügen ließen (Salomon 2004, S. 21). Genau wie diese, so setzt auch Salomon kasuistisch an: In ihren Einzelfallanalysen will sie Menschen ganzheitlich erfassen und individualisierend verstehen. An diesem Punkt, der gemeinsamen Einzelfallorientierung, könnte die Hermeneutik der Salomonschen Tradition Sozialer Arbeit mit wissenschaftlicher Methodik zur Seite stehen. Damit wären Hermeneutik und Sozialarbeit in ihrem Streben nach der objektiven Rekonstruktion subjektiver Einzelfalllogiken methodisch auf einen Nenner gebracht. Die Wahlverwandtschaft zwischen sozialwissenschaftlicher Hermeneutik und einzelfallorientierter Sozialarbeit manifestiert sich auch in der Art und Weise, wie hier und dort mit den Regeln des Auslegens umzugehen ist: nicht mechanisch, „weil mit den Regeln nicht auch die Anwendung gegeben ist, d. i. nicht mechanisiert werden kann" (Schleiermacher 1995, S. 81; vgl. Salomon 2004, S. 20). Mit ihrer skeptischen Einstellung gegenüber Vorurteilen und Hypothesenbildungen kommt Salomon der hermeneutischen Haltung des skeptisch-distanzierten, alles Un-, Miss- und Selbstverständliche in Frage stellenden Verstehenwollens ohnehin sehr nah.

Das Erlernen der hermeneutischen Methodik ermöglichte es Sozialarbeitern, im Rahmen der Ermittlungstätigkeit erhobene Materialien wie Personendaten, Interviews, Beobachtungsprotokolle und Dokumente methodisch kontrolliert zu interpretieren. Die Deutungsarbeit des Sozialarbeiters wäre somit wissenschaftlich fundiert (sofern im Einzelfall die Kriterien „empirische Datenbasis", „Angemessenheit der angewendeten Methoden", „Nachvollziehbarkeit der Interpretation", „Widerspruchsfreiheit" und „Falsifizierbarkeit" erfüllt sind). Mit diesem hermeneutic turn könnte die Soziale Arbeit nicht nur ihr Verstehen verwissenschaftlichen. Professionalisierungstheoretisch würde sie über die Hermeneutik eine Schlüsselkompetenz und damit die Lizenz für die wissenschaftliche Deutung menschlicher Lebensäußerungen und Lebenslagen erhalten. Im Konkurrenzverhältnis zu den Professionen, mit denen Sozialarbeiter/innen kooperieren, wäre dies ein eindeutiges Alleinstellungsmerkmal.[8] Zur Markierung dieses Merkmals schlage ich den Ausdruck *Verstehende Soziale Arbeit* vor. In ihrem 2008 erschienenen Aufsatz *Verstehende Soziale Arbeit. Zum Nutzen qualitativer Methoden für professionelle*

---

[8] Das Image vom Sozialarbeiter als Möchtegern-Psychologe, Mini-Soziologe oder Halb-Jurist wäre damit nachhaltig in Frage gestellt.

*Praxis, Reflexion und Forschung* entschied sich Bettina Völter für die gleiche Ausdrucksweise – ohne jedoch in ihrem Text auf die Hermeneutik Bezug zu nehmen. An die Kernaussagen des Textes knüpfe ich im nächsten Kapitel gleichwohl gerne an. Sie zeigen auf den Gewinn hin, den der Einsatz qualitativer Methoden der Sozialen Arbeit einbringen kann.

## Qualitative Sozialforschung und Soziale Arbeit

Wie in der Soziologie, so ließe sich auch in der Sozialen Arbeit die Hermeneutik gut mit anderen Methoden der qualitativen Sozialforschung kombinieren (und im Konzept einer rekonstruktiven Sozialen Arbeit zusammenführen (vgl. Völter 2008, S. 6). Das heißt: Neben dem Deuten könnte auch das sozialarbeiterische Ermitteln mit Methoden der qualitativen Sozialforschung wissenschaftlich fundiert werden. Im Anschluss an Mary Richmond (s. o.) wären hier insbesondere die Ermittlungstätigkeiten des Beobachtens und Interviewens zu nennen. Um methodisch kontrolliert beobachten und interviewen zu können, bietet die qualitative Sozialforschung mittlerweile ein breites Spektrum von Techniken an: teilnehmende/nicht teilnehmende Beobachtung, Feldprotokoll, Videographie, narrativ-biographisches Interview (vgl. S. 8 f.), Experteninterview, Gruppendiskussionen etc. Methoden wie diese können Sozialarbeitern dabei helfen, ihre „ethnographische Sichtweise" (Schütze 1994, S. 189) wissenschaftlich zu verfeinern. Insofern könnten viele qualitativen Methoden der Sozialforschung auch Handlungsmethoden der Sozialen Arbeit sein (vgl. Völter 2008, S. 17 ff.). Auf die Nähe zwischen Sozialarbeit und Ethnographie im Allgemeinen und Mary Richmond und Robert Park (Chicago School) im Besonderen hat Fritz Schütze in seinem Text *Ethnographie und sozialwissenschaftliche Methoden der Feldforschung. Eine mögliche methodische Orientierung in der Ausbildung und Praxis der Sozialen Arbeit* aufmerksam gemacht (vgl. Schütze 1994, S. 197). Schütze meint Sozialarbeitern eine ethnographische Sichtweise zuschreiben zu können, weil sie sich im Rahmen ihrer Berufsarbeit ständig mit Fremdem auseinanderzusetzen haben. „Die Problembestände der Sozialen Arbeit sind der Gesellschaft und den Fachkräften in der Sozialen Arbeit prinzipiell fremd, und auch die Betroffenen selbst durchschauen ihre Problemlagen kaum oder gar nicht" (Schütze 1994, S. 189). So gesehen gehört das Ethnographieren, das Beschreiben des Fremden, zum Kerngeschäft des Sozialarbeiters. Indes: Mit dem Programm des Ethnographierens, das „darauf abzielt, andere Lebensweisen, Lebensformen, Lebensstile sozusagen ‚von innen her' zu verstehen, d. h. ‚fremde Welten' auf ihren Eigen-Sinn hin zu erkunden" (Hitzler 2006, S. 48), führt Schütze die Soziale Arbeit wieder der Aufgabe des Fremdverstehens zu. Ethnographie und Hermeneutik verschränken sich hier in einer Orientierungsform, die fremde Lebenswelten beschreibend erfassen und verstehend erklären will. Die berufspraktische Umsetzung dieser Orientierungsform setzt einerseits Sensibilität, andererseits aber auch Offensivgeist voraus. Aller Zurückhaltung zum Trotz geht es ja letztlich darum, soviel wie möglich über die Biographie, die Lebenswelt, das Milieu und die Problemsituation der Klienten Sozialer Arbeit in Erfahrung zu bringen. Neben seiner Funktion, Fremdes vertraut zu machen, soll der ethnographisch und hermeneutisch geschulte Blick auch der Umkehrfunktion dienen: Er soll dazu befähigen, Vertrautes zu befremden, um Selbstverständliches nicht wie gewohnt, sondern mit anderen Augen sehen zu können (vgl. Hirschauer und Amann 1977; Völter 2008, S. 9).

Im Kontext qualitatitver Sozialforschung könnten Ethnographie und Hermeneutik die Praxis Sozialer Arbeit methodisch fundieren – und damit akademisieren; was natürlich voraussetzt, dass Studierende der Sozialen Arbeit die Methoden der qualitativen Sozialforschung in Seminaren, Forschungswerkstätten und Praxisprojekten kennen und anwenden lernen.[9]

**Verstehende Soziale Arbeit verstehen**

Wie gesagt: Soziale Arbeit ist nicht nur, aber eben immer auch: Deutungsarbeit. Disziplinieren lässt sich diese Deutungsarbeit jedoch nur bedingt. Eine hermeneutische Haltung trägt zwar dafür Sorge, dass Sozialarbeiter ihre Klienten nicht vorschnell mit einem Klischee versehen, sie kann aber nicht verhindern, dass sich das Verstehen im Berufsalltag im engen Rahmen professionsspezifischer Deutungsroutinen bewegt. Man erkennt Bekanntes, versteht wie üblich und tut, was man tut, so wie man es schon immer tat – und handelt pragmatisch die Forderungen des Tages ab. Das ist die (von Alfred Schütz so genannte) natürliche, alltagsweltliche Einstellung, in der das Verstehen wie von selbst geschieht.

Hier ist die hermeneutische Haltung ein probates Interventionsinstrument. Sie kann das alltagsweltliche Verstehen jederzeit aussetzen und statt dessen das wissenschaftliche Verstehen in Stellung bringen. Theoretisch; praktisch ist es gerade im sozialarbeiterischen Berufsalltag allzu oft nicht möglich, vom aktiven Handelnmüssen in ein kontemplatives Verstehenwollen überzugehen. Gelingt es gleichwohl, dann wird im Wechsel vom Modus Alltag in den Modus Wissenschaft

---

[9] Auch die Phänomenologie könnte hier eine wichtige Rolle spielen. Als „Hermeneutik des Bewusstseinslebens" (Husserl 1989, S. 177) böte sie sich Sozialarbeitern als Methode der Reflexion auf das eigene Bewusstsein-von-etwas und als Methode der Analyse subjektiver Lebenswelten an (vgl. Kurt 2002). Der Erfolg der lebensweltorientierten Sozialarbeit kann nicht darüber hinwegtäuschen, dass die Phänomenologie von Thiersch weit unter ihren Möglichkeiten in die Soziale Arbeit eingeführt wurde. Meiner Meinung nach ist der Tiersche Theorietransfer durch die Gleichsetzung der Begriffe Alltagswelt und Lebenswelt schon im Ansatz schief (vgl. Grunwald und Thiersch 2011, S. 854). Es lohnte sich, den Weg von der Phänomenologie in die Soziale Arbeit noch einmal zu gehen.

das alltägliche Verstehen zum Gegenstand des wissenschaftlichen Verstehens. In diesem Verstehen des Verstehens wird das Verstehen selbstreflexiv. So ist es möglich, das eigene Verstehen (wie auch das Verstehen anderer) einer hermeneutischen Prüfung zu unterziehen. Es wäre andererseits hermeneutisch naiv, wenn man nicht versuchte zu verstehen, warum man was wie verstand. „Wer über die Akte der Deutung nichts weiß und sich über ihre Prämissen und Ablaufstrukturen keine Rechenschaftspflicht auferlegt, interpretiert – aus der Sicht wissenschaftlicher Überprüfungspflicht – einfältig, d. h. auf der Grundlage impliziter alltäglicher Deutungsroutinen und Plausibilitätskriterien" (Soeffner 1989, S. 53).

Um das eigene Verstehen methodisch kontrolliert verstehen zu können, müssen objektive Daten vorliegen: „dauerhaft fixierte Lebensäußerungen" (Dilthey 1958, S. 217), zu denen das Verstehen immer wieder zurückkehren kann. Das ist, im Fremdverstehen wie im Selbstverstehen, die Bedingung für die Möglichkeit hermeneutisch tätig zu werden.

Sozialarbeiter könnten diesem Anspruch durch die Dokumentation ihres Denkens und Handelns gerecht werden: z. B. in Form von Beobachtungsbögen, ethnographischen Tagebüchern, Praxisprotokollen (vgl. Völter 2008, S. 23), Tonbandaufnahmen und Videoaufzeichnungen. Darüber hinaus könnten sich Sozialarbeiter auch gegenseitig interviewen (vgl. Völter 2008, S. 22, Fußnote 10). In all diesen Fällen ließen sich der professionellen hermeneutischen Selbstreflexion objektive Daten vorlegen. Ein auf Erinnerungen gestütztes kollegiales Fachgespräch würde diese Voraussetzung hingegen nicht erfüllen.

Verstehende Soziale Arbeit verstehen ist ein hermeneutisches, Qualitätsstandards sicherndes Professionalisierungsprogramm, das Sozialarbeiter zur methodisch kontrollierten Selbstreflexion auffordert; – den Satz ‚Denn sie verstehen nicht, was sie tun' könnten sie dann von sich weisen – mit guten, will sagen: rationalen Gründen.

## Literatur

Alheit, P., & Dausien, B. (1990). *Biografie. Eine problemgeschichtliche Skizze*. Bremen: Universitätspublikation.

Balz, H.-J., Benz, B., & Kuhlmann, C. (Hrsg.). (2012). *Soziale Inklusion. Grundlagen, Strategien und Projekte in der Sozialen Arbeit*. Wiesbaden: VS Verlag für Sozialwissenschaften.

Beck, U. (1986). *Risikogesellschaft. Auf dem Weg in eine andere Moderne*. Frankfurt a. M.: Suhrkamp.

Beck, U., & Beck-Gernsheim, E. (1990). *Das ganz normale Chaos der Liebe*. Frankfurt a. M.: Suhrkamp.

Berger, M. (1998). *Alice Salomon. Pionierin der sozialen Arbeit und der Frauenbewegung*. Frankfurt a. M.: Brandes & Apsel.

Bohn, C. (2006). *Inklusion, Exklusion und die Person*. Konstanz: UVK.

Brockhaus. (1993). *Selbstbestimmung. Enzyklopädie in 24 Bänden* (Bd. 20). Wiesbaden: F. A. Brockhaus.

Corsten, M. (2011). *Grundfragen der Soziologie*. Konstanz: UVK.

Descartes, R. (1965). *Meditationen*. Hamburg: Meiner.

Dilthey, W. (1957). *Die geistige Welt. Einleitung in die Philosophie des Lebens. Gesammelte Schriften V. Band*. Leipzig: Teubner.

Dilthey, W. (1958). *Der Aufbau der geschichtlichen Welt in den Geisteswissenschaften. Gesammelte Schriften VII*. Stuttgart: Teubner.

Dumont, L. (1991). *Individualismus. Zur Ideologie der Moderne*. Frankfurt a. M.: Campus.

Feustel, A. (2011). *Das Konzept des Sozialen im Werk Alice Salomons*. Berlin: Metropol.

Fischer, W., & Kohli, M. (1987). *Biographieforschung*. In W. Voges (Hrsg.), *Methoden der Biographie- und Lebenslaufforschung* (S. 25–49). Opladen: Westdeutscher Verlag.

Fuchs, W. (1984). *Biographische Forschung. Eine Einführung in Praxis und Methoden*. Opladen: Westdeutscher Verlag.

von Goethe, J. W. (2007). *Gedichte* (Hrsg. und kommentiert von E. Trunz). München: Beck.

Grunwald, K., & Thiersch, H. (2011): Lebensweltorientierung. In H. U. Otto & H. Thiersch (Hrsg.), *Handbuch Soziale Arbeit. Grundlagen der Sozialarbeit und Sozialpädagogik* (4. Aufl., S. 854–863). München: Ernst Reinhardt Verlag.

Hirschauer, S., & Amann, K. (Hrsg.). (1977). *Die Befremdung der eigenen Kultur. Zur ethnographischen Herausforderung soziologischer Empirie*. Frankfurt a. M.: Suhrkamp.

Hitzler, R. (2006). Ethnografie. In R. Bohnsack, W. Marotzki, & M. Meuser (Hrsg.), *Hauptbegriffe Qualitativer Methoden* (2. Aufl., S. 48–51). Opladen: Budrich.

Hoffmann, E. T. A. (2003). *Die Elexiere des Teufels*. Zürich: Artemis & Winkler.

Hölzle, C. (2011). Gegenstand und Funktion von Biografiearbeit im Kontext Sozialer Arbeit. In C. Hölzle & I. Jansen (Hrsg.), *Ressourcenorientierte Biografiearbeit. Grundlagen – Zielgruppen – Kreative Methoden* (2. Aufl., S. 31–54). Wiesbaden: VS Verlag für Sozialwissenschaften.

Husserl, E. (1989). *Aufsätze und Vorträge (1922–1937). Husserliana Band 27*. Dordrecht: Kluver Academic Publishers.

Joas, H. (1996). *Die Kreativität des Handelns*. Frankfurt a. M.: Suhrkamp.

Joas, H. (2011). *Die Sakralität der Person. Eine neue Genealogie der Menschenrechte*. Berlin: Suhrkamp.

Kant, I. (1974). *Grundlegung zur Metaphysik der Sitten* (Werkausgabe Band 7 Hrsg. von W. Weischedel). Frankfurt a. M.: Suhrkamp

Kant, I. (1975). *Was ist Aufklärung? Aufsätze zur Geschichte und Philosophie* (Hrsg. und eingeleitet von J. Zehbe). Göttingen: Vandenhoeck & Ruprecht.

Kessl, F. (2005). *Der Gebrauch der eigenen Kräfte. Eine Gouvernementalität Sozialer Arbeit*. Weinheim: Juventa.

Kible, B. (1992). Ratio. In J. Ritter & K. Gründer (Hrsg.), *Historisches Wörterbuch der Philosophie* (Bd. 8, S. 37–41). Darmstadt: Wissenschaftliche Buchgesellschaft.

Kippele, F. (1998). *Was heißt Individualisierung?* Opladen: Westdeutscher Verlag.

Klassen, M. (2004). *Was leisten Systemtheorien in der Sozialen Arbeit? Ein Vergleich der systematischen Ansätze von Niklas Luhmann und Mario Bunge*. Bern: Haupt.

Kron, T., & Horácek, M. (2009). *Individualisierung*. Bielefeld: transcript,

Kuhlmann, C. (2000). *Alice Salomon. Ihr Lebenswerk als Beitrag zur Entwicklung der The-orie und Praxis Sozialer Arbeit*. Weinheim: Deutscher Studien Verlag.

Kuhlmann, C. (2008). *Geschichte Sozialer Arbeit I*. Schwalbach: Wochenschau.

Kurt, R. (2002). *Menschenbild und Methode der Sozialphänomenologie*. Konstanz: UVK.

Kurt, R. (2004). *Hermeneutik. Eine sozialwissenschaftliche Einführung*. Konstanz: UTB.

Kurt, R. (2008). Komposition und Improvisation als Grundbegriffe einer allgemeinen Hand-lungstheorie. In R. Kurt & K. Näumann (Hrsg.), *Sozial- und musikwissenschaftliche Po-sitionen* (S. 17–46). Bielefeld: transcript.

Kurt, R. (2009a). *Indien und Europa. Ein kultur- und musiksoziologischer Verstehensver-such*. Bielefeld: transcript.

Kurt, R. (2009b). Hermeneutik: Die Kunstlehre des (Nicht-)Verstehens. In B. Rehbein & G. Saalmann (Hrsg.), *Verstehen* (S. 71–91). Konstanz: UVK.

Kurt, R., & Göttlich, U. (Hrsg.). (2012). *Kreativität und Improvisation. Soziologische Posi-tionen*. Wiesbaden: VS Verlag für Sozialwissenschaften.

Lutz, R. (2011). *Das Mandat der Sozialen Arbeit*. Wiesbaden: VS Verlag für Sozialwissen-schaften.

de Montaigne, M. (1993). *Die Essais*. Stuttgart: Reclam.

Müller, W. C. (2009). *Wie Helfen zum Beruf wurde. Eine Methodengeschichte der Sozialen Arbeit* (5. Aufl.). München: Juventa.

Nassehi, A. (2011). *Soziologie. Zehn einführende Vorlesungen* (2. Aufl.). Wiesbaden: VS Verlag für Sozialwissenschaften.

Oevermann, U., Allert, T., Konau, E., & Krambeck, J. (1979). Die Methodologie einer ob-jektiven Hermeneutik und ihre allgemeine forschungslogische Bedeutung in den Sozial-wissenschaften. In H.-G. Soeffner (Hrsg.), *Interpretative Verfahren in den Sozialwissen-schaften* (S. 352–433). Stuttgart: Metzler.

Richmond, M. (1917). *Social Diagnosis*. New York: Sage.

Ritter, J., & Gründer, K. (Hrsg.). (1992). *Historisches Wörterbuch der Philosophie* (Bd. 8). Darmstadt: Wissenschaftliche Buchgesellschaft.

Salomon, A. (2004). Soziale Diagnose. In A. von Feustel (Hrsg.), *Frauenemanzipation und soziale Verantwortung* (Ausgewählte Schriften Bd. 3: 1919–1948, S. 255–314). Unter-schleißheim: Luchterhand.

Schleiermacher, F. D. E (1995). *Hermeneutik und Kritik* (Hrsg. und eingeleitet von M. Frank). Frankfurt a. M.: Suhrkamp.

Schröer, N. (Hrsg.). (1994). *Interpretative Sozialforschung. Auf dem Weg zu einer hermeneu-tischen Wissenssoziologie*. Opladen: Westdeutscher Verlag.

Schütze, F. (1994). Etnographie und sozialwissenschaftliche Methoden der Feldforschung. Eine mögliche methodische Orientierung in der Ausbildung und Praxis der Sozialen Ar-beit? In N. Groddeck & M. Schumann (Hrsg.), *Modernisierung Sozialer Arbeit durch Methodenentwicklung und -reflexion* (S. 189–297). Freiburg: Lambertus.

Simmel, G. (1995). *Aufsätze und Abhandlungen 1901–1908* (Bd. 1, GSG 7). Frankfurt a. M.: Suhrkamp.

Soeffner, H. G. (1989). *Auslegung des Alltags – Der Alltag der Auslegung. Zur wissens-soziologischen Konzeption einer sozialwissenschaftlichen Hermeneutik*. Frankfurt a. M.: Suhrkamp.

Stierle, K. (2012). *Petrarca-Studien*. Heidelberg: Universitätsverlag Winter.

Störig, H. J. (1993). *Kleine Weltgeschichte der Philosophie*. Frankfurt a. M.: Fischer

Tenbruck, F. H. (1989). *Die kulturellen Grundlagen der Gesellschaft. Der Fall der Moderne.* Opladen: Westdeutscher Verlag.

Thomas, W. I., & Thomas, D. S. (1932). *The child in America.* New York: Knopf.

Völter, B. (2008). Verstehende Soziale Arbeit. Zum Nutzen qualitativer Methoden für professionelle Praxis, Reflexion und Forschung. *Forum Qualitative Sozialforschung, 9(1),* 5–32 (Art. 56). http://nbn-resolving.de/urn:nbn:de0114-fqs0801563. Zugegriffen 20. Dezember 2014

Weber, M. (1968). *Gesammelte Aufsätze zur Wissenschaftslehre* (Hrsg. von J. Winkelmann). Tübingen: Mohr.

Weber, M. (1980). *Wirtschaft und Gesellschaft. Grundriss der Verstehenden Soziologie.* Tübingen: Mohr.

Weber, M. (1995). *Wissenschaft als Beruf.* Stuttgart: Reclam.

Wohlrab-Sahr, M. (1997). Individualisierung: Differenzierungsprozess und Zurechnungsmodus. In U. Beck & P. Sopp (Hrsg.), *Individualisierung und Integration: Neue Konfliktlinien und neuer Integrationsmodus* (S. 23–36). Opladen: Leske + Budrich.

The manufacturer's authorised representative in the EU is Springer
Nature Customer Service Centre GmbH, Europaplatz 3, 69115 Heidelberg,
Germany. If you have any concerns regarding our products, please
contact ProductSafety@springernature.com

Printed and bound by CPI Group (UK) Ltd, Croydon, CR0 4YY
23/04/2026
02095592-0007